中华人民共和国
新法规汇编

2022

第2辑

司 法 部 编

中国法制出版社

编 辑 说 明

一、《中华人民共和国新法规汇编》是国家出版的法律、行政法规汇编正式版本，是刊登报国务院备案并予以登记的部门规章的指定出版物。

二、本汇编收集的内容包括：上一个月内由全国人民代表大会及其常务委员会通过的法律和有关法律问题的决定，国务院公布的行政法规和国务院文件，报国务院备案并予以登记的部门规章，最高人民法院和最高人民检察院公布的司法解释。另外，还收入了上一个月内报国务院备案并予以登记的地方性法规和地方政府规章目录。

三、本汇编所收的内容，按下列分类顺序编排：法律，行政法规，国务院文件，国务院部门规章，司法解释。每类中按公布的时间顺序排列。报国务院备案并予以登记的地方性法规和地方政府规章目录按 1987 年国务院批准的行政区划顺序排列；同一行政区域报备两件以上者，按公布时间顺序排列。

四、本汇编每年出版 12 辑，每月出版 1 辑。本辑为 2022 年度第 2 辑，收入 2022 年 1 月份内公布的行政法规 1 件、国务院文件 2 件、报国务院备案并经审查予以登记编号的部门规章 28 件、司法解释 2 件，补收 2021 年 12 月份内公布的国务院文件 8 件，共计 41 件。

五、本汇编在编辑出版过程中，得到了国务院有关部门和有关方面以及广大读者的大力支持和协助，在此谨致谢意。

司法部

2022 年 2 月

编辑说明

[illegible]

目　录

行政法规

国务院文件

国务院部门规章

司法解释

附：

行政法规

中华人民共和国水下文物保护管理条例

（1989年10月20日中华人民共和国国务院令第42号发布　根据2011年1月8日《国务院关于废止和修改部分行政法规的决定》第一次修订　2022年1月23日中华人民共和国国务院令第751号第二次修订）

第一条　为了加强水下文物保护工作的管理，根据《中华人民共和国文物保护法》的有关规定，制定本条例。

第二条　本条例所称水下文物，是指遗存于下列水域的具有历史、艺术和科学价值的人类文化遗产：

（一）遗存于中国内水、领海内的一切起源于中国的、起源国不明的和起源于外国的文物；

（二）遗存于中国领海以外依照中国法律由中国管辖的其他海域内的起源于中国的和起源国不明的文物；

（三）遗存于外国领海以外的其他管辖海域以及公海区域内的起源于中国的文物。

前款规定内容不包括1911年以后的与重大历史事件、革命运动以及著名人物无关的水下遗存。

第三条　本条例第二条第一款第一项、第二项所规定的水下文物属于国家所有，国家对其行使管辖权；本条例第二条第一款第三项所规定的水下文物，遗存于外国领海以外的其他管辖海域以及公海区域内的起源国不明的文物，国家享有辨认器物物主的权利。

第四条　国务院文物主管部门负责全国水下文物保护工作。县级以上地方人民政府文物主管部门负责本行政区域内的水下文物保护工作。

县级以上人民政府其他有关部门在各自职责范围内，负责有关水下文物保护工作。

中国领海以外依照中国法律由中国管辖的其他海域内的水下文物，由国务院文物主管部门负责保护工作。

第五条 任何单位和个人都有依法保护水下文物的义务。

各级人民政府应当重视水下文物保护,正确处理经济社会发展与水下文物保护的关系,确保水下文物安全。

第六条 根据水下文物的价值,县级以上人民政府依照《中华人民共和国文物保护法》有关规定,核定公布文物保护单位,对未核定为文物保护单位的不可移动文物予以登记公布。

县级以上地方人民政府文物主管部门应当根据不同文物的保护需要,制定文物保护单位和未核定为文物保护单位的不可移动文物的具体保护措施,并公告施行。

第七条 省、自治区、直辖市人民政府可以将水下文物分布较为集中、需要整体保护的水域划定公布为水下文物保护区,并根据实际情况进行调整。水下文物保护区涉及两个以上省、自治区、直辖市或者涉及中国领海以外依照中国法律由中国管辖的其他海域的,由国务院文物主管部门划定和调整,报国务院核定公布。

划定和调整水下文物保护区,应当征求有关部门和水域使用权人的意见,听取专家和公众的意见,涉及军事管理区和军事用海的还应当征求有关军事机关的意见。

划定和调整水下文物保护区的单位应当制定保护规划。国务院文物主管部门或者省、自治区、直辖市人民政府文物主管部门应当根据保护规划明确标示水下文物保护区的范围和界线,制定具体保护措施并公告施行。

在水下文物保护区内,禁止进行危及水下文物安全的捕捞、爆破等活动。

第八条 严禁破坏、盗捞、哄抢、私分、藏匿、倒卖、走私水下文物等行为。

在中国管辖水域内开展科学考察、资源勘探开发、旅游、潜水、捕捞、养殖、采砂、排污、倾废等活动的,应当遵守有关法律、法规的规定,并不得危及水下文物的安全。

第九条 任何单位或者个人以任何方式发现疑似本条例第二条第一款第一项、第二项所规定的水下文物的,应当及时报告所在地或者就近的地方人民政府文物主管部门,并上交已经打捞出水的文物。

文物主管部门接到报告后,如无特殊情况,应当在 24 小时内赶赴现场,立即采取措施予以保护,并在 7 日内提出处理意见;发现水下文物已经移动位置或者遭受实际破坏的,应当进行抢救性保护,并作详细记录;对已经打捞出水的文物,应当及时登记造册、妥善保管。

文物主管部门应当保护水下文物发现现场,必要时可以会同公安机关或者海上执法机关开展保护工作，并将保护工作情况报本级人民政府和上一级人民政府文物主管部门；发现重要文物的，应当逐级报至国务院文物主管部门，国务院文物主管部门应当在接到报告后15日内提出处理意见。

第十条 任何单位或者个人以任何方式发现疑似本条例第二条第一款第三项所规定的水下文物的，应当及时报告就近的地方人民政府文物主管部门或者直接报告国务院文物主管部门。接到报告的地方人民政府文物主管部门应当逐级报至国务院文物主管部门。国务院文物主管部门应当及时提出处理意见并报国务院。

第十一条 在中国管辖水域内进行水下文物的考古调查、勘探、发掘活动，应当由具有考古发掘资质的单位向国务院文物主管部门提出申请。申请材料包括工作计划书和考古发掘资质证书。拟开展的考古调查、勘探、发掘活动在中国内水、领海内的，还应当提供活动所在地省、自治区、直辖市人民政府文物主管部门出具的意见。

国务院文物主管部门应当自收到申请材料之日起30日内，作出准予许可或者不予许可的决定。准予许可的，发给批准文件；不予许可的，应当书面告知申请人并说明理由。

国务院文物主管部门在作出决定前，应当征求有关科研机构和专家的意见，涉及军事管理区和军事用海的还应当征求有关军事机关的意见；涉及在中国领海以外依照中国法律由中国管辖的其他海域内进行水下文物的考古调查、勘探、发掘活动的，还应当报国务院同意。

第十二条 任何外国组织、国际组织在中国管辖水域内进行水下文物考古调查、勘探、发掘活动，都应当采取与中方单位合作的方式进行，并取得许可。中方单位应当具有考古发掘资质；外方单位应当是专业考古研究机构，有从事该课题方向或者相近方向研究的专家和一定的实际考古工作经历。

中外合作进行水下文物考古调查、勘探、发掘活动的，由中方单位向国务院文物主管部门提出申请。申请材料应当包括中外合作单位合作意向书、工作计划书，以及合作双方符合前款要求的有关材料。拟开展的考古调查、勘探、发掘活动在中国内水、领海内的，还应当提供活动所在地省、自治区、直辖市人民政府文物主管部门出具的意见。

国务院文物主管部门收到申请材料后，应当征求有关科研机构和专家的意见，涉及军事管理区和军事用海的还应当征求有关军事机关的意见，并按照国家有关规定送请有关部门审查。审查合格的，报请国务院特别许可；审查不合格的，应当书面告知申请人并说明理由。

中外合作考古调查、勘探、发掘活动所取得的水下文物、自然标本以及考古记录的原始资料，均归中国所有。

第十三条 在中国管辖水域内进行大型基本建设工程，建设单位应当事先报请国务院文物主管部门或者省、自治区、直辖市人民政府文物主管部门组织在工程范围内有可能埋藏文物的地方进行考古调查、勘探；需要进行考古发掘的，应当依照《中华人民共和国文物保护法》有关规定履行报批程序。

第十四条 在中国管辖水域内进行水下文物的考古调查、勘探、发掘活动，应当以文物保护和科学研究为目的，并遵守相关法律、法规，接受有关主管部门的管理。

考古调查、勘探、发掘活动结束后，从事考古调查、勘探、发掘活动的单位应当向国务院文物主管部门和省、自治区、直辖市人民政府文物主管部门提交结项报告、考古发掘报告和取得的实物图片、有关资料复制件等。

考古调查、勘探、发掘活动中取得的全部出水文物应当及时登记造册、妥善保管，按照国家有关规定移交给由国务院文物主管部门或者省、自治区、直辖市人民政府文物主管部门指定的国有博物馆、图书馆或者其他国有收藏文物的单位收藏。

中外合作进行考古调查、勘探、发掘活动的，由中方单位提交前两款规定的实物和资料。

第十五条 严禁未经批准进行水下文物考古调查、勘探、发掘等活动。

严禁任何个人以任何形式进行水下文物考古调查、勘探、发掘等活动。

第十六条 文物主管部门、文物收藏单位等应当通过举办展览、开放参观、科学研究等方式，充分发挥水下文物的作用，加强中华优秀传统文化、水下文物保护法律制度等的宣传教育，提高全社会水下文物保护意识和参与水下文物保护的积极性。

第十七条 文物主管部门、公安机关、海上执法机关按照职责分工开展水下文物保护执法工作，加强执法协作。

县级以上人民政府文物主管部门应当在水下文物保护工作中加强与有关部门的沟通协调，共享水下文物执法信息。

第十八条 任何单位和个人有权向文物主管部门举报违反本条例规定、危及水下文物安全的行为。文物主管部门应当建立举报渠道并向社会公开，依法及时处理有关举报。

第十九条 保护水下文物有突出贡献的，按照国家有关规定给予精神鼓励或者物质奖励。

第二十条 文物主管部门和其他有关部门的工作人员，在水下文物保护工作中滥用职权、玩忽职守、徇私舞弊的，对直接负责的主管人员和其他直接责任人员依法给予处分；构成犯罪的，依法追究刑事责任。

第二十一条 擅自在文物保护单位的保护范围内进行建设工程或者爆破、钻探、挖掘等作业的，依照《中华人民共和国文物保护法》追究法律责任。

第二十二条 违反本条例规定，有下列行为之一的，由县级以上人民政府文物主管部门或者海上执法机关按照职责分工责令改正，追缴有关文物，并给予警告；有违法所得的，没收违法所得，违法经营额 10 万元以上的，并处违法经营额 5 倍以上 15 倍以下的罚款，违法经营额不足 10 万元的，并处 10 万元以上 100 万元以下的罚款；情节严重的，由原发证机关吊销资质证书，10 年内不受理其相应申请：

（一）未经批准进行水下文物的考古调查、勘探、发掘活动；

（二）考古调查、勘探、发掘活动结束后，不按照规定移交有关实物或者提交有关资料；

（三）未事先报请有关主管部门组织进行考古调查、勘探，在中国管辖水域内进行大型基本建设工程；

（四）发现水下文物后未及时报告。

第二十三条 本条例自 2022 年 4 月 1 日起施行。

国务院文件

国务院关于印发"十四五"现代综合交通运输体系发展规划的通知

（2021年12月9日　国发〔2021〕27号）

现将《"十四五"现代综合交通运输体系发展规划》印发给你们，请认真贯彻执行。

"十四五"现代综合交通运输体系发展规划

交通运输是国民经济中具有基础性、先导性、战略性的产业，是重要的服务性行业和现代化经济体系的重要组成部分，是构建新发展格局的重要支撑和服务人民美好生活、促进共同富裕的坚实保障。为加快建设交通强国，构建现代综合交通运输体系，根据《中华人民共和国国民经济和社会发展第十四个五年规划和2035年远景目标纲要》、《交通强国建设纲要》、《国家综合立体交通网规划纲要》，制定本规划。

第一章　发展环境

"十三五"时期，我国综合交通运输体系建设取得了历史性成就，基本能够适应经济社会发展要求，人民获得感和满意度明显提升，为取得脱贫攻坚全面胜利、实现第一个百年奋斗目标提供了基础保障，在应对新冠肺炎疫情、加强交通运输保障、促进复工复产等方面发挥了重要作用。五年里，我国交通运输基础设施网络日趋完善，综合交通网络总里程突破600万公里，"十纵十横"综合运输大通道基本贯通，高速铁路运营里程翻一番、对百万人口以上城市覆盖率超过95%，高速公路对20万人口以上城市覆盖率超过98%，民用运输机场覆盖92%左右的地级市，超大特大城市轨道交通加快成网，港珠澳大桥、北京大兴国际机场、上海洋山港自动化码头、京张高速铁路等超大型交通工程建成投运。战略支撑能力不断增强，中欧班列开行列数快速增长，京津冀一体化交通网、长江经济带综合立体交通走廊加快建设，交通扶贫百项骨干通道基本建成，新建、改建农村公路超过 147 万公里，新增通客车建制村超过 3.3 万个，具备条件的乡镇和建制村全部通硬化路、通客车，快递网点基本覆盖全部乡镇，建制村实现直接通邮。运输服务质量持续提升，旅客高品质出行比例不断提高，航班正常率大幅上升，集装箱铁水联运量年均增长超过 20%，快递业务量翻两番、稳居世界第一。新技术新业态蓬勃发展，具有完全自主知识产权的全系列复兴号动车组上线运行，C919 客机成功试飞，ARJ21 支线客机规模化运营，跨海桥隧、深水航道、自动化码头等成套技术水平跻身世界前列，船舶建造水平持续提升，网约车、共享单车、网络货运平台等新业态快速发展、治理能力不断增强。"放管服"改革持续深化，铁路、空域、油气管网等领域重点改革任务扎实推进，高速公路省界收费站全面取消，交通物流降本增效成效显著。绿色交通、平安交通建设稳步推进，新能源汽车占全球总量一半以上，营运货车、营运船舶二氧化碳排放强度分别下降 8.4%和 7.1%左右，民航、铁路安全水平保持世界领先，道路运输重大事故数量和死亡人数分别下降 75%和 69%左右。

与此同时，我国综合交通运输发展不平衡、不充分问题仍然突出。综合交通网络布局不够均衡、结构不尽合理、衔接不够顺畅，重点城市群、都市圈的城际和市域（郊）铁路存在较明显短板。货物多式联运、旅客联程联运比重偏低，定制化、个性化、专业化运输服务产品供给与快速增长的需求不匹配。智能交通技术应用深度和广度有待拓展，部分关键核心产品和技术自主创新能力不强。交通运输安全形势仍然严峻，产业链供应链保障能力不足。绿色低碳发展任务艰巨，清洁能源推广应用仍需加快。综合交通运输管理体制机制有待健全完善，制约要素自由流动的体制机制障碍依然存在。

"十四五"时期，我国综合交通运输发展面临的形势更加复杂多变。从国际看，当今世界正经历百年未有之大变局，新一轮科技革命和产业变革深入发展，新冠肺炎疫情冲击全球产业链供应链和国际物流体系，经济全球化遭遇逆流。从国内看，我国开启全面建设社会主义现代化国家的新征程，区域经济布局、国土开发保护格局、人口结构分布、消费需求特征、要素供给模式等发生深刻变化，对综合交通运输体系发展提出新要求，交通运输行业进入完善设施网络、精准补齐短板的关键期，促进一体融合、提升服务质效的机遇期，深化改革创新、转变发展方式的攻坚期。要适应国土空间开发保护、新型城镇化建设、全面推进乡村振兴的要求，优化发展布局，强化衔接融合，因地制宜完善区域城乡综合交通网络；要坚持以创新为核心，增强发展动力，推动新科技赋能提升交通运输发展质量效率；要增强综合交通运输体系韧性，调整发展模式，将绿色发展理念、低碳发展要求贯穿发展全过程，提高自身运行安全水平和对国家战略安全的保障能力；要将满足人民对美好生活的向往、促进共同富裕作为着力点，转变发展路径，促进建管养运并重、设施服务均衡协同、交通运输与经济社会发展深度融合，以全方位转型推动交通运输高质量发展。

第二章　总体要求

第一节　指导思想

以习近平新时代中国特色社会主义思想为指导，全面贯彻落实党的十九大和十九届历次全会精神，立足新发展阶段，完整、准确、全面贯彻新发展理念，构建新发展格局，坚持以人民为中心的发展思想，以推动高质量发展为主题，以深化供给侧结构性改革为主线，以改革创新为根本动力，以满足人民日益增长的美好生活需要为根本目的，以加快建设交通强国为目标，统筹发展和安全，完善结构优化、一体衔接的设施网络，扩大多样化高品质的服务供给，培育创新驱动、融合高效的发展动能，强化绿色安全、开放合作的发展模式，构建现代综合交通运输体系，为全面建设社会主义现代化国家提供战略支撑。

第二节　基本原则

*服务大局，当好先锋。*坚持人民交通为人民，充分发挥交通作为中国现代化开路先锋的作用，不断增强对经济社会发展全局和国家重大战略的保障能力，有效支撑引领区域协调发展、乡村振兴和新型城镇化，提供能够更好满足人民群众需要的交通运输服务。

*系统推进，衔接融合。*坚持系统观念，合理确定交通运输基础设施网络规模、技术标准、建设时序，补齐西部地区路网空白，优化网络结构功能，科学合理挖掘既有设施潜力，精准补齐联通衔接短板，提升运输资源配置效率，促进跨领域、跨区域、跨行业协调融合发展。

*创新驱动，深化改革。*注重新科技深度赋能应用，提升交通运输数字化智能化发展水平，破除制约交通运输高质量发展的体制机制障碍，推动交通运输市场统一开放、有序竞争，促进交通运输提效能、扩功能、增动能。

*绿色转型，安全发展。*落实碳达峰、碳中和目标要求，贯彻总体国家安全观，强化资源要素节约集约利用，推动交通运输绿色低碳转型，加强运行安全和应急处置能力建设，提升国际互联互通和运输保障水平，保障产业链供应链安全。

第三节　发展目标

到2025年，综合交通运输基本实现一体化融合发展，智能化、绿色化取得实质性突破，综合能力、服务品质、运行效率和整体效益显著提升，交通运输发展向世界一流水平迈进。

设施网络更加完善。国家综合立体交通网主骨架能力利用率显著提高。以"八纵八横"高速铁路主通道为主骨架，以高速铁路区域连接线衔接，以部分兼顾干线功能的城际铁路为补充，主要采用250公里及以上时速标准的高速铁路网对50万人口以上城市覆盖率达到95%以上，普速铁路瓶颈路段基本消除。7条首都放射线、11条北南纵线、18条东西横线，以及地区环线、并行线、联络线等组成的国家高速公路网的主线基本贯通，普通公路质量进一步提高。布局完善、功能完备的现代化机场体系基本形成。港口码头专业化、现代化水平显著提升，内河高等级航道网络建设取得重要进展。综合交通枢纽换乘换装效率进一步提高。重点城市群一体化交通网络、都市圈1小时通勤网加快形成，沿边国道基本贯通。

运输服务更加高效。运输服务质量稳步提升，客运"一站式"、货运"一单制"服务更加普及，定制化、个性化、专业化运输服务产品更加丰富，城市交通拥堵和"停车难"问题持续缓解，农村和边境地区运输服务更有保障，具备条件的建制村实现快递服务全覆盖。面向全球的国际运输服务网络更加完善，中欧班列发展质量稳步提高。

技术装备更加先进。第五代移动通信(5G)、物联网、大数据、云计算、人工智能等技术与交通运输深度融合，交通运输领域新型基础设施建设取得重要进展，交通基础设施数字化率显著提高，数据开放共享和平台整合优化取得实质性突破。自主化先进技术装备加快推广应用，实现北斗系统对交通运输重点领域全面覆盖，运输装备标准化率大幅提升。

安全保障更加可靠。交通设施耐久可靠、运行安全可控、防范措施到位，安全设施完好率持续提高。跨部门、跨领域的安全风险防控体系和应急救援体系进一步健全，重特大事故发生率进一步降低。主要通道运输安全和粮食、能源、矿石等物资运输安全更有保障，国际物流供应链安全保障能力持续提升。

发展模式更可持续。交通运输领域绿色生产生活方式逐步形成，铁路、水运承担大宗货物和中长距离货物运输比例稳步上升，绿色出行比例明显提高，清洁低碳运输工具广泛应用，单位周转量能源消耗明显降低，交通基础设施绿色化建设比例显著提升，资源要素利用效率持续提高，碳排放强度稳步下降。

治理能力更加完备。各种运输方式一体融合发展、交通基础设施投融资和管理运营养护等领域法律法规和标准规范更加完善,综合交通运输一体化融合发展程度不断提高,市场化改革持续深化,多元化投融资体制更加健全,以信用为基础的新型监管机制加快形成。

展望 2035 年,便捷顺畅、经济高效、安全可靠、绿色集约、智能先进的现代化高质量国家综合立体交通网基本建成,"全国 123 出行交通圈"(都市区 1 小时通勤、城市群 2 小时通达、全国主要城市 3 小时覆盖)和"全球 123 快货物流圈"(快货国内 1 天送达、周边国家 2 天送达、全球主要城市 3 天送达)基本形成,基本建成交通强国。

专栏 1 "十四五"时期综合交通运输发展主要指标

类别	指　　标	2020 年	2025 年[①]	属　性
设施网络	1. 铁路营业里程(万公里)	14.6	16.5	预期性
	其中:高速铁路营业里程	3.8	5	预期性
	2. 公路通车里程(万公里)	519.8	550	预期性
	其中:高速公路建成里程	16.1	19	预期性
	3. 内河高等级航道里程(万公里)	1.61	1.85	预期性
	4. 民用运输机场数(个)	241	>270	预期性
	5. 城市轨道交通[②]运营里程(公里)	6600	10000	预期性
衔接融合	6. 沿海港口重要港区铁路进港率(%)	59.5	>70	预期性
	7. 枢纽机场轨道交通接入率[③](%)	68	80	预期性
	8. 集装箱铁水联运量年均增长率(%)	—	15	预期性
	9. 建制村快递服务通达率(%)	50	>90	预期性
智能绿色	10. 重点领域[④]北斗系统应用率(%)	≥60	>95	预期性
	11. 城市新能源公交车辆占比[⑤](%)	66.2	72	预期性
	12. 交通运输二氧化碳排放强度[⑥]下降率(%)	—	〔5〕	预期性

续表

安全可靠	13. 道路运输较大及以上等级行车事故万车死亡人数下降率(%)	—	〔12〕	约束性
	14. 民航运输飞行百万小时重大及以上事故率(次/百万小时)	0	〔<0.11〕	约束性
	15. 铁路交通事故十亿吨公里死亡率(人/十亿吨公里)	0.17	<0.3	约束性

注:①〔 〕内为5年累计数。②指纳入国家批准的城市轨道交通建设规划中的大中运量城市轨道交通项目。③指国际枢纽机场和区域枢纽机场中连通轨道交通的机场数量占比。④指重点营运车辆、邮政快递自有干线运输车辆、应安装具备卫星定位功能船载设备的客船及危险品船等。⑤指新能源公交车辆占所有地面公交车辆的比重。⑥指按单位运输周转量计算的二氧化碳排放。

第三章　构建高质量综合立体交通网

按照国家综合立体交通网"6轴7廊8通道"主骨架布局,构建完善以"十纵十横"综合运输大通道为骨干,以综合交通枢纽为支点,以快速网、干线网、基础网多层次网络为依托的综合交通网络,加快推进存量网络提质增效,聚焦中西部地区精准补齐网络短板,稳步提高通达深度,畅通网络微循环,勾画好美丽中国的"交通工笔画"。

第一节　完善综合运输大通道

优化综合运输通道布局。建设综合性、立体化、大容量、快速化的交通主轴,构建多方式、多通道、便捷化交通走廊,强化主轴与走廊间的协调衔接。提升京沪、沪昆、广昆、陆桥以及北京至港澳台、黑河至港澳、额济纳至广州、青岛至拉萨、厦门至喀什等通道功能,推进待贯通段建设和瓶颈段扩容改造,畅通沿海与内陆地区通道。推动通道内各种运输方式资源优化配置和有机衔接。

加强战略骨干通道建设。推进出疆入藏通道建设,扩大甘新、青新、青藏、川藏四条内联主通道通行能力,稳步推进川藏铁路建设,加快推进新藏铁路和田至日喀则段前期工作、适时启动重点路段建设,有序推进滇藏铁路前期工作,密实优化航空航线网络布局,构建多向联通的通道布局。畅通沿江通道,加快建设沿江高铁，优化以高等级航道和干线铁路、高速公路为骨干的沿江综合运输大通道功能。升级沿海通道，提高铁路通道能力，推进高速公路繁忙路段扩容改造，提升港口航道整体效能，构建大容量、高品质的运输走廊。贯通沿边通道，提级改造普通国省干线，推进重点方向沿边铁路建设，提高安全保障水平。建设西部陆海新通道，发挥铁路在陆路运输中的骨干作用和港口在海上运输中的门户作用，强化东、中、西三条通路，形成大能力主通道，衔接国际运输通道。

专栏2　战略骨干通道建设工程

1. 出疆通道。建设和田至若羌、伊宁至阿克苏、若羌至罗布泊、精河至阿拉山口增建二线等铁路，实施精河经伊宁至霍尔果斯铁路扩能改造。建成京新高速公路巴里坤至木垒段，完成国道315依吞布拉克—若羌—民丰段建设改造。

2. 入藏通道。建设川藏铁路雅安至林芝段，推进青藏铁路格尔木至拉萨段电气化改造、日喀则至吉隆铁路等项目前期工作，适时启动新藏铁路重点路段建设。建成京藏高速公路那曲至拉萨段、雅叶高速公路拉萨至日喀则机场段，提质改造川藏公路318线、滇藏新通道西藏段（丙察察），推动国道219米林至墨脱段建设，实施川藏铁路配套公路工程。

3. 沿江通道。建设成都重庆至上海沿江高铁。实施长江中上游干线航道等级提升工程，系统疏解三峡枢纽瓶颈制约，推进三峡翻坝转运、金沙江翻坝转运设施建设，深化三峡水运新通道前期论证。推动宁芜高速、沪渝高速武汉至黄石段、渝宜高速长寿至梁平段以及厦蓉高速、银昆高速成都至重庆段等高速公路扩容改造。

4. 沿海通道。建设上海经宁波至合浦沿海高速铁路。按二级及以上标准推动沿海国道228改造，推进沈海高速火村至龙山段、福鼎至诏安段等扩容改造。

5. 沿边通道。有序推进酒泉至额济纳等铁路建设，开展波密至然乌等铁路前期工作。推动沿边国道219、国道331待贯通和低等级路段建设改造，实现85%以上达到三级及以上标准。

6. 西部陆海新通道。建设黄桶至百色、黔桂增建二线、南防增建二线等铁路，实施隆黄铁路隆昌至叙永段扩能改造。推动呼北高速灌阳至平乐段等国家高速公路待贯通路段建设。研究建设平陆运河。推进广西北部湾国际门户港和洋浦区域国际集装箱枢纽港建设。

第二节　建设多层级一体化综合交通枢纽

打造综合交通枢纽集群。建设京津冀、长三角、粤港澳大湾区、成渝地区双城经济圈等国际性综合交通枢纽集群，提升全球互联互通水平和辐射能级。培育一批辐射区域、连通全国的综合交通枢纽集群，合理组织集群服务网络，提高集群内枢纽城市协同效率。

优化综合交通枢纽城市功能。提升国际性综合交通枢纽的全球联通水平和资源要素配置能力,增强部分枢纽国际门户功能。优化全国性综合交通枢纽客货中转设施、集疏运网络及客运场站间快速连接系统。增强区域性综合交通枢纽的衔接转运能力,发展口岸枢纽。强化不同层级综合交通枢纽城市之间功能互补、设施连通、运行协同。

完善综合客运枢纽系统。优化客运场站和城市公共交通枢纽布局,鼓励同站布设,加强与城市交通系统有效衔接。对换乘潜在需求大的综合客运枢纽,做好衔接通道用地和空间预留。推动新建综合客运枢纽布局立体换乘设施,鼓励同台换乘,实施既有枢纽换乘设施便捷化改造,推动主要运输方式间便捷换乘。整合接入综合客运枢纽的不同运输方式信息资源,加强数据、时刻、运力等对接。促进综合客运枢纽站城融合,探索建立枢纽开发利益共享机制,推动枢纽与周边区域统一规划、综合开发,加强开发时序协调、服务功能共享。

建设综合货运枢纽系统。优先利用现有物流园区以及货运场站等设施,规划建设多种运输方式高效融合的综合货运枢纽,引导冷链物流、邮政快递、分拨配送等功能设施集中布局。完善货运枢纽的集疏运铁路、公路网络,加快建设多式联运设施,推进口岸换装转运设施扩能改造。实施邮政快递枢纽能力提升工程,加强邮政普遍服务和快递处理中心等设施建设,与铁路、公路、民航等枢纽加强统筹。推进120个左右国家物流枢纽建设。

专栏3　综合交通枢纽建设重点工程

提升北京、天津、上海、广州、深圳、成都、重庆等枢纽城市的全球辐射能级。依托上海浦东、天津滨海、广州白云、成都天府等枢纽机场以及深圳西丽、重庆东站等铁路客运站,建设一批综合客运枢纽场站,推进综合客运枢纽场站间直接连通,实施北京、上海、广州、重庆等铁路枢纽优化工程,提升上海国际航运中心能级,建设天津国际航运中心,建设广州东部公铁联运枢纽、重庆陆港型物流枢纽等综合货运枢纽场站。

增强南京、杭州、沈阳、大连、哈尔滨、青岛、厦门、郑州、武汉、海口、昆明、西安、乌鲁木齐、宁波等枢纽城市的国际门户作用。完善杭州、宁波、厦门、郑州、武汉等枢纽规划,建设南京禄口、杭州萧山、厦门翔安、昆明长水、西安咸阳、武汉西站、宁波西站、海口新海港等综合客运枢纽场站,建设大连、厦门国际航运中心和宁波舟山国家大宗商品储运基地。

提升石家庄、太原、合肥、济南、长沙、南宁、兰州等枢纽城市全国集聚辐射功能。优化主要枢纽场站及集疏运设施布局,围绕济南遥墙、长沙黄花、南昌昌北、兰州中川等枢纽机场以及雄安站等铁路枢纽站,建设一批综合交通枢纽场站。

第三节　优化综合立体交通网络

构建以高速铁路、国家高速公路、民用航空等为主体的快速网，完善以普速铁路、普通国省道、港口航道等为主体的干线网，提高基础网保障能力。

建设现代化铁路网。坚持客货并重、新建改建并举、高速普速协调发展，加快普速铁路建设和既有铁路扩能改造，着力消除干线瓶颈，推进既有铁路运能紧张路段能力补强，加快提高中西部地区铁路网覆盖水平。加强资源富集区、人口相对密集脱贫地区的开发性铁路和支线铁路建设。推进高速铁路主通道建设，提升沿江、沿海、呼南、京昆等重要通道以及京沪高铁辅助通道运输能力，有序建设区域连接线。综合运用新技术手段，改革创新经营管理模式，提高铁路网整体运营效率。统筹考虑运输需求和效益，合理规划建设铁路项目，严控高速铁路平行线路建设。

专栏4　铁路网建设重点工程

1. 普速铁路。建设柳州至广州、瑞金至梅州、温州经武夷山至吉安、定西经平凉至庆阳、太子城至锡林浩特、仙桃经洪湖至监利、太原至和顺、大理至攀枝花、乌北至准东增建二线等普速铁路，协调推进首都地区货运东、北环线铁路建设。推进富裕至加格达奇、南京至芜湖、鸦鹊岭至宜昌、天津至蓟县、汪清至图们、中卫至平凉等铁路扩能改造。

2. 高速铁路。建设北京经雄安新区至商丘、包头至银川、襄阳至常德、天津至新沂、西安至重庆、西安至十堰、长沙至赣州、雄安新区至忻州、太原至绥德、延安经榆林至鄂尔多斯、长春经辽源至通化、敦化至牡丹江、哈尔滨经绥化至铁力、上海经乍浦至杭州、宁波经台州经温州至福州、焦作经洛阳至平顶山、阜阳至黄冈、益阳至娄底、铜仁至吉首、邵阳至永州、南昌至九江、湛江至海安等高速铁路。

完善公路网结构功能。提升国家高速公路网络质量，实施京沪、京港澳、京昆、长深、沪昆、连霍、包茂、福银、泉南、广昆等国家高速公路主线繁忙拥挤路段扩容改造，加快推进并行线、联络线以及待贯通路段建设。合理引导地方高速公路有序发展。加快普通国省道低等级路段提质升级，将西部地区普通国道二级及以上公路比重提高到70%，实现对重要口岸、枢纽、产业园区、旅游景区有效覆盖，强化安全设施配置。完善“四好农村路”高质量发展体系，深入开展示范创建，实现通三级及以上公路的乡镇比重达到85%左右，推动较大人口规模自然村（组）通硬化路，因地制宜推进建制村双车道公路建设和农村过窄公路拓宽改造，强化农村公路与干线公路、村内主干道衔接。推进渡改桥等便民设施建设。

专栏 5　公路网建设重点工程

1. 待贯通路段建设。推进京雄等雄安新区对外高速公路以及呼北高速炉红山至慈利段、德州至上饶高速安徽段、溧阳至宁德高速黄山至千岛湖段、上海至武汉高速无为至岳西段、集宁至阿荣旗高速白音查干至乌兰浩特段、杭州湾地区环线高速杭州至宁波支线等国家高速公路待贯通路段建设。

2. 瓶颈路段升级改造。推进京哈高速绥中(冀辽界)至盘锦段、青兰高速涉县至冀晋界段、连霍高速忠和至茅茨段、沪昆高速昌傅至金鱼石段、荣乌高速威海至烟台段、济广高速济南至菏泽段、京港澳高速耒阳大市至宜章(湘粤界)段等高速公路繁忙路段扩容改造。推进国道 210 白云鄂博至固阳段、国道 217 阿勒泰至布尔津段、国道 227 贵德至大武段、国道 353 巨甸至维西段等升级改造及国省干线穿越城区段改移工程。

优化畅通水运设施网络。建设京津冀、长三角、粤港澳大湾区世界级港口群,支持山东打造世界一流的海洋港口,推进东北地区沿海港口一体化发展,优化港口功能布局,推动资源整合和共享共用。有序推进沿海港口专业化码头及进出港航道等公共设施建设。适度超前建设粮食、能源、矿产资源的接卸、储存、中转设施,推进沿海沿江液化天然气码头规划建设。提升内河港口专业化、规模化水平,合理集中布局集装箱、煤炭、铁矿石、商品汽车等专业化码头。加强内河高等级航道扩能升级与畅通攻坚建设,完善长江、珠江、京杭运河和淮河等水系内河高等级航道网络,进一步提升珠三角高等级航道网出海能力,全面加强长三角、珠江—西江高等级航道网未达标段建设。推动重要支流航道和库湖区航道、内河旅游航道、便民码头建设。

专栏 6　水运设施网络建设重点工程

1. 沿海港航设施。推进天津北疆与东疆、青岛董家口、南通通州湾、上海洋山、厦门翔安、深圳盐田、广州南沙、汕头广澳、湛江宝满、洋浦小铲滩、钦州大榄坪等集装箱码头工程。推进唐山京唐、黄骅散货港区、日照岚山、连云港连云、宁波舟山衢山、防城港企沙等矿石码头工程。推进营口仙人岛、黄骅散货港区、烟台西港区、青岛董家口、连云港徐圩、宁波舟山金塘、厦门古雷等原油码头工程。加快小洋山北侧综合开发。推进曹妃甸港区煤炭运能扩容、日照港转型升级工程。推进锦州港、唐山京唐、曹妃甸、日照岚山、连云港港、宁波舟山条帚门、深圳港西部、广州港、洋浦港、北部湾防城港和钦州等 20 万吨级及以上航道建设。

2. 内河港航设施。积极推进涪陵至丰都段航道整治,研究推进长江干线宜宾至重庆段、宜昌至武汉段航道整治,加快治理安庆至南京段重点航段,进一步改善南京以

续表

下12.5米深水航道条件，加快改善长江口北港航道条件，研究推进长江口南槽航道整治二期工程，推进大芦线东延线等河海直达航道工程。推进西江航运干线3000吨级航道整治和船闸扩能工程。开展京杭运河山东段航道整治，推进苏北段船闸、航道扩能工程，推进杭甬运河整治提升工程、常山江航运开发工程。推进引江济淮航运工程建设，开展淮河干线及沙颍河航道整治、船闸改扩建，推进淮河出海航道工程。推进右江百色、红水河龙滩等枢纽通航设施建设。推进京杭运河黄河以北段适宜河段通航。开展湘桂赣粤运河前期研究论证。

*扩大航空网络覆盖。*推动区域机场群协同发展，建设京津冀、长三角、粤港澳大湾区、成渝等世界级机场群。适时启动能力紧张枢纽机场改扩建工程，强化枢纽机场综合保障能力。合理加密机场布局，稳步建设支线机场和专业性货运枢纽机场，提升综合性机场货运能力和利用率。有序推进通用机场规划建设，构建区域短途运输网络，探索通用航空与低空旅游、应急救援、医疗救护、警务航空等融合发展。优化航路航线网络，加强军民航空管基础设施建设，推广应用空管新技术。

专栏7　民用运输机场建设重点工程
实施广州、深圳、昆明、西安、重庆、乌鲁木齐、哈尔滨等国际枢纽机场和太原、沈阳、福州、杭州、宁波、合肥、济南、武汉、长沙、南昌、南宁、拉萨、兰州、银川、西宁等区域枢纽机场改扩建工程，建设呼和浩特、厦门、大连、三亚新机场。建成鄂州专业性货运机场，提升天津、郑州等机场国际航空货运能力。建设嘉兴、瑞金、郴州、湘西、丽水、韶关、阆中、威宁、邢台、朔州、安阳、亳州、乐山、府谷、黔北（德江）、盘州、阿拉尔、和静等支线机场。

*加强油气管网高效互联。*完善东北、西北、西南和海上四大油气进口通道。加快全国干线天然气管道建设，完善原油、成品油管网布局，推进东北、西北、西南等地区老旧管道隐患治理。推进油气管网互联互通和支线管道建设，扩大市县天然气管道覆盖范围并向具备条件的沿线乡镇辐射。

第四节　强化一体融合衔接

加快解决制约人民美好出行、货物高效流通的瓶颈，强化综合交通网络有机衔接。打通公路省际待贯通路段，加强干线公路与城市道路有效衔接，推进城镇密集地区干线公路过境段、进出城瓶颈路段升级改造。加强枢纽机场与轨道交通高效衔接，使换乘更加便捷。强化进港区、进园区、进厂区、进规模化农产品基地等集疏运设施建设，加快推动铁路进港口重点港区和大型工矿企业、物流园区、重点物资储备库。统筹考虑资源高效利用、生态环境保护和防洪航运安全，有序建设各种运输方式共享通道资源的过江跨海通道。推动超大特大城市的大型综合客运枢纽间通过轨道交通互连。加快实现联系紧密的综合货运枢纽间通过联络线或专用通道互连。

专栏8　综合交通网络衔接重点工程

1. 港口机场集疏运工程。完善上海港、唐山港、天津港、宁波舟山港、青岛港、深圳港、福州港、北部湾港等港口集疏运系统。推动杭州萧山机场、厦门翔安机场、长沙黄花机场、昆明长水机场等接入轨道交通。

2. 省际间待贯通路段畅通工程。有序实施丹锡高速克什克腾至承德联络线河北段、本溪至集安高速本溪至桓仁(辽吉界)段、赤峰至绥中高速凌源(蒙辽界)至绥中段、安康至来凤高速渝鄂界至建始段、都匀至香格里拉高速西昌至香格里拉段等省际高速公路建设。

3. 城市内外交通衔接改造工程。推进国道104、国道107、国道205、国道207、国道210、国道220、国道228、国道233、国道309、国道310、国道312、国道319、国道320、国道329、国道343、国道347等城镇过境路段升级改造。

4. 过江跨海关键性工程。建成深中、黄茅海等跨海通道。建设涪陵江北、伍家岗至点军山、枞阳至贵池、靖江至江阴、崇明至太仓等公铁两用过江通道以及隆叙铁路改造过江大桥。推动钦州市龙门大桥、钦州至北海大风江大桥等跨海大桥建设。适时启动珠江口狮子洋、莲花山通道建设。规划研究沪甬通道。

第五节　加强基础设施养护

推动落实全生命周期养护，强化常态化预防性养护，科学实施养护作业，加强养护工程质量检验评定，强化养护管理监管考核，提高基础设施使用寿命。加强桥梁隧道、通航建筑物、港口锚地、跑道停机坪等公共设施养护管理。加大养护新技术推广力度，建设交通基础设施长期性能科学观测网，鼓励自动化、信息化巡查，提高管理养护科学决策水平，推进养护机械化和标准化。加强铁路综合维修养护一体化管理。发展和规范公路养护市场，逐步增加向社会购买养护服务。深化农村公路管理养护体制改革，全面实施农村公路路长制。健全桥梁养护管理责任体系和工作机制。完善航道常态化养护机制，推动航道养护基地及配套设施设备建设。

第四章 夯实城乡区域协调发展基础支撑

充分发挥交通运输对国土空间开发保护的支撑引领作用，增强对实施区域重大战略、推动区域协调发展、全面推进乡村振兴的服务保障能力。

第一节 有力服务区域重大战略

建设多节点、网格状、全覆盖的京津冀一体化综合交通网络，基本建成轨道上的京津冀，高标准、高质量打造雄安新区对外交通网络，加强北京城市副中心与中心城区、廊坊北三县交通基础设施互联互通，强化北京冬奥会、冬残奥会交通保障。依托长江黄金水道，整体设计推进长江经济带综合交通运输体系建设，补强沿江高铁和铁路货运能力，全力打通公路省际待贯通路段，提升江海联运、铁水联运发展水平。推进粤港澳大湾区基础设施互联互通，优化航运和航空资源配置，加强港澳与内地的交通联系，支持香港提升国际航运、国际航空枢纽地位。推动长三角地区交通运输更高质量一体化发展，加快对外交通、城际交通、都市圈交通高效衔接和有机融合，协同推进港航、海事一体化发展，推动上海市、江苏省、浙江省、安徽省共建辐射全球的航运枢纽，加快提升江苏通州湾江海联动示范区功能，打造长江集装箱运输新出海口。构建海南岛内畅通、陆岛连通、全球通达的现代综合交通运输体系，建设现代化综合交通枢纽，稳步推进自由贸易港建设。构建黄河流域绿色安全便捷综合交通网络，强化跨区域大通道建设。

第二节 支撑引领区域协调发展

补齐西部地区交通基础设施网络短板，提升干线铁路覆盖度、干线公路通畅性和农村公路均等化水平，打造成渝地区双城经济圈 1 小时交通网，畅通多向出川出渝综合运输通道。提升东北地区交通基础设施网络整体效能，进一步畅通对外通道，推动沿海内陆沿边一体开放。推进中部地区内陆开放大通道建设，增强承东启西、连南接北功能，进一步巩固提升综合交通枢纽地位。构建东部地区现代化综合交通运输体系，加快区域一体化交通网络建设，提升重点运输通道能力和综合交通枢纽辐射能级，实现交通运输优化升级。提升欠发达地区、革命老区、边境地区对外通道能力，拓展网络通达深度，补齐生态退化地区基础设施短板，加强建设保障资源型地区转型发展、老工业基地产业转型升级的交通基础设施。

第三节　夯实乡村振兴交通基础

统筹新型城镇化和乡村振兴发展需要，逐步提升城乡交通运输一体化水平。巩固拓展具备条件的乡镇、建制村通硬化路成果，推动交通建设项目更多进村入户，鼓励农村公路与产业园区、旅游景区、乡村旅游重点村等一体开发。推动农村客货邮融合发展，持续推进乡镇运输服务站建设，整合交通、邮政、快递、供销、电商等资源，构建功能集约、便利高效的农村运输发展新模式。巩固建制村通客车成果，提升农村客运运营安全和服务水平，加强农村客运安全监管，推动构建农村客运长效稳定发展机制。推动农村物流融入现代流通体系，加快贯通县乡村电子商务体系和快递物流配送体系，建设便捷高效的工业品下乡、农产品出村双向渠道，打造农村物流服务品牌。

第四节　强化边境交通设施建设

服务沿边城镇体系建设，以公路、机场为重点，大力改善边境地区交通出行条件，提升边境城镇人口集聚能力。统筹推进边境地区国省干线公路、农村公路等建设，全面完善国道干线主骨架，推进沿边公路并行线建设和低等级公路提质改造，加快抵边公路建设，尽快形成层次清晰、结构合理的沿边公路网。稳步推进边境地区机场建设，构建多层级航空网，扩大航空运输服务覆盖面。补强同江、二连浩特、阿拉山口、霍尔果斯、瑞丽、磨憨等口岸后方铁路通道能力。加强抵边自然村邮政设施建设，实现邮政服务普遍覆盖。

专栏9　边境地区交通基础设施建设工程
1. 沿边抵边公路。建设集安至桓仁、珲春至圈河、泸水至腾冲、米林经墨脱经察隅至滇藏界、青河经富蕴至阿勒泰、布伦口至红其拉甫、巴里坤至老爷庙、莎车至塔什库尔干、二连浩特至赛罕塔拉、大红山至霍勒扎德盖、云南界至那坡平孟、西畴至富宁等沿边抵边公路。推进麻扎至公珠、孟泽至嘎拉、萨玛达至扎日、边巴至加玉等沿边公路并行线待贯通路段建设和低等级路段改扩建。
2. 边境机场。建设塔什库尔干、普兰、定日、隆子、绥芬河、昭苏、准东（奇台）等机场，迁建延吉机场，建设札达、叶城等20个左右边境通用机场。

第五章　推进城市群和都市圈交通现代化

深入推进以人为核心的新型城镇化，分层分类完善交通网络，加强互联互通和一体衔接，促进城市群、都市圈和城市内交通运输协同运行，推动城市群和都市圈交通运输率先实现现代化，提升城镇化发展质量。

第一节　建设城市群一体化交通网

强化重点城市群城际交通建设。围绕京津冀、长三角、粤港澳大湾区、成渝、长江中游等城市群，以轨道交通、高速公路为骨干，提升城际运输通道功能，加强核心城市快速直连，构建多节点、网络化的城际交通网，实现城市群内主要城市间2小时通达。整体推进京津冀、长三角、粤港澳大湾区城际铁路和市域（郊）铁路建设，有序推动成渝地区双城经济圈城际铁路和市域（郊）铁路建设，加强与高速铁路、普速铁路一体衔接，扩大对5万人口以上城镇的有效覆盖。

有序推进其他城市群城际交通建设。提升山东半岛、粤闽浙沿海、中原、关中平原、北部湾等城市群内的城际主通道功能，推进哈尔滨—长春、辽中南、山西中部、黔中、滇中、呼包鄂榆、兰州—西宁、宁夏沿黄、天山北坡等城市群内的城际主通道建设。建设有效衔接大中小城市和小城镇的多层次快速交通网络，积极推进利用既有铁路富余运力开行城际列车。

第二节　构建都市圈通勤交通网

打造轨道上的都市圈。建设都市圈多层次轨道交通网络，推进干线铁路、城际铁路、市域（郊）铁路、城市轨道交通融合衔接，合理推动轨道交通跨线运营。积极利用干线铁路、城际铁路提供通勤服务，充分利用既有铁路富余运力开行市域（郊）列车，增加列车停站数量和在重要客流集散地的停站频率，鼓励高峰时段公交化运营，提高通勤服务质量。探索将重点都市圈中心城区轨道交通以合理制式适当向周边城市（镇）延伸。

完善多层次道路交通网。合理加密快速路通道，因地制宜规划建设都市圈环线和城市绕城环线。科学布局建设加油加气站、公交场站、停车设施。积极推动城市公交线路向周边城镇、功能节点延伸，鼓励都市圈内毗邻城市（镇）开行公交，开展客运班线公交化改造。

专栏10　重点城市群和都市圈交通网络建设工程
1. 重点城市群城际铁路。充分挖潜干线铁路城际功能，推进核心城市间城际铁路及区域联络线建设，建设雄安新区至石家庄、天津至承德、苏州经无锡至常州、衢州至丽水、深圳至惠州、佛山至东莞等城际铁路，基本建成京津冀、长三角、粤港澳大湾区等城市群城际铁路网。 2. 重点都市圈市域（郊）铁路。实施一批既有铁路的市域（郊）运输功能改造工程，利用既有萧甬铁路开行绍兴至上虞市域（郊）列车。推进北京东北环线等整体提

续表

升工程,建设上海嘉闵线及北延伸段、南京市域18号线、杭州至德清、宁波至象山、重庆至合川等市域(郊)铁路。 3.高速公路环线。推动武汉、长春、西安等都市圈高速公路环线建设,实施部分高速公路拥挤路段改扩建工程,优化调整首都地区环线高速公路线路。

第三节　打造城市现代交通系统

完善城市交通基础设施。科学规划建设城市综合交通系统,加快发展快速干线交通、生活性集散交通、绿色慢行交通,实现顺畅衔接。加强大城市微循环和支路网建设,优化快速、主干、次干、支路比例,加快城市支路街巷建设改造和畸形交叉口改造,分类分区优化停车设施供给,提高停车资源利用效率和精细化服务水平,加强资源共享和错时开放。合理提高中小城市路网密度,用好用足停车资源,适度增加停车设施,规范停车秩序。补齐县城、县级市、特大镇的城市道路和公路客运站设施等短板,稳步推进老旧小区、医院、学校、商业聚集区等区域公共停车设施建设,适度增加灵活便捷的道路班车配客站点。建设安全、连续、舒适的城市慢行交通系统,提高非机动车道和步道的连续性、通畅性,在商业办公区域、公共交通站点、旅游景区等场所增加非机动车停放设施,改善行人过街设施条件。

打造多模式便捷公共交通系统。深入实施公交优先发展战略,持续深化国家公交都市建设。超大特大城市构建以轨道交通为骨干的快速公交网络,科学有序发展城市轨道交通,推动轨道交通、常规公交、慢行交通网络融合发展。大城市形成以地面公交为主体的城市公共交通系统,发展重要客流走廊快速公交。中小城市提高城区公共交通运营效率,逐步提升站点覆盖率和服务水平。推广城市道路交通信号灯联动控制,保障公交优先通行;推广在电子公交站牌、互联网信息平台等发布公共交通实时运营信息,优化换乘引导标识,普及交通一卡通、移动支付等服务,提高公共交通吸引力。

第六章　扩大优质运输服务供给

顺应人民美好生活新期待,统筹考虑旅客运输和货物运输的不同发展趋势及阶段性特征,兼顾基本需求和多样化需求,推动运输服务多元化、品质化发展,扩大经济高效安全的运输服务产品供给,逐步实现人享其行、物畅其流。

第一节　提升旅客出行服务品质

加快发展旅客联程运输。稳妥推动交通运输票务系统信息共享和对外开放，提高道路客运联网售票水平，普及电子客票，到2025年，二级及以上道路客运站的电子客票覆盖率达到99%、省际和城际客运线路的电子客票覆盖率达到80%，努力实现一站购票、一票(证)通行。优化跨运输方式安检流程，推动安检互认。加强干线运输方式间、城市交通与干线运输方式间的运营信息、班次时刻、运力安排等协同衔接，做好首末班车"兜底"服务。推进城市候机楼建设，推行行李直挂服务。培育旅客联程运输经营主体，创新一体化联运产品，丰富综合交通运输信息服务产品。

发展高品质客运服务。优化高速铁路运输组织，扩大复兴号动车组上线运行范围，逐步实现高速铁路达速运行，提高普速铁路服务质量，鼓励开行夕发朝至列车。加强监管，鼓励和规范发展道路客运定制服务。促进航空服务网络干支有效衔接，优化航班时刻资源配置，持续提高航班正常率，增加航空运输服务品类。积极培育邮轮市场，拓展旅游产品，促进邮轮服务升级，推动游艇、游船、房车旅游发展，优化完善自驾车旅行服务设施，依托汽车客运站发展旅游集散业务，培育交通消费新模式。

提高客运服务普惠均等水平。持续开好公益性"慢火车"，优化开行方案，改善站车条件。推动有条件的地区实施农村客运公交化改造，保障好群众出行。发展边远地区基本航空服务，改善轮渡通行条件，方便边远地区群众日常出行。提升客运场站无障碍设施服务水平，推广应用低地板公交车、无障碍出租汽车，规范老年及残疾人代步车使用，强化对困难群体和特殊人群的服务保障。

第二节　构建高效货运服务系统

建设高效货运服务网络。完善与产业布局、消费格局相适应的大宗货物、集装箱物流网络，建设大容量、低成本、高效率物流骨干通道，保障化肥等重要农资季节性运输。有序发展铁路双层集装箱运输，探索开行定制化的铁路直达货运班列，充分利用富余运力和设施能力发展高铁快运等铁路快捷货运产品。推动道路货运高质量发展，提升规模化、集约化水平。加强航空货运能力建设，培育壮大专业货运机队，优化航线和时刻配置，提升机场物流组织效率和服务品质。完善以物流园区、配送中心、末端配送站为支撑的城市三级物流配送网络，加强与干线运输、区域分拨有效衔接。完善县乡村三级物流服务体系，提升产供销一体化服务能力。提升口岸通关能力和便利化水平。

大力发展货物多式联运。推进大宗货物和集装箱铁水联运系统建设，扩大铁水联运规模。以长江干线、西江航运干线为重点，提升江海联运组织水平。加快推进多式联运“一单制”，创新运单互认标准与规范，推动国际货运单证信息交换，探索国际铁路电子提单，逐步普及集装箱多式联运电子运单。加快多式联运信息共享，强化不同运输方式标准和规则的衔接。深入推广甩挂运输，创新货车租赁、挂车共享、定制化服务等模式。推动集装箱、标准化托盘、周转箱（筐）等在不同运输方式间共享共用，提高多式联运换装效率，发展单元化物流。鼓励铁路、港航、道路运输等企业成为多式联运经营人。

发展专业化物流服务。强化国家骨干冷链物流基地功能，完善综合货运枢纽冷链物流服务设施，加强不同运输方式冷链设施衔接，补齐集配装备和仓储设施短板，推动铁路集装箱冷链服务模式创新，强化分级分类质量监管，提升冷链物流服务品质。推动大宗货物储运一体化，推广大客户定制服务。统一货物危险特性分类标准，加强货物包装、运输作业和运输工具标准化建设，推广智能化储运监控、风险监测与预警系统应用。优化重点制造业供应链物流组织，提升交通运输对智能制造、柔性制造的服务支撑能力。

持续推动降低物流成本。降低物流制度成本，优化证照和许可办理程序，完善铁路货运价格市场化灵活调整机制。降低物流要素成本，保障重大物流基础设施建设用地需求。落实物流减税降费措施，规范和降低港口航运、公路铁路运输等物流收费，全面清理规范涉企收费。

第三节　发展现代邮政快递服务

提升寄递服务质效。创新邮政普遍服务，实现邮件全程跟踪查询。开展快递服务质量品牌创建行动，发展航空快递、高铁快递等差异化产品。推进快递进村，强化县乡村寄递物流资源共享，推动共同分拣、共同运输、共同收投，基本实现建制村直接收投邮件快件。推进快递进厂，深度嵌入产业链价值链，发展入厂物流、线边物流等业务。推动快递出海，加快建设邮政国际寄递中心，建设南昌、长沙、成都、郑州、南宁、南京、大连、义乌等邮政处理中心和国际邮件互换局（交换站），构建国际快件运输网络，推动国际寄递服务便利化。

完善寄递末端服务。建设多元化、智能化末端服务网络，推进城乡快递服务站、智能收投终端和末端服务平台等布局建设和资源共享。推动城市居住社区配建邮政快递服务场所和设施。建设集邮政、快递、电商、商贸等功能于一体的寄递物流综合服务站。推广无人车、无人机运输投递，稳步发展无接触递送服务。支持即时寄递、仓递一体化等新业态新模式发展。

专栏 11　运输服务品质提升行动

1. 客运服务提质升级。打造京张高速铁路客运服务示范线。推动具备条件的公路服务区向交通、生态、旅游、消费等复合型服务区转型，因地制宜打造一批特色公路服务区，建设普通国省干线公路服务区示范工程。鼓励建设多功能乡镇综合服务站。有序创建城乡交通运输一体化示范县。

2. 旅客联程运输发展。在 50 个城市组织开展旅客联程运输试点，开展行李直挂、安检互认等服务，创新空铁联运、公空联运、公铁联运服务模式，鼓励不同运输方式共建共享设施设备，加快推进联运票务一体化、行李服务便利化、信息资源共享化，加快空铁联运产品升级。

3. 多式联运提速。强化国家物流枢纽多式联运功能，组织开行一批铁水联运班列，发展公空衔接的卡车航班。引导多式联运经营人、各类运输企业开展跨行业信息互联互通、协同运作。推进舟山江海联运服务中心建设。深入实施多式联运示范工程。探索开行铁路双层集装箱班列。

4. 专业化货运系统培育。优化货运班列运输组织，逐步扩大班列运行范围，稳步推进班列开行成网，依托有条件的高铁客运列车开展高铁快运业务。提升航空货运枢纽中转效率，构建中枢轮辐式货运航线网络。

5. 城乡货运配送提质。完善城市配送节点网络，优化车辆便利通行政策，推进城市配送全链条信息交互共享和组织模式创新。在 100 个左右城市有序实施绿色货运配送示范工程。

第七章　加快智能技术深度推广应用

坚持创新驱动发展，推动互联网、大数据、人工智能、区块链等新技术与交通行业深度融合，推进先进技术装备应用，构建泛在互联、柔性协同、具有全球竞争力的智能交通系统，加强科技自立自强，夯实创新发展基础，增强综合交通运输发展新动能。

第一节　推进基础设施智能化升级

完善设施数字化感知系统。推动既有设施数字化改造升级，加强新建设施与感知网络同步规划建设。构建设施运行状态感知系统，加强重要通道和枢纽数字化感知监测覆盖，增强关键路段和重要节点全天候、全周期运行状态监测和主动预警能力。

构建设施设备信息交互网络。稳步推进 5G 等网络通信设施覆盖，提升交通运输领域信息传输覆盖度、实时性和可靠性。在智能交通领域开展基于 5G

的应用场景和产业生态试点示范。推动车联网部署和应用，支持构建“车—路—交通管理”一体化协作的智能管理系统。打造新一代轨道交通移动通信和航空通信系统，研究推动多层次轨道交通信号系统兼容互通，同步优化列车、航空器等移动互联网接入条件。提升邮政机要通信信息化水平。

整合优化综合交通运输信息平台。完善综合交通运输信息平台监管服务功能，推动在具备条件地区建设自动驾驶监管平台。建设基于区块链技术的全球航运服务网络。优化整合民航数据信息平台。提升物流信息平台运力整合能力，加强智慧云供应链管理和智慧物流大数据应用，精准匹配供给需求。有序建设城市交通智慧管理平台，加强城市交通精细化管理。

专栏 12　交通基础设施数字化网联化升级工程

1. 智能铁路。实施新一代铁路移动通信专网工程。选择高速铁路线路开展智能化升级。推进川藏铁路应用智能建造技术。实施铁路调度指挥系统智能化升级改造。

2. 智慧公路。建设京雄、杭绍甬等智慧高速公路工程。深化高速公路电子不停车收费系统(ETC)在多场景的拓展应用。建设智慧公路服务区。稳步推进集监测、调度、管控、应急、服务等功能于一体的智慧路网云控平台建设。

3. 智慧港口。推进大连港、天津港、青岛港、上海港、宁波舟山港、厦门港、深圳港、广州港等港口既有集装箱码头智能化改造。建设天津北疆 C 段、深圳海星、广州南沙四期、钦州等新一代自动化码头。在“洋山港区—东海大桥—临港物流园区”开展集疏运自动驾驶试点。

4. 智能航运。完善内河高等级航道电子航道图，实施长江干线、西江航运干线数字航道服务能力提升建设工程，试点建设应用智能航标，在三峡坝区河段等长江干线典型区段开展数字航道智慧服务集成。建设京杭运河数字航道。推进涪江、信江等智慧航道建设。推进船闸智能化升级，加强梯级船闸联合调度。完善船岸、船舶通信系统，增强船舶航行全过程船岸协同能力。开发应用电子海图和电子航道图的船载终端。

5. 智慧民航。围绕智慧出行、智慧物流、智慧运行和智慧监管，实施容量挖潜提升工程，推进枢纽机场智慧化升级，建设民航智慧化运营管理系统。

6. 智慧城市轨道交通。推进自主化列车运行控制系统研发，推动不同制式的轨道交通信号系统和有条件线路间的互联互通。构建智慧乘务服务、网络化智能运输组织调度、智慧能源管理、智能运维等系统。推广应用智能安检、移动支付等技术。

7. 综合交通运输信息平台。完善综合交通运输信息平台功能，推进地方交通大数据中心和综合交通运输信息平台一体化建设。实施铁路 12306 和 95306 平台优化提升工程。推广进口集装箱区块链电子放货平台应用。建设郑州等航空物流公共信息平台。研究建设无人驾驶航空器综合监管服务平台。

第二节　推动先进交通装备应用

促进北斗系统推广应用。完善交通运输北斗系统基础设施，健全北斗地基增强网络，提升北斗短报文服务水平。稳步推进北斗系统在铁路、公路、水路、通用航空、城市公共交通以及全球海上航运、国际道路运输等领域应用，推动布局建设融合北斗技术的列车运行控制系统，开展民航业北斗产业化应用示范。

推广先进适用运输装备。开展CR450高速度等级中国标准动车组、谱系化中国标准地铁列车研发应用，推广铁路重载运输技术装备。提升大型液化天然气运输船、极地船舶、大型邮轮等研发能力，推进水下机器人、深潜水装备、深远海半潜式打捞起重船、大型深远海多功能救助船等新型装备研发。推广绿色智能船舶，推进船舶自主航行等单项智能船舶技术应用，推动船舶智能航行的岸基协同系统、安保系统和远程操控系统整体技术应用。加强适航审定能力建设，推动C919客机示范运营和ARJ21支线客机系列化发展，推广应用新舟700支线客机、AG600水陆两栖飞机、重型直升机、高原型大载重无人机等。推进智能仓储配送设施设备发展。

提高装备标准化水平。推广应用轻量化挂车，开展常压液体危险货物罐车专项治理，稳步开展超长平板半挂车、超长集装箱半挂车治理工作。推进内河船型标准化，推广江海直达船型、三峡船型、节能环保船型，研发长江游轮运输标准船型。推动车载快速安检设备研发。巩固提升高铁、船舶等领域全产业链竞争力，在轨道交通、航空航天等技术装备领域创建中国标准、中国品牌。

第三节　创新运营管理模式

以满足个性化、高品质出行需求为导向，推进服务全程数字化，支持市场主体整合资源，提供“一站式”出行服务，打造顺畅衔接的服务链。稳妥发展自动驾驶和车路协同等出行服务，鼓励自动驾驶在港口、物流园区等限定区域测试应用，推动发展智能公交、智慧停车、智慧安检等。引导和规范网约车、共享单车、汽车分时租赁和网络货运平台等健康发展，防止无序扩张。加快发展“互联网+”高效物流新模式、新业态。加强深远海目标高清晰观测、海上高精度时空服务。提高交通运输政务服务和监管能力，完善数字化、信息化监管手段，加强非现场监管、信用监管、联合监管，实现监管系统全国联网运行。

第四节　夯实创新发展基础

推动交通科技自立自强。强化交通运输领域关键核心技术研发，加快研发轴承、线控底盘、基础技术平台及软硬件系统等关键部件，推动实现自主可控和产业化。加强交通运输领域前瞻性、战略性技术研究储备，加强智能网联汽车、自动驾驶、车路协同、船舶自主航行、船岸协同等领域技术研发，开展高速磁悬浮技术研究论证。强化复杂环境条件下线路、大跨度桥梁、超长隧道等建造技术研发以及高性能工程材料研发。加强高升程、大吨位升船机关键技术研发。

培育交通科技创新生态圈。促进政产学研用在交通运输领域深度融合。鼓励优势企业整合交通科技产业链资源，通过开放数据、开放平台、开放场景，培育交通科技产业生态圈，建设交通科技产业孵化基地。强化行业重点科研平台建设，推进重点实验室、技术创新中心等建设，培育国家级科技创新基地。

强化数据开放共享。加强交通运输数据分级分类管理。进一步完善交通运输数据资源开放共享机制和交换渠道，制定数据资源开放制度规范，推动条件成熟的数据资源合规开放和共享利用。加强交通运输数据安全管控，完善数据分级分类安全保护制度，制定智能交通数据应用安全标准，规范数据源采集和处理使用等活动，加强重要数据和个人信息保护。

第八章　全面推进绿色低碳转型

坚持绿水青山就是金山银山理念，坚持生态优先，全面推动交通运输规划、设计、建设、运营、养护全生命周期绿色低碳转型，协同推进减污降碳，形成绿色低碳发展长效机制，让交通更加环保、出行更加低碳。

第一节　优化调整运输结构

深入推进运输结构调整，逐步构建以铁路、船舶为主的中长途货运系统。加快铁路专用线建设，推动大宗货物和中长途货物运输“公转铁”、“公转水”。优化“门到门”物流服务网络，鼓励发展城乡物流共同配送、统一配送、集中配送、分时配送等集约化配送模式，提高工矿企业绿色运输比例，扩大城市生产生活物资公铁联运服务供给。

第二节　推广低碳设施设备

规划建设便利高效、适度超前的充换电网络，重点推进交通枢纽场站、停车设施、公路服务区等区域充电设施设备建设，鼓励在交通枢纽场站以及公路、铁路等沿线合理布局光伏发电及储能设施。推动交通用能低碳多元发展，积极推广新能源和清洁能源运输车辆，稳步推进铁路电气化改造，推动内河船舶更多使用清洁能源,进一步降低交通工具能耗。持续推进港口码头岸电设施、机场飞机辅助动力装置替代设施建设,推进船舶受电设施改造,不断提高岸电使用率。

第三节　加强重点领域污染防治

落实船舶大气污染物排放控制区制度。推动船舶污染物港口接收设施与城市公共转运处置设施有效衔接,健全电子联单监管制度。完善长江经济带船舶和港口污染防治长效机制。开展港区污水、粉尘综合治理,推进生产生活污水、雨污水循环利用,完善干散货码头堆场防风抑尘设施。开展交通运输噪声污染治理,妥善处理大型机场噪声影响,积极消除现有噪声污染。

第四节　全面提高资源利用效率

推动交通与其他基础设施协同发展,打造复合型基础设施走廊。统筹集约利用综合运输通道线位、桥位、土地、岸线等资源,提高国土空间综合利用率。推进科学选线选址,推广节地技术,强化水土流失防护和生态保护设计,优先避让具有重要生态功能或者生态环境敏感脆弱的国土空间,尽量避让噪声敏感建筑物集中区域。推进快递包装减量化、标准化、循环化。推动废旧设施材料等资源化利用。

第五节　完善碳排放控制政策

实施交通运输绿色低碳转型行动。研究制定交通运输领域碳排放统计方法和核算规则,加强碳排放基础统计核算,建立交通运输碳排放监测平台,推动近零碳交通示范区建设。建立绿色低碳交通激励约束机制,分类完善通行管理、停车管理等措施。

专栏 13　交通运输绿色低碳发展行动
1. 充换电设施网络构建。完善城乡公共充换电网络布局,积极建设城际充电网络和高速公路服务区快充站配套设施,实现国家生态文明试验区、大气污染防治重点区域的高速公路服务区快充站覆盖率不低于 80%、其他地区不低于 60%。大力推进停车场与充电设施一体化建设,实现停车和充电数据信息互联互通。 2. 新能源和清洁能源运输装备推广。推动城市公共服务车辆和港口、机场场内车辆电动化替代,百万人口以上城市(严寒地区除外)新增或更新地面公交、城市物流配送、邮政快递、出租、公务、环卫等车辆中电动车辆比例不低于 80%。在长江干线、京杭运河和西江航运干线等开展液化天然气加注站建设。

续表

3. 超标排放汽车船舶污染治理。建立健全汽车排放闭环管理机制。加快淘汰高耗能、高排放的老旧汽车，全面提升船舶设计能效和营运能效水平，鼓励购置低能耗、低排放运输装备。 4. 绿色交通基础设施建设。推动既有交通运输设施绿色化改造，加快港口船舶岸电设施和机场电动设施设备建设使用。推进京杭运河现代绿色航运综合整治工程。 5. 近零碳交通示范区建设。选择条件成熟的生态功能区、工矿区、城镇、港区、机场、公路服务区、交通枢纽场站等区域，建设近零碳交通示范区，优先发展公共交通，倡导绿色出行，推广新能源交通运输工具。

第九章　提升安全应急保障能力

坚持总体国家安全观，落实国家安全战略，维护和塑造国家安全，将安全发展贯穿于综合交通运输各领域、各环节，牢牢守住安全底线，夯实安全发展基础，提升突发事件应急保障能力，筑牢国家安全屏障。

第一节　提高交通网络抗风险能力

强化交通基础设施安全风险评估和分级分类管控，加强重大风险源识别和全过程动态监测分析、预测预警，在重要通道、枢纽、航运区域建设气象监测预警系统，提高交通基础设施适应气候变化的能力。稳定提升多灾易灾地区、主要产业及能源基地等重点区域的多路径连接比率，完善紧急交通疏散、救援和避难通道系统，增强交通运输网络韧性。加强交通运输领域关键信息基础设施、重要信息系统的网络安全防护，推进信息系统设施设备自主可控。

第二节　维护设施设备本质安全

建立健全基础设施资产管理体系，严把设施设备产品源头质量关，合理安排建设周期，推进精品建设和精细管理。加强交通安全设施建设，推动安全配套设施、重点目标防范设施与主体工程同步设计建设运营。加强高速铁路人防、物防、技防相结合的预警防护监测，强化铁路防灾抗险等设施建设。规范设置城市道路交通安全设施和交通管理设施。以临水临崖、隐患路口路段、交通标志标线等为重点，加强农村公路、桥梁隧道隐患排查整治和安全设施配套。完善水运工程安全配套设施和桥梁防船舶碰撞设施。

第三节　加强安全生产管理

健全企业安全风险分级管控、隐患排查治理、事故和重大险情技术调查等工作机制，加强生产安全事故统计分析，强化监督检查执法。综合利用科技手段，开展风险动态监测预警和分析研判。落实企业安全生产主体责任，强化安全生产监督管理责任。加强铁路沿线安全环境整治，夯实民航运行安全全链条管理，强化城市轨道交通运营保护区安全管理，加强寄递渠道安全监管和应急管理。强化设施设备运行安全，完善货车生产改装监管机制，杜绝非法改装货运车辆出厂上路。加大货物装载源头监管力度，禁止超限超载车辆出场(站)上路行驶。完善危险化学品运输网络，优化运输通行管控措施，强化港口、隧道、闸坝等重点部位通行管理。优化职业驾驶员、快递员、船员等从业环境，强化机动车驾驶员培训质量管理。

第四节　强化安全应急保障

健全综合交通运输应急管理体制机制，完善应急协调机制和应急预案体系，加强交通运输调度与应急指挥平台建设。推进区域性公路应急装备物资储备中心建设。加强水上交通安全监管、航海保障和救助打捞能力建设，完善沿海和内河溢油应急设备库，构建陆海空天一体化水上交通运输安全保障体系。建设城市轨道交通应急演练中心。以骨干航空物流企业为主体构建航空应急服务网络。建设海事监管指挥系统。在开展城市交通基础设施地下空间、低洼区域、重点区段、重要点位、关键设施等隐患排查基础上，建立健全风险台账和灾害隐患清单，补齐设施设备、应急抢险物资等短板，持续完善应急处置预案，健全应急响应机制，提升应对极端天气能力。加强应急专业队伍和志愿者队伍建设，充实国家应急运输储备力量。健全应对重大疫情、防范应对恐怖袭击、保障信息安全等非传统安全应急指挥体系和应急交通组织。

专栏 14　综合交通运输安全应急能力提升重点工程

1. 关键基础设施安全防护。实施老旧铁路、老旧枢纽场站、航运枢纽、大型通航建筑物等设施安全检测和除险加固行动，持续推进危旧桥梁改造专项行动。建设交通基础设施结构健康监测系统，实施关键信息基础设施防护建设改造工程，建设网络安全风险监测和态势感知平台。开展青藏高原重大交通基础设施运行监测。

2. 应急保障能力建设。建设基于大数据的应急运输综合指挥调度平台。建设交通安全应急卫星系统工程，优化综合导航服务功能。以执法船艇、专业救助船舶以及国有航运企业远洋运输船舶、客滚船、客渡船为重点，稳步推广使用带有北斗卫星应

续表

急示位功能的救生衣、救生艇(筏)。组织开展综合和专项应急演练。建设邮政寄递渠道安全监管“绿盾”工程(二期)、邮政机要通信工程。推动先进安全应急装备在交通运输领域应用。 3. 水上救助能力提升。加强水上巡航搜救打捞、远洋深海极地救援、防污染应急能力建设,完善沿海和南海海区应急救捞基地布局,建设长江干线、西江航运干线水上应急综合救助基地。

第十章 推动高水平对外开放合作

坚持开放合作,推进互联互通,加强基础设施“硬联通”、制度规则“软联通”,保障国际物流供应链安全,提升国内大循环效率和水平,塑造参与国际合作竞争新优势。

第一节 推进基础设施互联互通

打造全方位、多层次、复合型的“一带一路”基础设施网络,积极推动与周边国家基础设施互联互通,推进口岸铁路、口岸公路、界河航道建设。强化面向俄蒙、东南亚、南亚、中亚等重点方向的陆路运输大通道建设,支持西藏打造面向南亚开放的重要通道。进一步完善海上战略通道,谋划建设亚欧陆海贸易通道、东北陆海贸易通道,补齐沿线基础设施短板。

第二节 进一步畅通国际运输

发挥中国—新加坡互联互通项目示范效应,加强与周边国家协商合作,持续推动西部陆海新通道铁海联运提质增效,促进跨境班列班车发展。优化国际海运航线网络布局,提高中韩陆海联运效率,推动中欧陆海快线健康发展,扩大“丝路海运”品牌影响。稳固东南亚、东北亚等周边航空运输市场,有序拓展欧洲、北美洲、大洋洲等洲际航线网络,建设“空中丝绸之路”。稳步扩大国际道路运输便利化协定签署实施范围。优化国际联程联运组织和中转服务,完善海外转运服务网络。

第三节 推动中欧班列高质量发展

升级改造中欧班列铁路口岸和后方“卡脖子”路段,加快技术装备升级和信息化建设。加快建设中欧班列集结中心,推广中欧班列统一运单和内外贸货物混编运输，提高货源集结与班列运行效率，扩大图定铁路货运班列开行范围。健全中欧班列考核评价体系，健全行业自律机制，巩固维护品牌形象，强化风险防控。推动国际铁路联运规则衔接统一，探索建立与贸易、金融联动发展新规则，推动建立中欧班列政府间合作机制。

第四节　深化多领域交流合作

主动与国际规则标准接轨，协调推动运输工具、装载单元、换装转运设备、作业流程、安全规则、服务规范、信息数据等标准对接。支持企业参与“一带一路”沿线交通基础设施建设和国际运输市场合作，推广交通与产业园区、城市一体开发建设的国际产能合作新模式。建立中国国际可持续交通创新和知识中心。加强深远海航行保障、搜救打捞、自动驾驶、科技人才等领域交流合作，打造国际一流船检机构，积极参与国际航空、海运业减排全球治理。

第五节　保障国际物流供应链安全

着力形成陆海空统筹的运输网络，加强供需对接和运力协调，提升国家物流供应链保障能力。务实推动与东盟国家及重要海运通道沿线国家的合作，加强海事国际合作，与海上丝绸之路沿线国家合作推进海外港口建设经营，建设现代化远洋运输船队，维护国际海运重要通道安全畅通。增强国际航空货运能力，提高航权、时刻等关键资源配置效率，支持航空公司构建国际货运航线网络，打造具有全球竞争力的航空物流企业，提升航空物流全球响应能力。培育壮大具有国际竞争力的物流企业，稳步推进建设海外分拨中心和末端寄递配送网络。提升国际物流供应链信息服务水平，做好与外贸企业的物流信息对接。

专栏 15　国际运输竞争力提升行动

1. 促进国际互联互通。实施满洲里、二连浩特、阿拉山口、霍尔果斯等铁路口岸站扩能改造，建设大理至瑞丽、玉溪至磨憨等铁路，推进佳木斯至同江（抚远）等铁路扩能改造。建设乌恰至康苏、博乐至阿拉山口等高速公路，实施红山嘴、乌拉斯台等口岸公路建设改造。推进黑龙江、鸭绿江、图们江等国境国际河流航道建设。推进希腊比雷埃夫斯港、阿联酋哈利法港、印度尼西亚瓜拉丹戎港等海外港口建设经营合作。

2. 做优中欧班列品牌。建设成都、重庆、郑州、西安、乌鲁木齐等中欧班列集结中心示范工程，整合班列运行平台，强化中欧班列统一品牌，打造明星运输产品。推进中欧班列运输通道和口岸扩能改造，推进境外战略性中转场站建设。推广国际货协/国际货约运单，完善中国国际货运代理协会提单，逐步扩大应用范围。修订中欧班列高质量发展评价指标。

续表

3. 拓展西部陆海新通道国际服务。打造西部陆海新通道班列运输品牌，制定班列高质量发展指标体系。推进重庆西部陆海新通道物流和运营组织中心、成都商贸物流中心、广西中国—东盟多式联运联盟基地和服务中心建设，布局建设沿线物流枢纽和口岸。做优做强北部湾港和洋浦港，加强国际船舶登记、保税燃油供应、航运金融等综合服务。推进国际铁路运单物权化和海铁联运"一单制"。 4. 提升国际物流供应链自主可控能力。支持国内航空公司加大全货机引进和改造力度，扩大货运机队规模，发展全货机运输。优化航空货运枢纽机场航班时刻资源配置。培育一批具有全球竞争力的物流供应链龙头企业，引导企业优化境内外物流节点布局，逐步构建安全可靠的国际物流设施网络，实现与生产制造、国际贸易等企业协同发展。

第十一章　加强现代化治理能力建设

坚定不移推进改革，聚焦制约综合交通运输高质量发展的深层次矛盾问题，优化完善管理体制、运行机制、法律法规和标准体系，建设高水平人才队伍，推进治理能力现代化，持续增强综合交通运输发展动力和活力。

第一节　深化重点领域改革

进一步厘清铁路行业政府和企业关系，推进铁路行业竞争性环节市场化改革，推动具备条件的地方自主建设运营城际铁路、市域（郊）铁路，推进国家铁路企业股份制改造和优质资产上市，完善铁路费用清算和收益分配规则。推进公路收费制度和养护体制改革，推广高速公路差异化收费。持续推进空管体制改革，完善军民航空管联合运行机制，实施空域资源分类精细化管理，优化全国航路航线网，深化低空空域管理改革。实现邮政普遍服务业务与竞争性业务分业经营。研究完善西江航运干线、界河航运管理体制机制。深化交通运输综合行政执法改革。构建全要素水上交通管理体制，优化完善海事监管机制和模式。

第二节　促进形成统一开放市场

建立健全城市群交通运输一体化发展机制。落实公平竞争审查制度，规范中欧班列、港航、民航国际航线等补贴政策。建立以信用为基础的新型监管机制，加强信用信息共享公开、风险监测和安全管理，推进事前信用承诺、事中信用评价和分级分类监管、事后奖惩和信用修复。探索建立交通运输创新发展容错制度。规范交通运输新业态、新模式价格管理,健全巡游出租汽车价格形成机制,深化道路客运价格市场化改革。

第三节　创新投融资体制机制

全面落实交通运输领域中央与地方财政事权和支出责任划分改革方案,优化债务结构,防范化解地方政府隐性债务风险。完善与项目资金需求和期限相匹配的长期资金筹措渠道。稳定并完善交通专项资金政策,继续通过成品油税费改革转移支付等渠道支持交通基础设施养护,优化完善支持邮政、水运等发展的资金政策。完善收费公路专项债券制度。支持符合条件的项目实施主体通过发行企业债券等途径开展市场化融资,稳妥推进基础设施领域不动产投资信托基金(REITs)试点,规范发展政府和社会资本合作模式,支持开发性金融、政策性金融、社会资本依法依规参与交通基础设施建设,鼓励社会资本设立多式联运等产业投资基金。依托全国投资项目在线审批监管平台,加强事中事后监管。

第四节　完善法律法规和标准规范

加快构建适应现代综合交通运输体系的法律法规和标准体系。研究制修订公路、铁路、民用航空以及综合交通有关法律法规,促进各项制度有效衔接。构建综合交通运输高质量发展标准体系和统计体系,完善综合交通枢纽、旅客联程运输、货物多式联运、智能交通、绿色交通、交通安全应急、无障碍交通、新业态新模式等技术标准,强化各类标准衔接。推动危险品多式联运服务规则一体衔接和检测结果互认。加强计量、标准、认证认可和检验检测等质量技术基础建设,强化质量监督管理。

第五节　强化人才队伍和交通文明建设

建设交通运输新型智库联盟,优化领军人才发现机制和项目团队遴选机制,深化科研经费管理改革,完善人才评价体系,大力培养使用战略科学家,造就规模宏大的青年科技人才队伍。加强创新型、应用型、技能型人才培养,壮大高技能人才队伍,培养大批卓越工程师。加强交通运输文化软实力建设,推动交通文化精品工程建设,深化交通文博工程建设,提高交通参与者文明素养。加强交通运输全媒体传播能力建设,提升交通运输政务媒体的传播力、引导力、影响力、公信力。进一步严明纪律、改进作风,提高交通运输执法队伍能力和水平,严格规范公正文明执法。创新法治宣传教育新机制新方法,落实普法责任制,培育交通法治文化。

第十二章　强化规划实施保障

坚持党对交通运输发展的全面领导，加强组织协调、要素支撑和督促指导，发挥试点示范带动作用，确保规划有力有序有效实施。

第一节　加强党的全面领导

坚持用习近平新时代中国特色社会主义思想武装党员干部头脑，认真贯彻落实党中央、国务院决策部署，增强“四个意识”，坚定“四个自信”，做到“两个维护”。充分发挥党总揽全局、协调各方的领导核心作用，加强党对交通运输发展各领域、各方面、各环节的领导。加强交通运输行业基层党组织建设，引导广大党员发挥先锋模范作用，把基层党组织建设成为交通强国发展的坚强战斗堡垒。

第二节　加强组织协调

各有关部门要提高思想认识，按照职责分工，完善配套政策措施，加强部门协同，强化上下联动，做好本规划与国民经济和社会发展规划纲要及国土空间、流域综合等规划的衔接，做好铁路、公路、水运、民航、邮政等专项规划与本规划的衔接落实，扎实推进重大工程项目建设。地方各级人民政府要紧密结合发展实际，细化本规划确定的主要目标和重点任务，做好地方综合交通运输发展规划与本规划的衔接落实。

第三节　推进试点示范

围绕一流设施、一流技术、一流管理、一流服务，在跨区域综合运输大通道资源优化配置、交通运输领域新基建、国际性综合交通枢纽集群、城市群和城乡交通一体化、“四好农村路”高质量发展、交通旅游融合发展、设施设备服务管理标准化、投融资体制改革和模式创新、国际物流供应链建设、绿色低碳交通发展等方面，有序推进交通强国建设试点示范，建立健全试点成果总结和系统推广机制，依托车购税等资金加大对试点示范项目的支持力度。

第四节　强化要素保障

加强资金政策保障，安排政府投资积极支持交通基础设施建设，将符合条件的项目纳入地方政府债券支持范围。加大养护资金投入，充分引导多元化资本参与交通运输发展，形成建养并重、可持续的资金投入机制。探索枢纽土地综合开发等多样化支持政策。完善跨部门、跨区域重大项目协同推进机制。用好跨区域补充耕地统筹机制，强化重点项目用地、用海、用能等资源要素保障，做好资源要素预留和供应。

第五节　做好督促指导

建立健全交通运输领域重大规划、重大政策、重大工程评估制度，按要求开展重大决策社会稳定风险评估。加强规划实施事中事后监管和动态监测分析，适时开展中期评估和建设项目后评估，督促指导规划落实，必要时动态调整，确保规划落地见效。

国务院关于印发“十四五”市场监管现代化规划的通知

（2021年12月14日　国发〔2021〕30号）

现将《“十四五”市场监管现代化规划》印发给你们，请认真贯彻执行。

“十四五”市场监管现代化规划

创新和完善市场监管，推进市场监管现代化，是建立统一开放竞争有序的现代市场体系的客观需要，是完善社会主义市场经济体制的内在要求。为深入贯彻党中央、国务院决策部署，建设科学高效的市场监管体系，全面提高市场综合监管效能，更大激发各类市场主体活力，持续优化营商环境，根据《中华人民共和国国民经济和社会发展第十四个五年规划和2035年远景目标纲要》，编制本规划。

第一章　规划背景

一、“十三五”时期工作成效

“十三五”时期，市场监管部门会同相关部门深入实施《“十三五”市场监管规划》，市场准入环境持续优化，竞争环境不断改善，消费环境稳中向好，监管体制机制进一步完善，监管能力水平跃上新台阶，为市场平稳运行和经济高质量发展提供了有力保障，为“十四五”时期深化市场监管改革创新奠定了坚实基础。

*监管体制实现重大改革，统一市场监管格局初步形成。*党中央、国务院从战略高度出发，对市场监管体制改革作出重大决策部署，历史性完善市场监管和执法体制，整合监管职能，加强监管协同，实现了分段、分领域监管向统一、综合监管的转变。

*商事制度改革纵深推进，市场活力充分释放。*从注册资本实缴制到认缴登记制，从改革市场主体登记管理到精简优化涉企经营许可，从传统监管到全面推行“双随机、一公开”监管，商事制度实现根本性变革，成为“放管服”改革的“先手棋”和突破口。我国营商环境显著改善，五年来企业平均开办时间由22.9天压缩至4个工作日以内，企业普通注销平均耗时由100天下降至60天，简易注销平均耗时20天左右。对所有涉企经营许可事项实行“证照分离”改革，着力推进照后减证并证，工业产品生产许可证由60类压减至10类，强制性产品认证（CCC认证）目录压缩近40%。一系列改革举措有效激发了各类市场主体活力，市场主体数量由0.77亿户增长到1.38亿户，五年共新设市场主体1.06亿户，日均新设企业由1.22万户提高到2.20万户，49.36%的注销企业通过简易注销程序退出，年均净增市场主体1218.77万户。

*基础性制度不断完善，市场监管“四梁八柱”基本确立。*公开透明的监管规则和标准体系不断完善，竞争政策基础地位逐步强化。知识产权保护政策和制度体系不断健全，侵权惩罚性赔偿制度初步建立。电子商务法、疫苗管理法等一批法律从无到有，填补了重要领域监管制度空白。

*市场安全监管全面加强，安全基础巩固向好。*食品安全等隐患排查治理能力稳步提高，农产品和食品抽检量实现每年4批次/千人的目标。国家药品标准体系日趋完善，监督检查、抽查检验、不良反应报告和监测有效实施，上市药品监管能力显著提升。特种设备安全监管体系逐步完善，万台特种设备死亡率下降75%。企业质量安全风险意识进一步强化，重大质量事故报告制度建立实施，工业产品质量安全水平不断提高。

*质量提升行动成效明显，助推经济发展质量变革。*质量强国上升为国家战略，质量政策不断完善。质量基础设施建设持续推进，我国获得国际承认的校准与测量能力跃居全球第三，主要消费品领域标准与国际标准一致性达到95%以上，认证认可颁发证书数量和获证组织数量均居全球第一。计量筑基、标准引领、合格评定、政策激励有效助力增品种、提品质、创品牌，制造业产品质量合格率稳定在90%以上。

*市场秩序持续好转，市场自律和监管约束不断增强。*新型监管机制逐步

完善,监管能力不断提升,消费环境持续优化。重要民生商品假冒伪劣违法行为得到有力遏制,百城消费者满意度从71.8分提高到79.3分,知识产权保护社会满意度从72.38分提高到80.05分。在应对新冠肺炎疫情等重大事件中,市场监管部门有力有效维护市场秩序,为保持经济平稳运行、保障和改善民生作出了重要贡献。

二、市场监管面临的新形势新要求

市场是全球最稀缺的资源。经过多年发展,我国已形成超大规模市场,这是构建新发展格局的独特优势和必要条件。与此同时,市场监管工作面临新形势、新特点、新挑战,主要表现为:随着经济总量和各类市场主体快速增长,合作和竞争、优胜和劣汰格局深刻演化;商品和服务市场在相互渗透中加快融合,线上和线下市场在并行交织中形成复杂生态,新产业新业态新模式不断涌现,效率和公平、创新和保护的需求更趋多元;构建新发展格局过程中,国内市场国际化、国际市场中国因素增多的特征更加明显;人民群众对消费安全和消费升级的期待不断提高。

加快构建以国内大循环为主体、国内国际双循环相互促进的新发展格局,要求持续营造市场化法治化国际化营商环境,培育壮大市场主体,为增强经济发展内生动力提供可靠载体;要求打通各类循环堵点、规范市场竞争秩序,在市场平稳运行中保障经济循环效率和活力;要求有效防范市场运行风险,维护市场安全,保障人民群众放心消费;要求深入推进质量强国建设,全面提升产品和服务质量水平;要求加快市场监管制度型开放,更好统筹国内国际两个市场、两种资源。必须聚焦我国市场运行中的各类问题,着力补短板、锻长板,挖潜力、增优势,进一步完善现代化市场监管机制,促进超大规模市场不断优化提升,为构建新发展格局提供坚实基础和有力支撑。

第二章　总体要求

一、指导思想

以习近平新时代中国特色社会主义思想为指导,全面贯彻党的十九大和十九届历次全会精神,立足新发展阶段,完整、准确、全面贯彻新发展理念,构建新发展格局,坚持统筹发展和安全、效率和公平、活力和秩序、国内和国际,围绕“大市场、大质量、大监管”一体推进市场监管体系完善和效能提升,推进市场监管现代化,着力营造市场化法治化国际化营商环境、激发市场活力,强化公平竞争政策基础地位、维护市场秩序,坚守安全底线、增强人民群众获得感幸福感安全感,完善质量政策和技术体系、全面提升质量水平,维护和优化高效、有序、统一、安全的超大规模市场，切实推动高质量发展，为全面建设社会主义现代化国家开好局、起好步提供有力支撑。

二、基本原则

——坚持以人民为中心。将增进人民福祉作为市场监管工作的出发点和落脚点，围绕人民群众需求，坚守质量安全底线，强化消费者权益保护，提升市场监管领域政务服务水平，不断增强人民群众获得感幸福感安全感。依靠人民推进监管，自觉接受人民监督，形成市场监管社会共治合力。

——坚持改革创新、提升效能。围绕建设高标准市场体系，加快推动市场监管制度机制不断成熟定型。遵循市场监管规律，顺应市场发展趋势，创新丰富监管工具，优化监管资源配置，强化科技支撑，不断增强监管效能。

——坚持有效市场、有为政府。正确处理政府和市场的关系，充分发挥市场在资源配置中的决定性作用，更好发挥政府作用，进一步激发市场活力。加强市场监管与经济调控的协同，促进市场健康发展。提高市场规制能力，有效维护市场秩序和消费安全。

——坚持依法行政、公正监管。加快推动市场监管领域法律法规制度完善和统一，营造稳定公平透明可预期的制度环境，依法规范政府监管行为，一视同仁对待各类市场主体，为激发市场活力和维护市场主体合法权益提供法治保障。

——坚持系统观念、统筹施策。统筹监管线上和线下、产品和服务、传统经济和新兴业态等各类对象，统筹发展和安全、效率和公平、活力和秩序、国内和国际等多元目标，统筹运用市场、法律、技术、标准、信用、行政等多种手段，统筹行业管理和综合监管、事前事中事后监管，统筹发挥市场、政府、社会等各方作用，切实提高市场综合监管能力。

三、主要目标

——营商环境持续优化。高效大市场活力增强，准入、准营、退出制度规范便利，投资创业更加便捷。知识产权大保护格局基本形成，企业创新主体地位进一步确立。支持市场主体发展的政策不断完善，市场主体活力充分激发。

——市场运行更加规范。有序大市场巩固提升，竞争规制能力明显增强，线上线下市场竞争生态不断优化，市场秩序突出问题得到有力解决，市场主体诚信守法、合规经营的激励约束机制更加健全，公平、透明、可预期的市场环境进一步形成。

——市场循环充分畅通。统一大市场不断完善，公平竞争政策基础地位进一步强化，竞争政策和产业政策更加协调，市场基础制度规则逐步统一，地方保护、行业分割、市场壁垒有效破除，商品要素在更大范围自由流动。

——消费安全保障有力。安全大市场稳中向好,统筹发展和安全的监管机制不断健全,“四个最严”要求得到严格落实,食品药品等安全风险和市场运行风险有效防范,标本兼治的制度措施不断完善,消费者权益和社会公共利益得到有力保护。

——质量水平显著提升。质量强国建设加快推进,质量基础设施对产业升级和经济发展的支撑作用显著增强,优质产品和服务供给大幅增加,实现需求牵引供给、供给创造需求的更高水平动态平衡,形成更具质量竞争优势的大市场。

——监管效能全面提高。综合监管制度机制更趋完善,信用监管基础性作用进一步发挥,智慧监管手段广泛运用,多元共治的监管格局加快构建,市场监管制度型开放水平进一步提高,推动构建与高水平社会主义市场经济体制相匹配的现代化市场监管体系。

第三章　重点任务

一、持续优化营商环境,充分激发市场主体活力

坚持放管结合、放管并重,深入推进“放管服”改革,深化商事制度改革,提升公正监管水平,完善市场主体支持政策,有效降低制度性交易成本,更大激发市场主体活力和发展内生动力,为畅通经济循环、推动高质量发展提供有力支撑。

(一)深化市场主体准入准营退出制度改革。

深入推进“证照分离”改革。大力推动照后减证和简化审批,力争 2022 年底前建立简约高效、公正透明、宽进严管的行业准营规则,大幅提高市场主体办事便利度和可预期性。在全国范围内实施涉企经营许可事项全覆盖清单管理,对清单内事项按照直接取消审批、审批改为备案、实行告知承诺、优化审批服务等方式,逐项确定改革方式、具体改革举措和加强事中事后监管措施。在自由贸易试验区进一步加大改革试点力度,探索按照许可事项功能进一步创新改革举措,除维护经济安全和公共安全等需要许可把关的领域外,对市场和社会能够调节、事中事后监管能够实现相关功能的事项,进一步精简许可。

加快提升市场主体登记规范化水平。深入实施《中华人民共和国市场主体登记管理条例》,统一各类市场主体登记管理制度,稳妥落实歇业制度,依法保障市场主体合法权益和促进创业创新。动态调整和发布企业登记前置审批事项目录,巩固“先照后证”改革成果。探索容缺受理等方式,不断优化前置审批和企业登记办理流程。在自由贸易试验区试点市场主体登记确认制改革。

优化企业名称登记管理制度,推进住所与经营场所分离登记改革,深化经营范围登记改革。

持续优化企业开办服务。全面推行"一网通办",深化企业开办"一网通办"平台使用,将公章刻制、申领发票和税控设备、员工参保登记、住房公积金企业缴存登记等业务纳入平台覆盖范围。逐步实现内外资一体化服务,探索将外商投资企业开办纳入"一网通办"平台。制定完善电子证照有关标准、规范和样式,加快实现涉企证照电子化。在加强监管、保障安全前提下,进一步推进电子营业执照应用,扩大电子营业执照、电子印章同步发放和应用试点范围。提高企业开办身份验证服务水平,实行身份验证信息互认,开发企业开办移动应用程序(APP),完善身份验证方式。制定实施企业开办全程网上办国家标准,建立企业开办标准化规范化指标体系,不断提升企业开办服务水平,到2025年企业平均开办时间由目前的4个工作日以内进一步压缩到2个工作日左右。

畅通市场主体退出机制。建立便利、高效、有序的市场主体退出制度,健全强制退出机制,完善企业吊销、注销等规定,规范企业清算与注销程序,研究建立自然人破产制度。优化企业注销"一网服务"平台功能,提升企业注销便利化水平。全面实施简易注销,降低市场主体退出成本。

(二)增强各类市场主体发展活力。

促进新设市场主体可持续发展。加强市场主体全生命周期监测和分析,坚持问题导向,提升支持政策精准性。用好用足税收、信贷、社保等政策,更好适应新设市场主体发展阶段需求。深化知识产权金融服务,扩大知识产权质押融资规模,积极探索多样化科技金融服务模式,健全知识产权价值评估机制,规范探索知识产权证券化等金融创新。

精准扶持小微企业和个体工商户健康发展。完善促进小微企业发展的政策体系。建立支持市场主体发展政策服务平台,完善小微企业名录功能。健全扶持个体工商户发展部际联席会议制度,研究并推进实施扶持个体工商户发展的重大政策措施。发挥个体劳动者协会等组织在服务个体工商户和私营企业发展中的作用。加强小微企业、个体工商户、专业市场党建工作。

为市场主体减费降负。完善涉企收费监督管理制度,持续加大违规涉企收费治理力度,健全收费公示制度。制定行业协会商会、中介机构、商业银行等收费规则,引入第三方开展违规涉企收费情况评估。引导平台型、科技型企业利用数字技术赋能中小微企业,完善平台收费监管规则,推动降低商户经营成本。

（三）增强市场主体创新动能。

构建知识产权大保护格局。建立完善跨区域、全链条知识产权行政保护协作机制，加大执法力度。探索建立知识产权侵权快速处理机制。完善行政执法和司法衔接机制，促进知识产权行政执法标准和司法裁判标准统一。全面建立并实施知识产权侵权惩罚性赔偿制度。在条件成熟的地区建设一批国家知识产权保护试点示范区。加强反不正当竞争执法，坚决查处侵犯商业秘密违法行为。完善药品专利保护、跨境电商领域知识产权保护规则，发布企业知识产权保护指南。加强知识产权信息化、智能化基础设施建设，建设知识产权保护大数据中心和公共服务平台。优化专利、商标等申请和审查程序。

完善企业创新服务体系。优化专利资助奖励政策和考核评价机制，全面取消对专利和商标申请阶段的资助和奖励，更好保护和激励高价值专利。完善防止知识产权滥用相关制度。建设计量、标准、认证认可、检验检测等质量基础设施"一站式"服务平台。强化标准对创新的引领作用，健全科技成果转化为技术标准的机制，推进科技成果标准化服务平台建设。健全首台（套）装备产品检测评定体系。强化企业创新主体地位，激励企业加大研发投入，支持产业共性基础技术研发，推动各类创新要素向企业集聚。

优化适应新经济发展的监管机制。探索创新符合平台经济、产业数字化、新个体、微经济、共享经济等新经济特点的监管模式，促进新经济健康有序发展。优化完善新产业新业态新模式登记注册服务。加强新经济监管工具创新供给，探索触发式监管机制，完善敏捷治理等新型监管模式。完善网约车、共享单车、汽车分时租赁、网络货运等交通运输新业态监管规则和标准。引导平台企业提升服务水平，吸引更多经营者线上经营创业。

（四）提升公正监管水平。

持续提升"双随机、一公开"监管权威性公正性。完善"双随机、一公开"监管相关配套制度和工作机制，除特殊行业、重点领域和根据问题线索开展的靶向监管以外，原则上所有日常涉企行政检查一律通过"双随机、一公开"方式进行。提高双随机抽查的科学化水平，合理确定抽查范围、抽查行业、抽查比例、抽查频次和被抽查概率，真正做到随机抽取检查对象、随机选派执法检查人员、向社会公开抽查情况及查处结果，实现监管"无事不扰"而又"无处不在"。

依法规范监管执法行为。编制实施市场监管部门权责清单，按照清单事项的不同类型制定办事指南和行政权力运行流程图，确保权责一致、履职到位。优化和完善行政执法程序，全面落实行政执法公示、执法全过程记录和重大执法决定法制审核制度，落实市场监管行政执法自由裁量权基准制度，促进公平公正执法。强化市场监管执法监督机制和能力建设，加强普法工作和法治教育，健全执法考核评议和执法案卷评查机制。

二、加强市场秩序综合治理，营造公平竞争市场环境

加强市场综合监管，提高竞争执法水平，推进线上线下市场一体化监管，在规范市场秩序中推动发展，在维护公平竞争中增强创新动力。

（一）统筹提升反垄断和反不正当竞争监管能力。

完善反垄断和反不正当竞争规则。深入贯彻《关于强化反垄断深入推进公平竞争政策实施的意见》，完善竞争规制基础制度。加快推进反垄断法修订，完善以反垄断法为基础、法规规章为支撑、反垄断指南为配套的反垄断规则体系，增强配套规则的适用性。健全公平竞争审查制度。创新完善重点监管规则，细化垄断行为的认定标准。完善经营者集中审查制度，加快修订《国务院关于经营者集中申报标准的规定》，科学优化申报标准，提高审查质效。梳理与反不正当竞争法存在交叉重叠的法律法规，推动厘清相关法律规定之间的关系，完善配套实施细则。

健全市场竞争状况评估机制。建立健全市场总体竞争状况评估和行业、地区竞争状况评估相结合的评估体系，完善竞争状况评估框架和规则，适时发布评估报告。完善以竞争状况评估为基础的反垄断、反不正当竞争执法重点引导机制，加强重点行业和领域市场竞争状况评估，及时跟进分析细分领域竞争状况，提高垄断和不正当竞争风险监测预警能力。

提高竞争执法水平。加强平台经济、科技创新、信息安全、民生保障等重点领域反垄断和反不正当竞争执法，防止资本无序扩张。健全垄断和不正当竞争行为定期研判制度，增强监管及时性和针对性。完善反垄断和反不正当竞争执法法律分析制度，强化重大案件经济学分析，实现科学监管、精准监管。加强竞争监管与知识产权保护衔接协调，强化对滥用标准必要专利的反垄断规制。强化公共事业、医疗、药品等领域竞争执法，预防和制止不合理收费、指定交易、搭售商品、附加不合理交易条件等行为。加强对商业混淆、虚假宣传、虚假交易、违法有奖销售等误导消费行为的监督，保护经营者和消费者合法权益。根据反垄断执法特点，创新完善监管体制机制，优化监管资源配置，加强授权执法管理。强化行业管理、反垄断执法和司法衔接。加快推进反垄断、反不正当竞争理论研究和专家队伍、技术支撑能力建设。

（二）统筹优化线上线下市场竞争生态。

完善线上市场监管体系。加快完善线上市场准入、产品质量安全、价格、广告等监管制度机制。明确线上市场各类主体责任，落实平台企业对平台内经营者资质、商品质量等的审核把关和监督责任。建设国家网络交易监管平

台，提高线上市场风险监测和预警能力。推动网络交易跨区域执法协作，探索建立跨区域联席会议、线索通报、证据移送、案件协查、联合办案等机制。完善线上市场监管部门协作机制，推动综合监管部门和行业管理部门信息共享。推进全国网络市场监管与服务示范区建设。

*引导平台经济有序竞争。*完善平台经济相关市场界定、市场支配地位认定等分析框架。推动完善平台企业数据收集使用管理、消费者权益保护等方面的法律规范。强化平台内部生态治理，督促平台企业规范规则设立、数据处理、算法制定等行为。健全事前事中事后监管制度，制定大型平台企业主体责任清单，建立合规报告和风险评估制度。加强源头治理、过程治理，完善民生、金融、科技、媒体等领域市场准入与经营者集中审查制度的衔接机制，落实平台企业并购行为依法申报义务，防止"掐尖式并购"。加强反垄断和反不正当竞争协同，统筹运用电子商务法、广告法、价格法等，依法查处"二选一"、歧视性待遇、虚假宣传、刷单炒信、大数据杀熟、强制搭售等垄断和不正当竞争行为。

*加大线上线下一体化监管力度。*落实线上线下市场监管和行业管理法定职责。健全集中整治与日常监管相结合的工作机制，以食品药品、保健用品、防疫用品、老人儿童用品等民生商品为重点，严厉打击线上市场假冒伪劣、虚假宣传、消费欺诈等违法行为，切实规范线上营销秩序。加强食品药品网络经营行为监管，严格落实第三方平台责任，保证线上线下餐饮服务同标同质，保证药品质量安全。加强互联网广告监测能力建设，落实平台企业广告审核责任，严厉查处线上线下市场虚假违法广告行为。健全传销监测查处工作机制，提升监测能力水平，加大网络传销防范打击力度，加强直销市场监管。规范线上市场价格行为，严厉打击哄抬价格、价格串通、低价倾销、价格欺诈等行为。修订应对市场价格异常波动工作预案，完善价格异常波动监管调节机制，强化市场价格秩序预警能力，加大价格失序防范处置力度。

*加强新产业新业态新模式市场秩序监管。*研究制定新型不正当竞争行为的认定条件、判定标准、处罚梯度，出台相关执法指南。及时跟进新产业新业态新模式竞争行为监管，强化对电子数据的取证固证，有效防范和解决虚假宣传、侵权假冒、误导消费等问题。密切监测"互联网+服务业"市场竞争秩序，及时查处相关违法行为。

*有效遏制假冒伪劣乱象。*加强对假冒伪劣产品类别和制售流通重点市场、重点区域、重点环节的分析研判，落实监管责任，强化整治措施。持续开展打击侵犯知识产权和制售假冒伪劣商品行动，严厉查处不符合强制性标准、掺杂掺假、以假充真、以次充好、以不合格产品冒充合格产品、无证制售 CCC 认证

目录内产品等违法行为。以城乡结合部、农村等为重点，铲除假冒伪劣生存土壤。强化假冒伪劣源头治理，建立商品生产、流通、销售全链条监管机制。

三、维护和完善国内统一市场，促进市场循环充分畅通

加强市场监管与产业政策的协调，深入实施公平竞争政策，破除妨碍要素市场化配置和自由流动的制度障碍，促进经济循环畅通，维护和完善全国统一大市场。

（一）健全完善维护国内统一市场的政策体系。

强化平等对待各类市场主体的制度保障。促进地区和行业涉企政策、标准、规则协调统一。优化各类市场主体平等使用资源要素、公开公平公正参与竞争、同等受法律保护的制度环境，在准入许可、要素获取、经营运行、政府采购和招标投标等方面对各类市场主体平等对待。废除要素供给、监管规则等方面的歧视性规定。建立健全各类企业平等参与涉企政策制定的机制。

加强竞争政策与宏观经济政策协调。建立宏观经济政策公平竞争后评估制度，及时修订废止排除、限制竞争的产业政策。建立公平竞争政策与产业政策协调保障机制，推动产业政策向普惠化和功能性转型。开展竞争政策环境评价和满意度调查。

更好发挥公平竞争审查作用。完善公平竞争审查范围，细化纳入审查的政策措施类别。逐步研究制定市场准入、产业发展、招商引资、招标投标、政企合作、土地供应、资质标准等重点领域和行业性专项公平竞争审查规则，细化审查标准。建立公平竞争审查例外规定动态调整机制。建立公平竞争审查信息化管理系统和数据库。强化公平竞争审查制度刚性约束，实行政策制定机关内部统一审查，推行重大政策措施会审制度，开展独立审查试点。建立健全公平竞争审查抽查、考核、公示和第三方评估制度。健全面向各类市场主体的有违公平竞争问题投诉举报和处理回应机制，定期开展公平竞争审查实施情况督查和效果评价分析。将公平竞争审查工作纳入政府部门年度考核、优化营商环境、法治政府建设等考核评价体系，建立公平竞争审查责任制，强化监督考核。

（二）强化完善国内统一市场的有效措施。

畅通跨区域生产经营活动。坚决破除地方保护，禁止违法违规通过地方标准、团体标准、目录清单、备案等方式，制定歧视性政策措施。严禁违法以所有制形式、经营者所在地、股权结构、商品或服务品牌等设定投标人资格条件，加大滥用行政权力排除、限制竞争执法力度，及时纠正指定交易、限制商品要素在地区间自由流动、阻碍异地经营、妨碍公平竞争等行为。保障企业登记自主权，除法律规定外，不得限制企业根据实际需要选择组织形式和注册地，不得对企业跨区域迁移设置障碍,不得强制到本地开展投资经营活动的企业在本地设立分支机构。

提高要素配置效率。建立数据要素市场化流通标准和规则,保护数字经济领域各方主体权益。建立健全碳达峰碳中和标准体系,分行业制修订并严格执行能耗限额强制性国家标准,清理妨碍优胜劣汰的不合理政策措施,促进落后和过剩产能有序退出。

推进自然垄断行业竞争性环节市场化改革。加快实现能源、铁路、电信、公用事业等行业竞争性环节市场化,放开竞争性业务准入,进一步引入市场竞争机制。创新投融资机制,鼓励民间资本参与基础设施建设。强化自然垄断行业价格和竞争执法,坚决纠正滥用市场支配地位、价格违法、乱收费等行为。强化自然垄断行业计量监管,加强公共事业服务质量评价,提升自然垄断行业产品和服务质量水平。

(三)不断健全与国内统一市场相适应的监管机制。

推行重点区域市场监管一体化。在京津冀、长三角、成渝地区双城经济圈等重点区域推行市场监管协同治理,建立健全区域市场监管一体化机制。加强监管联动,协同试行更高水平更大范围的“跨省通办”、联合执法等措施。建立地方立法沟通机制,加快实现准入、信用、计量、标准、合格评定和消费者权益保护等制度规则的衔接。

探索建立跨区域协同监管机制。鼓励各地区探索有效合作方式,借鉴复制推广区域市场监管一体化机制,促进不同地区实现协调统一监管。鼓励各地区构建跨区域的统一市场准入服务系统,统一身份实名认证互认、统一名称自主申报行业字词库、统一企业经营范围库,实现跨区域注册登记无差别标准。

四、完善质量政策和技术体系,服务高质量发展

大力推进质量强国建设,深入实施质量提升行动,统筹推进企业、行业、产业质量提升,加强全面质量管理和质量基础设施体系建设,全面提升产品和服务质量水平,塑造产品供给和需求良性互动的大市场。

(一)健全宏观质量政策体系。

加强质量工作顶层设计。科学编制和全面实施质量强国建设纲要,系统规划和有效落实质量强国建设重点任务。大力实施国家标准化发展纲要、计量发展规划。逐步完善大质量工作机制,优化实施政府质量工作考核,推动建立中央质量督察工作机制。健全质量工作部际联席会议制度,形成质量工作合力。

完善质量管理制度。建立健全质量统计监测体系,开展高质量发展综合绩效评价，完善质量安全与质量发展监测指标。完善质量激励政策，开展中国质量奖评选表彰活动，建立政府质量奖获奖企业和个人先进质量管理经验宣传推广机制，引导各行业加强全面质量管理。完善质量提升资金多元筹集和保障机制，加强对质量创新和质量提升的支持。

优化质量发展环境。推进“全国质量强市示范城市”、“全国质量品牌提升示范区”建设，发挥示范引领、辐射带动作用。鼓励各行业和广大企业树立崇尚质量、追求卓越的价值导向。广泛开展全国“质量月”等群众性质量活动，提高全民质量意识。

（二）建设适配现代化经济体系的质量基础设施。

构建现代先进测量体系。加强以量子计量为核心的先进测量体系建设，加快建立新一代国家计量基准，推进社会公用计量标准升级换代，制定一批关系国计民生的重要计量技术规范。改革完善计量器具型式批准、检定、法制监督等管理制度，对强制管理的计量器具目录实施动态调整，完善商品量、计量数据等量值监管制度。深入推进计量技术机构改革创新发展，探索计量校准市场和校准机构建设的有效途径，规范计量校准市场，满足市场对量值溯源和测试服务的需求。建立国家计量数据建设应用示范基地，提升国家产业计量测试和能源计量能力。积极参与国际计量比对，提升国际承认的校准与测量能力。

专栏1　国家先进测量能力提升工程

基础前沿技术研究。组织实施“量子度量衡计划”，开展基于量子技术及物理常数的国家计量基准、计量标准及量子传感、芯片级计量标准研究，提升计量基准标准核心技术能力水平。开展前瞻性、应用性、创新性精密测量技术研究，推动国家计量协同创新能力建设。加强标准物质研发全生命周期规范体系能力建设。

测量基础设施建设。强化国家量值传递溯源体系建设，推动国家计量基准与基础研究融通发展，培育国家计量基准策源地，完成4000项国家标准物质研制。推动建设一批有影响力的高技术计量服务和科研试验基地（设施），建设10家标准物质量值验证实验室和国家级计量比对中心，建立30家国家计量数据建设应用示范基地，建设一批国家产业计量测试中心和先进测量实验室。

计量服务保障能力提升。增强计量技术机构量值传递和溯源能力，开展全过程计量测试服务。推动仪器仪表质量提升和国产化应用，提升仪器仪表计量测试评价能力。针对战略性新兴产业需求，研制一批计量标准和计量技术规范。开展计量国际互认，推进量值国际等效。

深化标准化改革创新。加快标准供给由政府主导向政府与市场并重转变，标准运用由产业与贸易为主向经济社会全域转变，标准化工作由国内驱动向国内国际相互促进转变，标准化发展由数量规模型向质量效益型转变。持续优化政府颁布标准与市场自主制定标准协调配合的新型标准体系，推动一般性产品、服务标准由市场自主制定，建立健全政府颁布标准采信市场自主制定标准的机制。建立法规引用标准制度，强化法规与标准有效协调机制，运用标准支撑法规落地实施。加强标准化技术组织建设，提升国家标准研制和实施能力。加强国家技术标准创新基地和国家级标准验证检验检测点建设，提升标准化技术支撑水平。实施标准全生命周期闭环管理，完善标准实施信息反馈与评估制度，建立国家标准动态维护机制。开展对标达标专项行动，推动团体标准培优计划和企业标准领跑者制度实施，消除标准制定团体培育发展的政策障碍，释放企业、社会团体标准化活力。

专栏 2 高质量标准体系建设工程

重点领域国家标准制定。聚焦碳达峰碳中和、乡村振兴、绿色发展、产业链供应链稳定、食品消费品质量提升、工业基础能力建设、新型基础设施建设、服务业和社会治理等重点领域研制 3000 项推荐性国家标准。组织制修订粮食安全、网络安全、数据安全、能耗限额、产品能效水效、污染物排放、安全生产、儿童用品、老年用品、家居建材、医疗器械、汽车等重点领域强制性国家标准 100 项。完成 1000 项国家标准样品研制。

提升国家标准研制和实施能力。加强国家标准评审能力和验证能力建设，推进标准数字化转型，强化国家标准全过程信息化支撑能力。推动建设一批具有同步研制国际标准和国家标准能力的专业标准化技术委员会。强化国家标准宣传贯彻，组织开展 1000 个标准化试点示范区建设。

提升标准化服务能力。加强区域标准化协同发展，建立国家统筹的区域标准化工作机制。推动建成 50 家以上国家技术标准创新基地，建设一批国家级标准验证检验检测点。加强标准实施效果评估、信息反馈和监督。

标准化与科技创新互动。加大科技计划对标准研制的支持力度，以科技创新提升标准水平。推动 300 项以上先进科技成果转化为技术标准，共性关键技术和应用类科技计划项目形成标准研究成果的比率达到 50%以上。

加快标准国际化步伐。实施标准国际化跃升工程，深度参与国际标准化活动。统筹推进标准化与科技、产业、金融对外交流合作，深化标准化双多边合作，推进标准信息共享与服务，发展互利共赢的标准化合作伙伴关系。加快重点领域中国标准外文版编译，促进国家标准与国际标准关键技术指标的一致性程度大幅提升，国际标准转化率达到 85%。

提高质量认证服务能力。加快构建统一管理、共同实施、权威公信、通用互认的质量认证体系，全面提升质量认证服务能力，打造一批具有国际竞争力的认证品牌。推动完善重点产业质量认证制度体系，加大网络安全认证制度推行力度，加快战略性新兴产业领域质量认证制度建设，大力推行高端品质认证和新型服务认证,加快研究和完善国家数据安全标准与认证认可体系。广泛开展质量管理体系认证升级行动。健全政府、行业、社会等多层面的认证采信机制,推动在市场采购、行业管理、行政监管、社会治理等领域广泛采信认证结果。提升认证行业专业化集约化水平,优化行业布局结构,推动认证行业数字化发展。

专栏3　质量认证能力提升工程

*战略性新兴产业领域质量认证。*加快推进轨道交通、智能装备、无人机、北斗导航基础产品、新型储能装置、基础材料等认证体系建设,推动相关产品产业化发展。推行网络关键设备和网络安全专用产品安全认证、APP认证、数据安全管理认证等制度,强化网络信息安全保障能力。

*质量管理体系认证升级行动。*运用国际先进质量管理标准和方法,在航空、铁路、汽车、建筑、医药、信息等重点产业广泛开展质量管理体系认证。开展小微企业质量管理体系认证提升行动,结合行业特点制定发布小微企业应用ISO9001质量管理体系实施指南和典型案例。

*高端品质认证和服务认证。*围绕扩大内需和消费升级需求,鼓励认证机构开发高端品质认证和新型服务认证项目,积极开展绿色有机、智能家电、物联网产品、机器人等高端品质认证和健康、教育、体育、金融、电商等领域服务认证。

*加大认可和检验检测改革创新力度。*建立适应高质量发展需要的认可和检验检测体系,实现检测能力显著增强、行业规范运行水平和社会公信力明显提升。稳定事关人民群众身体健康和生命财产安全、公共安全、生态环境安全等方面的检验检测队伍,建设强有力的权威实验室。坚持市场化改革方向,积极推进事业单位性质的检验检测认证机构改革,促进第三方检验检测认证机构发展。建立健全检验检测认证行业品牌培育、发展、激励、保护政策和机制,推动检验检测认证服务业做优做强。推进国家检验检测认证公共服务平台示范区、检验检测认证高技术服务业集聚区建设,完善检验检测认证机构布局,引导检验检测认证产业集约化发展。组织实施检验检测促进重点产业优化升级行动,规划建设一批高水平国家质检中心和检测实验室。研发一批重要检验检测技术和规定,提升综合检验检测能力。完善认可制度,加强认可机构管理,推进认可结果国际互认。

专栏4　检验检测能力提升工程

检验检测共性关键技术平台建设。推动创建、整合、提升一批检验检测共性关键技术平台，聚焦国家重大区域战略和高新技术产业、战略性新兴产业发展需求，建设30个国家质检中心、10个国家检验检测认证公共服务平台示范区和检验检测认证高技术服务业集聚区。

检验检测机构能力提升。在极限检测、在线检测、重大装备可重用检测以及超远、超净、超纯检测等领域，配合国家重点研发计划，攻克一批检验检测技术瓶颈。在食品、大宗商品等产品领域开展国际能力验证，促进检验检测数据和结果互认。

检验检测助力产业优化升级。依托国家质检中心、国家检验检测认证公共服务平台示范区、检验检测认证高技术服务业集聚区，促进先进制造业集群和战略性新兴产业集群发展壮大。推动产学研用测合作，解决一批跨行业、跨领域的检验检测认证共性关键技术问题。

检验检测仪器设备质量提升。鼓励检验检测机构参与检验检测仪器设备、试剂耗材、标准物质设计研发，提升我国检验检测仪器设备自主创新能力。开展国产检验检测仪器设备评价技术研究和验证评价工作，搭建国产检验检测仪器设备质量评价与推动示范平台，推动中高端检验检测仪器设备国产化和质量提升。

运用质量基础设施改善市场环境。统筹质量基础设施建设与应用，发挥计量、标准、认证认可、检验检测等支撑作用，优化市场运行价值和信任传递机制。推进民生计量建设，强化对食品安全、医疗卫生、生态环境等民生领域的计量监管，筑牢市场公平公正基础。严格排污单位污染源自动监控（测）设备运维机构监管，严厉打击自动监控（测）数据弄虚作假行为。以涉及人民群众身体健康和生命财产安全、公共安全、生态环境安全等方面产品和服务为重点，建立统一的强制性国家标准体系。加强对重点强制性标准实施情况的监督检查，加大对违反强制性标准行为的查处力度。强化认证机构监管，健全认证机构资质持续符合性核查、认证活动全过程追溯、风险监测预警机制。完善检验检测认证机构资质认定办法，建立健全日常监督检查与长效监管相结合的工作机制，切实规范检验检测认证市场秩序。

（三）深入实施质量提升行动。

扩大中高端产品供给。实施优质制造工程，开展中国品牌创建行动，制造业产品质量合格率提高到94%左右。强化质量监督管理措施，探索建立产品质量安全监管与服务双向互动机制，深入开展产品质量技术帮扶。健全集体商标、证明商标注册管理制度，加强农产品商标及地理标志商标注册和保护，打造一批特色鲜明、竞争力强、市场信誉好的区域品牌。推动消费品国内外标准接轨，在医用电器、消毒用品、智能照明电器、家用电器、学生用品、婴童用品、老年用品等领域制修订一批国家标准，积极推广应用国际标准和国外先进标准。率先在化妆品、服装、家纺、电子产品等消费品领域培育一批高端品牌。推进实施内外贸产品“同线同标同质”（以下称“三同”）工程。完善统一的绿色产品标准、认证、标识体系。

全面提高服务业品质。推动服务业企业公布实施服务质量承诺和执行标准。建立服务质量监测评价和结果通报制度。建立健全服务质量监管协同处置机制，强化重大服务质量事件评价考核工作，加快制定市场监管领域重点服务行业监管目录、流程和标准。推进服务市场信用体系建设，建立市场主体信用记录，依法依规建立涉及人民群众身体健康和生命财产安全、公共安全等重点服务领域从业人员失信惩戒制度。推进服务业标准化、品牌化建设，完善商贸旅游、家政服务、现代物流、医疗卫生、养老服务、休闲娱乐、教育培训、体育健身等服务业标准体系，加快电子商务、知识产权、检验检测认证、婴幼儿托育、信息技术等新兴服务领域标准研制。健全服务质量认证体系，开展服务认证示范活动，建立生活性服务业质量认证制度。促进文化服务提质扩容。实施广告业服务能力提升行动和公益广告振兴行动。

推动产品和服务融合发展。适应产品服务化、服务产品化趋势，探索建立符合混合业态特点的市场准入制度。建立健全“商品+服务”终端供应者主体责任制度。强化合同行政监管，完善与混合业态相适应的格式条款监管制度，引导重点行业经营者建立健全格式条款公示制度，建立合同示范文本库。建立“商品+服务”质量自我声明公开和监督制度。建立健全质量分级制度。

专栏5　质量提升行动工程

提高质量基础设施综合效能。一体化推进质量基础设施综合服务基地建设，打造一批国家质量基础设施协同服务及应用示范基地。构建在线化、数字化、智能化质量基础设施网络，推动质量技术、数据、仪器设备等资源对社会开放共享。建立质量基础设施分级管理制度，探索开展综合效能评估。

首台（套）装备产品检测评定。健全首台（套）重大技术装备检测评定体系，制定首台（套）评定办法，开展“中国·首台（套）”评定工作，推出一批质量水平高、创新能力强的装备产品，促进我国装备制造创新能力和质量竞争力提升。

服务质量监测评价能力建设。优化服务质量监测评价技术机构布局，打造一批服务质量监测评价中心，推进服务质量信息采集、追踪、分析和处理，开展服务质量监测评价模型和方法研究，针对不同地区、不同服务行业特点开展服务质量监测分析和抽查评价。

内外贸产品“三同”工程。支持企业发展“三同”产品，扩大“三同”适用范围至一般消费品、工业品领域。完善“三同”公共信息服务平台，维护“三同”产品的高端质量品牌信誉。指导支持出口企业搭建内销宣传推广平台，精准对接消费需求。

五、坚守安全底线，强化消费者权益保护

统筹发展和安全，深入贯彻“四个最严”要求，对涉及人民群众身体健康和生命财产安全、公共安全的特殊行业、重点领域，加强全覆盖重点监管，强化消费者权益保护，构建和完善产品设施安全可靠、人民群众放心消费的安全大市场。

(一)推进食品安全标本兼治。

加强食品安全源头治理。加强食品全链条质量安全监管，推进食品安全放心工程建设攻坚行动，加大重点领域食品安全问题联合整治力度。提高粮食收储质量，防止不符合食品安全标准的粮食流入口粮市场和食品生产企业。加快制修订农药残留、兽药残留、重金属、食品污染物、致病性微生物等食品安全通用标准，推进产业发展和监管急需的食品安全基础标准、产品标准、标签标准、配套检验方法标准制修订，完善食品添加剂、食品相关产品等标准。加快食品相关标准样品研制。加强进口食品安全监管，严防输入型食品安全风险。实施农产品原产地追溯促进行动，打造追溯管理规范、市场机制成熟、带动能力强的农产品追溯标杆企业，推动全程追溯协作和示范推广。

完善食品安全责任体系。落实食品安全责任制，坚持党政同责，完善食品安全工作评议考核办法，推动食品安全属地管理责任落实。夯实企业主体责任，督促企业全面加强质量安全管理，建立食品安全追溯体系，引导企业积极投保食品安全责任保险。严格落实监管责任，厘清食品安全监管权责边界，压实行业管理责任。强化食品生产加工、销售和餐饮服务等各环节监管措施，改进提升以问题为导向的监督检查机制。

健全食品安全风险防控机制。进一步强化食品安全风险监测评估对监督管理的科学支撑，加强风险监测和监督管理各环节的信息化平台建设和信息共享。面向医院、学校、托育机构等重点场所，科学布局食品安全风险监测点，提升风险监测覆盖面和问题发现率。聚焦执法、司法重点难点问题，提高食品安全检验检测和技术鉴定能力。加快重点品种食品安全信息化追溯体系建设，鼓励生产经营企业、行业协会和第三方平台向政府信息平台开放数据。深化食品安全抽检制度改革，明确监督抽检、风险监测与评价性抽检的功能定位，以功能为导向优化实施机制，推进“你点我检”、“你送我检”常态化，强化抽检监测的隐患排查和风险管控作用。稳步实现农产品和食品抽检量每年5批次/千人目标，其中种养殖环节抽检量每年2批次/千人。依托现有资源加强职业化食品安全检查员队伍建设，完善相应技术职务体系，提高检查人员专业技能。加强食品安全风险预警交流体系建设。加大农产品质量安全风险评估力度。强化食品和农产品安全突发事件应急处置，提升应急响应、现场处

置、医疗救治能力。

严惩重处食品安全违法行为。研究修订食品安全法及其配套法规制度,推动修订完善刑法中危害食品安全犯罪和刑罚规定,加快推进修订农产品质量安全法,推动农产品追溯入法。加快完善办理危害食品安全刑事案件的司法解释,推动严重危害食品安全的制假售假行为直接入刑。落实处罚到人要求,对违法企业及其法定代表人、实际控制人、主要负责人和其他直接责任人员加大惩处力度,大幅提高违法成本。探索建立食品安全民事公益诉讼惩罚性赔偿制度。

专栏 6 食品安全放心工程

食品安全示范城市创建。在条件成熟的地区,开展国家食品安全示范城市创建,发挥示范引领作用。

食品安全检验检测体系建设。健全以国家级检验检测机构为龙头、以省级检验检测机构为骨干、以市县两级检验检测机构为基础的食品和农产品质量安全检验检测体系,推动落实各级食品检验检测机构能力和装备配备标准,打造国际一流水平的国家检验检测平台。加强西部边远地区省、市、县三级及中部地区市、县两级检验检测机构建设。

食品安全检验检测能力提升。食品产业大县和人口大县要具备对农药残留、兽药残留、重金属、常见微生物等指标的实验室检验能力及定性快速检测能力。针对食品掺杂掺假、农兽药滥用等难点问题,加快完善食品补充检验方法和食品快速检测方法体系,出台食品违法添加非食品用化学物质名录。规范食品快速检测的使用。

食品安全综合评价体系建设。建立符合我国国情的食品安全综合评价指标体系,构建评价分析模型,推出食品安全综合评价指数。开展食品安全社会调查、满意度调查、食品安全事件与舆情大数据分析,综合评价我国食品安全状况。

食品安全应急体系建设。修订发布国家食品安全事故应急预案,完善国家、省、市、县四级应急预案体系。建设案例库、专家库和专业处置队伍。开展应急演练,加强业务培训,提升应急处置能力。

(二)稳步提升药品安全性有效性可及性。

优化管理方式促进新药好药加快上市。完善创新药物、创新疫苗、医疗器械等快速审评审批机制,加快临床急需和罕见病治疗药品、医疗器械审评审批。健全符合中药特点的审评审批体系,建立以临床价值为导向,中医药理论、人用经验、临床试验相结合的中药特色审评证据体系。建立国家药物医疗器械创新协作机制,加强对重大创新药研发的指导。鼓励研制短缺药品、儿童用药品、防治重大传染病药品、公共卫生方面急需药品,鼓励新药境内外同步研发申报。继续推进仿制药质量和疗效一致性评价,完善与仿制药相关的技术指导原则体系、一致性评价政策和技术标准体系，进一步推动仿制药质量提升。

加强药品安全风险防范。构建全国药品追溯协同平台，整合药品生产、流通、使用等环节追溯信息，从疫苗、血液制品、特殊药品等推开，逐步实现重点类别药品来源可溯、去向可追。开展常态化药品风险隐患排查治理，建立健全国家药物警戒体系和医疗器械不良事件监测体系，落实药品上市许可持有人、医疗器械注册人主体责任，推进建设药品不良反应、医疗器械不良事件监测哨点。科学制定抽检计划，优化生产、经营、使用等环节抽检比例，加大对高风险重点产品的抽检力度。强化应对突发重特大公共卫生事件中检验检测、体系核查、审评审批、监测评价等工作的统一指挥与协调，提升药品监管应急处置能力。

完善药品安全监管制度。加强药物临床试验核查，严格执行药品、医疗器械、化妆品等生产质量管理规范，对重点生产企业开展全覆盖检查。开展药品质量提升行动，健全生物制品等高风险产品标准制定工作机制，提高药品、医疗器械、化妆品标准。改革和完善疫苗监管体制机制，提高省级药品检验检测机构对辖区内生产的主要疫苗品种批签发能力。深入开展无菌植入性医疗器械监督检查、化妆品“线上净网、线下清源”等专项整治行动，切实规范药品、医疗器械、化妆品市场秩序。

专栏7　药品安全监管能力提升工程

药品安全风险排查行动计划。国家药品抽检每年遴选130—150个品种，在完成检验任务基础上，对重点品种开展有针对性的探索性研究。国家每年选取安全风险高、日常消费量大、社会关注度高的约50个医疗器械品种开展抽检。国家化妆品监督抽检每年的抽样数量达到注册备案总量的1%—2%，对祛斑美白和儿童化妆品等高风险品种持续开展风险监测，每年监测不少于2000批次。

检验检测能力提升。巩固提升食品药品检定研究机构生物制品（疫苗）批签发能力，推进省级药品检验检测机构的批签发能力建设。鼓励药品、医疗器械和化妆品检验检测机构加强能力建设。建立中药民族药分子生物学基因库、国家中药标本数字化平台。

中国药品监管科学行动计划。依托高等院校、科研机构等建立药品监管科学研究基地，将药品监管科学研究纳入国家相关科技计划，推进建设国家药品监管重点实验室，重点支持中药、生物制品（疫苗）、基因药物、细胞药物、人工智能医疗器械、医疗器械新材料、化妆品新原料等领域监管科学研究，加快新产品研发上市。

国家药品标准提高行动计划。制修订国家药品标准2000个、通用技术要求100个。制修订医疗器械标准500个。建立6000种化妆品原料的已使用信息基础数据库，制修订化妆品标准150项。制修订药品指导原则300个、医疗器械指导原则180

续表

个、化妆品指导原则 50 个。 应急能力提升。建立药品安全应急演练案例库,加强各级应急能力培训和实战演练,提高应急处置能力。国家、省、市、县各级负责药品监管的机构至少每 3 年进行 1 次应急演练,并组织演练评估。 药品智慧监管能力提升。整合审评审批、监督检查、日常执法、检验检测、追溯监管、药物警戒等关键业务领域信息,加强药品综合智慧监管和大数据应用,强化药品、医疗器械、化妆品监管大数据整合,提升全生命周期监管数据汇集和分析研判能力。 检查能力提升。加快建设有效满足各级药品监管工作需求的职业化、专业化药品(医疗器械、化妆品)检查员队伍,配备满足检查工作要求的专职检查员,完善检查机构设置。

(三)保障特种设备运行安全。

强化特种设备安全风险监控体系建设。优化特种设备监管信息化建设基础和应用环境,推动国家与地方监管数据互联互通,增强数据分析和信用管理功能,完善全国统一的特种设备信息公示查询系统。加强特种设备风险预警与应急处置能力建设,提高安全风险识别和防控能力。推动特种设备使用单位开展风险分级管控,从源头上系统辨识风险、防控风险。完善生产单位、检验检测机构和人员资格信息等特种设备基础数据库。以电梯、气瓶和移动式压力容器、叉车等为重点,建立健全特种设备质量安全管理追溯体系。推动特种设备生产企业加大研发投入,建立科学严密、反应及时的风险防范系统。完善锅炉安全、节能、环保三位一体的监管体系,以实现碳达峰碳中和目标为导向,进一步提升锅炉节能环保水平。

加强特种设备安全隐患治理。严格落实特种设备生产和使用单位安全管理主体责任。健全特种设备风险管控、隐患治理双重预防机制,完善双重预防体系、标准、规范。加强对重点区域、重点时段、重点场所、重点设备的监管和隐患排查,确保安全规范使用特种设备。扎实推进特种设备安全专项整治三年行动,深入开展危化品相关特种设备、油气长输管道、起重机械、电梯、电站锅炉、大型游乐设施等安全隐患专项治理和"回头看"。建立重大活动、重大项目特种设备安全保障工作机制。适应科技创新和能源变革需要,加强和完善对涉氢特种设备的监管。加强特种设备事故预防、调查处理、统计分析与应急能力建设。

完善特种设备安全保障市场化机制。积极引入商业保险等市场化手段,鼓励电梯、气瓶等特种设备生产和使用单位投保相关保险,发挥保险的他律和风险分担作用,推广电梯按需维保、"物联网+维保",探索"保险+服务"模式。

推进特种设备检验检测改革，突出市场监管部门检验机构的技术支撑和公益性保障属性，做优做强检验技术机构，有序引入社会检验检测力量作为补充。鼓励符合条件的企业开展自检工作，提高特种设备安全检测和服务能力。

专栏8　特种设备安全监管能力提升工程
特种设备安全监察能力提升。构建特种设备智慧监管系统，集数据采集、风险预警、应急管理等功能于一体，形成以数据归集与智能分析为核心的特种设备监察体系。推动建设专业化安全监察队伍，提高监察能力。支持基层加强特种设备专业化监察力量。 特种设备检验检测能力提升。推进特种设备检验机构改革，引导加大科技创新投入，鼓励资源共享与协同攻关。打造具有国际一流技术竞争力的国家级特种设备检验机构和一批国内领先的区域级特种设备检验机构。推动在线监（检）测、基于风险的检验、完整性管理等技术应用，推进“互联网+”、大数据、智能检验、动态风险评估等新技术研发工作，提升特种设备检验机构风险防控能力。

（四）加强工业产品质量安全监管。

创新生产用工业品监管制度。根据生产用工业品的用途和市场交易特点，创新监管方式和手段，更加注重运用市场机制，采取认证检测等方式保证产品质量安全。推动企业建立产品质量安全承诺制度，督促落实产品质量出厂检验、自主排查和主动报告风险隐患等制度，鼓励企业投保产品质量安全责任保险。完善CCC认证制度，建立科学合理的认证目录动态调整机制。探索强制性产品标识制度，按照不同风险等级分别采用第三方认证、自我声明等多种符合性评价方式。

加大消费品安全监管力度。推动企业建立主要消费品质量安全追溯体系，记录重点环节过程信息，实现产品质量安全问题可追溯。健全缺陷产品召回制度，加强大中型客货车、新能源汽车与智能网联汽车、智能家居、儿童用品、电子电器等重点产品召回管理，强化重大案件调查与召回后续监督工作，完善缺陷产品召回技术支撑体系。完善产品伤害监测制度，拓宽监测信息采集渠道，增加监测点，推进产品伤害预防干预。完善产品质量安全事故强制报告和调查处理制度，提高质量安全事故人身伤害赔偿标准。

提升产品事中事后监管能力。完善产品质量监督抽查制度，改革完善抽查模式，实施抽查目录动态管理，优化抽查技术方法，加大联动抽查力度，提高流通领域抽查比率，强化对质量失信企业的跟踪抽查，提高不合格产品发现能力。强化监督抽查后处理，及时封存不合格产品，严防流入市场。加强CCC认证目录内产品监管，加大对无证出厂、销售CCC认证目录内产品等违法行为的打击力度。严厉查处质量低劣、违反强制性标准、存在安全风险的产品，坚决防范和遏制质量安全事故。强化棉花种植、交售、收购、加工、销售、承储等环节全链条质量监管，保证监管棉、储备棉等纤维质量安全。强化工业产品质量安全评估，建立健全产品质量安全监测预警制度。根据安全评估结果，制定实施重点工业产品质量安全监管目录，加强对关系人民群众身体健康和生命财产安全、公共安全、生态环境安全的重点产品监管。

专栏9 工业产品质量安全保障和升级工程

工业品质量升级。建立与“工业五基”（核心基础零部件及元器件、基础软件、关键基础材料、先进基础工艺和产业技术基础）产品属性相适应的工业品事中事后监管制度。对标先进标准和产业升级需求，实施传统工业品质量升级助推行动。摸清战略性新兴产业质量发展动态，实施靶向监管。

消费品质量安全能力提升。针对网售消费品、新材料、特殊人群用消费品等，开展风险评估等关键技术研制和监管制度创新。加快建立消费品质量分类监管制度，聚焦重点问题实施动态监测管理。推广应用物品编码和射频识别等技术手段，推动企业建立主要消费品质量安全追溯体系。

加强缺陷产品召回管理体系建设。实施缺陷产品监测与事故报告制度，开展产品危害评估及风险分析。结合新技术新业态，开展缺陷模式及缺陷判定方法、安全测试评估技术及标准研究。加强行业指导，提出产品共性缺陷分析与安全技术升级改进建议。

风险监测预警能力提升。建立产品质量安全风险监测预警平台，采集产品安全风险信息，完善产品质量安全风险评估技术和运行体系，提升产品质量安全风险监测预警效能。

（五）提高消费者权益保护水平。

加强消费教育和消费警示。针对新型消费领域维权热点，提高消费者自我预防风险、依法维权能力。加强消费投诉信息分析，及时发布消费风险报告。推行消费投诉信息公示，建立健全消费后评价制度，减少消费领域信息不对称。综合运用比较试验、认证检测、消费体察、服务评议、调查点评等方式，及时发布消费警示。

建立消费纠纷多元化解机制。简化消费争议处理程序，鼓励小额消费纠纷案件通过小额诉讼程序快速处理。完善消费纠纷在线解决机制，推进地方12345热线平台和全国12315平台互联互通与信息共享，推动12315平台一体化建设，全量归集市场监管投诉举报数据，实现对市场环境和消费环境的统一动态研判。健全行政机关、人民调解组织、专业组织与人民法院、仲裁机构相衔接的消费争议多元化解机制。

加大消费维权行政执法和司法保护力度。提高对重大维权事件的快速反应、及时处置和舆论引导能力。完善12315平台“五级循环联动”效能评价体系。健全“诉转案”工作机制，切实提高经营者侵害消费者合法权益的违法成本。健全消费者公益诉讼制度，在诉讼程序、庭审过程、举证责任等方面加强对消费者的司法保护。支持消费者协会行使公益性诉讼权利。

推进消费维权制度建设。大力开展放心消费创建活动，鼓励实施线下购物无理由退货，探索推行异地、异店退换货制度。改革完善产品质量“三包”制度，探索建立第三方质量争议处理机制。完善预付卡消费部门联合治理机制，加强商务、文化、体育、教育、交通等领域单用途预付卡行业管理。加强医疗、健康、托育服务和老龄产业等市场监管，依法打击非法医疗美容等违法行为。持续完善政府、企业、行业协会、消费者、媒体等多位一体的消费维权格局，优化维权流程，降低维权成本。探索建立维权处理结果消费者反馈评价机制。健全消费者个人信息保护机制。

六、构建现代化市场监管体系，全面提高市场综合监管效能

完善基础制度，健全体制机制，创新监管工具，加强科技支撑，统筹运用市场、法律、技术、标准、信用、行政等多种手段，提升市场综合监管能力，提高市场监管现代化水平。

（一）完善市场监管基础制度。

健全市场监管法律体系。全面推进市场监管法治建设，加快推动相关法律法规立改废释，形成系统完备、科学规范、运行有效的市场监管法律规范体系。坚持立法和改革相衔接相促进，运用法律制度巩固和深化改革成果。加快推动新经济监管等领域立法。加强配套规章制定，细化法律法规要求，提高监管规则体系化水平。健全规章和规范性文件清理工作机制，持续清理市场监管领域规章和规范性文件，推进市场监管规则统一。充分发挥执法指南对市场活动的引导作用，分行业分领域制定执法指南，制定重点行业综合性执法指南。注重以案普法，加大以案释法力度，建立市场监管指导性案例发布机制。

提高市场监管基础制度的科学化水平。健全公平竞争制度，完善公平竞争政策框架，构建覆盖事前事中事后的公平竞争政策实施机制。完善知识产权保护制度，推动专利、商标、著作权等领域法律法规修订。有重点、分领域加强和完善市场主体信用监管制度措施，促进信用赋能市场监管加快落地见效。健全市场交易监管规则，推动计量法、消费者权益保护法实施条例等制修订。健全产品质量安全监管制度，加快推进产品质量法等工业产品质量安全监管法律法规制修订，着力解决违法成本低、维权成本高等问题。

推进市场监管制度型开放。完善市场监管国际合作体系和对港澳台交流机制。深入开展双边交流与合作，积极参与国际组织和多边机制，服务共建"一带一路"高质量发展。加强公平竞争政策国际协调，积极稳妥推进竞争议题谈判，加强竞争执法国际合作。深入参与数字经济国际治理，主动参与数字领域国际标准制定。推进我国知识产权有关法律规定域外适用，加强跨境知识产权保护协作安排。积极参与质量基础设施领域的国际组织活动，实质性参与国际标准及规则制定，推动计量、标准对接以及合格评定结果互认。深化产品质量安全监管和消费者权益保护国际合作，强化食品、药品和特种设备安全监管合作，推进我国产品召回信息在国际组织和平台公开共享。健全完善技术性贸易措施体系，提升应对新兴技术性贸易措施能力，促进外贸发展，引领转型升级。

（二）完善市场监管体制机制。

优化监管事项层级配置。合理划分市场监管各层级权责事项，形成有利于发挥各层级履职优势的职能体系。坚持属地管理和分级管理相结合，根据监管事项风险范围、专业要求合理配置监管资源。支持基层监管能力建设，确保基层市场监管部门对下放的监管权限接得住、管得好。建立并动态调整市场监督管理综合行政执法事项指导目录，明确案件管辖、调查、处置以及处罚方面的事权划分。

强化跨部门综合监管。编制并动态调整市场监管权责清单，实现权责一致、依法监管。坚持"谁审批、谁监管，谁主管、谁监管"原则，厘清行业管理和市场监管职责边界，加强行业准入和市场主体登记协同。健全市场监管领域议事协调工作制度，完善行业管理和市场监管定期会商沟通协调、重要情况及时通报、重点工作协调联动等机制。完善市场监管部门与司法机关之间案源共享及检验鉴定结果互认等制度，加强行刑衔接。

深化综合执法改革。加强对地方市场监管综合执法改革的指导，推动形成与统一市场监管相适应的执法模式。建立横向协同、纵向联动的执法办案机制，地市级以上市场监管部门加强对重大跨区域案件的查办、指导，实行重大案件挂牌督办、指定管辖、公开通报制度。加强日常监管与综合执法衔接，建立健全信息通报、案件移交、执法反馈等协调机制。统筹综合执法和专业执法，探索建立分类执法机制，对市场秩序类、产品安全类、质量标准类等不同类型予以分类指导，推进专业化执法，提高综合执法效能。加强职业化专业化执法队伍建设，健全执法人才库和专家库，加快培养跨领域跨专业的复合型执法人才，对于专业性技术性较强的执法岗位原则上实行专人专岗。

（三）创新丰富市场监管工具。

完善阶梯式监管工具。针对不同违法倾向、违法阶段和违法程度，创新和丰富普法宣传、合规指南、行政指导、行业公约、公开承诺、约谈、警告、检查执法等监管手段，实现规范市场行为、降低执法成本、形成执法震慑的综合效果。坚持预防为先、重在引导，建立完善针对市场违法苗头性问题的提醒告诫制度，进一步创新引导市场主体自我规范的监管方式。对主观恶意较大、屡罚不改、屡禁不止，以及危害人民群众身体健康和生命财产安全、公共安全的违法行为，依法予以严惩。

完善市场化社会化多元监管工具。遵循经济规律，运用市场机制推动主体责任和监督责任落实，加强企业信用信息深度开发利用，引导市场根据企业信用状况评估交易风险。创新社会监督引导方式，在涉及人民群众身体健康和生命财产安全、公共安全、生态环境安全的领域强化举报制度，落实内部举报人奖励政策。注重发挥行业协会商会专业优势，支持协会商会加强行业自律。建立完善市场监管领域新闻传播和交流协作机制，强化舆情监测，提高发现和处置苗头性、趋势性问题的能力。

（四）健全信用监管长效机制。

完善信息归集公示机制。强化跨地区、跨部门、跨层级信息归集共享，推动国家企业信用信息公示系统全面归集市场主体信用信息并依法公示，与全国信用信息共享平台、国家"互联网+监管"系统等实现信息共享。整合市场监管领域涉企信息，实现登记注册、行政审批、生产许可、监督抽查、产品认证、行政处罚等信息"应归尽归"，及时将企业登记注册信息推送至有关主管部门。健全信息归集标准规范，建立信用记录核查机制，确保信用记录真实、准确。

完善信用约束激励机制。强化市场监管领域经营异常名录、严重违法失信名单管理及信用约束工作，建立市场监管部门统一的严重违法失信名单管理制度。健全失信惩戒响应和反馈机制，依法推进失信惩戒措施向相关责任人延伸。健全失信惩戒对象认定机制，明确认定依据、标准、程序、异议申诉和退出机制。依法依规建立失信惩戒措施清单，动态更新并向社会公开。推行守信联合激励。完善失信市场主体信用修复机制，依法合理设定信用修复条件和影响期限。

完善信用风险分类管理机制。结合"互联网+监管"系统企业信用评价结果、公共信用综合评价结果、行业信用评价结果等，进一步提高信用监管科学化水平。明确企业信用风险分类标准，根据企业信用等级确定差异化的监管措施，与"双随机、一公开"监管、专业领域风险防控等有机结合，提高监管及时性、精准性、有效性。编制企业信用监管指数，动态优化指标模型，发挥信用监管指数在行业性、区域性监管中的导向作用。全面建立市场主体信用信息核查应用机制，加快推动信用信息嵌入市场监管各业务领域。强化信用监管对重点领域监管的支撑作用，建立食品药品、特种设备、重点工业产品质量安全等领域信用监管专门制度，提升产品质量安全综合治理水平。建立告知承诺事项信用监管制度，加强对市场主体信用状况的事中事后核查，将信用承诺履行情况纳入市场主体信用记录。

（五）增强市场监管基础能力。

加快推进智慧监管。充分运用互联网、云计算、大数据、人工智能等现代技术手段，加快提升市场监管效能。建立市场监管与服务信息资源目录和标准规范体系，全面整合市场监管领域信息资源和业务数据，深入推进市场监管信息资源共享开放和系统协同应用。

专栏 10　智慧监管信息化工程

加强重点食品安全追溯。围绕重点食品，分品种逐步开展食品安全追溯工作，提升监测预警、评估分析、排查处置能力。

全国市场主体服务平台建设。建立一体化、一站式服务平台，为各类市场主体提供统一集中的登记服务，宣传扶持个体经济发展的各项政策，服务全国市场监管系统和小微企业、个体工商户、专业市场党建工作，服务各类市场主体高质量发展。

完善国家法人单位信息资源库。丰富包含组织机构、股权结构、经营范围、资产规模、商标专利、认证资格、准入许可等在内的法人单位信息资源，推进法人和其他组织统一社会信用代码数据库建设及应用，实现法人单位信息在政府部门间的实时共享，支撑部门工作联动和业务协同。

国家企业信用信息公示系统升级改造。加快实现各部门、各层级涉企信息统一归集公示，形成“全国一张网”，推进与全国信用信息共享平台、全国一体化政务服务平台等实现信息共享。推进企业年报事项“多报合一”，强化年报填报提示功能，搭建企业自主公示告知承诺、信用承诺模块。依托国家企业信用信息公示系统，推动信用信息依法有序向社会开放。挖掘信用信息潜力，面向社会提供个性化数据产品和服务。

12315 平台一体化建设。汇集来自电话、互联网、微信、手机 APP 等不同渠道的投诉举报信息，实现 12315 平台一体化。推进全国 12315 消费投诉信息公示系统建设，深化消费纠纷在线调解机制建设，推动消费纠纷源头化解。

广告智慧监管信息化建设。整合广告监测、审查、执法和广告业统计数据资源，构建标准统一、上下联通、数据共享、高效安全的一体化广告监管平台。

网络市场交易监管信息化建设。完善国家网络交易监管平台功能，提升平台监测、分析预警、线上执法、信息公示、技术支撑等一体化监管能力，推进线上综合监管。

国家商品数据库建设。持续加强商品基础数据采集、拓展标准化数据服务，扩大国家商品数据覆盖面。推动全球统一编码（GS1）和物联网标识体系物品编码（Ecode）在各行业物品身份识别中的应用，提升产品监管精准化水平。

加强科技支撑体系建设。鼓励市场监管领域科研创新,加强市场监管重点领域关键技术攻关和先进装备研制,布局一批国家和部门科技创新基地。重点推进中国标准化研究院国家标准馆建设工程和昌平实验基地二期建设工程、中国计量科学研究院实验基地二期建设工程、国家食品质量安全检(监)测能力建设工程、国家消费品质量安全风险监测预警能力建设工程等建设,全面提升市场监管科技支撑能力。

专栏 11 市场监管科技创新基地建设工程

国家科技创新基地建设。围绕国家战略需求,在量子计量、食品安全、产品质量安全等重点领域,布局建设国家市场监管重点实验室、技术创新中心,强化国家战略科技力量。

部门科技创新基地建设。在市场秩序维护、食品安全、特种设备安全、产品质量安全计量、标准、检验检测、认证认可等领域,布局建设部门重点实验室不少于 60 家、技术创新中心不少于 20 家,培育市场监管科技力量。

加强基层基础能力建设。加快市场监管所条例立法工作,推进基层市场监管标准化规范化建设。统筹各方资源,改善基层市场监管部门业务用房、执法车辆、检验检测和执法装备等监管条件,提升基层监管现代化水平。

加强人才队伍建设。健全人才引进、培养、使用、评价、激励机制,统筹推进市场监管人才队伍建设。加快高水平市场监管智库和综合型研究机构建设,加强重大理论和实践问题战略研究、决策咨询,开展人才需求分析。推进市场监管人才培养,加快相关学科专业建设,培养符合市场监管现代化需求的后备人才。在检验检测、药品审评、检查核查、网络数据监管、知识产权、质量技术等重点专业领域,着力培养引进一批"高精尖缺"人才。组织开展综合执法大练兵,提升基层人才队伍能力水平。加强市场监管文化建设,增进价值认同、情感认同、文化认同,增强做好市场监管工作的责任感和使命感。

专栏 12 市场监管重点人才建设工程

综合执法人才能力提升。制定执法人才培养、管理和使用计划,选拔培养执法专业人才,建立综合执法人才库。搭建交流平台,开展执法技能竞赛。选树一批办案标兵、执法能手。

基层监管人才培养。坚持考录进人主渠道,采取多种方式引进青年专业人才,优化基层监管人才队伍年龄、学历、专业结构。加强市场监管综合业务培训,开展多岗位实践锻炼,培养"一专多能"复合型人才。建立健全激励机制,鼓励监管人才扎根基层。

续表

科技领军人才培育。在重点学科、重点领域引进一批"高精尖缺"人才。组织实施科技创新领军人才和青年拔尖人才培养计划,培育一批专业技术骨干人才。完善科技人才激励机制,促进创新人才脱颖而出。

第四章 保障措施

健全规划实施保障机制,更好推动各地区、各有关部门履职尽责,最大程度激发各类市场主体、行业组织和社会各界的积极性,形成推动市场监管工作的强大合力。

一、强化组织领导

加强党对市场监管工作的全面领导,建立统一领导、部门协同、上下联动的工作体系,推动规划目标任务如期完成。各地区、各有关部门要把推进市场监管现代化作为推动经济社会发展的重大战略任务,根据工作实际和财力可能统筹加强市场监管能力建设,为市场监管工作创造良好的政策环境、体制环境和法治环境。

二、落实职责分工

各地区、各有关部门要强化责任意识,按照职责分工,根据本规划提出的各项任务和政策措施,研究制定配套政策和具体实施方案,进一步压实各方责任,明确工作重点,细化工作举措,推动规划有效落实。各地区要把规划目标任务纳入政府工作部署,建立规划实施长效机制,通过优化市场环境促进地方经济发展。各有关部门要立足职责定位,完善工作机制,把规划提出的目标任务纳入年度工作部署,抓好本领域市场监管重点任务落实。

三、鼓励探索创新

各地区要鼓励基层大胆探索,针对规划实施中的痛点、难点问题,支持有条件的地区先行先试,创新工作思路和方法,积极探索积累务实管用、科学精准的具体举措,不断丰富完善有关政策措施。各有关部门要深入研究市场监管工作中的全局性、战略性、前瞻性问题,夯实市场监管的理论基础,推动市场监管创新发展。

四、加强评估考核

市场监管总局要会同有关部门加强对规划实施情况的跟踪分析,研究构建科学反映市场监管成效的指标体系,组织开展规划实施动态监测、中期评估和总结评估,鼓励开展第三方评估,及时总结推广典型经验做法,研究解决规划实施中存在的问题,重要情况及时报告国务院。各地区要将规划实施情况纳入政府综合评价和绩效考核,加强督查考核,强化评估结果运用,报告规划落实情况,确保规划落地见效。

五、引导社会参与

加大宣传力度,加强舆论引导,深入解读规划的重要意义、目标任务和重点举措,鼓励引导各类市场主体、行业组织、广大消费者和新闻媒体积极参与市场监管工作,营造良好社会氛围。拓宽社会参与渠道,以适当方式及时公开规划实施情况,主动接受社会监督。

国务院关于印发"十四五"旅游业发展规划的通知

(2021 年 12 月 22 日　国发〔2021〕32 号)

现将《"十四五"旅游业发展规划》印发给你们,请认真贯彻执行。

"十四五"旅游业发展规划

为贯彻落实《中华人民共和国国民经济和社会发展第十四个五年规划和2035 年远景目标纲要》,根据《中华人民共和国旅游法》,制定本规划。

一、发展环境

(一)发展成就。

"十三五"时期,在以习近平同志为核心的党中央坚强领导下,全国文化和旅游行业坚持稳中求进工作总基调,贯彻落实新发展理念,坚持文化和旅游融合发展,加快推进旅游业供给侧结构性改革,繁荣发展大众旅游,创新推动全域旅游,着力推动旅游业高质量发展,积极推进旅游业进一步融入国家战略体系。

旅游业作为国民经济战略性支柱产业的地位更为巩固。"十三五"以来,旅游业与其他产业跨界融合、协同发展,产业规模持续扩大,新业态不断涌现,旅游业对经济平稳健康发展的综合带动作用更加凸显。

旅游成为小康社会人民美好生活的刚性需求。"十三五"期间年人均出游超过 4 次。人民群众通过旅游饱览祖国秀美山河、感受灿烂文化魅力,有力提升了获得感、幸福感、安全感。

旅游成为传承弘扬中华文化的重要载体。文化和旅游深度融合、相互促进,红色旅游、乡村旅游、旅游演艺、文化遗产旅游等蓬勃发展,旅游在传播中华优秀传统文化、革命文化和社会主义先进文化方面发挥了更大作用。

旅游成为促进经济结构优化的重要推动力。各省、自治区、直辖市和重点旅游城市纷纷将旅游业作为主导产业、支柱产业、先导产业,放在优先发展的位置,为旅游业营造优质发展环境。

旅游成为践行"绿水青山就是金山银山"理念的重要领域。各地区在严格保护生态的前提下,科学合理推动生态产品价值实现,走出了一条生态优先、绿色发展的特色旅游道路。

旅游成为打赢脱贫攻坚战和助力乡村振兴的重要生力军。各地区在推进脱贫攻坚中,普遍依托红色文化资源和绿色生态资源大力发展乡村旅游,进一步夯实了乡村振兴的基础。

旅游成为加强对外交流合作和提升国家文化软实力的重要渠道。"十三五"期间,出入境旅游发展健康有序,年出入境旅游总人数突破 3 亿人次。"一带一路"旅游合作、亚洲旅游促进计划等向纵深发展,旅游在讲好中国故事、展示"美丽中国"形象、促进人文交流方面发挥着重要作用。

(二)面临的发展机遇和挑战。

"十四五"时期,我国将全面进入大众旅游时代,旅游业发展仍处于重要战略机遇期,但机遇和挑战都有新的发展变化。

进入新发展阶段,旅游业面临高质量发展的新要求。全面建成小康社会后,人民群众旅游消费需求将从低层次向高品质和多样化转变,由注重观光向兼顾观光与休闲度假转变。大众旅游出行和消费偏好发生深刻变化,线上线下旅游产品和服务加速融合。大众旅游时代,旅游业发展成果要为百姓共享,旅游业要充分发挥为民、富民、利民、乐民的积极作用,成为具有显著时代特征的幸福产业。

构建新发展格局有利于旅游业发挥独特优势,也对旅游业提出了扩大内需的重要任务。加快构建以国内大循环为主体、国内国际双循环相互促进的新发展格局,需要充分利用旅游业涉及面广、带动力强、开放度高的优势,将其打造成为促进国民经济增长的重要引擎。同时,要切实加大改革开放力度,更好发挥旅游业作用,为加快释放内需潜力、形成强大国内市场、畅通国民经济循环贡献更大力量。

实施创新驱动发展战略为旅游业赋予新动能,也对旅游业提出了创新发展的新要求。坚持创新在现代化建设全局中的核心地位,推动新一轮科技革命和产业变革深入发展，将深刻影响旅游信息获取、供应商选择、消费场景营造、便利支付以及社交分享等旅游全链条。同时，要充分运用数字化、网络化、智能化科技创新成果，升级传统旅游业态，创新产品和服务方式，推动旅游业从资源驱动向创新驱动转变。

建设文化强国为旅游业明确了发展方向，也需要旅游业更加主动发挥作用。推进文化强国建设，要求坚持以文塑旅、以旅彰文，推进文化和旅游融合发展。同时，要充分发挥旅游业在传播中国文化、展示现代化建设成就、培育社会主义核心价值观方面的重要作用。

强化系统观念有利于旅游业全面协调可持续发展，也对旅游业提出了统筹发展和安全的新任务。加强前瞻性思考、全局性谋划、战略性布局、整体性推进，发挥好中央、地方和各方面积极性，实现发展质量、结构、规模、速度、效益、安全相统一，有利于为旅游业营造更具活力的发展环境、提供更可持续的发展动力、形成更具国际竞争力的发展优势。同时，要统筹发展和安全两件大事，注重防范和化解风险，守住疫情防控底线、安全生产底线、生态安全底线、意识形态安全底线。

当今世界正经历百年未有之大变局，国际环境严峻复杂，新冠肺炎疫情影响广泛深远，全球旅游业不确定性明显增加。国内发展环境也经历着深刻变化，旅游业发展不平衡不充分的问题仍然突出，距离满足人民对美好生活的新期待还有一定差距，旅游需求尚未充分释放，旅游业供给侧结构性改革任务依然较重，创新动能尚显不足，治理能力和水平需进一步提升，国际竞争力和影响力需进一步强化。

二、总体要求

（一）指导思想。

高举中国特色社会主义伟大旗帜，全面贯彻党的十九大和十九届历次全会精神，坚持以习近平新时代中国特色社会主义思想为指导，坚持稳中求进工作总基调，以推动旅游业高质量发展为主题，以深化旅游业供给侧结构性改革为主线，注重需求侧管理，以改革创新为根本动力，以满足人民日益增长的美好生活需要为根本目的，坚持系统观念，统筹发展和安全、统筹保护和利用，立足构建新发展格局，在疫情防控常态化条件下创新提升国内旅游，在国际疫情得到有效控制前提下分步有序促进入境旅游、稳步发展出境旅游，着力推动文化和旅游深度融合，着力完善现代旅游业体系，加快旅游强国建设，努力实现旅游业更高质量、更有效率、更加公平、更可持续、更为安全的发展。

（二）基本原则。

——坚持以文塑旅、以旅彰文。以社会主义核心价值观为引领，让旅游成为人们感悟中华文化、增强文化自信的过程,推动旅游业实现社会效益和经济效益有机统一。

——坚持系统观念、筑牢防线。牢固树立安全意识,切实做好防范化解重大风险工作。充分认识做好新冠肺炎疫情防控工作事关旅游业发展全局,将疫情防控要求贯彻到旅游业各环节、各领域,坚决切断疫情通过旅游渠道传播的链条。

——坚持旅游为民、旅游带动。以人民为中心,更好满足大众特色化、多层次旅游需求,发挥旅游业综合带动作用,释放“一业兴、百业旺”的乘数效应,创造更多就业创业机会,更好服务经济社会发展。

——坚持创新驱动、优质发展。服务构建新发展格局,创新体制机制,广泛应用先进科技,推动旅游业态、服务方式、消费模式和管理手段创新提升,发展智慧旅游。

——坚持生态优先、科学利用。尊重自然、顺应自然、保护自然,牢牢守住生态底线,增强生态文明意识,合理利用自然资源,加快推动绿色低碳发展。

(三)发展目标。

到2025年,旅游业发展水平不断提升,现代旅游业体系更加健全,旅游有效供给、优质供给、弹性供给更为丰富,大众旅游消费需求得到更好满足。疫情防控基础更加牢固,科学精准防控要求在旅游业得到全面落实。国内旅游蓬勃发展,出入境旅游有序推进,旅游业国际影响力、竞争力明显增强,旅游强国建设取得重大进展。文化和旅游深度融合,建设一批富有文化底蕴的世界级旅游景区和度假区,打造一批文化特色鲜明的国家级旅游休闲城市和街区,红色旅游、乡村旅游等加快发展。旅游创新能力显著提升,旅游无障碍环境建设和服务进一步加强,智慧旅游特征明显,产业链现代化水平明显提高,市场主体活力显著增强,旅游业在服务国家经济社会发展、满足人民文化需求、增强人民精神力量、促进社会文明程度提升等方面作用更加凸显。

展望2035年,旅游需求多元化、供给品质化、区域协调化、成果共享化特征更加明显,以国家文化公园、世界级旅游景区和度假区、国家级旅游休闲城市和街区、红色旅游融合发展示范区、乡村旅游重点村镇等为代表的优质旅游供给更加丰富,旅游业综合功能全面发挥,整体实力和竞争力大幅提升,基本建成世界旅游强国,为建成文化强国贡献重要力量,为基本实现社会主义现代化作出积极贡献。

三、坚持创新驱动发展

强化自主创新,集合优势资源,结合疫情防控工作需要,加快推进以数字化、网络化、智能化为特征的智慧旅游,深化“互联网+旅游”,扩大新技术场景应用。

（一）推进智慧旅游发展。

创新智慧旅游公共服务模式，有效整合旅游、交通、气象、测绘等信息，综合应用第五代移动通信（5G）、大数据、云计算等技术，及时发布气象预警、道路通行、游客接待量等实时信息，加强旅游预约平台建设，推进分时段预约游览、流量监测监控、科学引导分流等服务。建设旅游监测设施和大数据平台，推进“互联网+监管”，建立大数据精准监管机制。

打造一批智慧旅游城市、旅游景区、度假区、旅游街区，培育一批智慧旅游创新企业和重点项目，开发数字化体验产品，发展沉浸式互动体验、虚拟展示、智慧导览等新型旅游服务，推进以“互联网+”为代表的旅游场景化建设。提升旅游景区、度假区等各类旅游重点区域5G网络覆盖水平。推动停车场、旅游集散中心、旅游咨询中心、游客服务中心、旅游专用道路、旅游厕所及旅游景区、度假区内部引导标识系统等数字化、智能化改造升级。通过互联网有效整合线上线下资源，促进旅行社等旅游企业转型升级，鼓励旅游景区、度假区、旅游饭店、主题公园、民宿等与互联网服务平台合作建设网上旗舰店。鼓励依法依规利用大数据等手段，提高旅游营销传播的针对性和有效性。

专栏1　国家智慧旅游建设工程

加快智慧旅游景区建设。科学推进预约、限量、错峰旅游，促进旅游景区实现在线、多渠道、分时段预约，提高管理效能。建设旅游景区监测设施和大数据平台，健全智能调度应用，促进旅游景区资源高峰期合理化配置，实现精确预警和科学导流。普及旅游景区电子地图、线路推荐、语音导览等智慧化服务，提高游览便捷性。支持各地区因地制宜建设特色化智慧旅游景区，运用数字技术充分展示特色文化内涵。“十四五”期间，推动国家4A级以上旅游景区基本实现智慧化转型升级。

完善智慧旅游公共服务。以提升便利度和改善服务体验为导向，引导模式创新，构建开放、共享的智慧旅游公共服务体系。规范智慧旅游公共服务平台建设，支持开发针对老年人等特殊群体的专门应用程序和友好界面。

丰富智慧旅游产品供给。鼓励旅游消费新模式发展，打造沉浸式博物馆、主题公园、旅游演艺等旅游体验新场景。引导开发数字化体验产品，推动文化和旅游资源借助数字技术“活起来”。

拓展智慧旅游场景应用。建立健全智慧旅游标准体系，强化现代信息技术在旅游领域的应用普及，丰富拓展智慧旅游场景应用，推出一批智慧旅游创新案例和项目。

（二）加快新技术应用与技术创新。

加快推动大数据、云计算、物联网、区块链及5G、北斗系统、虚拟现实、增强现实等新技术在旅游领域的应用普及,以科技创新提升旅游业发展水平。大力提升旅游服务相关技术,增强旅游产品的体验性和互动性,提高旅游服务的便利度和安全性。鼓励开发面向游客的具备智能推荐、智能决策、智能支付等综合功能的旅游平台和系统工具。推进全息展示、可穿戴设备、服务机器人、智能终端、无人机等技术的综合集成应用。推动智能旅游公共服务、旅游市场治理"智慧大脑"、交互式沉浸式旅游演艺等技术研发与应用示范。

积极发展旅游资源保护与开发技术,重点推进旅游资源普查、旅游资源安全防护、文物和文化资源数字化展示、创意产品开发、游客承载量评估、旅游信用评估、智能规划设计与仿真模拟、旅游安全风险防范等技术研发和应用示范。推进物联网感知设施建设,加强对重要旅游资源、重点设施设备的实时监测与管理,推动无人化、非接触式基础设施应用。

促进旅游装备技术提升,重点推进夜间旅游装备、旅居车及营地、可移动旅居设备、游乐游艺设施设备、冰雪装备、邮轮游艇、低空旅游装备、智能旅游装备、旅游景区客运索道等自主创新及高端制造。

(三)提高创新链综合效能。

加强旅游大数据基础理论研究,推动区域性和专题性旅游大数据系统建设,推动建立一批旅游技术重点实验室和技术创新中心,遴选认定一批国家旅游科技示范园区,全面提升旅游科技创新能力,形成上下游共建的创新生态。

各地区要建立旅游部门与公安、交通运输、统计、市场监管、金融、工业和信息化等部门数据共享机制,整合共享文化和旅游各信息系统,健全旅游统计指标体系,提高旅游统计的准确性、科学性,深化旅游统计应用和大数据决策支撑,加强旅游产业运行监测,并做好与本地区疫情防控管理平台的衔接,提升旅游监管和信息公共服务水平。贯彻落实国家网络安全等级保护制度,加强数据安全管理,建立完善数据采集、传输、存储、使用等各环节安全保护制度措施,防范数据泄露、篡改和滥用。

推动政府、企业、高校、科研院所等主体间资源整合联动,构建开放高效的协同创新网络,鼓励开展旅游应用创新合作,支持一批旅游科技创新工程项目。实施创新型旅游人才培养计划。

四、优化旅游空间布局

依据相关规划,落实区域重大战略、区域协调发展战略"十四五"规划重点任务、主体功能区战略,整合跨区域资源要素,促进城乡、区域协调发展,构建推动高质量发展的旅游空间布局和支撑体系。

(一)构建旅游空间新格局。

综合考虑文脉、地脉、水脉、交通干线和国家重大发展战略,统筹生态安全和旅游业发展，以长城、大运河、长征、黄河国家文化公园和丝绸之路旅游带、长江国际黄金旅游带、沿海黄金旅游带、京哈—京港澳高铁沿线、太行山—武陵山、万里茶道等为依托，构建“点状辐射、带状串联、网状协同”的全国旅游空间新格局。健全京津冀协同发展、长江经济带发展、粤港澳大湾区建设、长三角一体化发展、黄河流域生态保护和高质量发展等区域重大战略旅游协调机制，推进跨行政区域旅游资源整合利用。加强区域旅游品牌和服务整合，支持京张体育文化旅游带、黄河文化旅游带、巴蜀文化旅游走廊、杭黄自然生态和文化旅游廊道、太行山区等旅游发展。持续推进跨区域特色旅游功能区建设。继续推出一批国家旅游风景道和自驾游精品线路，打造一批世界级、国家级旅游线路。鼓励各地区因地制宜实现差异化发展。

专栏2　跨区域特色旅游功能区和国家旅游风景道布局

建设跨区域特色旅游功能区。重点推动建设香格里拉民族文化旅游区、太行山生态文化旅游区、武陵山生态文化旅游区、长江三峡山水人文旅游区、大别山红色旅游区、罗霄山红色旅游区、乌蒙山民族文化旅游区、秦巴山区生态文化旅游区、长白山森林生态旅游区、大小兴安岭森林生态旅游区、中原文化旅游区、海峡西岸旅游区、南海海洋文化旅游区、北部湾海洋文化旅游区、六盘山生态文化旅游区、祁连山生态文化旅游区、南岭森林生态文化旅游区、塔里木河沙漠文化旅游区、滇黔桂民族文化旅游区、浙皖闽赣生态旅游协作区。

建设国家旅游风景道。重点推动建设川藏公路风景道、大巴山风景道、大别山风景道、大兴安岭风景道、大运河风景道、滇川风景道、滇桂粤边海风景道、东北边境风景道、东北林海雪原风景道、东南沿海风景道、海南环岛风景道、贺兰山六盘山风景道、华东世界遗产风景道、黄土高原风景道、罗霄山南岭风景道、内蒙古东部风景道、祁连山风景道、青海三江源风景道、太行山风景道、天山世界遗产风景道、乌江风景道、西江风景道、香格里拉风景道、武陵山风景道、长江三峡风景道。

东部地区加快推进旅游现代化建设，建立完善休闲度假体系，提升旅游核心竞争力。中部地区加快完善旅游业体系，加大旅游资源整合力度，促进旅游品牌升级。西部地区发挥自然生态、民族民俗、边境风光等方面优势，加强旅游基础设施和公共服务体系建设，发展特色旅游。东北地区推进旅游业转型升级，提升旅游服务水平，大力发展寒地冰雪、生态旅游等特色产业，打造具有国际影响力的冰雪旅游带。国家在政策、品牌创建、市场对接等方面加大对中西部和东北地区的支持，进一步促进区域旅游协调发展。

支持革命老区、民族地区、边疆地区和欠发达地区发挥特色旅游资源优势，加快旅游产品培育，打造一批红色旅游融合发展示范区、休闲农业重点县、美丽休闲乡村、少数民族特色村镇、民族文化旅游示范区、边境旅游试验区和跨境旅游合作区。推进新藏滇桂边境旅游带等建设。实施“旅游促进各民族交往交流交融计划”，推动各民族在空间、文化、经济、社会、心理等方面全方位嵌入，增进各族群众民生福祉，铸牢中华民族共同体意识。继续加强“三区三州”旅游大环线建设和品牌打造，优化提升丝路文化经典线、边境极限体验线、滇藏茶马古道寻踪线、大香格里拉人间乐土线。边境地区在发展旅游业的同时，要守好外防输入的第一道防线，建立健全专门防控机制，压实旅游经营者主体责任和行业监管责任，防止疫情通过边境旅游传入境内。

（二）优化旅游城市和旅游目的地布局。

建设一批旅游枢纽城市，逐步完善综合交通服务功能，提升对区域旅游的辐射带动作用。支持桂林等地建设世界级旅游城市，打造一批重点旅游城市、特色旅游地。

专栏3　旅游城市布局

建设旅游枢纽城市。集中打造北京、上海、香港、澳门、广州、成都、杭州、深圳、昆明、南京、重庆、天津、武汉、西安、长沙、郑州、乌鲁木齐、贵阳、海口、哈尔滨、长春、沈阳、济南、福州、南宁、石家庄、合肥、南昌、太原、兰州、西宁、银川、呼和浩特、拉萨等旅游枢纽城市。

建设重点旅游城市。加快推进厦门、青岛、大连、宁波、珠海、苏州、无锡、三亚、桂林、延安、遵义、黄山、张家界、喀什、林芝、洛阳、承德、秦皇岛、伊春、大理、丽江、乐山、赣州、宜昌、大同等重点旅游城市建设。

建设特色旅游地。积极支持韶山、井冈山、敦煌、都江堰、曲阜、平遥、崇礼、漠河、满洲里、石河子、延吉、凯里、安吉、武夷山、常熟、婺源、义乌、香格里拉、稻城等特色旅游地建设。

突出重点，发挥优势，分类建设一批特色旅游目的地。依托全国红色旅游经典景区，弘扬伟大建党精神、井冈山精神、长征精神、延安精神、西柏坡精神等革命精神，打造一批红色旅游目的地。依托世界文化遗产、国家历史文化名城及各级文物保护单位等，在加强保护基础上切实盘活用好各类文物资源，打造一批历史文化旅游目的地。依托特色地理景观、自然资源和生态资源，完善综合服务功能，建设一批山岳、海岛、湿地、冰雪、草原、沙漠、湖泊、温泉、康养等旅游目的地。推进河北雄安新区旅游创新发展，加快海南国际旅游消费中心、平潭国际旅游岛建设。

（三）优化城乡旅游休闲空间。

推动更多城市将旅游休闲作为城市基本功能，充分考虑游客和当地居民的旅游休闲需要，科学设计布局旅游休闲街区，合理规划建设环城市休闲度假带，推进绿道、骑行道、游憩道、郊野公园等建设，提升游客体验，为城乡居民"微度假"、"微旅游"创造条件。

在城市群规划建设中，立足满足同城化、一体化旅游休闲消费需求，科学布局并配套完善旅游休闲功能区域，优先保障区域旅游休闲重大项目，做好交通衔接和服务配套。

在城镇规划布局中，围绕推进以人为核心的新型城镇化和美丽乡村建设，提高空间配置效率，优化旅游休闲功能，合理规划建设特色旅游村镇，因地制宜推动乡村旅游差异化、特色化发展，推进多元功能聚合，营造宜居宜业宜游的休闲新空间。

五、构建科学保护利用体系

坚持文化引领、生态优先，把文化内涵融入旅游业发展全过程。坚持"绿水青山就是金山银山"理念，通过发展旅游业促进人与自然和谐共生，稳步推进国家文化公园、国家公园建设，打造人文资源和自然资源保护利用高地。

（一）保护传承好人文资源。

坚持保护优先，在保护中发展、发展中保护，以优秀人文资源为主干，深入挖掘和阐释其中的文化内涵，把历史文化与现代文明融入旅游业发展，提升旅游品位，在依法保护管理、确保文物安全的前提下，推动将更多的文物和文化资源纳入旅游线路、融入旅游景区景点，积极传播中华优秀传统文化、革命文化和社会主义先进文化。

深入推进中华文化资源普查工程，协同推进旅游资源普查工作。加强石窟寺保护展示，推进大遗址保护利用和国家考古遗址公园建设，合理配套旅游服务功能。推动革命文物集中连片保护利用和党史文物保护展示，提升重大事件遗迹、重要会议遗址、重要机构旧址、重要人物旧居保护展示水平。推动有条件的文博单位增强旅游服务功能，提高展陈水平。依托非遗馆、非遗传承体验中心（所、点）、非遗工坊等场所培育一批非遗旅游体验基地，推动非遗有机融入旅游产品和线路，实现更好传承传播。对代表社会主义建设成就重大工程项目进行合理旅游开发，深入挖掘其中蕴含的精神内涵。创新"四个共同"的中华民族历史观在旅游景区景点展陈方式，向游客讲好中华民族共同体故事。

专栏 4　文化和旅游资源普查工程

深入推进中华文化资源普查工程。加强普查成果梳理研究和挖掘阐释。建设准确权威、开放共享的中华文化资源公共数据库。建立文化资源宣传展示平台，分期分批向社会公布重要文化资源。融入国家文化大数据体系建设，实施多种形式的普查数据利用研究与推广项目。

组织实施旅游资源普查。通过普查，为统筹旅游资源开发和保护、科学制定旅游规划提供依据。建立中国特品级旅游资源名录，促进优质资源向优质产品转化。科学整理特色旅游资源及分布情况并做好推介工作。

（二）保护利用好自然资源。

贯彻落实习近平生态文明思想，坚持生态保护第一，适度发展生态旅游，实现生态保护、绿色发展、民生改善相统一。充分考虑生态承载力、自然修复力，推进生态旅游可持续发展，推出一批生态旅游产品和线路，加强生态保护宣传教育，让游客在感悟大自然神奇魅力的同时，自觉增强生态保护意识，形成绿色消费和健康生活方式。积极运用技术手段做好预约调控、环境监测、流量疏导，将旅游活动对自然环境的影响降到最低。

专栏 5　生态旅游优化提升工程

持续实施全国生态旅游发展规划。实施生态旅游配套体系重大工程，加大生态资源富集区基础设施和公共服务设施建设力度。拓展生态旅游发展空间，协同推进生态旅游协作区、重点生态旅游目的地、精品生态旅游线路、国家生态风景道等项目建设。

优化国家生态旅游示范区建设。创新生态旅游资源产品转化方式，提升发展水平和示范效果。

推进旅游业绿色发展。支持旅游景区、宾馆饭店、民宿客栈等各类旅游企业开展绿色发展示范，实施节水节电、绿色低碳升级改造项目。加强生态旅游理念和产品宣传，鼓励企业、公益机构等在重点生态旅游目的地建设生态文明教育场馆，倡导主客共享的生态旅游发展机制。

（三）创新资源保护利用模式。

推进国家文化公园建设，生动呈现中华文化的独特创造、价值理念和鲜明特色，树立和突出各民族共享的中华文化符号和中华民族形象，探索新时代文物和文化资源保护传承利用新路径，把国家文化公园建设成为传承中华文明的历史文化走廊、中华民族共同精神家园、提升人民生活品质的文化和旅游体验空间。加快建设长城、大运河、长征、黄河等国家文化公园，整合具有突出意义、重要影响、重大主题的文物和文化资源，重点建设管控保护、主题展示、文旅融合、传统利用四类主体功能区，实施保护传承、研究发掘、环境配套、文旅融合、数字再现五大工程，突出“万里长城”、“千年运河”、“两万五千里长征”、“九曲黄河”整体辨识度。推进优质文化旅游资源一体化开发，科学规划、开发文化旅游产品和商品。推出参观游览联程联运经典线路，开展整体品牌塑造和营销推介。

推进以国家公园为主体的自然保护地体系建设，形成自然生态系统保护的新体制新模式。充分发挥国家公园教育、游憩等综合功能，在保护的前提下，对一些生态稳定性好、环境承载能力强的森林、草原、湖泊、湿地、沙漠等自然空间依法依规进行科学规划，开展森林康养、自然教育、生态体验、户外运动，构建高品质、多样化的生态产品体系。建立部门协同机制，在生态文明教育、自然生态保护和旅游开发利用方面，加强资源共享、产品研发、人才交流、宣传推介、监督执法等合作。

专栏 6　国家文化公园建设

明确重点建设区。近期重点建设长城国家文化公园（河北段、青海段）、大运河国家文化公园（江苏段）、长征国家文化公园（贵州段、江西段、福建段、陕西段、甘肃段）、黄河国家文化公园（青海段、甘肃段、内蒙古段、河南段、山东段）。总结形成一批可复制推广的成果经验，为全面推进国家文化公园建设创造良好条件。

确定重点支持方向。充分发挥中央投资关键带动作用，通过“十四五”时期文化保护传承利用工程积极支持国家文化公园建设。遴选博物馆、纪念馆、重要遗址遗迹、特色公园、非物质文化遗产、历史文化名城名镇名村和街区、文化旅游复合廊道等方面符合要求的保护利用项目，编制项目储备库，分年度安排中央预算内投资。

六、完善旅游产品供给体系

立足健全现代旅游业体系，加快旅游业供给侧结构性改革，加大优质旅游产品供给力度，激发各类旅游市场主体活力，推动“旅游+”和“+旅游”，形成多产业融合发展新局面。

（一）丰富优质产品供给。

坚持精益求精，把提供优质产品放在首要位置，提高供给能力水平，着力打造更多体现文化内涵、人文精神的旅游精品，提升中国旅游品牌形象。坚持标准化和个性化相统一，优化旅游产品结构、创新旅游产品体系，针对不同群体需求，推出更多定制化旅游产品、旅游线路，开发体验性、互动性强的旅游项目。

建设一批富有文化底蕴的世界级旅游景区和度假区。以世界遗产地、国家5A级旅游景区为基础，深入挖掘展示旅游资源承载的中华文化精神内涵，创新发展模式，完善标准指引，统筹资源利用，强化政策支持，保障要素配置，稳步推进建设，打造具有独特性、代表性和国际影响力的世界级旅游景区。以国家级旅游度假区及重大度假项目为基础，充分结合文化遗产、主题娱乐、精品演艺、商务会展、城市休闲、体育运动、生态旅游、乡村旅游、医养康养等打造核心度假产品和精品演艺项目，发展特色文创产品和旅游商品，丰富夜间文化旅游产品，烘托整体文化景观和浓郁度假氛围，培育世界级旅游度假区。

打造一批文化特色鲜明的国家级旅游休闲城市和街区。以满足本地居民休闲生活与外地游客旅游度假需要为基础，培育文化特色鲜明、旅游休闲消费旺盛、生态环境优美的国家级旅游休闲城市。充分利用城市历史文化街区、公共文化设施、特色商业与餐饮美食等资源，加强文物和非物质文化遗产保护利用，突出地方文化特色，优化交通与公共服务设施配置，完善公共文化设施的旅游服务功能，鼓励延长各类具有休闲功能的公共设施开放时间，建设国家级旅游休闲街区。

专栏7　美好生活度假休闲工程

建设世界级旅游度假区。围绕京津冀协同发展、粤港澳大湾区建设、长三角一体化发展、成渝地区双城经济圈建设、海南国际旅游消费中心建设以及其他重要的休闲度假目的地，重点培育世界级旅游度假区。

建设国家级旅游度假区。建设滨海、山林、河湖、温泉、冰雪、沙漠草原、古城古镇、主题文化、城市休闲、乡村田园等多种类型的国家级旅游度假区。支持中部、西部、东北地区因地制宜建设突出本地特色的旅游度假区。鼓励东部地区加大投入力度，提供更高品质的休闲度假产品和服务。实施品牌提升计划。

建设国家级旅游休闲城市和街区。挖掘城市文化特色，营造休闲氛围，培育商业体系，打造一批兼顾旅游者和本地居民需求、文化特色鲜明的国家级旅游休闲城市。依托历史文化街区、步行街、商业街、城市商业综合体、文化园区、城市公园等多种类型的城市区域，扩大休闲空间，增加文化设施，加强主客共享，丰富文化活动，完善旅游业态，打造一批国家级旅游休闲街区。

大力发展红色旅游。突出爱国主义和革命传统教育，坚持培育和践行社会主义核心价值观，有效提升红色旅游规范化发展水平。把伟大建党精神等党和人民在各个历史时期奋斗中形成的伟大精神融入到线路设计、展陈展示、讲解体验中，讲好革命故事、根据地故事、英烈故事，让人民群众在旅游中接受精神洗礼、传承红色基因。结合党史学习教育开展“百名红色讲解员讲百年党史”系列活动，充分运用红色资源，推出“建党百年红色旅游百条精品线路”，教育引导广大党员、干部坚定理想信念、筑牢初心使命。广泛开展红色旅游宣传推广活动，提升红色旅游发展活力和影响力。促进红色旅游与乡村旅游、生态旅游等业态融合，推出一批红色旅游融合发展示范区。持续优化建设 300 处红色旅游经典景区。积极发挥红色旅游巩固拓展脱贫攻坚成果作用，紧密结合革命老区振兴发展，依托当地红色文化等重要资源，培育壮大特色旅游产业，增进革命老区人民福祉。坚决反对庸俗、低俗、媚俗，防止过度商业化、娱乐化，防止打着红色旅游的旗号搞项目开发、偏离发展方向。

规范发展乡村旅游。深入挖掘、传承提升乡村优秀传统文化，带动乡村旅游发展。完善乡村旅游政策保障体系，鼓励各地区因地制宜将乡村旅游纳入县域相关规划，统筹推进乡村旅游道路、停车场、厕所、污水垃圾处理设施等基础设施建设。实施乡村旅游精品工程，优化乡村旅游产品结构，丰富产品供给，推出一批全国乡村旅游重点村镇，打造全国乡村旅游精品线路，公布一批国际乡村旅游目的地，培育一批乡村旅游集聚区，构建全方位、多层次的乡村旅游品牌体系。建立健全利益联结机制，让农民更好分享旅游业发展红利，提升农民参与度和获得感。有效衔接乡村振兴战略，重点支持脱贫地区乡村旅游发展壮大。统筹用地、治安、消防、卫生、食品安全、环保等方面政策，落实乡村民宿经营主体房屋安全管理责任，推进乡村民宿高质量发展。

加强典型示范、创新引领、动态管理，推进国家全域旅游示范区建设工作，完善协调机制，提升发展质量。

推进自驾车旅居车旅游，实施自驾游推进计划，形成网络化的营地服务体系和比较完整的自驾车旅居车旅游产业链，推出一批自驾车旅居车营地和旅游驿站，合理确定营地和驿站疫情防控责任。加强管理服务，指导游客及时了解并自觉遵守出发地、途经地和目的地疫情防控最新政策。

大力推进冰雪旅游发展，完善冰雪旅游服务设施体系，加快冰雪旅游与冰雪运动、冰雪文化、冰雪装备制造等融合发展，打造一批国家级滑雪旅游度假地和冰雪旅游基地。

推动研学实践活动发展，创建一批研学资源丰富、课程体系健全、活动特色鲜明、安全措施完善的研学实践活动基地，为中小学生有组织研学实践活动提供必要保障及支持。鼓励非遗特色旅游景区发展。实施旅游商品创意提升行动，引导开发更多符合市场需求、更具文化内涵的旅游商品。

完善邮轮游艇旅游、低空旅游等发展政策，推进海洋旅游、山地旅游、温泉旅游、避暑旅游、内河游轮旅游等业态产品发展。有序推进邮轮旅游基础设施建设，推进上海、天津、深圳、青岛、大连、厦门、福州等地邮轮旅游发展，推动三亚建设国际邮轮母港。推动内河旅游航道建设，支持在长江流域等有条件的江河湖泊发展内河游轮旅游，完善配套设施。推动游艇消费大众化发展，支持大连、青岛、威海、珠海、厦门、三亚等滨海城市创新游艇业发展，建设一批适合大众消费的游艇示范项目。选择一批符合条件的旅游景区、城镇开展多种形式的低空旅游，强化安全监管，推动通用航空旅游示范工程和航空飞行营地建设。

（二）增强市场主体活力。

充分发挥各类市场主体投资旅游和创业创新的积极性，推动市场在旅游资源配置中起决定性作用和更好发挥政府作用。

做强做优做大骨干旅游企业，稳步推进战略性并购重组和规模化、品牌化、网络化经营，培育一批大型旅游集团和有国际影响力的旅游企业。大力支持中小微旅游企业特色发展、创新发展和专业发展，营造公平竞争环境。支持旅游行业协会等中介组织积极发挥作用，为企业创业创新、交流合作、人才培养等提供平台服务。

支持旅行社向“专业化、特色化、创新型”方向发展，实现旅行社经营向现代、集约、高效转变。积极促进在线旅游服务企业规范健康发展，不断提升产品创新能力和服务质量水平。着力扶持一批扎根农村、心系农民的乡村旅游企业，创新“企业+农户”、“合作社+农户”等经营模式，促进企业增效、农民增收，助力乡村振兴。支持旅游规划策划、创意设计、研发孵化、管理咨询、营销推广等专业机构和服务企业发展。加强旅游企业品牌建设。

贯彻党中央、国务院关于统筹推进新冠肺炎疫情防控和经济社会发展工作的决策部署，及时全面落实减税降费政策，充分利用好各项扶持政策，切实为旅游市场主体纾困解难，积极探索支持市场主体发展的新思路、新举措。各地区要结合本地区实际进一步研究出台有针对性的支持措施，综合运用各类政策工具支持旅游企业发展。引导旅游企业主动适应疫情防控常态化条件下的市场需求变化，及时调整生产经营策略，积极探索新发展模式，创新有效匹配市场需求的产品和服务。

（三）推进“旅游+”和“+旅游”。

加强文化和旅游业态融合、产品融合、市场融合、服务融合，促进优势互补、形成发展合力。推进国家文化产业和旅游产业融合发展示范区建设。促进旅游演艺提质升级，支持各级各类文艺表演团体、演出经纪机构、演出场所经营单位参与旅游演艺发展，创新合作模式，提升创作质量，推广一批具有示范意义和积极社会效应的旅游演艺项目。实施文化和旅游创意产品开发提升工程，支持博物馆、文化馆、图书馆、美术馆、非遗馆、旅游景区开发文化和旅游创意产品，推进“创意下乡”、“创意进景区”，在文化文物单位中再确定一批文化创意产品开发试点单位，推广试点单位经验，建立完善全国文化和旅游创意产品开发信息名录。

发挥旅游市场优势，推进旅游与科技、教育、交通、体育、工业、农业、林草、卫生健康、中医药等领域相加相融、协同发展，延伸产业链、创造新价值、催生新业态，形成多产业融合发展新局面。依托重大科技工程及成果，加强科技场馆利用，大力发展科技旅游。依托博物馆、非遗馆、国家文化公园、世界文化遗产地、文物保护单位、红色旅游景区等资源发展文化遗产旅游。加快建设国家旅游风景道、旅游主题高速公路服务区、旅游驿站，推动地方政府和中国国家铁路集团有限公司建立平台，合力打造主题旅游列车，推进旅游和交通融合发展。实施体育旅游精品示范工程，以北京冬奥会、冬残奥会等重大体育赛事为契机，打造一批有影响力的体育旅游精品线路、精品赛事和示范基地，规范和引导国家体育旅游示范区建设。建设一批休闲农业重点县，加大美丽休闲乡村、休闲农业精品景点线路推介，加强重要农业文化遗产挖掘、保护、传承和利用，建立完善乡村休闲旅游服务标准体系。依托森林等自然资源，引导发展森林旅游新业态新产品，加大品牌建设和标准化力度，有序推进国家森林步道建设。促进水利风景区高质量发展。提高海洋文化旅游开发水平，推动无居民海岛旅游利用。鼓励依托工业生产场所、生产工艺和工业遗产开展工业旅游，建设一批国家工业旅游示范基地。鼓励各地区依托报废军事设施等开展国防军事旅游，建设一批国防军事旅游基地。推进港口历史文化展示区、港口博物馆建设，因地制宜发展港口游。加快推进旅游与健康、养老、中医药结合，打造一批国家中医药健康旅游示范区和示范基地。

七、拓展大众旅游消费体系

围绕构建新发展格局，坚持扩大内需战略基点，推进需求侧管理，改善旅游消费体验，畅通国内大循环，做强做优做大国内旅游市场，推动旅游消费提质扩容，健全旅游基础设施和公共服务体系，更好满足人民群众多层次、多样化需求。

（一）优化旅游消费环境。

完善节假日制度，推动各地区制定落实带薪年休假具体办法。鼓励机关、社会团体、企事业单位引导职工灵活安排休假时间。在完成规定教育教学任务的前提下，各地区可结合实际开展研学实践教育活动。

精心组织“中国旅游日”活动。鼓励制定实施旅游景区门票减免、淡季免费开放、演出票打折等补助政策，举办文化和旅游消费季、消费月等活动，推出更多旅游惠民措施。支持金融机构依法依规创新旅游消费支付方式。引导理性、绿色消费，发布文明旅游和绿色消费指南，倡导“光盘行动”，抵制餐饮浪费。

（二）拓展旅游消费领域。

顺应大众旅游多样化、个性化消费需求，创新旅游消费场景，积极培育旅游消费新模式。推动旅游电子商务创新，促进线上线下旅游消费优势互补、融合发展。支持发展共享旅游消费，鼓励发展与自驾游、休闲度假相适应的租赁式公寓、共享汽车、异地还车等服务，因地制宜发展无接触旅游消费。积极发展夜间消费，鼓励文化和旅游场所在保证安全的基础上延长开放时间。

推动传统商业综合体转型升级为文体商旅综合体，打造新型文化和旅游消费集聚区，推动建设国家文化和旅游消费试点城市、示范城市。保护发展老字号，鼓励有条件的城市打造老字号特色街区，支持老字号企业入驻商业街区、旅游景区，开设旗舰店、体验店，提升旅游购物品质。支持博物馆、文化馆、图书馆、美术馆、非遗馆、书店等文化场所增强旅游休闲功能，鼓励各地区利用工业遗址、老旧厂房开设文化和旅游消费场所。

专栏 8　文化和旅游消费促进工程

建设国家文化和旅游消费示范城市。深化完善政策措施，推动供需两端协同发力，建设 30 个左右示范城市并加强指导支持和动态管理，带动文化和旅游消费持续增长。

建设国家级夜间文化和旅游消费集聚区。大力发展夜间经济，分批次遴选 200 个以上符合发展方向、文化内涵丰富、地域特色突出、具有典型示范和引领带动作用的国家级夜间文化和旅游消费集聚区。

（三）提升旅游消费服务。

深入实施旅游服务质量提升行动，建立健全旅游市场服务质量评价体系，形成科学有效的服务监测机制。支持旅行社转型升级，提升旅游景区、旅游饭店、旅行社等服务水平。企事业单位对外接待游客，需明确负责旅游相关事务的部门。旅游景区等场所开展预约服务的同时，应保留人工窗口和电话专线，为老年人保留一定数量的线下免预约进入或购票名额，提供必要的信息引导、人工服务。

切实加强导游队伍建设和管理，制定专项行动方案。优化导游职业资格准入管理，健全全国导游资格考试管理制度。统筹推进导游等级考评机制改革，探索构建导游服务综合评价体系，开展导游执业改革试点，拓宽导游执业渠道。着力提升导游服务质量，实施导游专业素养研培计划和“金牌导游”培养项目，建设“导游云课堂”线上培训平台，修订《导游服务规范》国家标准。加大导游执业激励力度，举办全国导游大赛，强化宣传引导，增强职业自信，树立行业新风。强化导游人员在旅游业疫情防控中的作用，明确导游人员在工作地区发生疫情时的处置要求，引导游客自觉服从防疫需要。推进红色旅游人才队伍建设，实施全国红色旅游五好讲解员培养项目，举办全国红色故事讲解员大赛，提升讲解员服务质量。鼓励专业研究人员、退休人员、在校学生等担任志愿讲解员。

专栏9 旅游服务质量评价体系建设工程
建立以游客为中心的旅游服务质量评价体系。开发旅游服务质量评价系统，制定完善评价模型和指标。推广和拓展评价体系应用场景。到2025年，初步建立系统完备、科学规范、运行有效、覆盖服务全流程的旅游服务质量评价体系。

（四）完善旅游公共服务设施。

实施“十四五”时期文化保护传承利用工程，加大旅游基础设施建设支持力度，完善覆盖城乡、全民共享、实用便捷、富有特色的旅游基础设施网络。把旅游公共服务设施建设纳入新型基础设施建设计划。鼓励推行区域旅游景点套票、月票、年卡和旅游公交等服务。优化重点旅游区域机场布局，规划建设一批对沿线旅游发展具有重要促进作用的干线铁路、城际铁路和资源开发性支线铁路，强化交通网“快进慢游”功能，加强交通干线与重要旅游景区衔接，加强乡村旅游公路和旅游景区客运索道建设。完善公路沿线、服务区、客运枢纽、邮轮游艇码头等旅游服务设施功能，推进通用航空与旅游融合发展。健全重点旅游景区交通集散体系，鼓励发展定制化旅游运输服务。

优化旅游公共服务设施布局，完善配套设施和功能。适应游客出行方式变化，加大面向散客的旅游公共服务力度。科学规划建设旅游景区停车场、内部交通、便民设施、标识标牌等，合理配置厕所、垃圾桶，建设一批示范性旅游厕所，进一步巩固旅游厕所革命成果。推动文化和旅游公共服务共建共享，探索建设一批文化和旅游综合服务设施。推动文化服务进旅游景区，在旅游设施、旅游服务中增加文化元素和内涵，体现人文关怀。充分考虑特殊群体需求，健全无障碍旅游公共服务标准规范，加强老年人、残疾人等便利化旅游设施建设和改造，推动将无障碍旅游内容纳入相关无障碍公共服务政策。

专栏10 旅游厕所质量提升工程
提高旅游厕所管理和服务水平。深化改革创新，推广成功经验，优化旅游厕所分布和覆盖面，在节能环保、文旅融合、科技应用、管理创新等方面形成典型示范效应。发挥旅游厕所在旅游公共服务体系建设中的引领示范作用。 推进旅游厕所标准化、数字化建设。引导建设一批新型智慧化旅游厕所。推进

续表

旅游厕所人性化，完善旅游厕所无障碍设施，增加旅游厕所家庭卫生间覆盖率。到2025年，《旅游厕所质量等级的划分与评定》（GB/T 18973—2016）的实施率达到90%以上，电子地图标注率达到95%以上。

（五）创新旅游宣传推广。

围绕"旅游是一种生活、学习和成长方式"的理念加强宣传推广，进一步挖掘国内旅游市场潜力，营造良好社会氛围。引导支持地方加强国内旅游宣传推广活动评估。强化品牌引领，实施国家旅游宣传推广精品建设工程。

创新国内旅游宣传推广体制机制，推进现代化、市场化、专业化运营。支持建设一批旅游营销创新基地，孵化一批具有较高传播力和影响力的旅游品牌。推动旅游宣传推广与城市经济发展、节庆品牌塑造、商务环境改善等互动发展和一体发展。创新办好中国旅游产业博览会、中国（武汉）文化旅游博览会、中国义乌文化和旅游产品交易博览会、中国体育旅游博览会、中国森林旅游节。加强新媒体宣传推广，推动跨区域旅游创新协同和支持机制建设，实施旅游宣传推广联盟示范建设专项行动。

专栏11　国家旅游宣传推广精品建设工程
结合落实国家战略，聚焦重点区域，激活消费潜力，创新旅游宣传推广理念、方式，推出一批体现文化和旅游深度融合特点的旅游节庆、展览、营销等活动，建立国家旅游宣传推广精品项目名录，实现滚动化建设、市场化发展、动态化管理。

八、建立现代旅游治理体系

坚持依法治旅，加强旅游信用体系建设，依法落实旅游市场监管责任，健全旅游市场综合监管机制，提升旅游市场监管执法水平，倡导文明旅游，促进满足人民文化需求和增强人民精神力量相统一。

（一）推进依法治旅。

加强旅游领域法治建设，进一步贯彻落实《中华人民共和国旅游法》、《旅行社条例》、《中国公民出国旅游管理办法》、《导游人员管理条例》等法律、行政法规，根据需要适时开展修订工作。深入推进"放管服"改革，优化旅行社和导游行政审批服务。加强商标注册知识培训和宣传，引导地方政府、行业协会积极注册当地旅游品牌商标。健全旅游标准化工作机制和协调机制，加快相关国家标准制修订，完善行业标准、地方标准，推动企业标准和团体标准发展，提升标准质量，加强标准宣传贯彻和实施情况分析，继续在旅游领域开展标准化试点示范建设，推动旅游标准国际化。

提升旅游市场监管能力，落实“双随机、一公开”监管要求，持续加大旅游市场监管执法力度，健全旅游服务质量监管体系，完善旅游投诉处理和服务质量监督机制，充分发挥地方“12345”政务服务便民热线作用，及时处理游客投诉举报，保护广大游客合法权益。加强大数据分析应用，发挥旅游投诉数据的预警监督作用，以解决投诉问题为导向助推旅游服务质量提升。建立健全旅游投诉纠纷调解与司法仲裁衔接机制。加强在线旅游企业监管，研究制定在线旅游市场管理服务的规范标准，提升行业规范水平。创新推进线上线下监测评估，提升旅游市场问题发现能力。规范旅游景区和旅游经营者价格行为，依法查处打击价格串通、哄抬价格等行为。加强旅游景区门票、观光购物等价格管理，重点查处国有旅游景区不执行政府规定的价格水平和浮动幅度、擅自增设收费项目、通过违规设置“园中园”门票等形式变相提高门票价格、捆绑销售、不按规定明码标价、不执行优惠措施、价外加价等行为。及时查处整治不合理低价游、线上线下虚假宣传、商业贿赂等旅游市场突出问题，严厉打击各类违法违规经营行为，维护旅游市场秩序。坚持正确的历史观、民族观、国家观、文化观，加强对旅游场所、旅游项目、旅游活动的导向把关，高扬主旋律、传播正能量。

（二）加强旅游安全管理。

把落实安全责任贯穿旅游业各领域全过程。推动构建旅游安全保障体系，强化预防、预警、救援、善后机制，健全突发事件应对机制，加强节假日等重点时段、重点环节、重要设施设备、重大旅游节庆活动及高风险项目等安全监管，强化旅游企业特种设备运行安全、食品安全等主体责任。

加强灾害事故重大风险防范和涉旅突发事件应对，及时调整完善相关应急预案，有效开展应对重大疫情、突发灾情、设施停运、恶劣气候等特殊情况的演练。指导旅游场所进一步加强消防基础设施建设，落实消防安全主体责任，强化火灾自防自救宣传，提升消防安全管理水平。鼓励保险公司创新开发针对性旅游保险产品，提升保险理赔服务水平。鼓励旅行社、旅游场所、旅客等相关主体投保旅游保险产品，扩大旅游保险覆盖面。加强对游客的安全引导和提示，指导旅游企业加强安全培训和应急演练，鼓励旅游企业建立兼职应急救援队伍，完善紧急救援联动机制。加强对旅游业从业人员的健康监测，督促其做好个人防护。针对因疫情防控需要滞留本地区游客的管理服务工作，各地区要研究制定相关预案，在防止疫情扩散的同时保障游客权益。

（三）提升旅游市场信息化监管水平。

加强旅游业大数据应用，推进旅游数据规范化、标准化建设。落实“放管服”改革要求，发挥技术手段在优化审批服务、加强事中事后监管中的作用。加强全国旅游监管服务平台、全国文化市场技术监管与服务平台的数据归集、信息整合，构建旅游市场监管业务全量覆盖、监管信息全程跟踪、监管手段动态调整的智慧监管平台。

在现有旅游统计体系基础上，构建以行业监管大数据为基础的旅游市场经济运行监测体系，增强动态监测能力。

逐步建立旅游市场风险预警工作机制，构建旅游市场风险预警模型，稳步实现监管数据可分析、市场风险可预警、监管工作可联动，有效防控疫情，提升风险管理水平。

（四）推进旅游信用体系建设。

依法依规完善旅游市场信用监管制度，建立旅游市场信用监管工作综合协调机制，改造升级全国旅游监管服务平台信用管理系统，加强信用信息归集、公示和共享，建立完善旅游市场主体和从业人员信用档案。

鼓励旅游市场主体主动向社会作出信用承诺，支持旅游行业协会等建立健全行业内信用承诺制度。研究制定旅游企业信用评价规范，组织开展企业信用评价，依托信用评价结果实施分级分类监管。依法依规公布失信名单，强化失信惩戒。研究建立保护市场主体权益的信用修复机制。拓展信用应用场景，将守信情况纳入旅游景区、星级饭店、等级民宿、旅行社、在线旅游平台等评定和项目招投标。树立一批诚信典型，探索开展旅游市场信用经济发展试点工作。

（五）推进文明旅游。

倡导文明旅游实践，培育文明旅游活动品牌。整治旅游中的顽疾陋习，树立文明、健康、绿色旅游新风尚。提高旅游从业人员文明素质，树立行业先进典型，推进《文明旅游示范单位要求与评价》等标准实施，把旅游业建成精神文明窗口。

加强部门合作，推进文明旅游宣传教育、规范约束和社会监督。鼓励各地区开办旅游类专业节目栏目，加强旅游公益广告创作播出，积极发布旅游相关提示消息，做好正面宣传，引导理性维权。通过网络平台、讲解员、志愿者等多渠道进行文明提示，重点加强对散客、自驾游客等的安全文明引导。推进旅游志愿者队伍建设，在旅游公共场所建立志愿服务站点，组织志愿者开展文明引导、文明劝导，传递文明旅游新理念、新风尚。

将自觉服从疫情防控要求作为文明旅游的重要内涵。倡导长途、跨省游客返程后主动做核酸检测。去往边境口岸地区的游客要自觉遵守国家关于加强口岸城市新冠肺炎疫情防控工作的规定。鼓励全程佩戴口罩。游客发生干咳、发烧等疑似新冠肺炎症状时，要及时就近到发热门诊就诊。

九、完善旅游开放合作体系

立足中华民族伟大复兴的战略全局和世界百年未有之大变局，把握国际复杂形势和新冠肺炎疫情发展态势，在危机中育新机，于变局中开新局，加强形势分析和政策储备。在全球新冠肺炎疫情得到有效控制的前提下，依托我国强大旅游市场优势，统筹国内国际两个市场，分步有序促进入境旅游，稳步发展出境旅游，持续推进旅游交流合作。

（一）分步有序促进入境旅游。

及时研判国内外新冠肺炎疫情防控形势、国际环境发展变化，科学调整有关人员来华管理措施，在确保防疫安全的前提下，积极构建健康、安全、有序的中外人员往来秩序。适时启动入境旅游促进行动，出台入境旅游发展支持政策，培养多语种导游，讲好中国故事，丰富和提升国家旅游形象，审时度势采取有力措施推动入境旅游高质量发展。

将旅游形象纳入国家对外宣传，建立健全国家旅游对外推广体系，形成“中央—省（自治区、直辖市）—重点旅游城市”三级推广的格局。统筹规划、协同发展海外文化和旅游工作，扩大优质内容供给。推动优化整合旅游办事处职能、拓展布局设点范围。发挥跨区域旅游推广联盟作用，有计划有步骤地组织开展“美丽中国”旅游形象推广活动，加强“东亚文化之都”城市旅游推广。细分重点市场、新兴市场、潜在市场，紧扣境外游客需求和消费习惯，设计推出更多国际化程度高、中国特色明显、适合境外主流市场的优质旅游产品，不断增强中国旅游品牌吸引力、影响力。

与旅游客源国、客源地在国际航运、边境通行、疫苗接种、旅游团队组织、医疗保险等方面加强沟通，本着对生命健康高度负责的态度，始终坚守安全底线，把疫情防控放在首位，严格执行国际客运航班“熔断”措施，动态精准调整来华人员入境政策。科学制定并实施入境旅游疫情防控技术指南，强化入境旅游接待重点人员、重点场所防控，严格落实门票实名制预约制度。在此基础上，稳妥推进外籍（境外）人员来华邮轮旅游、自驾游便利化和通关便利化，进一步提升入境服务水平，优化境外预订、金融支付、网络服务、语言标识等，让来华游客在用卡、用网、用餐等方面更顺畅、更舒心。抓紧推进《中俄互免团体旅游签证协定》等修订工作。加快实现全国旅游监管服务平台与边检查验系统对接。提升购物离境退税服务水平，扩大购物离境退税政策覆盖面，鼓励更多商户自愿成为退税商店，丰富商品种类。健全免税业政策体系，促进我国免税业健康有序发展。继续办好中国国际旅游交易会、中国—东盟博览会旅游展等品牌推广活动。

专栏12　入境旅游促进行动

（服从疫情防控需要前提下适时启动）

健全入境旅游宣传推广体系。持续开展大规模、高规格、有影响力的国家旅游形象系列推广活动。构建行业联动推广机制。丰富旅游宣传品种类，加强品牌传播。

丰富入境旅游适销产品供给。围绕境外市场需求，引导建立与区域布局、资源禀赋、市场发展相适应的入境旅游供给体系。推动建成主题特色鲜明、文化内涵丰富、服务质量一流的世界级旅游景区、度假区品牌。创新培育入境旅游新业态，满足入境游客个性化、体验化需求。

提升入境旅游服务质量。优化旅游景区、酒店接待服务，完善旅行社、导游服务，提升入境游客体验。提高旅游市场治理能力，加强旅游市场秩序监管方面的双边合作。

推进入境旅游便利化。科学拟定入境旅游签证政策，用好用足现有免签、口岸签证等政策。充分发挥现有口岸功能作用，加强国际航线建设，加密国际直飞航线，增强国际中转能力，鼓励依托现有口岸开展跨境包机包船旅游。

（二）稳步发展出境旅游。

推动出境旅游与国内旅游、入境旅游三大市场协调发展，统筹服务保障和管理引导。加强文化和旅游、外交、安全、卫生健康、交通运输等部门合作，建立畅通工作机制，及时传递信息和共同应对突发事件。在国际人员往来恢复正常的前提下，旅游企业组织出境旅游要严格遵守国家疫情防控管理规定，及时科学调整行程，引导游客做好自我防护；自助出境游客要提前了解目的地疫情情况及防控要求，做好个人防范，严格遵守出境和返程入境管理规定。加强对出境游客的引导和管理，让出境游客当好中华文化的传播者和国家形象的展示者。

推动出境旅游目的地国家给予我普通护照免签便利，在语言、餐饮、支付等方面为中国游客提供更高品质服务。支持有条件的国内旅游企业跟随中国游客“走出去”，构建海外旅游接待网络，加强国际化布局，参与全球竞争。加强与重点目的地国家旅游双向交流，推动中华文化传播。

完善出境游目的地管理机制，适应出境旅游散客化需要，实施旅游目的地国家计划升级行动，促进有关国家解决我国公民境外旅游过程中的重点关切，高度重视游客生命财产安全，加强旅游警示提醒，做好领事保护工作，扩大境外旅游保险、旅游救援合作，完善出境旅游服务保障体系。

（三）深化与港澳台地区合作。

推进粤港澳大湾区旅游一体化发展，提升大湾区旅游业整体竞争力，打造世界级旅游目的地。深化港澳与内地旅游业合作，创新粤港澳区域旅游合作协调机制，推动资源共享。支持香港旅游业繁荣发展，加强内地与香港旅游业在客源互送、宣传营销等方面合作。支持香港发展中外文化艺术交流中心。推动澳门世界旅游休闲中心建设，支持澳门举办世界旅游经济论坛、国际旅游（产业）博览会等，打造以中华文化为主流、多元文化共存的交流合作基地。支持港澳青少年赴内地进行游学交流活动。推进海峡两岸乡村旅游、旅游创意产品开发等领域合作，探索海峡两岸旅游融合发展新路，让旅游成为增进中华文化认同、增强中华民族凝聚力的有效途径。

（四）深化旅游国际合作。

在相互尊重文化多样性和社会价值观的基础上，推动大国旅游合作向纵深发展，深化与周边国家旅游市场、产品、信息、服务标准交流合作。以建交周年、高层互访为契机，办好中国文化年（节）、旅游年（节），开展多层次对话交流活动，促进人员往来、民心相通、文明互鉴，推动构建新型国际关系。积极服务和对接高质量共建“一带一路”，扩大与共建国家交流合作，打造跨国跨境旅游带。

坚持开放包容、合作共赢，积极参与全球旅游治理体系改革和建设，加强与联合国世界旅游组织等合作，发挥好世界旅游联盟、世界旅游城市联合会、国际山地旅游联盟等国际组织作用，推动全球旅游业发展。积极对外宣传我国抗击疫情成效和我国旅游业应对疫情的经验做法，为全球旅游业发展贡献中国智慧、中国方案。

专栏13　海外旅游推广合作工程

亚洲旅游促进计划。深化亚洲旅游政策对话，召开亚洲旅游促进大会，开展亚洲旅游论坛、亚洲旅游博览会等配套活动，推动亚洲文化和旅游融合发展，助力亚洲旅游品质与服务提升，共同推动亚洲旅游品牌建设与营销推广，提升旅游便利化程度，鼓励亚洲智慧旅游协调发展。开发长线旅游产品。

大湄公河次区域经济合作机制旅游合作。深化在大湄公河次区域经济合作机制和澜湄合作机制框架下旅游政策交流和对话，推动湄公河旅游协调办公室更名为“澜沧江—湄公河”旅游办公室并升级为政府间国际组织。打造澜湄区域旅游形象，共同筛选并推广精品旅游线路，开展域外营销。发挥好澜湄旅游城市合作联盟作用，举办澜湄市长文化旅游论坛，用好用足多民族文化、世界遗产等资源，推动我国西部省份与湄公河国家加强旅游合作。

大图们倡议旅游合作。在大图们倡议机制框架下深化旅游政策对话与协调，推动机制各成员国在疫情得到完全控制的前提下加强边境、跨境旅游方面合作，推进跨境旅游合作区建设，共同筛选推广精品旅游线路，开展城外营销。

十、健全旅游综合保障体系

坚持党的全面领导，充分调动各方积极因素，强化支持政策，加强基础理论建设和应用研究，加强旅游人才培养，形成推动旅游业发展的强大合力。

（一）加强组织领导。

各地区要将旅游业发展纳入重要议事日程，把方向、谋大局、定政策、促改革，形成党委领导、政府推动、部门协同、全社会参与、广大人民群众共享的大旅游发展格局。国家建立旅游工作协调机制，加强对全国旅游业发展的综合协调，完善文化和旅游融合发展体制机制。宣传部门发挥好指导协调作用，文化和旅游部门加强对旅游业发展的统筹规划，完善有关政策法规，推动重大项目实施，牵头开展督查。

（二）强化政策支撑。

落实用地、财政、区域、税收、金融、投资、人才等支持政策。各相关部门根据职责分工支持旅游业发展，形成发展合力。国家发展改革委要会同文化和旅游部等部门做好重大旅游项目的立项和实施，推进国家文化公园、旅游景区和度假区、旅游休闲城市和街区、红色旅游、乡村旅游、智慧旅游等建设，做好旅游景区等价格管理工作。财政部要通过现有资金渠道，支持加强旅游公共服务设施建设、旅游公益宣传推广等工作，将符合条件的旅游基础设施建设项目纳入地方政府债券支持范围，推进旅游领域政府和社会资本合作。自然资源部要充分考虑常住居民和旅游人口需求，特别是世界级旅游景区和度假区建设，对旅游用地作出专门安排，重点要依法保障旅游公共服务设施土地供给，努力保障旅游建设项目用地供应，引导乡村旅游规范发展，支持自驾车旅居车营地等有序建设，会同文化和旅游部做好风景名胜区及山水林田湖草沙等旅游开发管理。交通运输部、住房城乡建设部、文化和旅游部等部门要推进交通与旅游融合发展，加强交通干线与重要旅游景区、度假区衔接，推进主题线路、风景道、骑行道、步道、旅游航道等建设，构建“快进慢游”的旅游交通体系。外交部要支持文化和旅游部开展与相关国家的旅游交流合作。工业和信息化部要会同文化和旅游部等部门，加强邮轮游艇、低空飞行器、旅居车、客运索道、游乐设施、冰雪装备等旅游装备研发应用和产业化发展。国家民委要配合文化和旅游部等部门做好“旅游促进各民族交往交流交融计划”的制定和实施。国家卫生健康委要配合文化和旅游部根据全国和区域性疫情防控要求，研判调整相关旅游政策，做好旅游出行警示、提示。国家统计局要会同文化和旅游部加强旅游及相关产业统计监测。国家金融管理部门要积极支持符合条件的旅游企业上市融资、再融资和并购重组，拓展企业融资渠道，支持符合条件的旅游企业通过发行公司信用类债券等方式进行融资，创新贷款担保方式，开发适合旅游业特点的金融产品。

（三）加强旅游业理论和人才支撑。

推动事关旅游业发展的重大现实问题、热点问题和难点问题研究，加强基础理论研究，加快构建以人民为中心的新时代旅游业发展理论体系。研究出台关于加强旅游科研工作的政策文件，推动旅游科研院所创新发展，培育和认定一批旅游行业智库建设试点单位，用好中国旅游科学年会等研究成果交流平台。优化旅游相关专业设置，推动专业升级，完善旅游管理类专业教学质量标准，大力发展旅游管理硕士专业学位研究生教育，加强旅游管理学科建设。促进旅游职业教育高质量发展，健全继续教育机制。推动数字化课程资源建设共享。健全适合红色旅游、乡村旅游等发展特征和需要的从业人员培训机制，加大旅游业领军人才、急需紧缺人才和新技术、新业态人才培养力度，打造一支与旅游业发展相适应的高素质人才队伍。整合政府部门、企业、院校、行业组织等资源，完善旅游人才培养、引进、使用体系。

各地区要结合本地区实际制定旅游业发展规划或具体实施方案，明确工作分工，落实工作责任。各部门要按照职责分工，加强协调配合，明确具体举措和工作进度，抓紧推进。文化和旅游部要加强对本规划实施情况的评估和监督检查，及时研究解决本规划实施过程中出现的新情况、新问题，重大情况及时报告党中央、国务院。

国务院办公厅关于印发“十四五”城乡社区服务体系建设规划的通知

（2021年12月27日　国办发〔2021〕56号）

《“十四五”城乡社区服务体系建设规划》已经国务院同意，现印发给你们，请认真贯彻执行。

“十四五”城乡社区服务体系建设规划

社区服务关系民生、连着民心，不断强化社区为民、便民、安民功能，是落实以人民为中心发展思想、践行党的群众路线、推进基层治理现代化建设的必然要求。为贯彻落实党中央、国务院决策部署，夯实基层基础，让人民生活更加美好，依据《中华人民共和国国民经济和社会发展第十四个五年规划和 2035 年远景目标纲要》，编制本规划。

一、谱写城乡社区服务体系建设新篇章

城乡社区服务体系，是指党委统一领导、政府依法履责、社会多方参与，以村（社区）为基本单元，以村（社区）居民、驻区单位为对象，以各类社区服务设施为依托，以满足村（社区）居民生活需求、提高生活品质为目标，以公共服务、便民利民服务、志愿服务为主要内容的服务网络和运行机制。

（一）发展环境。

“十三五”时期是全面建成小康社会决胜阶段。以习近平同志为核心的党中央坚持以人民为中心，着力加强基层基础工作，推动社会治理重心向基层下移，城乡社区服务体系建设取得积极进展。党领导社区服务能力不断加强，村（社区）党组织书记和主任“一肩挑”比例逐步提高，党建引领社区服务体系建设的体制机制逐步完善。服务设施不断完善，以党群服务中心为基本阵地的城乡社区综合服务设施建设加快推进，城市社区综合服务设施实现全覆盖，农村社区综合服务设施覆盖率达到 65.7%。服务供给不断扩大，城乡社区普遍能够提供基本公共服务办理、代办等服务，便民利民服务办理更加便捷，志愿服务蓬勃发展。服务人才队伍不断壮大，截至 2020 年底，全国社区工作者 433.8 万人，村（居）民委员会班子成员 277.6 万人，社会工作专业人才 157.3 万人。服务信息化建设不断加强，“互联网+社区政务服务”、“互联网+社区商业服务”加速推进，全国 50.9 万个村民委员会、11.3 万个居民委员会初步实现信息集中汇聚、统一管理、动态更新。这些成就，标志着我国城乡社区服务体系建设向新发展阶段迈进，服务品质不断提高，人民群众获得感、幸福感、安全感不断增强，为“十四五”城乡社区服务体系建设高质量发展奠定了坚实基础。

“十四五”时期是我国全面建成小康社会、实现第一个百年奋斗目标之后，乘势而上开启全面建设社会主义现代化国家新征程、向第二个百年奋斗目标进军的第一个五年。我国已转向高质量发展阶段，经济社会发展持续向好，科技支撑更加有力，城乡融合更加深入，社区服务业发展前景广阔，城乡社区服务体系建设高质量发展具有许多优势和条件。同时，面对“十四五”时期经济社会发展新形势、人民群众新期待、基层治理新任务，我国城乡社区服务发展不平衡不充分问题仍然突出，党建引领社区服务体系建设还不健全，政府、市场、社会多方参与格局还不完善，信息化基础设施和技术应用还比较薄弱，社区工作者就业吸引力、岗位认同感、队伍稳定性有待提升。必须牢牢把握我国发展重要战略机遇期，以更高的站位、更大的决心、更实的举措，奋力谱写城乡社区服务体系建设新篇章。

（二）战略导向。

加强城乡社区服务体系建设，是立足新发展阶段，不断夯实国家治理体系和治理能力基础的重大举措，是贯彻新发展理念，不断满足人民群众对更高生活品质新期待的重要途径，是进一步扩大内需、促进就业、拉动消费，不断推动构建新发展格局的重要抓手。必须围绕中心、服务大局，优先发展社区就业、养老、托育服务，大力发展社区服务业。必须走共同富裕道路，保障特殊困难群体平等享受有关基本公共服务，彰显公平正义。必须强化问题导向，补齐社区应急管理、风险防控、医疗卫生、社会心理服务等方面短板弱项。必须深化改革创新，充分运用数字技术为社区赋能减负，提升服务品质和效能。

（三）指导思想。

以习近平新时代中国特色社会主义思想为指导，全面贯彻党的十九大和十九届历次全会精神，坚持和加强党的全面领导，坚持以人民为中心，以增进人民福祉为出发点和落脚点，以强化为民、便民、安民功能为重点，以不断满足人民高品质生活需求为目标，加快完善党建引领社区服务体系建设，增加服务供给，补齐服务短板，创新服务机制，为推进基层治理体系和治理能力现代化建设奠定坚实基础，让人民生活更加美好，让基层更加和谐稳定，让党的执政基础更加稳固。

（四）基本原则。

一是坚持党的全面领导。坚持将党的领导贯穿于城乡社区服务体系建设的全过程各方面，促进提升基层党组织组织力，发挥党员服务群众带头示范作用，厚植党的执政基础。

二是坚持以人民为中心。坚持人民主体地位，回应群众新期待新需求，推动创造就业岗位，带动投资，不断改善人民生活品质，努力做到群众有需求、社区有服务。

三是坚持共建共治共享。充分调动社会组织、社会工作者、志愿者和慈善资源等社会力量，引导市场力量，更好发挥政府作用，构建多方参与格局，让全体人民共享发展成果。

四是坚持城乡统筹。科学把握城乡发展差异，尽力而为、量力而行，推进社区服务制度城乡衔接、要素共享、互通互融，推动社区服务机制城乡联动、基础设施城乡衔接、基本公共服务城乡统筹。

五是坚持分类指导。坚持因地制宜，突出问题导向，把握政府、市场、社会不同定位，区分不同地区、不同类型社区特点，重点突破、分层推进、分类实施，全方位提升社区服务水平。

（五）主要目标。

到2025年末，党建引领社区服务体系建设更加完善，服务主体和服务业态更加丰富，线上线下服务机制更加融合，精准化、精细化、智能化水平持续提升，社区吸纳就业能力不断增强，基本公共服务均等化水平明显提升，人民群众操心事、烦心事、揪心事更好解决，获得感、幸福感、安全感不断增强。

专栏1 “十四五”城乡社区服务体系建设主要指标

序号	指　　标	2020年基期值	2025年目标值	指标属性
1	农村社区综合服务设施覆盖率	65.7%	80%	预期性
2	城市社区综合服务设施覆盖率	100%	100%	预期性
3	社区商业和综合服务设施面积占社区总建筑面积的比例	—	≥10%	预期性
4	每百户居民拥有社区综合服务设施面积	29.8平方米	≥30平方米	预期性
5	居民活动区域面积占社区综合服务设施总建筑面积比例	—	≥60%	预期性
6	城市社区政务通用自助服务覆盖率	—	100%	预期性
7	每万城镇常住人口拥有社区工作者	15人	18人	预期性

二、完善城乡社区服务格局

（六）健全党建引领机制。

压实乡镇（街道）党（工）委责任，建立健全街道党工委牵头、驻区单位党组织负责人参加的社区党建工作联席会议制度，加强党对城乡社区服务体系建设的全面领导。全面健全村（社区）党组织引领，基层群众性自治组织主导，村（社区）居民为主体，群团组织、社区社会组织、社会工作者和驻区单位共同参与、协同开展社区服务的体制机制。全面落实党领导下的城乡社区协商制度，围绕群众关心的服务事项广泛开展议事协商。全面加强党建引领社区服务体系建设，扎实做好服务群众、教育群众、凝聚人心工作，组织引领群众听党话、跟党走。全面落实在职党员到社区报到为群众服务制度机制，推动党政机关、企事业单位到村（社区）开展服务。推动有物业服务的社区建立健全党建引领下的社区居民委员会、业主委员会、物业服务企业协调运行机制，强化社区党组织领导能力、居民委员会指导能力、物业服务企业服务能力。健全党建引领社区社会组织工作机制，乡镇（街道）党（工）委和村（社区）党组织加强对社区社会组织参与社区服务的领导。

（七）完善多方参与格局。

强化政府在基本公共服务供给保障中的主体地位，优化村（社区）服务功能布局，促进服务资源高效配置和有效辐射。发挥村（社区）党组织、基层群众性自治组织作用，支持群团组织积极参与社区服务。健全社会力量参与社区服务激励政策，组织实施社会力量参与社区服务行动，推动社区与社会组织、社会工作者、社区志愿者、社区公益慈善资源联动开展服务。支持引导驻区单位向社区居民开放停车场地、文化体育设施、会议活动场地等资源。支持社区服务企业发展，积极引导市场主体进入社区服务领域，鼓励开展连锁经营。

专栏2　社会力量参与社区服务行动
1. 培育发展社区社会组织专项行动。实施一批项目计划，开展系列主题活动，培育一批品牌社区社会组织和品牌活动项目，引导服务性、公益性、互助性社区社会组织广泛参与社区服务。 2. 社区志愿服务行动。依托社区综合服务设施建立志愿服务站点，搭建志愿服务组织（者）、服务对象和服务项目对接平台，以困难群体和特殊人群为重点广泛开展志愿服务，大力开展邻里互助服务和互动交流活动。 3. 社区社会工作服务行动。在乡镇（街道）设置面向村（社区）服务的社会工作站，依托社区综合服务设施建立社会工作室，开展社会工作专业服务。

三、增加城乡社区服务供给

（八）强化为民服务功能。

聚焦幼有所育、学有所教、病有所医、老有所养、弱有所扶和文体服务有保障，推动基本公共服务资源向村（社区）下沉。重点强化社区养老、托育、助残服务供给，做好对困难群体和特殊人群关爱照护，推动社区与居家养老服务协同发展。着力提升基层卫生、医疗保障服务能力，做好传染病、慢性病防控和儿童保健等工作，推进健康社区和村（居）民委员会下属公共卫生委员会建设。加强基层公共就业服务，在有条件的村（社区）设立就业创业空间，重点为村（社区）居民中的失业人员、就业困难人员、高校毕业生、退役军人、农村转移劳动力、残疾人等群体提供服务。大力发展社区教育，助力构建终身学习体系。扩大文化、体育、科普等公共服务供给。加强婚姻家庭文化服务。适应农村经济社会发展，增加行政村和较大自然村基本公共服务供给，提升邮政、金融、电信、供销、广播电视等公共事业服务水平。重点加强脱贫村和易地扶贫搬迁集中安置社区的教育、卫生、就业、社保、养老、社会救助、未成年人保护、环境保护等公共服务资源配置。

（九）强化便民服务功能。

全面推进城市一刻钟便民生活圈建设，加快推进农村生活服务便利化。引导市场、社会力量发展社区托育、养老等服务业态。推动物流配送、快递、再生资源回收网点设施辐射符合条件的村（社区），鼓励发展社区物业、维修、家政、餐饮、零售、美容美发等生活性服务业，支持相关企业在村（社区）设置服务网点，满足居民多样化需求。鼓励有条件的地方引进专业化物业服务，建立健全业主和物业服务企业双向选择机制。完善城市居民委员会组织体系，指导和监督业主委员会、物业服务企业依法履行职责。依托村级综合服务设施、供销合作社等强化农村地区农产品收购、农资供应等服务供给。

（十）强化安民服务功能。

深化城乡社区警务战略，加强村（居）民委员会下属治安保卫委员会建设，健全完善群防群治、联防联治机制，提升村（社区）平安建设能力水平。加强村（社区）人员密集场所安全管理，开展安全教育培训和交通安全宣传劝导，做好用气、用电、用火以及地震、洪灾等防灾监测、预警发布和应急避险安全防护工作，对噪声扰民行为及时劝阻、调解。完善村（社区）应急组织体系和工作预案，强化应急和风险防范物资储备保障，健全应急广播体系，拓展突发事件预警信息发布渠道。加强村（社区）应急避难场所建设，健全完善微型消防站（点），引导社会应急力量有序参与应急处置。巩固充实村（居）民委员会下属人民调解委员会，完善矛盾纠纷多元化解机制，推动村（社区）普法宣传、人民调解、法律援助、公证等法律服务全覆盖。加强村（社区）反邪教工作能力建设。强化社区矫正、社区戒毒社区康复、刑满释放人员帮扶和精神障碍社区康复服务，为遭受家庭暴力的居民提供应急庇护救助服务。建立健全发现报告和家庭监护监督制度，加强村（社区）未成年人保护工作。支持各类专业组织、机构在村（社区）开展社会心理服务，完善疏导机制，强化精神慰藉、心理疏导、关系调适、社会融入等服务。推进建设各民族相互嵌入式的社会结构和社区环境，铸牢中华民族共同体意识。

专栏3　新时代新社区新生活服务质量提升行动

1. 社区固本强基行动。健全党组织领导、基层群众性自治组织为基础的村（社区）组织体系，推动机关和企事业单位党组织、在职党员到社区报到全覆盖，组织党员参加以服务群众为主要内容的“设岗定责”活动。

2. 社区养老服务行动。支持一批县（市、区、旗）建设连锁化运营、标准化管理的示范性社区居家养老服务网络，提供失能护理、日间照料以及助餐助浴助洁助医助行等服务。特殊困难老年人月探访率达到100%。建成一批示范性城乡老年友好型社区，

续表

更好地满足老年人多方面的需要。 3. 社区未成年人关爱行动。推进乡镇(街道)未成年人保护工作站、儿童友好社区建设,依托社区综合服务设施拓展社区托育服务功能。推动在社区普遍建立青年之家和校外实践教育场所,开展学龄儿童课后托管和寒暑假集中看护服务,在村(社区)推广建立家长学校或家庭教育服务站点。 4. 社区助残服务行动。开展社区残疾人康复,做好家庭医生签约、康复训练、辅助器具适配、支持性服务等。为重度残疾人提供日间照料、居家服务等多种形式的托养和照护服务。结合智慧城市、乡村建设行动等,同步推进社区无障碍环境建设和改造。实现村(社区)残疾人协会全覆盖。 5. 社区就业服务行动。依托社区综合服务设施,加强基层公共就业服务,重点为村(社区)居民中的失业人员、就业困难人员、高校毕业生、退役军人、农村转移劳动力、残疾人等群体提供服务。 6. 社区卫生服务行动。深化推进"优质服务基层行",持续提升基层医疗卫生机构服务能力,拓展医养结合服务。推进社区医院建设工作,科学规划布局,结合群众需求,突出服务特色。 7. 社区教育行动。创新发展社区教育,推动开展学习型社区、学习型家庭等各类学习型组织创建活动,统筹村(社区)教育协调发展,优先扩大老年教育资源供给。 8. 社区文化服务行动。引导各类文化资源向城乡基层倾斜,村(社区)普遍建立综合性文化服务中心。 9. 社区体育服务行动。整合社区体育服务资源统筹建设全民健身场地设施,推动学校体育设施向社区居民开放,实现社区 15 分钟健身圈全覆盖。 10. 社区科普服务行动。依托社区综合服务设施、社区图书馆等拓展科普服务功能、开展科普活动,支持社区科普设施流动巡回服务,加大流动科技馆、科普大篷车进村(社区)服务力度。 11. 平安社区建设行动。加强社区警务工作保障,推进警务室与村(社区)"两委"同址办公,配齐必要装备设施,开展平安社区(村)建设活动。 12. 法律服务社区行动。推进村(社区)法律顾问工作全面升级,引导社会力量参与公共法律服务,发展壮大法律服务志愿者队伍,加强村(社区)人民调解员队伍建设,进一步深化普法宣传教育、法律援助和人民调解工作。 13. 社区应急服务行动。整合社区公园、广场等场馆服务资源,改造或完善社区应急避难场所,推进应急信息化建设,完善应急广播体系,定期开展应急避险知识宣传和应急避难演练活动。全国所有村(社区)均设置 1 名灾害信息员。 14. 社区共建共治共享行动。全面落实村(社区)协商制度,建立居民需求、服务资源、民生项目"三项清单"工作制度,实现资源与需求有效对接、治理成果共享。

四、提升城乡社区服务效能

（十一）优化服务设施布局。

将综合服务设施建设纳入国土空间规划，推进新建社区综合服务设施标准化规范化建设，确保新建社区商业和综合服务设施面积达标。实施城乡社区综合服务设施补短板工程，鼓励通过换购、划拨、租借等方式，统筹利用社区各类存量房屋资源增设服务设施。有条件的地方可通过租赁住宅楼底层商业用房等其他符合条件的房屋开展社区服务。鼓励有条件的地方开展城市社区综合服务体建设，促进便民利民服务集聚集群发展、项目化系统化供给。建设智能快件箱（信包箱）和邮政快递末端综合服务站等配套设施。实施村级综合服务设施提升工程，完善村级综合服务设施网络，推进标准化建设。统筹利用益农信息社等村级服务站点，增强村级综合服务功能。加快建设易地扶贫搬迁集中安置社区综合服务设施，确保 2025 年实现综合服务设施全覆盖。按照老年人、未成年人、残疾人优先的原则，优化社区综合服务设施空间布局，促进各类服务设施功能差异互补、内容衔接配套。推动社区卫生服务中心与社区养老服务机构毗邻建设，推进社区设施适老化、适儿化改造和无障碍建设。精简整合办公空间推行开放式办公，增加居民活动区域面积。农村要合理规划群众举办红白喜事等活动的公共场所，统筹考虑布局公益性安葬服务设施。

专栏 4　城乡社区综合服务设施补短板工程
1. 村级综合服务设施提升工程。坚持农业农村优先发展，结合实施乡村建设行动，统筹利用现有资金渠道，整合利用村级组织活动场所等现有设施和场地，加快补齐农村社区综合服务设施短板，提升农村基础设施和公共服务水平。 2. 易地扶贫搬迁集中安置社区综合服务设施补短板工程。巩固拓展脱贫攻坚成果，统筹用好现有资金渠道，支持易地扶贫搬迁集中安置社区扩建、新建综合服务设施，基本满足服务群众需要。 3. 完善城镇老旧小区社区服务设施。完善城市宜居宜业功能，因地制宜补齐城镇老旧小区社区服务设施短板，提升设施综合利用和社区服务水平。

（十二）创新服务机制。

完善服务统筹机制，以县（市、区、旗）为单位统筹用好各项支持社区的政策，以及面向社区的服务资金、资源、项目等，以村（社区）党组织为主渠道落实。发挥基层群众性自治组织作用，增强综合服务能力。全面推行“一窗”受理和“一站”办理，实现政务代办服务村（社区）全覆盖。完善即时响应机制，推广接诉即办等基层经验，社区服务设施开放和服务时间一般不少于每天 8 小时，群众关切项目应开展 24 小时线上服务，保留必要线下办事服务渠道，及时响应居民需求。完善政府购买服务机制，明确购买服务项目立项、经费预算、信息发布、项目管理、绩效评估等长效配套措施，鼓励基层群众性自治组织、社会组织承接政府购买服务事项，广泛参与社区服务。完善服务评价机制，健全群众满意度调查评估制度，实现组织开展社区服务群众满意度调查覆盖所有村（社区）。推广社区服务“好差评”评价激励制度，普遍建立精准匹配村（社区）居民需求的评价机制。完善村（居）民自我服务机制，加强基层群众性自治组织规范化建设，引导村（居）民广泛参与社区服务，增强自治能力，提高自我服务水平。

五、加快社区服务数字化建设

（十三）提高数字化政务服务效能。

充分发挥全国一体化政务服务平台作用，推动“互联网+政务服务”向乡镇（街道）、村（社区）延伸覆盖。加快部署政务通用自助服务一体机，完善村（社区）政务自助便民服务网络布局。实施“互联网+基层治理”行动，完善乡镇（街道）、村（社区）地理信息等基础数据，根据服务群众需要，依法依规向村（社区）开放数据资源，发挥村（社区）信息为民服务实效。充分依托已有设施，鼓励多方参与建设开发智慧社区信息系统和简便应用软件，增加政务服务事项网上受理、办理数量和种类。充分考虑老年人、残疾人习惯和特点，推动互联网应用适老化及无障碍改造。推动政务服务平台、社区感知设施、家庭终端和城乡安全风险监测预警系统建设及互联互通，发展实时监测、智能预警、应急救援救护和智慧养老等社区惠民服务应用。深化全国基层政权建设和社区治理信息系统、中国智慧社区服务网推广应用，拓展社区服务功能，组织开展在线服务评价工作。

（十四）构筑美好数字服务新场景。

开发社区协商议事、政务服务办理、养老、家政、卫生、托育等网上服务项目应用，推动社区物业设备设施、安防等智能化改造升级。集约建设智慧社区信息系统，开发智慧社区移动应用服务，加速线上线下融合。推进数字社区服务圈、智慧家庭建设，促进社区家庭联动智慧服务生活圈发展。大力发展社区电子商务，探索推动无人物流配送进社区。推动“互联网+”与社区服务的深度融合，逐步构建服务便捷、管理精细、设施智能、环境宜居、私密安全的智慧社区。以县（市、区、旗）为单位，支持利用互联网、物联网、区块链等现代信息技术，深入组织开展智慧社区、现代社区服务体系试点建设，高效匹配社区全生活链供需，扩大多层次便利化社会服务供给。鼓励社会资本投资建设智慧社区，运用第五代移动通信（5G）、物联网等现代信息技术推进智慧社区信息基础设施建设。

专栏 5　社区服务数字化建设试点行动

1.“互联网+基层治理”行动。把握数字化新机遇，综合利用乡镇（街道）、村（社区）地理信息、人口、资源环境、社会经济、民生保障等数据资源，集约建设开发智慧社区信息系统和简便应用软件，推动基层治理数据资源共享，全面提升社区治理服务智能化水平。全国未通宽带行政村动态清零，实现全国 80% 行政村通 5G 网络。

2. 智慧社区试点建设。推进社区服务数字化应用场景建设，确定一批智慧社区建设试点单位，推动政务服务平台、社区感知设施和家庭终端联通，发展智能预警、应急救援救护和智慧养老等社区惠民服务，建立无人物流配送系统。

3. 现代社区服务体系试点建设。丰富数字生活体验，确定一批现代社区服务体系建设试点单位，运用现代信息技术改造社区设施、环境和文化，推动购物消费、居家生活、旅游休闲、交通出行等各类场景数字化，构建融空间、情感、价值于一体的现代社区服务形态。

六、加强城乡社区服务人才队伍建设

（十五）选优配强社区工作者队伍。

组织实施社区人才队伍建设行动。规范村（居）民委员会换届选举，全面落实村（社区）“两委”班子成员资格联审机制。建立健全村（社区）党组织书记后备人才库，依法选优配强村（社区）“两委”班子成员。综合考虑服务居民数量等因素，合理确定社区工作者配备标准。通过选派、聘用、招考等方式，选拔优秀人才充实社区工作者队伍。健全社区工作者职业体系，建立岗位薪酬制度并完善动态调整和职业成长机制，按规定参加社会保险并享受相应待遇。鼓励高校毕业生、退役军人到村（社区）就业创业。

（十六）加强社区服务教育培训。

加强社区服务人才培训管理，建立健全社区工作者能力指标体系，健全完善分级培训制度，用好现有培训基地和在线培训平台。依托各级各类干部网络培训平台开放共享社区服务精品课程，推动优质网络培训资源直达村（社区）。鼓励有条件的院校开展社区服务相关人才培养和社区工作者能力提升培训，强化社区服务人才供给。加强对社区工作者的民族、宗教政策法规培训，不断促进民族团结，铸牢中华民族共同体意识。加快培育发展社区社会工作专业人才、社区志愿者，加强社会组织人才建设。结合农民工自身特点开展职业技能培训，引导农民工从事社区服务业。

专栏6　社区人才队伍建设行动

1. 新时代社区工作者主题培训行动。灵活采取多种形式,综合运用各种方式方法,将城乡社区工作者轮训一遍,并推进实施后续培训,依托全国基层政权建设和社区治理信息系统建立健全社区工作者培训监测机制。

2. 社区志愿者队伍建设行动。依托全国志愿服务信息系统,为有意愿、能胜任志愿服务的社区居民进行登记注册,鼓励社区建立各类志愿服务队伍。

3. 社会工作专业人才队伍建设行动。全面推动乡镇(街道)社会工作站建设,引进、培育社会工作专业人才,将社会工作理论与方法纳入城乡社区工作培训应知应会内容,鼓励城乡社区工作者学习掌握社会工作专业技能,参加全国社会工作者职业资格评价。

七、组织保障

(十七)组织领导。

地方各级人民政府要强化主体责任,将本规划主要任务指标作为民生项目,列入议事日程,定期研究、谋划和推动。省级人民政府要健全规划实施机制,市、县级人民政府要做好资金统筹、推进实施等工作,乡镇(街道)要做好具体落实工作。建立健全民政、发展改革部门牵头的规划实施推进机制,制订规划实施年度任务清单和工作台账,跟踪和督促各项任务落实。各地区要依照本规划,结合当地实际研究制定本地区“十四五”城乡社区服务体系建设规划或方案,明确目标任务,细化政策措施,推进规划落实。

(十八)政策保障。

按规定落实经费保障,确保村(社区)组织有钱为民办事,确保管理服务有效覆盖常住人口。统筹利用现有资金渠道,支持社区服务项目和设施建设。鼓励通过慈善捐赠等方式,引导社会资金投向城乡社区治理领域。切实保障社区综合服务设施建设用地,优先用于社区养老、托育、助残、未成年人保护等服务。落实城乡社区服务税收、公用事业收费、用工保险和社会组织登记等优惠政策。社区服务网点的水、电、气、热执行居民生活类价格。

(十九)法治支撑。

推动修订并贯彻实施《中华人民共和国村民委员会组织法》、《中华人民共和国城市居民委员会组织法》等法律法规。制定实施农村社区服务站建设标准,强化村级综合服务功能。完善社区公共服务目录及准入制度,全面规范、清理村(居)民委员会出具证明事项,推动为村(社区)减负增效,让社区工作者有更多时间服务群众。研究制定社区服务法规政策、社区服务质量综合评价体系及认证办法,完善村(社区)志愿服务、社会工作专业服务制度。探索建立养老、托育、家政、物业等领域社区服务信用管理体系。推进社区服务标准化建设,鼓励制定社区服务标准,研究制定智慧社区建设标准,加强数据安全管理和居民隐私保护。加强村(社区)服务档案建设,提高档案管理信息化水平。

(二十)考核评估。

本规划实施情况纳入地方各级人民政府目标责任考核内容,作为改进政府工作的重要依据。发挥城乡社区治理议事协调机构(机制)作用,强化部门统筹协调。各级民政部门要定期组织开展评估,做好跟踪指导和分析研判等工作,及时向本级政府报告情况。坚持试点引路、以点带面、有序推进,总结推广各地规划实施好经验好做法。民政部、国家发展改革委牵头,会同有关部门建立健全规划实施监测机制,定期组织开展综合评估和专项评估,重大事项及时向国务院报告。

国务院关于印发“十四五”节能减排综合工作方案的通知

(2021 年 12 月 28 日　国发〔2021〕33 号)

现将《“十四五”节能减排综合工作方案》印发给你们,请结合本地区、本部门实际,认真贯彻落实。

“十四五”节能减排综合工作方案

为认真贯彻落实党中央、国务院重大决策部署,大力推动节能减排,深入打好污染防治攻坚战,加快建立健全绿色低碳循环发展经济体系,推进经济社会发展全面绿色转型,助力实现碳达峰、碳中和目标,制定本方案。

一、总体要求

以习近平新时代中国特色社会主义思想为指导,全面贯彻党的十九大和十九届历次全会精神,深入贯彻习近平生态文明思想,坚持稳中求进工作总基调,立足新发展阶段,完整、准确、全面贯彻新发展理念,构建新发展格局,推动高质量发展,完善实施能源消费强度和总量双控(以下称能耗双控)、主要污染物排放总量控制制度,组织实施节能减排重点工程,进一步健全节能减排政策机制，推动能源利用效率大幅提高、主要污染物排放总量持续减少，实现节能降碳减污协同增效、生态环境质量持续改善，确保完成“十四五”节能减排目标，为实现碳达峰、碳中和目标奠定坚实基础。

二、主要目标

到2025年，全国单位国内生产总值能源消耗比2020年下降13.5%，能源消费总量得到合理控制，化学需氧量、氨氮、氮氧化物、挥发性有机物排放总量比2020年分别下降8%、8%、10%以上、10%以上。节能减排政策机制更加健全，重点行业能源利用效率和主要污染物排放控制水平基本达到国际先进水平，经济社会发展绿色转型取得显著成效。

三、实施节能减排重点工程

（一）重点行业绿色升级工程。以钢铁、有色金属、建材、石化化工等行业为重点，推进节能改造和污染物深度治理。推广高效精馏系统、高温高压干熄焦、富氧强化熔炼等节能技术，鼓励将高炉—转炉长流程炼钢转型为电炉短流程炼钢。推进钢铁、水泥、焦化行业及燃煤锅炉超低排放改造，到2025年，完成5.3亿吨钢铁产能超低排放改造，大气污染防治重点区域燃煤锅炉全面实现超低排放。加强行业工艺革新，实施涂装类、化工类等产业集群分类治理，开展重点行业清洁生产和工业废水资源化利用改造。推进新型基础设施能效提升，加快绿色数据中心建设。“十四五”时期，规模以上工业单位增加值能耗下降13.5%，万元工业增加值用水量下降16%。到2025年，通过实施节能降碳行动，钢铁、电解铝、水泥、平板玻璃、炼油、乙烯、合成氨、电石等重点行业产能和数据中心达到能效标杆水平的比例超过30%。（工业和信息化部、国家发展改革委、生态环境部、市场监管总局、国家能源局等按职责分工负责，地方各级人民政府负责落实。以下均需地方各级人民政府落实，不再列出）

（二）园区节能环保提升工程。引导工业企业向园区集聚，推动工业园区能源系统整体优化和污染综合整治，鼓励工业企业、园区优先利用可再生能源。以省级以上工业园区为重点，推进供热、供电、污水处理、中水回用等公共基础设施共建共享，对进水浓度异常的污水处理厂开展片区管网系统化整治，加强一般固体废物、危险废物集中贮存和处置，推动挥发性有机物、电镀废水及特征污染物集中治理等“绿岛”项目建设。到2025年，建成一批节能环保示范园区。（国家发展改革委、工业和信息化部、生态环境部等按职责分工负责）

（三）城镇绿色节能改造工程。全面推进城镇绿色规划、绿色建设、绿色运行管理，推动低碳城市、韧性城市、海绵城市、“无废城市”建设。全面提高建筑节能标准，加快发展超低能耗建筑，积极推进既有建筑节能改造、建筑光伏一体化建设。因地制宜推动北方地区清洁取暖，加快工业余热、可再生能源等在城镇供热中的规模化应用。实施绿色高效制冷行动，以建筑中央空调、数据中心、商务产业园区、冷链物流等为重点，更新升级制冷技术、设备，优化负荷供需匹配，大幅提升制冷系统能效水平。实施公共供水管网漏损治理工程。到2025年，城镇新建建筑全面执行绿色建筑标准，城镇清洁取暖比例和绿色高效制冷产品市场占有率大幅提升。（住房城乡建设部、生态环境部、国家发展改革委、自然资源部、交通运输部、市场监管总局、国家能源局等按职责分工负责）

（四）交通物流节能减排工程。推动绿色铁路、绿色公路、绿色港口、绿色航道、绿色机场建设，有序推进充换电、加注（气）、加氢、港口机场岸电等基础设施建设。提高城市公交、出租、物流、环卫清扫等车辆使用新能源汽车的比例。加快大宗货物和中长途货物运输“公转铁”、“公转水”，大力发展铁水、公铁、公水等多式联运。全面实施汽车国六排放标准和非道路移动柴油机械国四排放标准，基本淘汰国三及以下排放标准汽车。深入实施清洁柴油机行动，鼓励重型柴油货车更新替代。实施汽车排放检验与维护制度，加强机动车排放召回管理。加强船舶清洁能源动力推广应用，推动船舶岸电受电设施改造。提升铁路电气化水平，推广低能耗运输装备，推动实施铁路内燃机车国一排放标准。大力发展智能交通，积极运用大数据优化运输组织模式。加快绿色仓储建设，鼓励建设绿色物流园区。加快标准化物流周转箱推广应用。全面推广绿色快递包装，引导电商企业、邮政快递企业选购使用获得绿色认证的快递包装产品。到2025年，新能源汽车新车销售量达到汽车新车销售总量的20%左右，铁路、水路货运量占比进一步提升。（交通运输部、国家发展改革委牵头，工业和信息化部、公安部、财政部、生态环境部、住房城乡建设部、商务部、市场监管总局、国家能源局、国家铁路局、中国民航局、国家邮政局、中国国家铁路集团有限公司等按职责分工负责）

（五）农业农村节能减排工程。加快风能、太阳能、生物质能等可再生能源在农业生产和农村生活中的应用，有序推进农村清洁取暖。推广应用农用电动车辆、节能环保农机和渔船，发展节能农业大棚，推进农房节能改造和绿色农房建设。强化农业面源污染防治，推进农药化肥减量增效、秸秆综合利用，加快农膜和农药包装废弃物回收处理。深入推进规模养殖场污染治理，整县推进畜禽粪污资源化利用。整治提升农村人居环境，提高农村污水垃圾处理能力，基本消除较大面积的农村黑臭水体。到2025年，农村生活污水治理率达到40%，秸秆综合利用率稳定在86%以上，主要农作物化肥、农药利用率均达到43%以上，畜禽粪污综合利用率达到80%以上，绿色防控、统防统治覆盖率分别达到55%、45%，京津冀及周边地区大型规模化养殖场氨排放总量削减

5%。（农业农村部、生态环境部、国家能源局、国家乡村振兴局牵头，国家发展改革委、工业和信息化部、住房城乡建设部、水利部、市场监管总局等按职责分工负责）

（六）公共机构能效提升工程。加快公共机构既有建筑围护结构、供热、制冷、照明等设施设备节能改造，鼓励采用能源费用托管等合同能源管理模式。率先淘汰老旧车，率先采购使用节能和新能源汽车，新建和既有停车场要配备电动汽车充电设施或预留充电设施安装条件。推行能耗定额管理，全面开展节约型机关创建行动。到2025年，创建2000家节约型公共机构示范单位，遴选200家公共机构能效领跑者。（国管局、中直管理局等按职责分工负责）

（七）重点区域污染物减排工程。持续推进大气污染防治重点区域秋冬季攻坚行动，加大重点行业结构调整和污染治理力度。以大气污染防治重点区域及珠三角地区、成渝地区等为重点，推进挥发性有机物和氮氧化物协同减排，加强细颗粒物和臭氧协同控制。持续打好长江保护修复攻坚战，扎实推进城镇污水垃圾处理和工业、农业面源、船舶、尾矿库等污染治理工程，到2025年，长江流域总体水质保持为优，干流水质稳定达到Ⅱ类。着力打好黄河生态保护治理攻坚战，实施深度节水控水行动，加强重要支流污染治理，开展入河排污口排查整治，到2025年，黄河干流上中游（花园口以上）水质达到Ⅱ类。（国家发展改革委、生态环境部、工业和信息化部、水利部牵头，住房城乡建设部、交通运输部、国家能源局等按职责分工负责）

（八）煤炭清洁高效利用工程。要立足以煤为主的基本国情，坚持先立后破，严格合理控制煤炭消费增长，抓好煤炭清洁高效利用，推进存量煤电机组节煤降耗改造、供热改造、灵活性改造"三改联动"，持续推动煤电机组超低排放改造。稳妥有序推进大气污染防治重点区域燃料类煤气发生炉、燃煤热风炉、加热炉、热处理炉、干燥炉（窑）以及建材行业煤炭减量，实施清洁电力和天然气替代。推广大型燃煤电厂热电联产改造，充分挖掘供热潜力，推动淘汰供热管网覆盖范围内的燃煤锅炉和散煤。加大落后燃煤锅炉和燃煤小热电退出力度，推动以工业余热、电厂余热、清洁能源等替代煤炭供热（蒸汽）。到2025年，非化石能源占能源消费总量比重达到20%左右。"十四五"时期，京津冀及周边地区、长三角地区煤炭消费量分别下降10%、5%左右，汾渭平原煤炭消费量实现负增长。（国家发展改革委、生态环境部、工业和信息化部、住房城乡建设部、市场监管总局、国家能源局等按职责分工负责）

（九）挥发性有机物综合整治工程。推进原辅材料和产品源头替代工程，实施全过程污染物治理。以工业涂装、包装印刷等行业为重点，推动使用低挥发性有机物含量的涂料、油墨、胶粘剂、清洗剂。深化石化化工等行业挥发性有机物污染治理，全面提升废气收集率、治理设施同步运行率和去除率。对易挥发有机液体储罐实施改造，对浮顶罐推广采用全接液浮盘和高效双重密封技术，对废水系统高浓度废气实施单独收集处理。加强油船和原油、成品油码头油气回收治理。到 2025 年，溶剂型工业涂料、油墨使用比例分别降低 20 个百分点、10 个百分点，溶剂型胶粘剂使用量降低 20%。（工业和信息化部、生态环境部等按职责分工负责）

（十）环境基础设施水平提升工程。加快构建集污水、垃圾、固体废物、危险废物、医疗废物处理处置设施和监测监管能力于一体的环境基础设施体系，推动形成由城市向建制镇和乡村延伸覆盖的环境基础设施网络。推进城市生活污水管网建设和改造，实施混错接管网改造、老旧破损管网更新修复，加快补齐处理能力缺口，推行污水资源化利用和污泥无害化处置。建设分类投放、分类收集、分类运输、分类处理的生活垃圾处理系统。到 2025 年，新增和改造污水收集管网 8 万公里，新增污水处理能力 2000 万立方米/日，城市污泥无害化处置率达到 90%，城镇生活垃圾焚烧处理能力达到 80 万吨/日左右，城市生活垃圾焚烧处理能力占比 65%左右。（国家发展改革委、住房城乡建设部、生态环境部等按职责分工负责）

四、健全节能减排政策机制

（一）优化完善能耗双控制度。坚持节能优先，强化能耗强度降低约束性指标管理，有效增强能源消费总量管理弹性，加强能耗双控政策与碳达峰、碳中和目标任务的衔接。以能源产出率为重要依据，综合考虑发展阶段等因素，合理确定各地区能耗强度降低目标。国家对各省（自治区、直辖市）“十四五”能耗强度降低实行基本目标和激励目标双目标管理，由各省（自治区、直辖市）分解到每年。完善能源消费总量指标确定方式，各省（自治区、直辖市）根据地区生产总值增速目标和能耗强度降低基本目标确定年度能源消费总量目标，经济增速超过预期目标的地区可相应调整能源消费总量目标。对能耗强度降低达到国家下达的激励目标的地区，其能源消费总量在当期能耗双控考核中免予考核。各地区“十四五”时期新增可再生能源电力消费量不纳入地方能源消费总量考核。原料用能不纳入全国及地方能耗双控考核。有序实施国家重大项目能耗单列，支持国家重大项目建设。加强节能形势分析预警，对高预警等级地区加强工作指导。推动科学有序实行用能预算管理，优化能源要素合理配置。（国家发展改革委牵头，国家统计局、国家能源局等按职责分工负责）

（二）健全污染物排放总量控制制度。坚持精准治污、科学治污、依法治污，把污染物排放总量控制制度作为加快绿色低碳发展、推动结构优化调整、提升环境治理水平的重要抓手，推进实施重点减排工程，形成有效减排能力。

优化总量减排指标分解方式，按照可监测、可核查、可考核的原则，将重点工程减排量下达地方，污染治理任务较重的地方承担相对较多的减排任务。改进总量减排核算方法，制定核算技术指南，加强与排污许可、环境影响评价审批等制度衔接，提升总量减排核算信息化水平。完善总量减排考核体系，健全激励约束机制，强化总量减排监督管理，重点核查重复计算、弄虚作假特别是不如实填报削减量和削减来源等问题。（生态环境部负责）

（三）坚决遏制高耗能高排放项目盲目发展。根据国家产业规划、产业政策、节能审查、环境影响评价审批等政策规定，对在建、拟建、建成的高耗能高排放项目（以下称"两高"项目）开展评估检查，建立工作清单，明确处置意见，严禁违规"两高"项目建设、运行，坚决拿下不符合要求的"两高"项目。加强对"两高"项目节能审查、环境影响评价审批程序和结果执行的监督评估，对审批能力不适应的依法依规调整上收审批权。对年综合能耗5万吨标准煤及以上的"两高"项目加强工作指导。严肃财经纪律，指导金融机构完善"两高"项目融资政策。（国家发展改革委、工业和信息化部、生态环境部牵头，人民银行、市场监管总局、银保监会、国家能源局等按职责分工负责）

（四）健全法规标准。推动制定修订资源综合利用法、节约能源法、循环经济促进法、清洁生产促进法、环境影响评价法及生态环境监测条例、民用建筑节能条例、公共机构节能条例等法律法规，完善固定资产投资项目节能审查、电力需求侧管理、非道路移动机械污染防治管理等办法。对标国际先进水平制定修订一批强制性节能标准，深入开展能效、水效领跑者引领行动。制定修订居民消费品挥发性有机物含量限制标准和涉挥发性有机物重点行业大气污染物排放标准，进口非道路移动机械执行国内排放标准。研究制定下一阶段轻型车、重型车排放标准和油品质量标准。（国家发展改革委、生态环境部、司法部、工业和信息化部、财政部、住房城乡建设部、交通运输部、市场监管总局、国管局等按职责分工负责）

（五）完善经济政策。各级财政加大节能减排支持力度，统筹安排相关专项资金支持节能减排重点工程建设，研究对节能目标责任评价考核结果为超额完成等级的地区给予奖励。逐步规范和取消低效化石能源补贴。扩大中央财政北方地区冬季清洁取暖政策支持范围。建立农村生活污水处理设施运维费用地方各级财政投入分担机制。扩大政府绿色采购覆盖范围。健全绿色金融体系，大力发展绿色信贷，支持重点行业领域节能减排，用好碳减排支持工具和支持煤炭清洁高效利用专项再贷款，加强环境和社会风险管理。鼓励有条件的地区探索建立绿色贷款财政贴息、奖补、风险补偿、信用担保等配套支持政策。加快绿色债券发展，支持符合条件的节能减排企业上市融资和再融资。积极推进环境高风险领域企业投保环境污染责任保险。落实环境保护、节能节水、资源综合利用税收优惠政策。完善挥发性有机物监测技术和排放量计算方法，在相关条件成熟后，研究适时将挥发性有机物纳入环境保护税征收范围。强化电价政策与节能减排政策协同，持续完善高耗能行业阶梯电价等绿色电价机制，扩大实施范围、加大实施力度，落实落后“两高”企业的电价上浮政策。深化供热体制改革，完善城镇供热价格机制。建立健全城镇污水处理费征收标准动态调整机制，具备条件的东部地区、中西部城市近郊区探索建立受益农户污水处理付费机制。（国家发展改革委、财政部、人民银行、银保监会、证监会、工业和信息化部、生态环境部、住房城乡建设部、税务总局、国家能源局等按职责分工负责）

（六）完善市场化机制。深化用能权有偿使用和交易试点，加强用能权交易与碳排放权交易的统筹衔接，推动能源要素向优质项目、企业、产业及经济发展条件好的地区流动和集聚。培育和发展排污权交易市场，鼓励有条件的地区扩大排污权交易试点范围。推广绿色电力证书交易。全面推进电力需求侧管理。推行合同能源管理，积极推广节能咨询、诊断、设计、融资、改造、托管等“一站式”综合服务模式。规范开放环境治理市场，推行环境污染第三方治理，探索推广生态环境导向的开发、环境托管服务等新模式。强化能效标识管理制度，扩大实施范围。健全统一的绿色产品标准、认证、标识体系，推行节能低碳环保产品认证。（国家发展改革委、生态环境部、工业和信息化部、财政部、市场监管总局、国家能源局等按职责分工负责）

（七）加强统计监测能力建设。严格实施重点用能单位能源利用状况报告制度，健全能源计量体系，加强重点用能单位能耗在线监测系统建设和应用。完善工业、建筑、交通运输等领域能源消费统计制度和指标体系，探索建立城市基础设施能源消费统计制度。优化污染源统计调查范围，调整污染物统计调查指标和排放计算方法。构建覆盖排污许可持证单位的固定污染源监测体系，加强工业园区污染源监测，推动涉挥发性有机物排放的重点排污单位安装在线监控监测设施。加强统计基层队伍建设，强化统计数据审核，防范统计造假、弄虚作假，提升统计数据质量。（国家统计局、国家发展改革委、生态环境部、工业和信息化部、住房城乡建设部、交通运输部、市场监管总局等按职责分工负责）

（八）壮大节能减排人才队伍。健全省、市、县三级节能监察体系，加强节能监察能力建设。重点用能单位按要求设置能源管理岗位和负责人。加强县级及乡镇基层生态环境监管队伍建设，重点排污单位设置专职环保人员。加大政府有关部门及监察执法机构、企业等节能减排工作人员培训力度，通过业务培训、比赛竞赛、经验交流等方式提高业务水平。开发节能环保领域新职业,组织制定相应职业标准。(国家发展改革委、生态环境部、工业和信息化部、人力资源社会保障部等按职责分工负责)

五、强化工作落实

(一)加强组织领导。各地区、各部门和各有关单位要充分认识节能减排工作的重要性和紧迫性,把思想和行动统一到党中央、国务院关于节能减排的决策部署上来,立足经济社会发展大局,坚持系统观念,明确目标责任,制定实施方案,狠抓工作落实,确保完成"十四五"节能减排各项任务。地方各级人民政府对本行政区域节能减排工作负总责,主要负责同志是第一责任人,要切实加强组织领导和部署推进,将本地区节能减排目标与国民经济和社会发展五年规划及年度计划充分衔接,科学明确下一级政府、有关部门和重点单位责任。要科学考核,防止简单层层分解。中央企业要带头落实节能减排目标责任,鼓励实行更严格的目标管理。国家发展改革委、生态环境部要加强统筹协调,做好工作指导,推动任务有序有效落实,及时防范化解风险,重大情况及时向国务院报告。(国家发展改革委、生态环境部牵头,各有关部门按职责分工负责)

(二)强化监督考核。开展"十四五"省级人民政府节能减排目标责任评价考核,科学运用考核结果,对工作成效显著的地区加强激励,对工作不力的地区加强督促指导,考核结果经国务院审定后,交由干部主管部门作为对省级人民政府领导班子和领导干部综合考核评价的重要依据。完善能耗双控考核措施,增加能耗强度降低约束性指标考核权重,加大对坚决遏制"两高"项目盲目发展、推动能源资源优化配置措施落实情况的考核力度,统筹目标完成进展、经济形势及跨周期因素,优化考核频次。继续开展污染防治攻坚战成效考核,把总量减排目标任务完成情况作为重要考核内容,压实减排工作责任。完善中央生态环境保护督察制度,深化例行督察,强化专项督察。(国家发展改革委、生态环境部牵头,中央组织部等按职责分工负责)

(三)开展全民行动。深入开展绿色生活创建行动,增强全民节约意识,倡导简约适度、绿色低碳、文明健康的生活方式,坚决抵制和反对各种形式的奢侈浪费,营造绿色低碳社会风尚。推行绿色消费,加大绿色低碳产品推广力度,组织开展全国节能宣传周、世界环境日等主题宣传活动,通过多种传播渠道和方式广泛宣传节能减排法规、标准和知识。加大先进节能减排技术研发和推广力度。发挥行业协会、商业团体、公益组织的作用,支持节能减排公益事业。畅通群众参与生态环境监督渠道。开展节能减排自愿承诺,引导市场主体、社会公众自觉履行节能减排责任。(中央宣传部、中直管理局、国家发展改革委、科技部、生态环境部、国管局、全国妇联等按职责分工负责)

国务院办公厅关于促进内外贸一体化发展的意见

（2021 年 12 月 30 日　国办发〔2021〕59 号）

推进内外贸一体化有利于形成强大国内市场，有利于畅通国内国际双循环。近年来，我国内外贸一体化取得了长足发展，但也存在调控体系不够完善，统筹利用两个市场、两种资源的能力不够强，内外贸融合发展不够顺畅等问题，还不能完全适应构建新发展格局的需要。为深入贯彻党中央、国务院决策部署，促进内外贸一体化发展，经国务院同意，现提出以下意见：

一、总体要求

（一）指导思想。以习近平新时代中国特色社会主义思想为指导，全面贯彻党的十九大和十九届历次全会精神，立足新发展阶段，完整、准确、全面贯彻新发展理念，加强改革创新驱动、产品对标驱动、渠道对接驱动、主体引领驱动、数字赋能驱动、服务优化驱动，促进内外贸法律法规、监管体制、经营资质、质量标准、检验检疫、认证认可等高水平衔接，降低企业市场转换的制度成本，提高统筹利用两个市场、两种资源的能力，促进内贸和外贸、进口和出口协调发展，服务构建新发展格局，实现更高水平开放和更高质量发展。

（二）基本原则。

坚持政府引导、市场为主。充分发挥市场在资源配置中的决定性作用，更好发挥政府政策引导和公共服务作用，充分调动企业积极性，提升市场主体内外贸一体化经营能力，激发内生发展动力。

坚持改革开放、规则衔接。加快制度型开放，推动制度和模式创新，循序渐进推进体制机制改革，不断破除内外贸一体化发展面临的制度障碍，促进制度规则衔接，优化内外贸融合发展环境。

坚持系统观念、统筹推进。强化对内外贸一体化发展的顶层设计和统筹谋划，立足当前，着眼长远，突出重点，以点带面，完善内外贸一体化发展的制度体系、工作体系和评价体系，全面协调持续推进内外贸一体化发展。

（三）发展目标。到 2025 年，内外贸法律法规、监管体制、经营资质、质量标准、检验检疫、认证认可等衔接更加有效，市场主体内外贸一体化发展水平进一步提升，内外联通网络更加完善，政府管理服务持续优化，内外贸一体化调控体系更加健全，实现内外贸高效运行、融合发展。

二、完善内外贸一体化制度体系

（四）健全法律法规。推动健全有利于内外贸一体化的法律法规体系，梳理并推动修订妨碍内外贸一体化的法律、法规、规章和规范性文件。（各有关部门及各地区按职责分工负责）健全知识产权侵权惩罚性赔偿制度，加大损害赔偿力度，实行严格的知识产权保护，提高企业创新和产品内销的积极性。（市场监管总局、国家知识产权局及各地区按职责分工负责）

（五）完善监管体制。对标国际先进水平，促进内外贸监管规则衔接，推进内外贸监管部门信息互换、监管互认、执法互助，提高监管的精准性有效性，优化内外贸营商环境。加强反垄断和反不正当竞争执法，强化公平竞争审查，清理纠正地方保护、行业垄断、市场分割等不公平做法和隐性壁垒，推动形成全国统一大市场，促进内外贸资源要素顺畅流动、优化配置。（各有关部门及各地区按职责分工负责）深化海关国际合作，与贸易伙伴加强在技术性贸易措施、口岸监管、产品合规情况等方面的信息交换，推动检验检疫证书国际联网核查，积极稳妥推进商品检验第三方结果采信，提升通关、资金结算、纳税便利化水平。（海关总署、市场监管总局、国家外汇局及各地区按职责分工负责）

（六）加强规则对接。加强在联合国、世界贸易组织等框架和多边机制中的国际合作，积极参与国际规则制定。推进实施自由贸易区提升战略，与更多贸易伙伴商签自由贸易协定。加强国内市场规则与国际通行贸易规则对接，做好贸易政策合规工作，在贸易自由化便利化、知识产权保护、电子商务、招标投标、政府采购等方面实行更高标准规则，更好联通国内国际市场，促进企业拓展内外贸业务。（商务部牵头，国家发展改革委、工业和信息化部、财政部、海关总署、市场监管总局、国家知识产权局及各地区按职责分工负责）

（七）促进标准认证衔接。积极开展国内国际标准转化，补齐国内标准短板，提高标准技术水平，持续提升国内国际标准一致性。鼓励国内企事业单位积极参与国际标准化活动，加强与全球产业链上下游企业协作，共同制定国际标准。支持检验检测、认证认可等第三方合格评定服务机构为内外贸企业提供一站式服务，鼓励第三方合格评定服务机构国际化发展。在共建“一带一路”倡议、区域全面经济伙伴关系协定等框架下深化国际合作，促进合格评定机构、政府间合格评定结果国际互认水平不断提升。简化出口转内销相关强制性产品认证程序，缩短办理时间。（市场监管总局、工业和信息化部及各地区按职责分工负责）加强绿色食品、有机农产品、地理标志农产品认证和管理，提升内外贸农产品质量安全水平。统一林草可持续经营认证标准，对接国际森林认证标准，增加优质内外贸林草产品供给。（农业农村部、市场监管总局、国家林草局及各地区按职责分工负责）

（八）推进同线同标同质。推进内外贸产品同线同标同质（以下称“三同”），带动国内相关产业加快提质升级，优化供需结构。鼓励企业对其产品作出满足“三同”要求的自我声明，或委托第三方机构依据“三同”要求进行质量评价。建设“三同”公共服务平台，强化服务企业功能。加强“三同”企业和产品信息宣传推广，提高消费者认知度。（市场监管总局、工业和信息化部、商务部及各地区按职责分工负责）

三、增强内外贸一体化发展能力

（九）支持市场主体内外贸一体化经营。鼓励有条件的大型商贸、物流企业“走出去”，加强资源整合配置，优化国际营销体系，完善全球服务网络。支持跨国大型供应链服务企业发展，提高国际竞争力，增强产业链供应链韧性。培育一批国内国际市场协同互促、有较强创新能力和竞争实力的优质贸易企业，引导带动更多企业走一体化经营道路。对标国际先进农产品种植和生产标准，建设一批优质农产品种植和生产基地，培育一批种养加、产供销、内外贸一体化的现代农业企业。加大对企业的指导和服务力度，提升知识产权管理能力。加强区域品牌建设，加快自主品牌培育。（国家发展改革委、农业农村部、商务部、国务院国资委、海关总署、市场监管总局、国家邮政局、国家知识产权局及各地区按职责分工负责）

（十）创新内外贸融合发展模式。推动内外贸数字化发展，充分利用现代信息技术，加快线上线下融合，促进产销衔接、供需匹配，推动传统产业转型升级，培育内外贸新业态新模式。支持反向定制（C2M）、智能工厂等创新发展，增强企业柔性生产和市场需求适配能力，促进内外贸产业链供应链融合。扎实推进跨境电子商务综合试验区建设，鼓励跨境电商平台完善功能，更好对接国内国际市场。促进跨境电商零售进口规范健康发展，丰富产品供给。复制推广服务贸易创新发展试点经验，提升服务贸易自由化便利化水平。（商务部牵头，财政部、工业和信息化部、海关总署、税务总局、国家外汇局、国家邮政局及各地区按职责分工负责）

（十一）加强内外贸一体化专业人才培养培训。增强职业技术教育适应性，加强产教融合、校企合作，创新推广“外语+职业技能”等人才培养模式，探索中国特色学徒制，推进相关专业升级和数字化改造。培养熟悉国内外法律、规则和市场环境的专业人才，进一步健全终身职业技能培训制度，为企业提高内外贸一体化经营能力提供人才和技能支撑。（教育部牵头，各有关部门及各地区按职责分工负责）

四、加快内外贸融合发展

（十二）建设内外贸融合发展制度高地。发挥自由贸易试验区、自由贸易港的示范引领作用，对标高标准国际经贸规则推动高水平制度型开放，促进内外贸融合发展。发挥国家级经济技术开发区、综合保税区、跨境电子商务综合试验区等开放平台和产业集聚区作用，积极探索内外贸融合发展的新模式、新举措，促进内外贸体制机制对接和一体化发展。（国家发展改革委、商务部、海关总署等有关部门及各地区按职责分工负责）

（十三）打造内外贸融合发展平台。提升市场采购贸易方式便利化水平，吸引地方特色产业集聚，带动更多市场主体拓展外贸业务。促进重点商品交易市场与国外营销网络互联互通，培育一批运营模式与国际接轨的国内商品交易市场，打造特色鲜明的区域或国际商品集散中心。充分利用中国国际进口博览会、中国进出口商品交易会、中国国际服务贸易交易会等具有国际影响力的会展平台，增进国内外市场交流。推进国家进口贸易促进创新示范区建设，充分发挥促进进口、服务产业、提升消费、示范引领作用。（商务部牵头，财政部、海关总署及各地区按职责分工负责）搭建出口转内销平台，支持国内商贸企业与外贸企业开展订单直采，引导外贸企业精准对接国内市场消费需求，多渠道拓展内销市场。（商务部及各地区按职责分工负责）

（十四）完善内外联通物流网络。加强国际航空货运能力建设，提升国际海运竞争力，推动中欧班列高质量发展，加快推进国际道路运输便利化。引导外贸企业、跨境电商、物流企业加强业务协同和资源整合，加快布局海外仓、配送中心等物流基础设施网络，提高物流运作和资产利用效率。优化城市物流配送网络，补齐城市配送“最后一公里”短板。持续支持中西部地区、县域商贸物流基础设施建设，强化协同共享，畅通区域间、城乡间流通网络，降低内外贸商品流通成本，促进高效通达国内国际市场。（国家发展改革委、商务部、交通运输部、中国民航局、国家邮政局及各地区按职责分工负责）

五、完善保障措施

（十五）加强财政金融支持。在符合多双边经贸协定规则前提下，加大对内外贸一体化发展的支持力度。统筹用好现有财政支持政策，推动内外贸融合创新发展。鼓励金融机构按照市场化原则加大对内外贸的信贷支持力度，依托内外贸企业的应收账款、存货、仓单、订单、保单等，创新金融产品，加强金融服务。进一步扩大出口信用保险和国内贸易信用保险覆盖面。（国家发展改革委、财政部、商务部、人民银行、银保监会、中国出口信用保险公司及各地区按职责分工负责）

（十六）开展内外贸一体化试点。在部分地区开展内外贸一体化试点，全面梳理内外贸一体化调控体系的问题清单和需求清单，促进内外贸法律法规、监管体制、经营资质、质量标准、检验检疫、认证认可等衔接，探索建立内外贸一体化评价体系，培育一批内外贸一体化经营企业，打造一批内外贸融合发展平台，形成一批可复制推广的经验和模式。（商务部牵头，各有关部门及试点地区按职责分工负责）

（十七）发挥行业组织作用。鼓励行业协会、商会制定发布内外贸一体化产品和服务标准，参与制定国家标准、行业标准及有关政策法规。积极发挥第三方服务机构和市场中介组织作用，提升市场化专业化服务能力。（市场监管总局、工业和信息化部、农业农村部、商务部及各地区按职责分工负责）

（十八）强化组织领导。各地区、各有关部门要充分认识促进内外贸一体化发展的重要性，加强组织领导，完善工作机制，落实工作职责，密切协调配合。商务部牵头建立促进内外贸一体化发展部际工作机制，会同有关部门加强协调指导，确保各项工作有效落实。各地区要结合本地区实际，研究确定促进内外贸一体化发展的具体政策措施，推动取得实效。重大问题要及时请示报告。

国务院关于印发计量发展规划（2021—2035年）的通知

（2021年12月31日　国发〔2021〕37号）

现将《计量发展规划（2021—2035年）》印发给你们，请认真贯彻执行。

计量发展规划（2021—2035年）

计量是实现单位统一、保证量值准确可靠的活动，是科技创新、产业发展、国防建设、民生保障的重要基础，是构建一体化国家战略体系和能力的重要支撑。为贯彻落实《中华人民共和国国民经济和社会发展第十四个五年规划和2035年远景目标纲要》，进一步夯实计量基础，提升计量能力和水平，全面开启计量事业发展新征程，推动经济社会高质量发展，制定本规划。

一、编制背景

党的十八大以来，在以习近平同志为核心的党中央坚强领导下，我国计量事业得到快速发展。基础性、前沿性和共性计量科研成果大量涌现，建成185项国家计量基准和6.2万余项社会公用计量标准，标准物质供给数量持续增长，量值传递溯源体系更加完善，获得国际承认的校准测量能力达1779项，位居世界前列，我国成为全球有能力参与驾驭国际原子时的8个国家之一。计量监管体系不断健全，全社会计量意识日益增强，计量在国民经济社会发展中的作用更加凸显。

2018年国际单位制基本单位全面采用物理常数定义，国际测量技术规则与格局将予重构，由此带来的影响广泛而深远。随着经济社会的快速发展，各领域对精准测量测试的需求与计量供给不充分、不平衡、不全面之间的矛盾日益突出，部分领域量值传递溯源能力还存在空白，关键计量测试技术有待突破，计量监管思路和模式有待进一步创新，计量社会共治亟需加强。实施计量优先发展战略，加强计量基础研究，强化计量应用支撑，提升国家整体计量能力和水平已成为提高国家科技创新能力、促进经济社会高质量发展的必然要求。

二、总体要求

（一）指导思想。以习近平新时代中国特色社会主义思想为指导，全面贯彻落实党的十九大和十九届历次全会精神，紧紧围绕统筹推进"五位一体"总体布局和协调推进"四个全面"战略布局，以推动高质量发展为主题，统筹发展和安全，以国家重大需求为牵引，以重大技术突破为主攻方向，充分调动社会各方资源和力量，加强计量顶层制度设计，加快构建国家现代先进测量体系，为引领科学技术进步、促进经济社会高质量发展提供强有力的计量基础支撑和保障。

（二）基本原则。

坚持创新突破、改革引领。面向世界科技前沿和国家重大需求，大力加强计量科技创新，加大基础、前沿和应用领域计量薄弱环节技术研究，推动计量产学研协同创新。探索建立新型计量监管模式和思路，推动计量制度改革，提升计量管理能力和水平。

坚持需求牵引、供给提升。面向经济主战场和重大民生需求，围绕计量供给不充分、不平衡、不全面的问题，加强计量基础能力建设，强化计量服务支撑，提升计量自主可控能力和水平，培育计量新业态、发展计量新模式，形成需求牵引供给、供给创造需求的计量发展新机制。

坚持政府统筹、市场驱动。突出计量战略资源地位，加强政府对计量事业发展的全局性谋划、战略性布局、整体性推进。充分发挥市场在资源配置中的决定性作用，强化市场主体地位，培育计量校准、测试等高技术服务业，规范各类市场计量行为，促进市场健康有序发展。

坚持协同融合、开放共享。充分调动各方资源和积极性，着力完善横向协同、纵向贯通的计量工作协调推进机制，形成全社会共建、共治、共享的计量发展新格局。加强国际交流，促进开放合作，推进计量基础设施互联互通。

（三）发展目标。到2025年，国家现代先进测量体系初步建立，计量科技创新力、影响力进入世界前列，部分领域达到国际领先水平。计量在经济社会各领域的地位和作用日益凸显，协同推进计量工作的体制机制进一步完善。

计量科学技术水平不断提升。加强量子计量、量值传递扁平化和计量数字化转型技术研究，建立国际一流的新一代国家计量基准，攻克一批关键计量测试技术，研制一批具有原创性成果的计量标准装置、仪器仪表和标准物质，建设一批国家计量科技创新基地和先进测量实验室，培养造就一批具有国际影响力的计量科研团队和计量专家队伍，确保国家校准测量能力处于世界先进水平。

计量服务保障能力持续增强。计量在国家重大战略中的基础支撑和保障作用更加突出，计量测试服务能力基本覆盖重要产业发展领域。在战略性新兴产业、现代服务业等重点领域建立一批国家产业计量测试中心，研制一批专用计量测试设备，形成一批专用计量测试方法和标准规范，计量服务经济社会各领域高质量发展体系日趋完善。

计量监督管理体制逐步完善。推动计量法和配套法规规章的制修订，构建适应时代发展的法律法规体系。充分运用大数据、区块链、人工智能等现代技术，探索建立新型计量监管模式和制度，推动监管重点从管器具向管数据、管行为、管结果的全链条计量监管体制转变。社会各方计量溯源性意识得到明显增强，开放共享的计量协同发展机制基本建立并不断完善。

展望到2035年，国家计量科技创新水平大幅提升，关键领域计量技术取得重大突破，综合实力跻身世界前列。建成以量子计量为核心、科技水平一流、符合时代发展需求和国际化发展潮流的国家现代先进测量体系。

专栏1　计量发展主要指标

领域	指　　标	2020年	2025年	属性
科学技术	获得国际承认的校准测量能力	国际前列	国际前列	预期性
	新增国际计量比对主导率（%）	8.4	12	预期性
	国家计量基准实现国际等效比例（%）	80	85	预期性
	新建计量基准核心装置自主可控率（%）	20	35	预期性

续表

支撑保障	现代先进测量实验室(个)	—	10	预期性
	计量数据建设应用基地(个)	—	10	预期性
	国家产业计量测试中心(个)	35	50	预期性
	计量技术规范制修订数量(项/年)	400	600	预期性
法制监督	标准物质数量(万项)	1.2	2	预期性
	引导培育诚信计量示范单位(万家)	10	20	预期性
	强检项目省级及以下建标覆盖率(%)	85	90	预期性

三、加强计量基础研究,推动创新驱动发展

(四)加强计量基础和前沿技术研究。加强计量学基础理论和核心技术的原始创新。实施"量子度量衡"计划,重点研究基于量子效应和物理常数的量子计量技术及计量基准、标准装置小型化技术,突破量子传感和芯片级计量标准技术,形成核心器件研制能力。研究人工智能、生物技术、新材料、新能源、先进制造和新一代信息技术等领域精密测量技术。开展测量不确定度、测量程序与有效性评价、计量作用机理和效能评价等理论研究。

专栏2　计量基础理论与核心技术研究

计量理论研究。重点开展计量战略发展研究,量和单位、测量不确定度理论模型与应用、测量程序与有效性评价、可计量性设计、计量整体解决方案理论研究,计量支撑经济社会发展的作用机理和效能评价研究。

量子基准和传感技术研究。重点开展量子精密测量和传感器件制备集成技术、量子传感测量技术研究;研制量子基标准核心芯片、器件;加强时间、质量、温度、发光强度、物质的量、电流等国际单位制量子化变革复现技术研究。

精密测量技术。重点开展高端数字测量技术、微纳米测量技术、图像识别测量技术、复杂几何量测量技术、高精准基因检测技术等研究和应用。

(五)开展计量数字化转型研究。推动计量数字化转型,加强数字国际单位制建设,推行国际公认的数字校准证书。推动跨行业、跨领域计量数据融合、共享与应用,建设国家计量数据中心,加强计量数据统计、分析和利用,强化计量数据的溯源性、可信度和安全性。在生命健康、装备制造、食品安全、环境监测、气候变化等领域培育一批计量数据建设应用基地,建设国家标准参考

数据库。规范计量数据使用，推动计量数据安全有序流动。

（六）开展新型量值传递溯源技术研究。针对复杂环境、实时工况环境和极端环境的计量需求，研究新型量值传递溯源方法，解决综合参量的准确测量难题。建立扁平化场景高适应性的量值溯源体系。研究数字化模拟测量、工业物联、跨尺度测量、复杂系统综合计量等关键技术。加强国家标准物质在制备、定值、保存、溯源评价及量值传递应用新模式等方面的全寿命周期、系统性研究与评价。加快推进计量基准、计量标准及标准物质智能化、网络化技术的研究和应用。

专栏3　新型量值传递溯源技术创新

远程和在线计量技术研究。重点研究精准远程时间频率溯源技术，智能仪表远程校准平台，环境辐射监测仪表远程检测技术，采样类流量仪表远程检测方法，高压大电流设备远程校准技术，高温测量传感器在线校准技术，诊疗设备实时校准技术，气态污染物、水质、泥沙等在线测量技术，环境噪声在线监测计量技术，生物制药在线监测计量技术，大型天线原位校准技术，功能涂层红外发射率原位测量技术。

复杂环境和极值量计量技术研究。重点研究复杂电磁空间无线电参数溯源关键技术，复杂环境中声学振动计量技术，复杂极端服役工况下新材料摩擦润滑计量技术，核设施现场中子和高能射线计量技术，皮牛级微小力值和百万分之一量级（PPM级）固体密度计量技术，微纳计量技术，高真空、高低温测量校准技术，超低本底放射性核素计量技术，超大功率激光计量技术，体液环境微量基因突变测量技术。

（七）加强关键共性计量技术研究。加快开展量热技术、数字化模拟测量技术、工况环境监测技术等基础共性计量技术研究。加强智能化计量校准技术研究，开展计量软件功能安全测评等关键技术研究和应用。加强高精度、集成化、微型化、智能化的新型传感技术研究，攻克高端计量测试仪器设备核心关键部件和技术。建立有利于计量新技术、新方法向产业转移的服务平台。

（八）构建良好计量科技创新生态。强化国家级科研机构导向作用，发挥综合性、行业性科研院所引领作用，建设一批高水平先进计量基础设施，打造突破型、引领型、平台型的先进计量测试实验室。充分发挥企业、科研院所和高校等计量优势资源力量，建立一批计量科技创新基地。加大产学研用计量科技合作，推动计量科技成果转化应用，构建计量、质量、标准、知识产权等融合联动的计量科技成果转化服务体系。

四、强化计量应用，服务重点领域发展

（九）支撑先进制造与质量提升。实施制造业计量能力提升工程，建立一批先进制造业发展急需的高准确度、高稳定性计量基准、标准。在战略性新兴产业和现代服务业等领域，建设一批国家产业计量测试中心和联盟，搭建计量公共服务平台，聚焦制造业领域测不了、测不全、测不准难题，加强关键计量测试技术、测量方法研究和装备研制，为产业发展提供全溯源链、全产业链、全寿命周期并具有前瞻性的计量测试服务。开展产业计量基础能力提升行动，实施工业强基计量支撑计划，充分发挥计量对基础零部件（元器件）、基础材料、基础工艺的技术支撑和保障作用。研究建立国家工业计量基础数据库，加强工业制造领域计量检定、校准、测试和检测数据的采集、管理和应用。

专栏4　工业强基计量支撑计划

基础零部件（元器件）领域。开展轴承、齿轮、液压件、密封件、紧固件、链传动系统、控制器驱动器、多功能模具等基础零部件特性量及结构成分计量测试技术研究。加强智能传感器、光电子器件、光通信器件、电路元器件等关键元器件计量测试技术研究和测试装置研制，开展失效数据分析和应用。

基础材料领域。重点开展高温合金、高纯稀有金属材料、轻合金集成电路用高纯材料、高端稀土功能材料、高性能纤维材料、微纳电子和光电子材料、节能低碳材料等基础材料关键计量测试技术研究和性能评价。

基础工艺领域。加强高效及复合加工、高速高精切削磨削、先进近净成形制造、清洁高效真空热处理、增材制造、精密及超精密加工、轻量化材料成形制造、核心电子元器件制造等关键工艺过程计量控制，开展关键计量技术研究和应用。

（十）服务高端仪器发展和精密制造。加强高端仪器设备核心器件、核心算法和核心溯源技术研究，推动关键计量测试设备国产化。推动量子芯片、物联网、区块链、人工智能等新技术在计量仪器设备中的应用。加强高精度计量基准、标准器具的研制和应用，提升计量基准、标准关键核心设备自主可控率。加强色谱仪、质谱仪、扫描电子显微镜、高精度原子重力仪等高端通用仪器设备研制，加快面向智能制造、环境监测、国防等领域专用计量仪器仪表的研制和推广使用。加快量子传感器、太赫兹传感器、高端图像传感器、高速光电传感器等传感器的研制和应用。实施仪器设备质量提升工程，强化计量在仪器设备研发、设计、试验、生产和使用中的基础保障作用。建立仪器仪表计量测试评价制度。建立仪器仪表产业发展集聚区，培育具有核心技术和核心竞争力的国产仪器仪表品牌。

（十一）提升航空、航天和海洋领域计量保障能力。建立完善航空、航天、海洋等领域计量保证与监督体系，加强产品型号总计量师系统建设。推动航空装备计量数字化、体系化发展，健全全产业链、全寿命周期计量评价体系，为航空装备发展提供一体化计量测试技术支撑。研究建立空间计量技术体系，提升空间领域计量保障能力和航天装备质量控制水平，补齐关键、特色参数指标计量测试能力短板。开展海上卫星导航设备、海洋装备测量测试技术研究，提升海洋装备数字化测量能力。健全海洋立体观测、生态预警、深海气候变化、生物多样性监测等领域计量保障体系。

（十二）服务人工智能与智能制造发展。加强人工智能计量基础理论、评估方法和技术研究，开发用于评测人工智能系统性能的参考数据集。研究智能基础设施计量测试技术，形成各领域通用的人工智能计量体系框架、接口与方法、标准规范。开展工业机器人机械系统、控制系统、驱动系统等关键计量测试技术研究，提升智能工业控制系统整体测量性能。建立适用于智能制造、智能交通、智能安防等领域的智能水平评价标准和计量测试平台，提升数据和知识协同驱动的计量测试能力。

（十三）服务数字中国建设。加强计量与现代数字技术、网络技术以及产业数字化科研生产平台联动。针对工业先进制造，加快基于协调世界时（UTC）的分布式可靠时间同步技术、时空敏感网络、传感器动态校准等数字计量设施建设。以量值为核心，提升数字终端产品、智能终端产品计量溯源能力。开展智能传感器、微机电系统（MEMS）传感器等关键参数计量测试技术研究，提升物联网感知装备质量水平，打造全频域、全时段、全要素的计量支撑能力。

（十四）支撑碳达峰碳中和目标实现。完善温室气体排放计量监测体系，加强碳排放关键计量测试技术研究和应用，健全碳计量标准装置，为温室气体排放可测量、可报告、可核查提供计量支撑。建立碳排放计量审查制度，强化重点排放单位的碳计量要求。在城市和园区开展低碳计量试点。建立完善资源环境计量体系，建设一批国家能源、水文水资源和环境计量中心，推进能耗、水资源、环境监测系统建设，加强能源资源和环境计量数据分析挖掘和利用。加快推进能源资源计量服务示范工程建设，引导和培育能源资源和环境计量服务市场。

专栏 5　计量服务绿色低碳可持续发展

碳排放领域。完善碳排放计量体系，提升碳排放计量监测能力和水平。开展多行业典型用能设施及用能系统碳排放计量测试方法研究和碳排放基准数据库建设。开展用电信息推算碳排放量、烟气排放测量等技术研究与应用。加强计量测试技术在碳足迹核算、碳追踪中的应用。完善生态系统碳汇监测和计量体系。

能源领域。开展清洁能源材料和器件性能参数准确测量方法研究和标准物质研制，推进光伏、风电、水电等清洁能源发电、储能及并网控制计量测试技术的研究与应用。加强交直流输配电计量测试技术研究应用。开展液态氢、天然气（含液化天然气）、高含氢天然气体积和热值计量测试技术研究。推进综合能源智能感知、采集和

续表

监测技术的研究和应用。 生态环境监测领域。开展大气、水、土壤等环境中污染物与温室气体精密测量技术研究和标准物质研制，加强辐射监测计量测试技术研究和应用，开展飞机噪声监测设备计量方法、振动和光污染监测设备计量方法研究，加强环境自动监测系统现场在线检定校准方法研究，健全完善典型环境污染物和温室气体量值传递溯源体系。 应对气候变化领域。开展气候监测关键计量技术研究，研制气候环境模拟测试系统，开展温室气体、气溶胶、臭氧、干湿沉降及化学组分的地面、垂直廓线和柱总量观测计量技术研究与应用。 自然资源领域。开展自然资源节约集约利用和调查评价监测、地质、海洋、气象和水旱灾害监测预警、海洋和测绘地理信息仪器计量测试技术研究和应用。

（十五）服务大众健康与安全。加快医疗健康领域计量服务体系建设，围绕疾病防控、生物医药、诊断试剂、高端医疗器械、康复理疗设备、可穿戴设备、营养与保健食品等开展关键计量测试技术研究和应用。加强体育设施和器材计量技术研究和测试服务，促进体育产业高质量发展。完善地质和海洋灾害、地震、洪涝干旱、森林草原火灾等自然灾害防御的计量保障体系，提高防灾、减灾、救灾计量能力。加强危险化学品、矿山、建筑施工、地质勘查等安全生产相关计量器具的研制生产和监督管理。加强公共安全领域计量服务体系建设，开展交通安全、社会稳定和安全等领域关键计量测试技术研究和应用，推进交通监管设备、警用装备、刑事技术产品等计量测试基础设施建设。

专栏6　健康领域计量测试能力提升工程
疾病防控领域。开展疫苗效价等关键参数量值溯源技术研究，提升疫苗安全性、有效性关键参数测量准确度。开展疾病筛查标志物的量值溯源技术及快速准确测量技术研究，提高突发疾病防控效率。 医药领域。开展生物技术药物功效、标志物与活性、中药有效成分量值溯源技术和防伪鉴别技术研究，研制测量表征设备。开展新型放射性同位素药物关键参数计量技术研究。 医疗器械领域。开展放疗设备、医疗机器人、呼吸机等高端医疗器械计量技术研究。开展康复理疗设备和可穿戴健康监测设备计量测试评价。开展临床疾病标志物准确定量串联质谱仪研究和应用方法开发，研制配套的试剂、试剂盒、标准物质。 营养与保健食品领域。开展新型营养素和活性营养成分结构确证与有效成分、有益生物因子量值溯源技术研究，解决营养食品监测与有效性、产品质量与安全评价准确性和一致性问题。

续表

诊断试剂领域。开展重大疾病体外诊断试剂及性能评价量值溯源技术研究，研制诊断试剂溯源用高端标准物质，研究临床诊断及病理学成像溯源技术，解决诊断试剂测量准确性和一致性问题，提升国产试剂产品质量与市场竞争力。

（十六）提升交通运输计量保障能力。面向我国铁路、公路和水路领域重大工程、重大装备、重要运营线路计量需求，开展交通一体化综合检测、监测设备量值溯源和保证技术研究，开展智慧计量技术攻关与先进测量装备研发，持续提升计量对交通运输的技术保障能力，服务智慧交通建设。加强铁路、公路、水运、民航领域相关计量测试技术、测试方法研究，研制相关测试设备。加强船舶和港口领域计量保障，提升港口物流效率和安全环保水平。开展新能源汽车电池、充电设施等计量测试技术研究和测试评价，加强智能汽车计量测试方法研究和基础设施建设。

五、加强计量能力建设，赋能高质量发展

（十七）构建新型量值传递溯源体系。适应国际单位制量子化变革发展和数字化、扁平化量值传递溯源新要求，构建依法管理的量值传递体系和市场需求导向的量值溯源体系。强化量值传递体系的法制保障和基础保障，科学规划计量基准、标准建设，填补应用领域的量值传递空白，确保体系完整、有效运行。以技术能力水平为主要标准，构建更加科学、高效、开放、灵活的国家量值溯源体系，优化量值溯源网络，提升量值溯源效能。鼓励和推动社会资源参与市场化、竞争性量值溯源技术服务。

（十八）提升计量基准能力水平。推动国家计量基准与原创性、引领性基础研究融通发展，增强国家计量基准自主可控能力，创新国家计量基准全链条管理机制。瞄准国际先进水平，以量子效应和物理常数为基础，建立原子时标基准、能量天平法质量基准和热力学温度基准等新一代国家计量基准。实施国家计量基准强基工程，强化量值源头能力供给，全面提升国家最高测量能力。

（十九）推进计量标准建设。改革计量标准体系架构，统筹考虑技术能力和现实需求，建立国家计量标准、社会公用计量标准、部门行业计量标准、企事业单位计量标准为主体的层次分明、链条清晰的计量标准基础设施网络。实施计量标准能力提升工程，在重点领域新建一批国家计量标准，加快推进各级各类计量标准技术改造和升级换代。建立嵌入式、芯片级、小型化的计量标准，推动对制造过程的实时在线测量和最佳控制。

专栏7　计量标准能力提升工程

国家计量标准。重点围绕保障国家战略发展需求、科技创新、关键核心共性计量技术需求以及新兴产业发展需要等，研究和建立国家计量标准。

社会公用计量标准。重点围绕经济社会发展及计量应用需求，建立、提升支撑公平贸易、安全生产、乡村振兴、生态环境、生命健康、先进制造等领域的计量标准，持续提高社会公用计量标准覆盖率，拓展测量范围，提高准确度等级，提升智能化水平。

部门行业计量标准。重点围绕部门行业发展需要，在能源、电子信息、医学、交通运输、自然资源、铁路、民航、水资源、生态环境、先进制造、食品安全、公共安全等重点领域加强计量标准能力建设，提升工业、海洋、气象、水文、地震、电力、测绘、通信、信息化等复杂环境、极值量和数字化量值传递溯源能力。

企事业单位计量标准。鼓励和支持企事业单位自主建立最高计量标准，加强计量标准能力建设，采用先进计量器具，提升生产工艺过程控制、产品质量升级的相关计量技术支撑能力。

（二十）加大标准物质研制应用。建立完善以国家基准物质、国家标准物质和工作标准物质为主要组成部分的标准物质体系。实施标准物质能力提升工程，加快生命科学、生物医药、环境监测、食品安全、自然资源、刑事司法等重点领域的标准物质研制和应用。加强标准物质监管能力建设和关键共性技术研究，提升标准物质不确定度水平。探索建立标准物质质量追溯制度，建设一批标准物质量值核查验证实验室，建立标准物质质量追溯平台，形成研发、生产、应用全寿命周期的监管能力。

专栏8　标准物质能力提升工程

食品安全领域。重点研制食品中药物残留、食品添加剂、食品接触材料、毒素、病原微生物检测和食品中营养成分、功能性成分检测等纯度和基体标准物质。

临床检验领域。重点研制生化、免疫、血液检验基体标准物质，肿瘤、心脑血管疾病、糖尿病、神经退行性疾病等重大疾病早期预警、诊断生物标志物检测和基因组突变检测等标准物质。

药品领域。重点研制典型药品和个人护理品、抗抑郁精神类小分子药物、药物中遗传毒性类杂质、多肽类药物、单抗类药物等标准物质。

农业领域。重点研制农产品中农用化学品残留、环境污染物、生物毒素、功能性成分、品种品质与真伪鉴别，以及重大动植物病害预警与诊断生物标志物检测等标准物质。

生物领域。重点研制生物大分子及其活性检测、转基因检测、核酸检测、微生物检测等标准物质。

续表

材料科学领域。重点研制半导体薄膜材料、光电热电材料、碳基先进材料、纳米材料、陶瓷材料等材料特性标准物质。 资源环境领域。重点研制新污染物、持久性有机污染物、烟道排放气、交通尾气、温室气体、水体、土壤检测等标准物质，天然气标准物质，发热量定值标准物质，油品品质等标准物质。 自然资源领域。重点研制战略性矿产资源、能源资源、水资源、海洋预警监测、生态修复、土地资源检测等标准物质，健康地质、深海特殊地质、生态地质调查检测等标准物质。 警用装备领域。重点研制警用标识、被装纺织品材料特性量值、复杂环境下警用装备功能材料等标准物质。

（二十一）加快计量技术机构建设。深化计量技术机构改革创新发展，优化整合国家计量技术机构、区域国家计量测试中心、地方各级计量技术机构和行业主管部门专业计量技术机构。大力推动国家计量技术机构创新发展，通过组织开展重大测量原理、方法前沿技术攻关，建立量子计量基准并保持国际等效，提供一流的量值溯源和测量服务，支撑国家科技创新、工业竞争力提升和经济社会发展。充分发挥省级人民政府和行业主管部门计量基础设施规划建设自主权，加强普惠性、基础性和公益性计量基础设施建设。提升计量技术机构服务市场的能力和水平，推动形成一批专业领域服务平台，培育一批专业化、社会化、网络化的服务机构，为经济社会发展和行业创新提供计量测试服务。

专栏9　计量技术机构能力提升工程
国家计量技术机构。研究、建立、复现、保存和维护国家计量基准以及开展国际计量单位制的传递；保持国家计量基准国际等效；组织开展重大测量原理、方法前沿技术攻关；主导建设国家重大计量基础设施，建立维护国家标准参考数据库。 区域国家计量测试中心。规划建立、研制与国家重大战略实施以及区域经济社会发展相适应的计量标准、标准物质，提升量值传递溯源能力及服务区域经济社会发展的能力。 地方各级计量技术机构。建立满足法制计量需要的社会公用计量标准；加强应用计量技术研究；为企业技术研发和质量提升提供计量支持；为辖区内量值保障提供技术支持；承担政府部门授权委托的法制计量检定、型式评价任务；加强民生计量、诚信计量体系建设；开展计量风险收集、评估、监测、预警；承担政府指定的基础保障任务。 行业主管部门专业计量技术机构。负责部门行业计量标准建设与维护，专用计量技术与方法研究，专用计量器具的管理和使用；开展行业内计量风险收集、评估、监测、预警；承担政府及行业指定的基础保障任务。

（二十二）加强计量人才队伍建设。依托重大科研项目、重点建设平台，加大学科带头人培养力度，着力培养具有世界科技前沿水平的高层次计量领军人才。吸收引进国际计量人才，支持培养青年科技人才，打造一批计量科技创新团队。实施计量专业技术人才提升行动，建设计量公共教育资源开发、培训平台和实训基地。加强计量领域相关职业技能等级认定，改革注册计量师职业资格管理模式，推进注册计量师职业资格与工程教育专业认证、职称、职业技能等级、职业教育学分银行等制度有效衔接。鼓励计量技术机构创新岗位设置，建立首席计量师、首席工程师、首席研究员等聘任制度。建立国际组织计量人才库和国际计量合作专家团队，支持科技人员开展多层次国际计量交流合作。

（二十三）完善企业计量体系。引导企业建立完善与其科研、生产、经营相适应的计量管理制度和保障体系，加大计量投入，加强计量科技创新和人才培养，强化对工业测量过程、测量数据的管理，鼓励其通过测量管理体系认证。建立企业计量能力自我声明制度，开展工业企业计量标杆示范。发挥龙头企业和各类计量技术服务机构引领带动作用，实施中小企业计量伙伴计划，全面提升产业链相关中小企业计量保证能力。鼓励社会各方加强对企业计量发展的资金投入和支持，健全激励企业增加计量投入的普惠性政策体系，对企业新购置的计量器具，符合国家有关规定的，允许一次性计入当期成本费用，在计算应纳税所得额时扣除。

（二十四）推动区域计量协调发展。建立与国家重大区域发展战略相适应的区域计量发展统筹机制，推进国家重大区域发展战略计量服务协同平台建设，研究建立区域计量数据协同应用中心。积极发挥区域国家计量测试中心的作用，完善区域量值传递溯源体系。强化区域计量科技创新合作，开展区域性计量比对活动，推进区域计量能力、结果互认。优化区域计量发展互助机制，加大计量技术指导帮扶、计量项目援建力度，缩小区域计量发展差距，推动区域计量协调发展。

（二十五）支撑质量基础设施一体化发展。积极发挥计量、标准、检验检测、认证认可等国家质量基础设施的协同作用，为经济社会高质量发展提供一体化质量基础支撑服务。推动计量与标准、检验检测、认证认可领域相关技术规范和标准的相互参考借鉴和共享共用，以精准计量推动标准数据和方法的科学验证。强化检验检测、认证认可领域计量溯源性要求。深化国家质量基础设施协同服务及应用示范创新，在关键领域形成“计量—标准—检验检测—认证认可”全链条整体技术解决方案。

（二十六）加强计量国际交流合作。深度参与国际计量发展战略和规划制定，积极参与和主导国际计量规则和规范制修订。加强与世界主要国家和地区计量交流合作，建立健全双多边交流合作机制，加快计量双多边互认进程。加强对共建“一带一路”国家和发展中国家的计量援助和知识传播，规划和实施一批重点计量援助项目，帮助发展中国家提升计量能力和水平。积极参与国际计量比对，稳步提升国际互认的计量校准测量能力。积极推行国际法制计量组织（OIML）证书互认制度，不断扩大互认范围，增加 OIML 证书指定实验室。

六、加强计量监督管理，提升计量监管效能

（二十七）完善计量法律法规体系。借鉴国际先进计量立法经验，推动计量法及相关配套法规规章的制修订。补充完善计量校准、标准时间、产业计量、计量数据等方面的法规规章，推动相关监管制度的建立和实施。动态调整国家实施强制管理的计量器具目录，完善部门行业专用计量器具目录制定规则。加强国家、部门行业和地方计量技术委员会建设，建立完善以国家计量技术规范为主体、部门行业和地方计量技术规范为补充的计量技术规范体系。建立计量技术规范与计量标准建设协调机制，开展计量技术规范制修订、实施和效果评估。积极采用国际计量规范，提升我国计量技术规范的国际化水平。

（二十八）推动计量监管制度改革。坚持一般监管与重点治理相结合，深化计量监管制度改革。探索建立智能计量器具实时监控、失准更换和监督抽查相结合的新型监管制度。推动对计量器具、测量软件、测量系统等进行综合计量评价。健全计量比对工作机制和管理模式，培育一批国家级计量比对中心。加强标准物质监管制度建设。积极推行国家法定计量单位，规范量和单位使用。推动对基础研究和科技攻关项目量值准确性、可靠性计量评价，对重点实验室、重点工程、国家重大专项开展量值保障能力验证。落实市场主体计量风险管控主体责任，强化计量风险防范意识，快速有效处置计量突发事件。

（二十九）强化民生计量监督管理。实施计量惠民工程，加强供水、供气、供热、电力、通信、公共交通、物流配送、防灾避险等相关计量基础设施建设，提升基层民生计量保障能力。面向精准医疗、可穿戴设备、体育健身、养老等民生领域，完善相关计量保障体系，夯实高品质生活的计量基础。围绕食品安全、贸易结算、医疗卫生、生态环境等领域的计量监管需求，加强计量器具强制检定能力建设。持续开展对集贸市场、加油站、餐饮业、商店和眼镜店等的专项监督检查，加强对定量包装商品的计量监督。围绕实施乡村振兴战略，强化乡村民生计量保障，加大对涉农物资的计量监管，推动计量技术服务向农村地区延伸。

（三十）创新智慧计量监管模式。充分运用大数据、区块链、人工智能等技术，探索推行以远程监管、移动监管、预警防控为特征的非现场监管，通过器具智能化、数据系统化，积极打造新型智慧计量体系。推广新型智慧计量监管模式，建立智慧计量监管平台和数据库。鼓励计量技术机构建立智能计量管理系统，推动设备的自动化、数字化改造，打造智慧计量实验室。推广智慧计量理念，支持产业计量云建设，推动企业开展计量检测设备的智能化升级改造，提升质量控制与智慧管理水平，服务智慧工厂建设。

（三十一）推进诚信计量分类监管。完善诚信计量体系，建立以经营者自我承诺为主、政府部门推动为辅、社会各界监督为补充的诚信计量管理模式。在商业、服务业等领域全面开展诚信计量行动，强化市场经营主体责任，推行经营者诚信计量自我承诺，开展诚信计量示范活动。加强基于区块链技术的诚信计量社会共治可信服务平台建设，完善数据可信、服务透明的诚信计量信息公开机制。建立市场主体计量信用记录，推进计量信用分级分类监管、“双随机、一公开”监管落实。

（三十二）加强计量执法体系建设。加强计量执法协作，建立健全查处重大计量违法案件快速反应机制和执法联动机制。加强计量作弊防控技术和查处技术研究，严厉查处制造、销售和使用带有作弊功能计量器具的违法行为。规范计量服务行为，严厉打击伪造计量数据、出具虚假计量证书和报告的违法行为。加强计量业务监管与综合执法的衔接，加快信息共享，提升执法效率。加强计量执法队伍建设，提升计量执法装备水平。做好行政执法与刑事司法衔接，加大对计量违法行为的打击力度。对举报计量违法行为的单位和个人，按照国家有关规定予以奖励。

（三十三）推动计量服务市场健康发展。充分利用市场资源和力量，吸纳各类社会组织参与法制计量工作，构建多元、开放的法制计量新格局。借鉴国际校准测量能力互认制度，探索建立中国校准测量能力承认制度。大力发展计量校准、计量测试、产业计量等高技术服务新兴业态，培育和壮大专业化计量技术服务市场，不断满足市场多样化、个性化需求。强化对高校、科研院所所属实验室及第三方检验检测机构在用仪器设备的计量溯源性要求，保障科研成果的有效性和测试结果的可信度。

七、保障措施

（三十四）加强组织领导。坚持党对计量工作的全面领导，把党的领导贯穿于规划实施全过程。地方各级人民政府要高度重视计量工作，把计量事业发展与国民经济和社会发展规划实施有效衔接，结合经济社会发展实际，制定具体的实施细则和要求，明确计量发展重点，分解细化目标任务，强化工作责任落实，确保各项任务落到实处。各有关部门、行业、企业要结合实际，采取切实有力措施，确保规划各项任务落实。

（三十五）加强政策支持。地方各级人民政府要对公益性计量技术机构予以支持，加强计量基础设施和计量基准、计量标准、标准物质、计量数据等国家战略资源能力建设，强化计量监管和基层、基础能力建设，保障全国法制计量监督开展和国家量值传递溯源体系有效运行。公益性计量工作所需经费按规定纳入本级预算。发展改革、科技、人力资源社会保障等部门要会同市场监管部门制定相应的投资、科技和人才保障支持政策。加强对计量重大科研项目和计量科技创新支撑平台的支持，促进计量科技研发和重点科研项目、科研成果的转化和应用。鼓励采用多元化融资方式，拓宽融资渠道，积极引导社会资金参与计量技术、装备研发和应用服务。

（三十六）加强学科和文化建设。加强计量相关学科专业建设，支持高校自主设立计量相关二级学科、交叉学科及计量相关专业，推进计量相关专业升级和数字化改造。将计量基础知识纳入公民基本科学素质培育体系，在义务教育中增加计量基础知识教育内容，开展计量线上教育资源建设与应用。培育一批计量领域高水平学术期刊，提升计量学术影响力。加强计量文化建设、科普宣传和人才培养工作，培育计量文化研究及科普基地，发展计量文化产业，开发计量科普资源，推动计量博物馆、科技展览馆建设和开放。积极培育和弘扬新时代计量精神，选树计量先进典型，增强新时代计量工作者的荣誉感和使命感。

（三十七）加强协调联动。加强上下联动和横向协调，推进军地协同，形成落实规划的合力。充分发挥全国计量工作部际联席会议制度和地方协调推进机制作用，努力构建统一协调、运行高效、资源共享、多元共治的大计量工作格局。积极发挥国家计量战略咨询专家委员会作用，广泛吸纳高水平智库人才，研究趋势性、前瞻性重大计量问题，做好计量决策支撑和咨询服务。充分发挥学会协会、科研院所、高校等单位的优势和作用，集聚各方资源和力量，共同推动国家现代先进测量体系建设。

（三十八）狠抓工作落实。地方各级人民政府、各有关部门、行业、企业要建立落实规划的工作责任制，按照职责分工，对规划实施情况进行监督检查。市场监管总局会同有关部门加强对规划实施情况的跟踪监测，通过第三方评估等形式开展规划实施的中期评估、总结评估，总结推广典型经验做法，发现规划实施中存在的问题并研究解决对策，重要情况及时报告国务院。

国务院办公厅关于转发教育部等部门“十四五”特殊教育发展提升行动计划的通知

（2021 年 12 月 31 日　国办发〔2021〕60 号）

教育部、国家发展改革委、民政部、财政部、人力资源社会保障部、国家卫生健康委、中国残联《“十四五”特殊教育发展提升行动计划》已经国务院同意，现转发给你们，请认真贯彻落实。

“十四五”特殊教育发展提升行动计划

教育部　国家发展改革委　民政部　财政部

人力资源社会保障部　国家卫生健康委　中国残联

特殊教育主要是面向视力、听力、言语、肢体、智力、精神、多重残疾以及其他有特殊需要的儿童青少年提供的教育，是教育事业的重要组成部分，是建设高质量教育体系的重要内容，是衡量社会文明进步的重要标志。党中央、国务院高度重视特殊教育，党的十八大以来，国家组织实施了两期特殊教育提升计划，特殊教育普及水平、保障条件和教育质量得到显著提升，但还存在发展不平衡不充分等问题，仍是教育领域的薄弱环节。为认真贯彻党中央、国务院决策部署，推动特殊教育高质量发展，特制定本计划。

一、总体要求

（一）指导思想。以习近平新时代中国特色社会主义思想为指导，深入贯彻落实党的十九大和十九届历次全会精神，全面贯彻党的教育方针，落实立德树人根本任务，遵循特殊教育规律，以适宜融合为目标，按照拓展学段服务、推进融合教育、提升支撑能力的基本思路，加快健全特殊教育体系，不断完善特殊教育保障机制，全面提高特殊教育质量，促进残疾儿童青少年自尊、自信、自强、自立，实现最大限度的发展，切实增强残疾儿童青少年家庭福祉，努力使残疾儿童青少年成长为国家有用之才。

（二）基本原则。

——坚持政府主导、特教特办。落实政府主体责任，加强特殊教育统筹规划和条件保障，加大政策、资金、项目向特殊教育倾斜力度，在普惠政策基础上给予特别扶持，补齐发展短板。

——坚持精准施策、分类推进。根据不同地区经济发展、人口分布等情况，因地制宜，合理布局，统筹推进区域内特殊教育改革发展。针对不同类别、不同程度、不同年龄残疾儿童青少年的需要，科学评估、合理安置、分类施教。

——坚持促进公平、实现共享。切实保障残疾儿童青少年平等接受教育的权利，做到有教无类，促进他们共享发展成果，让每一名残疾儿童青少年都有人生出彩机会。

——坚持尊重差异、多元融合。尊重残疾儿童青少年身心发展特点和个体差异，做到因材施教，实现适宜发展，让残疾儿童青少年和普通儿童青少年在融合环境中相互理解尊重、共同成长进步。

（三）主要目标。到2025年，高质量的特殊教育体系初步建立。

——普及程度显著提高，适龄残疾儿童义务教育入学率达到97%，非义务教育阶段残疾儿童青少年入学机会明显增加。

——教育质量全面提升，课程教材体系进一步完善，教育模式更加多样，课程教学改革不断深化，特殊教育质量评价制度基本建立。融合教育全面推进，普通教育、职业教育、医疗康复、信息技术与特殊教育进一步深度融合。

——保障机制进一步完善，继续对家庭经济困难残疾学生实行高中阶段免费教育，确保家庭经济困难残疾学生优先获得资助，逐步提高特殊教育经费保障水平。教师队伍建设进一步加强，数量充足，结构合理，专业水平进一步提升，待遇保障进一步提高。

二、拓展学段服务，加快健全特殊教育体系

（四）持续提高残疾儿童义务教育普及水平。以县级为单位健全残疾儿童招生入学联动工作机制，依据有关标准对残疾儿童身体状况、接受教育和适应学校学习生活能力进行全面规范评估，适宜安置每一名残疾儿童。压实义务教育阶段普通学校接收残疾儿童随班就读工作责任，建立健全学校随班就读工作长效机制，确保适龄残疾儿童应随尽随、就近就便优先入学。加强特殊教育学校建设，鼓励20万人口以上的县（市、区、旗）办好一所达到标准的特殊教育学校。残疾儿童较多且现有特殊教育学校学位不足的县（市、区、旗），要根据需要合理规划布局，满足残疾儿童入学需求。20万人口以下的县（市、区、旗）要因地制宜合理配置特殊教育资源，鼓励在九年一贯制学校或寄宿制学校设立特教班。针对孤独症儿童教育基础相对薄弱的实际，要合理布局孤独症儿童特殊教育学校，鼓励省会城市、计划单列市及较大城市建设孤独症儿童特殊教育学校。保障儿童福利机构内具备接受教育能力的适龄残疾儿童接受中小学教育并纳入学籍管理，推动特殊教育学校在本地儿童福利机构设立特教班。健全送教上门制度，推动各省（自治区、直辖市）完善送教上门服务标准，科学认定服务对象，规范送教上门形式和内容，加强送教服务过程管理，提高送教服务工作质量，能够入校就读的残疾儿童不纳入送教上门范围。

（五）大力发展非义务教育阶段特殊教育。积极发展学前特殊教育，鼓励普通幼儿园接收具有接受普通教育能力的残疾儿童就近入园随班就读，推动特殊教育学校和有条件的儿童福利机构、残疾儿童康复机构普遍增设学前部或附设幼儿园，鼓励设置专门招收残疾儿童的特殊教育幼儿园（班），尽早为残疾儿童提供适宜的保育、教育、康复、干预服务。着力发展以职业教育为主的高中阶段特殊教育，支持普通中等职业学校和普通高中接收残疾学生随班就读。推动特殊教育学校增设职教部（班），鼓励普通中等职业学校增设特教部（班），到2025年实现每个市（地、州、盟）和有条件的县（市、区、旗）都有一个残疾人中等职教部（班），在每个省（自治区、直辖市）至少办好一所残疾人中等职业学校和盲、聋高中（部）。鼓励有条件的地区建立从幼儿园到高中全学段衔接的十五年一贯制特殊教育学校。稳步发展高等特殊教育，加强高校特殊教育学院建设，增设适合残疾学生就读的相关专业，完善残疾学生就读普通高校措施。支持普通高校、开放大学、成人高校等面向残疾人开展继续教育，畅通和完善残疾人终身学习通道。

三、推进融合教育，全面提高特殊教育质量

（六）加强普通教育和特殊教育融合。探索适应残疾儿童和普通儿童共同成长的融合教育模式，推动特殊教育学校和普通学校结对帮扶共建、集团化融合办学，创设融合教育环境，推动残疾儿童和普通儿童融合。加强校际资源共享与整合，发挥不同学校优势，推进残疾学生信息上报、教育评估、转衔安置和个别化支持等工作规范及时、科学专业。研究制定义务教育阶段融合教育教学指南，修订特殊教育学校义务教育课程设置实验方案和课程标准。到2023年完成特殊教育学校义务教育各学科课程教材编写，审定通过后的教材列入中小学教学用书目录。开展融合教育示范区示范校创建和优秀教育教学案例遴选，持续推进特殊教育改革实验区综合改革，积极开展特殊教育教师教学基本功展示交流活动。完善特殊教育办学质量评价指标体系。积极探索科学适宜的孤独症儿童培养方式，研究制定孤独症儿童教育指南，逐步建立助教陪读制度，为孤独症儿童更好融入普通学校学习生活提供支持。加大力度推广使用国家通用手语和国家通用盲文。

（七）推动职业教育和特殊教育融合。支持特殊教育学校职教部（班）和职业学校特教部（班）开设适应残疾学生学习特点和市场需求的专业，积极探索设置面向智力残疾、多重残疾和孤独症等残疾学生的专业，同步促进残疾人的康复与职业技能提升，让残疾学生有一技之长，为将来就业创业奠定基础。探索开展面向残疾学生的“学历证书+若干职业技能等级证书”制度试点，将证书培训内容有机融入专业培养方案，优化课程设置和教学内容，提高残疾学生培养的灵活性、适应性、针对性。支持各种职业教育培训机构加强残疾学生职业技能培训，积极开展残疾学生生涯规划和就业指导，切实做好残疾学生教育与就业衔接工作。对面向残疾学生开放的职业教育实习实训基地提供支持。

（八）促进医疗康复、信息技术与特殊教育融合。教育、卫生健康、民政、残联等部门和单位协同推进，加强医疗机构、妇幼保健机构、儿童福利机构、康复机构与学校合作，提高残疾学生评估鉴定、入学安置、教育教学、康复训练的针对性和有效性。实施辅助器具进校园工程，优先为义务教育阶段残疾儿童科学提供辅助器具适配及服务。鼓励有条件的地方充分应用互联网、云计算、大数据、虚拟现实和人工智能等新技术，推进特殊教育智慧校园、智慧课堂建设。推动残疾儿童青少年相关数据互通共享。开发特殊教育数字化课程教学资源，扩大优质资源覆盖面。

四、提升支撑能力，不断完善特殊教育保障机制

（九）改善特殊教育办学条件。支持特殊教育学校和普通学校资源教室配备满足残疾学生需求的教育教学、康复训练等仪器设备和图书。加强学校无障碍设施设备建设配备，为残疾学生在校学习生活提供无障碍支持服务。大力推进国家、省、市、县、校五级特殊教育资源中心建设。依托高校和科研机构建设若干个国家级特殊教育资源中心，依托现有特殊教育资源加快建设省、市、县级特殊教育资源中心，鼓励依托设在乡镇（街道）的小学和初中因地制宜建设特殊教育资源中心，逐步实现各级特殊教育资源中心全覆盖。

（十）巩固完善特殊教育经费投入机制。落实并提高义务教育阶段特殊教育学校和随班就读残疾学生生均公用经费补助标准，到 2025 年将义务教育阶段特殊教育生均公用经费补助标准提高至每生每年 7000 元以上，有条件的地区可适当提高补助水平；各地应落实学前、高中阶段生均拨款政策，继续向特殊教育倾斜。地方财政可设立特殊教育专项补助经费，加强特殊教育基础能力建设。进一步优化完善残疾学生特殊学习用品、干预训练及送教上门教师交通费补助等政策。中央财政特殊教育补助资金重点支持中西部地区特殊教育学校改善办学条件、向重度残疾儿童接受义务教育提供送教上门服务等。落实学生资助政策，确保家庭经济困难残疾学生优先获得资助。鼓励和引导社会力量兴办特殊教育学校，支持符合条件的非营利性社会福利机构向残疾人提供特殊教育，强化民办特殊教育规范管理，确保特殊教育公益属性。积极鼓励企事业单位、社会组织、公民个人捐资助学。

（十一）加强特殊教育教师队伍建设。适当扩大普通高校特殊教育专业招生规模，根据实际需求，优化公费师范生招生结构，倾斜支持特殊教育公费师范生培养；注重培养适应特殊教育需要、具有职业教育能力的特殊教育师资；加大特殊教育专业硕士、博士培养力度。推动师范类专业开设特殊教育课程内容，列为必修课并提高比例，纳入师范专业认证指标体系，落实教师资格考试中含有特殊教育相关内容要求。组织开展特殊教育学校和随班就读普通学校的校长、教师全员培训，将融合教育纳入普通学校教师继续教育必修内容。认真落实特殊教育教师津贴标准，保障特殊教育教师待遇，吸引优秀人才从事特殊教育事业。普通学校（幼儿园）在绩效工资分配中对直接承担残疾学生教育教学工作的教师给予适当倾斜。县级以上教研机构应配足配齐特殊教育教研员。教师职称评聘和表彰奖励向特殊教育教师倾斜。将儿童福利机构、残疾儿童康复机构等机构中依法取得相应教师资格的特殊教育教师，纳入特殊教育教师培训、职称评聘、表彰奖励范围，并按规定享受相关待遇、津贴补贴等。

五、组织实施

（十二）加强组织领导。加强党对特殊教育工作的全面领导，地方各级人民政府要提高政治站位，坚持人民立场，将办好特殊教育纳入重要议事日程，坚持特教特办、重点扶持，统筹安排资金，有效配置资源，确保各项目标任务落到实处。

（十三）健全工作机制。完善多方协调联动的特殊教育推进机制，明确教育、发展改革、民政、财政、人力资源社会保障、卫生健康、残联等部门和单位的职责，形成工作合力。加强省级、市级统筹，落实县级主体责任，加大对欠发达地区和特殊教育薄弱地区的支持力度。建立健全学校与科研、医疗、康复等机构协同的专业支撑工作机制，在全社会营造关心支持特殊教育改革发展的良好氛围。

（十四）强化督导评估。在省级人民政府履行教育职责督导评价和义务教育优质均衡发展督导评估认定中，将特殊教育改革发展情况作为重要内容。各地教育督导部门和责任督学要将特殊教育纳入督导范围。省级人民政府要加强对特殊教育发展提升行动计划实施情况的指导与督查，将落实情况纳入市县两级政府绩效考核，建立激励与问责机制，确保特殊教育发展提升行动计划有效实施。

国务院办公厅关于全面实行行政许可事项清单管理的通知

（2022 年 1 月 10 日　国办发〔2022〕2 号）

行政许可是政府依法管理经济社会事务的重要手段。全面实行行政许可事项清单管理，是深化“放管服”改革优化营商环境的重要举措，有利于明晰行政许可权力边界、规范行政许可运行，为企业和群众打造更加公平高效的审批环境，对于推进政府治理体系和治理能力现代化意义重大。为做好全面实行行政许可事项清单管理工作，经国务院同意，现通知如下：

一、总体要求

（一）指导思想。以习近平新时代中国特色社会主义思想为指导，全面贯彻党的十九大和十九届历次全会精神，认真落实党中央、国务院关于深化“放管服”改革优化营商环境的决策部署，正确处理政府和市场、政府和社会的关系，依法编制、严格实施行政许可事项清单，持续推进行政许可标准化、规范化、便利化，加强事前事中事后全链条全领域监管，不断提高审批效率和监管效能，更大激发市场活力和社会创造力，促进经济社会高质量发展。

（二）工作目标。2022 年底前，构建形成全国统筹、分级负责、事项统一、权责清晰的行政许可事项清单体系，编制并公布国家、省、市、县四级行政许可事项清单，将依法设定的行政许可事项全部纳入清单管理，清单之外一律不得违法实施行政许可。对清单内事项逐项编制完成行政许可实施规范，大幅提升行政许可标准化水平，“十四五”时期基本实现同一事项在不同地区和层级同要素管理、同标准办理。

二、依法编制行政许可事项清单

（三）明确清单编制责任。国务院审改办负责组织国务院有关部门编制《法律、行政法规、国务院决定设定的行政许可事项清单》，报国务院审定后向社会公布。县级以上地方人民政府牵头推进行政审批制度改革工作的机构（以下称审改牵头机构）负责组织梳理上级设定、本地区实施的行政许可事项和本地区地方性法规、省级政府规章设定的行政许可事项，编制本地区行政许可事项清单，报同级人民政府审定后向社会公布，并抄送上一级审改牵头机构。

（四）统一清单编制要求。各级行政许可事项清单应当逐项明确事项名称、主管部门、实施机关、设定和实施依据等基本要素。各地区行政许可事项清单中上级设定、本地区实施的事项及其基本要素,不得超出上级清单的范围,确保事项同源、统一规范。省、市、县三级清单应当于2022年底前编制完成。依托全国一体化政务服务平台,建设全国行政许可管理系统,将国家、省、市、县级行政许可事项清单全部纳入系统管理。

(五)及时动态调整清单。法律、法规、规章草案拟新设或者调整行政许可的,起草部门应当充分研究论证,并在起草说明中专门作出说明;司法行政部门在草案审查阶段,应当征求同级审改牵头机构意见。行政许可正式实施前,有关部门应当提出调整行政许可事项清单的申请,审改牵头机构应当及时进行调整,行政许可实施机关做好实施前准备。因深化行政审批制度改革需要动态调整行政许可事项清单的,参照上述程序办理。上级清单作出动态调整的,下级清单要及时相应调整。

(六)做好有关清单衔接。市场准入负面清单、政务服务事项基本目录、"互联网+监管"事项清单、投资项目审批事项清单、工程建设项目审批事项清单等中涉及的行政许可事项,应当严格与行政许可事项清单保持一致并做好衔接。行政许可事项清单调整的,有关清单要适时作出相应调整。健全审改牵头机构与其他清单主管部门的沟通协调机制,协同做好清单内容对接匹配。

三、严格依照清单实施行政许可

(七)科学制定行政许可实施规范。对清单内的行政许可事项要逐项制定实施规范,结合实施情况确定子项、办理项,明确许可条件、申请材料、中介服务、审批程序、审批时限、收费、许可证件、数量限制、年检年报等内容,并向社会公布。法律、行政法规、国务院决定设定的行政许可事项原则上由国务院有关部门制定实施规范。对各地区实施规范存在差异、影响跨区域通办的事项,国务院有关部门要研究提出解决方案,制定衔接办法。地方性法规、省级政府规章设定的行政许可事项,由省级、设区的市级人民政府有关部门制定实施规范。

(八)依法依规实施行政许可。行政许可实施机关要依照行政许可实施规范制定办事指南,并向社会公布。办事指南一经公布,必须严格遵照执行,不得随意增加许可条件、申请材料、中介服务、审批环节、收费、数量限制等,不得超时限办理行政许可,但可以作出有利于行政相对人的合理优化调整。在严格执行办事指南的同时,各地区、各部门要按照政务服务标准化、规范化、便利化要求,通过推行告知承诺、集成服务、一网通办、跨省通办等改革措施,更好满足企业和群众办事需求。

(九)严肃清查整治变相许可。各地区、各部门要严格落实清单之外一律不得违法实施行政许可的要求,大力清理整治变相许可。在行政许可事项清单之外,有关行政机关和其他具有管理公共事务职能的组织以备案、证明、目录、计划、规划、指定、认证、年检等名义,要求行政相对人经申请获批后方可从事特定活动的,应当认定为变相许可,要通过停止实施、调整实施方式、完善设定依据等予以纠正。

四、加强事前事中事后全链条全领域监管

(十)依托清单明确监管重点。行政许可事项清单是完善事前事中事后全链条全领域监管的重要基础。对列入清单的事项,各地区、各部门要充分评估实际情况和风险隐患,科学划分风险等级,明确监管重点环节,实施有针对性、差异化的监管政策,提升监管的精准性和有效性。其中,对直接涉及公共安全、公众健康,以及潜在风险大、社会风险高的重点领域,要依法依规重点监管,守牢质量和安全底线。与行政许可事项对应的监管事项,要纳入“互联网+监管”平台监管事项动态管理系统。

(十一)对清单内事项逐项明确监管主体。严格依照法律法规和“三定”规定,确定监管主体;法律法规和“三定”规定未明确监管职责的,按照“谁审批、谁监管,谁主管、谁监管”的原则,确定监管主体。实行相对集中行政许可权改革的地区,按照改革方案确定监管职责。对多部门共同承担监管职责的事项,行业主管部门应当会同相关部门实施综合监管。有关部门之间就监管主体存在争议的,报同级人民政府决定。

(十二)结合清单完善监管规则标准。对于法律、行政法规、国务院决定设定的行政许可事项,国务院有关部门要逐事项或者分领域制定并公布全国统一、简明易行、科学合理的监管规则和标准。地方性法规、省级政府规章设定的行政许可事项,由省级、设区的市级人民政府有关部门制定并公布监管规则和标准。实行相对集中行政许可权改革的地区,要明晰审管边界,强化审管互动,确保无缝衔接。对取消和下放的行政许可事项,要明确监管层级、监管部门、监管规则和标准,对用不好授权、履职不到位的要问责,坚决杜绝一放了之、只批不管等问题。

五、做好清单实施保障

(十三)加强组织领导。各地区、各部门要高度重视全面实行行政许可事项清单管理工作,加强统筹协调,配齐配强审改工作力量,及时研究解决清单管理和行政许可实施中的重大问题,推动工作落地落实。国务院审改办要加强对各地区、各部门行政许可事项清单管理工作的指导、协调和督促,及时总结推广典型经验和做法。

(十四)强化监督问责。各级审改牵头机构要加强对行政许可事项清单实施情况的动态评估和全程监督。要畅通投诉举报渠道，依托“12345 政务服务便民热线”、政务服务“好差评”系统、政府门户网站等接受社会监督。针对违法违规编制清单、实施行政许可或者实施变相许可等问题，要主动加大监督力度，责成有关部门限期整改，情节严重的要依法依规严肃问责。

（十五）探索清单多元化运用。要依托全国行政许可管理系统，汇总公布清单内行政许可事项的线上线下办理渠道，逐步完善清单事项检索、办事指南查询、网上办理导流、疑难问题咨询、投诉举报留言等服务功能，方便企业和群众办理行政许可和开展监督。结合行政许可事项清单，推动各地区、各部门行政许可业务系统与全国行政许可管理系统深度对接，实现数据及时交互共享，对行政许可全流程开展“智慧监督”。鼓励各地区创新行政许可事项清单应用场景，提升企业和群众获得感、满意度。

附件：法律、行政法规、国务院决定设定的行政许可事项清单（2022 年版）（略）

国务院关于支持贵州在新时代西部大开发上闯新路的意见

（2022 年 1 月 18 日　国发〔2022〕2 号）

西部大开发战略实施特别是党的十八大以来，贵州经济社会发展取得重大成就，脱贫攻坚任务如期完成，生态环境持续改善，高质量发展迈出新步伐。同时，贵州发展也面临一些突出困难和问题。为深入贯彻落实习近平总书记重要讲话和指示批示精神，支持贵州在新时代西部大开发上闯新路，现提出如下意见。

一、总体要求

（一）指导思想。以习近平新时代中国特色社会主义思想为指导，全面贯彻党的十九大和十九届历次全会精神，按照党中央、国务院决策部署，坚持稳中求进工作总基调，完整、准确、全面贯彻新发展理念，加快构建新发展格局，推动高质量发展，坚持以人民为中心的发展思想，守好发展和生态两条底线，统筹发展和安全，支持贵州在新时代西部大开发上闯新路，在乡村振兴上开新局，在实施数字经济战略上抢新机，在生态文明建设上出新绩，努力开创百姓富、生态美的多彩贵州新未来，在全面建设社会主义现代化国家新征程中贡献更大力量。

（二）战略定位。

——西部大开发综合改革示范区。发挥改革的先导和突破作用，大胆试、大胆闯、主动改，解决深层次体制机制问题，激发各类市场主体活力，增强高质量发展内生动力，保障和改善民生，为推进西部大开发形成新格局探索路径。

——巩固拓展脱贫攻坚成果样板区。推动巩固拓展脱贫攻坚成果同乡村振兴有效衔接，全面推进乡村产业、人才、文化、生态、组织振兴，加快农业农村现代化，走具有贵州特色的乡村振兴之路。

——内陆开放型经济新高地。统筹国内国际两个市场两种资源，统筹对外开放通道和平台载体建设，深入推动制度型开放，打造内陆开放型经济试验区升级版。

——数字经济发展创新区。深入实施数字经济战略，强化科技创新支撑，激活数据要素潜能，推动数字经济与实体经济融合发展，为产业转型升级和数字中国建设探索经验。

——生态文明建设先行区。坚持生态优先、绿色发展，筑牢长江、珠江上游生态安全屏障，科学推进石漠化综合治理，构建完善生态文明制度体系，不断做好绿水青山就是金山银山这篇大文章。

（三）发展目标。到2025年，西部大开发综合改革取得明显进展，开放型经济水平显著提升；脱贫攻坚成果巩固拓展，乡村振兴全面推进；现代产业体系加快形成，数字经济增速保持领先；生态文明建设成果丰富，绿色转型成效明显；公共服务水平持续提高，城乡居民收入稳步增长；防范化解债务风险取得实质性进展。到2035年，经济实力迈上新台阶，参与国际经济合作和竞争新优势明显增强，基本公共服务质量、基础设施通达程度、人民生活水平显著提升，生态环境全面改善，与全国同步基本实现社会主义现代化。

二、建设西部大开发综合改革示范区

（四）加快要素市场化配置改革。推动贵州建立健全城乡统一的建设用地市场，稳妥有序推进农村集体经营性建设用地入市，加快建立产权流转和增值收益分配制度。完善城乡建设用地增减挂钩节余指标省内调剂机制，开展节余指标跨省域调剂。深化农村资源变资产、资金变股金、农民变股东“三变”改革，推进息烽、湄潭、金沙等农村宅基地制度改革试点。开展集体石漠化土地市场化改革试点。深化产业用地市场化配置改革，支持产业用地实行“标准地”出让，探索批而未供土地和闲置土地有效处置方式。深化矿产资源管理体制改革，建立“矿业权出让+登记”制度，完善“净矿出让”机制，建立健全共伴生矿产资源综合开发利用减免出让收益和相关税收等激励机制。探索战略性矿产资源矿业权出让收益征收新机制。鼓励分区分类探索国有林场经营性收入分配激励机制。允许贵州结合农业结构调整将符合条件的园地、灌木林恢复为耕地,新增耕地可用于占补平衡。加快推进电价市场化改革,研究完善“西电东送”电价形成机制。推进数据确权,推动数据资源化、资产化改革,建立数据要素市场化配置和收益分配机制。

(五)深化国企国资改革。支持指导贵州推动国有企业聚焦主责主业进行战略性重组和专业化整合,调整盘活存量资产,优化增量资本配置。深化效率导向的国资经营评价制度改革,推动国资监管切实从管企业向管资本转变。积极稳妥推进国有企业混合所有制改革,有序推进能源、矿产等行业竞争性环节市场化改革。落实国有科技型企业股权和分红激励政策。稳妥推进白酒企业营销体制改革。

(六)全面优化营商环境。深化“放管服”改革,严格执行市场准入负面清单,加快建立全方位、多层次、立体化监管体系。加快打造政务服务“一张网”,打通部门间数据壁垒,实现政务服务更大范围“一网通办”。全面实施不动产登记、交易和缴税线上线下一窗受理、并行办理。加快完善社会信用体系,强化信用信息共享开放,完善信用承诺、修复和异议机制。提升金融对实体经济服务质效,促进中小微企业融资增量扩面,切实帮助企业纾困解难。切实优化民营经济发展环境,强化竞争政策基础地位,落实公平竞争审查制度,破除招投标隐性壁垒。

三、全面推进乡村振兴和新型城镇化

(七)接续推进脱贫地区发展。推动巩固拓展脱贫攻坚成果同乡村振兴有效衔接,严格落实过渡期“四个不摘”要求,坚决守住防止规模性返贫底线。细化落实国家乡村振兴重点帮扶县政策,支持贵州确定一批省重点帮扶县。将城乡建设用地增减挂钩节余指标跨省域调剂所得收益专项用于巩固拓展脱贫攻坚成果和乡村振兴,探索基于国土空间规划“一张图”建立农村存量建设用地通过增减挂钩实现跨村组区位调整机制。加大易地扶贫搬迁后续扶持力度,完善安置区基础设施和公共服务设施,支持发展特色产业,开展劳动技能培训,加大劳务输出和就地就近就业支持力度,拓宽搬迁群众就业渠道。支持广东与贵州建立更加紧密的结对帮扶关系,打造东西部协作的典范。

(八)深入实施乡村建设行动。强化规划引领,分类推进村庄建设。充分考虑贵州农村公路建设实施情况,深化“四好农村路”示范创建,车购税资金通过“以奖代补”方式予以支持。加强农村水源地保护,实施农村供水保障工程,推进规模化供水工程建设和小型工程标准化改造。升级改造农村电网,加快农村光纤宽带、移动互联网、数字电视网和下一代互联网发展。接续实施农村人居环境整治提升五年行动，因地制宜开展农村生活污水处理与资源化利用。推动民族村寨、传统村落和历史文化名村名镇保护发展，创建一批民族团结进步示范乡镇、示范村。鼓励国有企业和民营企业参与贵州乡村振兴。依法依规探索以投资入股等多种方式吸引人才入乡，允许入乡就业创业人员在原籍地或就业创业地落户。

（九）大力发展现代山地特色高效农业。严格落实全省耕地保护任务与责任，强化耕地数量保护和质量提升，调整优化耕地布局，核实整改补划永久基本农田，促进优质耕地集中连片，到 2030 年建成高标准农田 2800 万亩以上。做优做精特色优势农产品，提高重要农产品标准化、规模化、品牌化水平。深入实施品牌强农战略，打造一批区域公用品牌、农业企业品牌和农产品品牌。加快现代种业、特色优势杂粮、优质稻推广，推动山地适用小型农机研发推广应用，推进丘陵山区农田宜机化改造。支持建设产地冷链物流设施，鼓励农业产业化龙头企业、农产品流通企业和大型商超在贵州建设绿色农产品供应基地，推动“黔货出山”。

（十）全面推进以人为核心的新型城镇化。培育发展黔中城市群，增强要素集聚能力，打造区域高质量发展增长极。支持贵安新区深化改革创新，培育和发挥体制机制优势。深入推进毕节贯彻新发展理念示范区建设。加快发展区域中心城市，引导人口和经济合理分布，促进大中小城市和小城镇协调发展。建立基本公共服务同常住人口挂钩、由常住地提供的机制。将新增城镇人口纳入中央财政“人钱挂钩”相关政策给予支持。增强县城综合承载能力，推进县城基础设施向乡村延伸、公共服务向乡村覆盖。加强市政设施和防灾减灾能力建设，推进燃气等城市管道建设和更新改造。

四、推动内陆开放型经济试验区建设提档升级

（十一）促进贸易投资自由便利。支持贵州主动对标高标准经贸规则，积极参与区域全面经济伙伴关系协定（RCEP）实施。进一步完善国际贸易“单一窗口”功能，推进全流程无纸化。支持发展数字贸易，探索建设数字丝绸之路国际数据港，重点面向共建“一带一路”国家提供数据服务。加快发展跨境电商、外贸综合服务、海外仓等新业态新模式。研究探索放宽特定服务领域自然人移动模式下的服务贸易市场准入限制措施。积极推动中欧班列开行。推动扩大机电产品、绿色低碳化工产品、特色农产品等出口。

（十二）畅通对内对外开放通道。巩固提升贵州在西部陆海新通道中的地位，加快主通道建设，推进贵阳至南宁、黄桶至百色铁路和黔桂铁路增建二线等建设，研究建设重庆至贵阳高铁。开工建设铜仁至吉首等铁路，实施贵广铁路提质改造工程，适时开展兴义至永州至郴州至赣州、泸州至遵义、盘州经六盘水至威宁至昭通等铁路前期工作。研究建设重庆经遵义至贵阳至柳州至广州港、深圳港、北部湾港等铁路集装箱货运大通道。加快兰海、沪昆等国家高速公路繁忙路段扩容改造,研究推进厦蓉、杭瑞、蓉遵、贵阳环城等国家高速公路扩容改造。积极开展与周边省份公路通道项目建设,加快打通省际瓶颈路段。推进乌江、南北盘江—红水河航道提等升级,稳步实施乌江思林、沙沱、红水河龙滩枢纽1000吨级通航设施项目,推进望谟港、播州港、开阳港、思南港等港口建设,打通北上长江、南下珠江的水运通道。加快贵阳、遵义全国性综合交通枢纽建设,完善提升贵阳区域枢纽机场功能。加快威宁、黔北、盘州等支线机场建设。

(十三)推进开放平台建设。加大贵阳航空口岸开放力度,实施144小时过境免签政策。加快遵义新舟机场、铜仁凤凰机场口岸建设。支持广州港、深圳港、北部湾港在贵州设立无水港。不断提升中国国际大数据产业博览会、中国(贵州)国际酒类博览会、中国—东盟教育交流周等展会活动的影响力。高标准、高水平办好生态文明贵阳国际论坛。加快国际山地旅游目的地建设,发展国际山地旅游联盟,办好国际山地旅游暨户外运动大会。

(十四)加强区域互动合作。支持贵州积极对接融入粤港澳大湾区建设,探索"大湾区总部+贵州基地"、"大湾区研发+贵州制造"等合作模式,支持粤黔合作共建产业园区。推动贵州深度融入长江经济带发展,加强与其他沿江省份在环境污染联防联控、产业创新协同发展、公共服务共建共享等方面合作。积极对接成渝地区双城经济圈建设,推进交通、能源、大数据、文化和旅游等领域合作。

五、加快构建以数字经济为引领的现代产业体系

(十五)提升科技创新能力。支持贵州参与国家重点实验室体系重组,在数字技术、空天科技、节能降碳、绿色农药等优势前沿领域培育建设国家级重大创新平台。进一步完善"中国天眼"(FAST)数据资源整合能力,国家科技计划对FAST核心科学目标给予支持。加强南方喀斯特地区绿色发展与生态服务整体提升技术研究与示范。实施"科技入黔",加强公共大数据、智能采掘、非常规油气勘探开发、新能源动力电池等领域关键核心技术攻关。支持贵州培育壮大战略性新兴产业,加快新能源动力电池及材料研发生产基地建设,有序发展轻量化材料、电机电控、充换电设备等新能源汽车配套产业,支持以装备制造及维修服务为重点的航空航天产业发展。强化企业创新主体地位,培育一批"专精特新"企业。支持贵州符合条件的省级高新技术产业开发区升级为国家级高新技术产业开发区。积极吸引数字经济、清洁能源、高端制造、山地农业等行业领军人才,探索多元化柔性引才机制。

（十六）实施数字产业强链行动。推进国家大数据综合试验区和贵阳大数据科创城建设，培育壮大人工智能、大数据、区块链、云计算等新兴数字产业。加快推进“东数西算”工程，布局建设主数据中心和备份数据中心，建设全国一体化算力网络国家枢纽节点，打造面向全国的算力保障基地。支持贵阳大数据交易所建设，促进数据要素流通。建设国家大数据安全靶场，开展数据跨境传输安全管理试点。推动在矿产、轻工、新材料、航天航空等产业领域建设国家级、行业级工业互联网平台，促进产业数字化转型。适度超前布局新型基础设施，推动交通、能源等基础设施智能化改造升级。

（十七）推进传统产业提质升级。落实新一轮找矿突破战略行动，支持贵州加大磷、铝、锰、金、萤石、重晶石等资源绿色勘探开发利用，加快磷化工精细化、有色冶金高端化发展，打造全国重要的资源精深加工基地。支持布局建设关键零部件、关键材料、关键设备等产业备份基地。发挥赤水河流域酱香型白酒原产地和主产区优势，建设全国重要的白酒生产基地。推进特色食品、中药材精深加工产业发展，支持将符合要求的贵州苗药等民族医药列入《中华人民共和国药典》。推动传统产业全方位、全链条数字化转型，引导传统业态积极开展线上线下、全渠道、定制化、精准化营销创新。

（十八）促进文化产业和旅游产业繁荣发展。围绕推进长征国家文化公园建设，加强贵州红色文化资源保护传承弘扬，实施中国工农红军长征纪念馆等重大项目，打造一批红色旅游精品线路。做优做强黄果树、荔波樟江、赤水丹霞、百里杜鹃等高品质旅游景区，提升“山地公园省·多彩贵州风”旅游品牌影响力。支持培育创建国家级文化产业示范园区（基地）、国家文化产业和旅游产业融合发展示范区。积极发展民族、乡村特色文化产业和旅游产业，加强民族传统手工艺保护与传承，打造民族文化创意产品和旅游商品品牌。加快优秀文化和旅游资源的数字化转化和开发，推动景区、博物馆等发展线上数字化体验产品，培育一批具有广泛影响力的数字文化和旅游品牌。

六、持之以恒推进生态文明建设

（十九）改善提升自然生态系统质量。科学推进岩溶地区石漠化、水土流失综合治理，支持苗岭、武陵山区、赤水河流域等一体化保护修复。加大对乌江、南北盘江、红水河、清水江生态保护修复的支持力度，实施重要河湖湿地生态保护修复工程，对易地扶贫搬迁迁出地和历史遗留矿山实施生态恢复。优先支持贵州开展地质灾害综合防治体系建设，对处于地质灾害风险隐患区的人员分批实施避险搬迁。实施重点流域水环境综合治理，做好马尾河流域水环境综合治理与可持续发展试点工作。实施森林质量精准提升工程，深入开展国家储备林建设，加快低效林改造，稳妥探索开展人工商品纯林树种结构优化调整试点，大力发展林下经济。研究设立梵净山、大苗山国家公园。加强生物多样性保护，落实长江十年禁渔，建设有害生物风险防控治理体系、野生动物疫源疫病监测防控体系，实施黔金丝猴、楠木等珍稀濒危野生动植物拯救保护工程。

(二十)深入打好污染防治攻坚战。坚持最严格生态环境保护制度，加强细颗粒物和臭氧协同控制，强化重点行业挥发性有机物综合治理。实施磷、锰、赤泥、煤矸石污染专项治理，推动磷石膏、锰渣等无害化资源化利用技术攻关和工程应用示范。加强农业面源污染综合防治，推进化肥农药减量化和土壤污染治理。实施城镇生活污水处理设施提升工程，全面消除城市建成区黑臭水体。实施生活垃圾焚烧发电和飞灰利用处置示范工程。提高危险废物和医疗废物收集处置能力，加强新污染物治理。

(二十一)健全生态文明试验区制度体系。支持赤水河流域等创新生态产品价值实现机制，探索与长江、珠江中下游地区建立健全横向生态保护补偿机制，推进市场化、多元化生态保护补偿机制建设，拓宽生态保护补偿资金渠道。支持贵州探索开展生态资源权益交易和生态产品资产证券化路径，健全排污权有偿使用制度，研究建立生态产品交易中心。健全生态环境损害赔偿制度。探索将生态产品总值指标纳入相关绩效考核体系，实施经济发展与生态产品总值“双考核”。探索创新山地生态系统保护利用模式，建立健全用途管制规则，在此基础上探索促进山地特色农业和山地旅游发展的政策。

(二十二)积极推进低碳循环发展。加快推动煤炭清洁高效利用，积极发展新能源，扩大新能源在交通运输、数据中心等领域的应用。强化能源消费强度和总量双控，落实重点领域节能降碳要求，力争新建项目能效达到标杆水平，引导存量项目分类有序开展节能改造升级。巩固森林生态系统碳汇能力，发挥森林固碳效益。探索实施碳捕获、利用与封存(CCUS)示范工程，有序开展煤炭地下气化、规模化碳捕获利用和岩溶地质碳捕获封存等试点。推进工业资源综合利用基地建设，推动工业固体废物和再生资源规模化、高值化利用。稳步推进“无废城市”建设。

七、提高保障和改善民生水平

(二十三)提升劳动者就业能力和收入水平。全面实施就业优先战略。建设一批就业帮扶基地、返乡入乡创业园、创业孵化示范基地。大规模多层次开展职业技能培训，完善职业技能培训基础设施，加强公共实训基地建设，加大对农民工职业技能培训的支持力度，做强职业技能服务品牌。健全最低工资标准调整机制，加强劳动者权益保障。加强创新型、技能型人才培养，壮大高水平工程师和高技能人才队伍，提高技术工人待遇水平。落实失业保险稳岗返还及社保补贴、培训补贴等减负稳岗扩就业政策，支持中小企业稳定岗位，更多吸纳高校毕业生等重点群体就业。

（二十四）推动教育高质量发展。推进学前教育普及普惠安全优质发展、义务教育优质均衡发展，加强县域高中建设。推进职业教育扩容提质，推动职业院校与技工院校融合发展，支持建设本科层次职业学校。支持贵州围绕发展急需探索设立大数据类、工业类、文化和旅游类高校，推进部属高校结对帮扶贵州地方高校，支持省部共建贵州地方高校、协同创新中心，鼓励教育部直属高校招生计划增量向贵州适度倾斜，稳步扩大贵州地方高校研究生培养规模。支持贵州深入实施“国培计划”、“特岗计划”。

（二十五）推进健康贵州建设。支持在贵州建设国家区域医疗中心、省级区域医疗中心，推动市级医院提质扩能和县级医院提质达标，提升基层卫生健康综合保障能力。实施重点人群健康服务补短板工程，提升产前筛查诊断和出生缺陷防治、危重孕产妇救治、儿童和新生儿救治等能力。支持建设国家中医疫病防治基地。健全公共卫生应急管理体系，完善重大疫情防控体制机制，提高应对重大突发公共卫生事件的能力和水平。实施“黔医人才计划”，拓展“医疗卫生援黔专家团”范围。完善远程医疗体系，推进国家健康医疗大数据西部中心建设。

（二十六）完善公共服务体系。坚持尽力而为、量力而行，围绕落实国家基本公共服务标准，完善并动态调整贵州基本公共服务具体实施标准。建立社会保险公共服务平台，完善以社会保障卡为载体的“一卡通”服务管理模式。扩大保障性租赁住房供给，着力解决新市民、青年人等群体住房困难问题。扩大住房公积金制度覆盖范围，租购并举有力保障缴存人基本住房需求。制定基本养老服务清单，对不同老年人群体分类提供养老保障、生活照料、康复照护、社会救助等适宜服务。全面构建育儿友好型社会，实施健康儿童行动提升计划，大力发展普惠托育服务。

八、强化重点领域安全保障和风险防范

（二十七）提高水安全保障和洪涝灾害防治水平。加强水利基础设施建设，提升水资源优化配置和水旱灾害防御能力，有效解决长期困扰贵州发展的工程性缺水难题。推进凤山水库、观音水库等重点水源工程建设，力争开工建设花滩子、石龙、英武、宣威、车坝河、玉龙、美女山等水源工程和贵阳乌江供水工程，加快推进德隆等中型水库建设，力争到2030年全省水利工程设计供水能力达到170亿立方米以上。充分考虑地形条件，研究对贵州小型水库建设以打捆方式给予定额补助。加快病险水库除险加固，推进堤防和控制性枢纽等工程建设，持续深化兴仁、岩口等控制性枢纽工程论证。实施乌江、清水江、舞阳河等防洪提升工程。强化山洪灾害监测预报预警,继续实施重点山洪沟防洪治理。水利工程坝区和淹没区用地按建设时序分期报批,研究对淹没区按农用地管理。推进水利工程供水价格改革,完善水价水费形成机制和水利工程长效运营机制。

(二十八)提升能源安全保障能力。加强清洁能源开发利用,建设新型综合能源基地。在毕节、六盘水、黔西南布局建设大型煤炭储配基地,打造西南地区煤炭保供中心。加快现役煤电机组节能升级和灵活性改造,推动以原址扩能升级改造及多能互补方式建设清洁高效燃煤机组。推进川气入黔、海气入黔等工作。加快煤层气、页岩气等勘探开发利用,推进黔西南、遵义等煤矿瓦斯规模化抽采利用。推进川滇黔桂水风光综合基地建设,加快实施大型风电、光伏、抽水蓄能项目,在开阳等县(市、区)开展屋顶分布式光伏开发试点。开展源网荷储一体化、能源数字化试点,研究建设能源数据中心。

(二十九)防范化解债务风险。严格政府投资项目管理,依法从严遏制新增隐性债务。加大财政资源统筹力度,积极盘活各类资金资产,稳妥化解存量隐性债务。按照市场化、法治化原则,在落实地方政府化债责任和不新增地方政府隐性债务的前提下,允许融资平台公司对符合条件的存量隐性债务,与金融机构协商采取适当的展期、债务重组等方式维持资金周转。完善地方政府债务风险应急处置机制。在确保债务风险可控的前提下,对贵州适度分配新增地方政府债务限额,支持符合条件的政府投资项目建设。研究支持在部分高风险地区开展降低债务风险等级试点。

九、保障措施

(三十)坚持党的全面领导。充分发挥党总揽全局、协调各方的领导核心作用,落实新时代党的建设总要求,把党的领导始终贯穿于贵州在新时代西部大开发上闯新路的全过程和各领域各方面各环节,继承发扬长征精神和遵义会议精神,引导激励广大党员、干部勇于推进改革创新,提升全局性、系统性思维,提高干事创业的本领能力,走好新时代的长征路。

(三十一)强化政策支持。研究以清单式批量申请授权方式,依法依规赋予贵州更大改革自主权。中央财政继续加大对贵州均衡性转移支付和国家重点生态功能区、县级基本财力保障、民族地区、革命老区等转移支付力度。中央预算内投资、地方政府专项债券积极支持贵州符合条件的基础设施、生态环保、社会民生等领域项目建设。支持发展绿色金融,深入推进贵安新区绿色金融改革创新试验区建设。支持开展基础设施领域不动产投资信托基金(REITs)试点。

(三十二)完善实施机制。贵州省要落实主体责任,大力弘扬团结奋进、拼搏创新、苦干实干、后发赶超的精神,完善工作机制,细化实施方案,明确工作分工,主动作为、大胆探索,以敢闯敢干的姿态在新时代西部大开发上闯出一条新路。国务院有关部门要按照职责分工,根据本意见确定的目标任务,加强指导协调,出台配套政策,对贵州改革发展给予大力支持。国家发展改革委要加强对本意见实施的跟踪评估,依托西部大开发省部联席落实推进工作机制,协调解决突出问题,重要情况及时向党中央、国务院报告。

国务院部门规章

国家市场监督管理总局关于修改《市场监督管理行政处罚程序暂行规定》等二部规章的决定

（2021 年 7 月 2 日国家市场监督管理总局令第 42 号公布　自 2021 年 7 月 15 日起施行　国司备字[2022005753]）

为了实施 2021 年 1 月 22 日公布的新修订《中华人民共和国行政处罚法》，国家市场监督管理总局决定对《市场监督管理行政处罚程序暂行规定》和《市场监督管理行政处罚听证暂行办法》的部分条款予以修改，详见附件。

《市场监督管理行政处罚程序暂行规定》和《市场监督管理行政处罚听证暂行办法》根据本决定作相应修改并对条文顺序作相应调整，重新公布。

本决定自 2021 年 7 月 15 日起施行。

附件：1. 对《市场监督管理行政处罚程序暂行规定》的修改

2. 对《市场监督管理行政处罚听证暂行办法》的修改

附件 1

对《市场监督管理行政处罚程序暂行规定》的修改

一、将名称修改为:“市场监督管理行政处罚程序规定”。

二、将第四条第一款中的“参与案件办理的有关人员与当事人有直接利害关系的,应当回避”修改为“参与案件办理的有关人员与案件有直接利害关系或者有其他关系可能影响公正执法的,应当回避”。

增加一款,作为第三款:“回避决定作出之前,不停止案件调查。”

三、增加一条,作为第五条:“市场监督管理部门及参与案件办理的有关人员对实施行政处罚过程中知悉的国家秘密、商业秘密和个人隐私应当依法予以保密。”

四、第六条改为第七条,将其中的“法律、行政法规另有规定的除外”修改为“法律、行政法规、部门规章另有规定的,从其规定”。

五、第七条改为第八条,将其中的“法律、法规、规章规定由省级以上市场监督管理部门管辖的除外”修改为“法律、法规、规章规定由省级以上市场监督管理部门管辖的,从其规定”。

六、第八条改为第九条,将第一款修改为:“市场监督管理部门派出机构在本部门确定的权限范围内以本部门的名义实施行政处罚,法律、法规授权以派出机构名义实施行政处罚的除外。”

将第二款中的“县级以上市场监督管理部门可以在法定权限内委托符合《中华人民共和国行政处罚法》规定条件的组织实施行政处罚”修改为“县级以上市场监督管理部门可以在法定权限内书面委托符合《中华人民共和国行政处罚法》规定条件的组织实施行政处罚”。

增加一款,作为第三款:“委托书应当载明委托的具体事项、权限、期限等内容。委托行政机关和受委托组织应当将委托书向社会公布。”

七、第九条改为第十条,将其中的3处“电子商务”修改为“网络交易”。

八、第十一条改为第十二条,将其中的“由先立案的市场监督管理部门管辖”修改为“由最先立案的市场监督管理部门管辖”。

九、第十二条改为第十三条,将其中的“协商不成的,报请共同的上一级市场监督管理部门指定管辖”修改为“协商不成的,报请共同的上一级市场监督管理部门指定管辖;也可以直接由共同的上一级市场监督管理部门指定管辖”。

十、第十三条改为第十四条,将其中的“市场监督管理部门发现所查处的案件不属于本部门管辖的”修改为“市场监督管理部门发现立案查处的案件不属于本部门管辖的”。

十一、第十四条改为第十五条，将原第一款修改为两款，第一款为：“上级市场监督管理部门认为必要时，可以将本部门管辖的案件交由下级市场监督管理部门管辖。法律、法规、规章明确规定案件应当由上级市场监督管理部门管辖的，上级市场监督管理部门不得将案件交由下级市场监督管理部门管辖。”

第二款为：“上级市场监督管理部门认为必要时，可以直接查处下级市场监督管理部门管辖的案件，也可以将下级市场监督管理部门管辖的案件指定其他下级市场监督管理部门管辖。”

原第二款改为第三款。

十二、第十六条改为第十七条，将第一款修改为：“市场监督管理部门发现立案查处的案件属于其他行政管理部门管辖的，应当及时依法移送其他有关部门。”

将第二款修改为：“市场监督管理部门发现违法行为涉嫌犯罪的，应当及时将案件移送司法机关，并对涉案物品以及与案件有关的其他材料依照有关规定办理交接手续。”

十三、第三章的名称修改为：“行政处罚的普通程序”。

十四、第十七条改为第十八条，将第二款修改为：“检测、检验、检疫、鉴定以及权利人辨认或者鉴别等所需时间，不计入前款规定期限。”

删去第三款。

十五、增加一条，作为第十九条，分为两款，第一款为：“经核查，符合下列条件的，应当立案：

“（一）有证据初步证明存在违反市场监督管理法律、法规、规章的行为；

“（二）依据市场监督管理法律、法规、规章应当给予行政处罚；

“（三）属于本部门管辖；

“（四）在给予行政处罚的法定期限内。”

第二款为：“决定立案的，应当填写立案审批表，由办案机构负责人指定两名以上具有行政执法资格的办案人员负责调查处理。”

十六、增加一条，作为第二十条，分为两款，第一款为：“经核查，有下列情形之一的，可以不予立案：

“（一）违法行为轻微并及时改正，没有造成危害后果；

“（二）初次违法且危害后果轻微并及时改正；

“（三）当事人有证据足以证明没有主观过错，但法律、行政法规另有规定的除外；

“（四）依法可以不予立案的其他情形。”

第二款为：“决定不予立案的，应当填写不予立案审批表。”

十七、第十八条改为第二十一条，删去第三款。

十八、第十九条改为第二十二条，将其中的“并应当向当事人或者有关人员出示执法证件”修改为“并应当主动向当事人或者有关人员出示执法证件”。

十九、第二十条改为第二十三条，将第四款修改为：“上述证据，应当符合法律、法规、规章关于证据的规定，并经查证属实，才能作为认定案件事实的根据。以非法手段取得的证据，不得作为认定案件事实的根据。”

二十、第二十三条改为第二十六条，增加一款，作为第四款：“市场监督管理部门依照法律、行政法规规定利用电子技术监控设备收集、固定违法事实的，依照《中华人民共和国行政处罚法》有关规定执行。”

二十一、第二十四条改为第二十七条，将第一款修改为：“在中华人民共和国领域外形成的公文书证，应当经所在国公证机关证明，或者履行中华人民共和国与该所在国订立的有关条约中规定的证明手续。涉及身份关系的证据，应当经所在国公证机关证明，并经中华人民共和国驻该国使领馆认证，或者履行中华人民共和国与该所在国订立的有关条约中规定的证明手续。”

将第二款修改为：“在中华人民共和国香港特别行政区、澳门特别行政区和台湾地区形成的证据，应当履行相关的证明手续。”

二十二、第三十二条改为第三十五条，将其中的“七日”修改为“七个工作日”。

二十三、第三十四条改为第三十七条，删去其中的“第十八条”。

二十四、第三十八条改为第四十一条，将第三款修改为：“除法律、法规另有规定外，容易损毁、灭失、变质、保管困难或者保管费用过高、季节性商品等不宜长期保存的物品，在确定为罚没财物前，经权利人同意或者申请，并经市场监督管理部门负责人批准，在采取相关措施留存证据后，可以依法先行处置；权利人不明确的，可以依法公告，公告期满后仍没有权利人同意或者申请的，可以依法先行处置。先行处置所得款项按照涉案现金管理。”

二十五、第三十九条改为第四十二条，将第二款中的“已将鲜活物品或者其他不易保管的财物拍卖或者变卖的，退还拍卖或者变卖所得款项。变卖价格明显低于变卖时市场价格，给当事人造成损失的，应当给予补偿”修改为“市场监督管理部门已将财物依法先行处置并有所得款项的，应当退还所得款项。先行处置明显不当，给当事人造成损失的，应当给予补偿”。

将第三款中的“第七十四条”修改为“第八十二条”。

二十六、第四十二条改为第四十五条，修改为两款，第一款为：“市场监督管理部门在办理行政处罚案件时,确需有关机关或者其他市场监督管理部门协助调查取证的,应当出具协助调查函。”

第二款为:“收到协助调查函的市场监督管理部门对属于本部门职权范围的协助事项应当予以协助,在接到协助调查函之日起十五个工作日内完成相关工作。需要延期完成的,应当在期限届满前告知提出协查请求的市场监督管理部门。”

二十七、第四十五条改为第四十八条,将两款合并为一款,将其中的“案件调查终结,办案机构应当撰写调查终结报告,连同案件材料交由审核机构审核”修改为“案件调查终结,办案机构应当撰写调查终结报告”。

二十八、第四十六条改为第四十九条,修改为三款,第一款为:“办案机构应当将调查终结报告连同案件材料,交由市场监督管理部门审核机构进行审核。”

第二款为:“审核分为法制审核和案件审核。”

第三款为:“办案人员不得作为审核人员。”

二十九、增加一条,作为第五十条,分为三款,第一款为:“对情节复杂或者重大违法行为给予行政处罚的下列案件,在市场监督管理部门负责人作出行政处罚的决定之前,应当由从事行政处罚决定法制审核的人员进行法制审核;未经法制审核或者审核未通过的,不得作出决定:

“(一)涉及重大公共利益的;

“(二)直接关系当事人或者第三人重大权益,经过听证程序的;

“(三)案件情况疑难复杂、涉及多个法律关系的;

“(四)法律、法规规定应当进行法制审核的其他情形。”

第二款为:“前款第二项规定的案件,在听证程序结束后进行法制审核。”

第三款为:“县级以上市场监督管理部门可以对第一款的法制审核案件范围作出具体规定。”

三十、增加一条,作为第五十一条,分为两款,第一款为:“法制审核由市场监督管理部门法制机构或者其他机构负责实施。”

第二款为:“市场监督管理部门中初次从事行政处罚决定法制审核的人员,应当通过国家统一法律职业资格考试取得法律职业资格。”

三十一、增加一条,作为第五十二条,分为三款,第一款为:“除本规定第五十条第一款规定以外适用普通程序的案件,应当进行案件审核。”

第二款为:“案件审核由市场监督管理部门办案机构或者其他机构负责实施。”

第三款为:“市场监督管理部门派出机构以自己的名义实施行政处罚的案

件,由派出机构负责案件审核。”

三十二、第四十七条改为第五十三条,将其中的“案件审核”修改为“审核”。

三十三、第五十一条改为第五十七条,将第一款中的“行政处罚建议被批准后,市场监督管理部门应当书面告知当事人拟作出行政处罚决定的事实、理由及依据,并告知当事人依法享有陈述权、申辩权。拟作出的行政处罚属于听证范围的,还应当告知当事人有要求举行听证的权利”修改为“拟给予行政处罚的案件,市场监督管理部门在作出行政处罚决定之前,应当书面告知当事人拟作出的行政处罚内容及事实、理由、依据,并告知当事人依法享有陈述权、申辩权。拟作出的行政处罚属于听证范围的,还应当告知当事人有要求听证的权利”。

将第二款中的“三个工作日”修改为“五个工作日”;将“未要求举行听证的”修改为“未要求听证的”。

三十四、第五十二条改为第五十八条,将其中的“不得因当事人陈述、申辩或者申请听证而加重行政处罚”修改为“不得因当事人陈述、申辩或者要求听证而给予更重的行政处罚”。

三十五、第五十四条改为第六十条,将第一款第三项中的“不得给予行政处罚”修改为“不予行政处罚”。

增加一款,作为第二款:“对本规定第五十条第一款规定的案件,拟给予行政处罚的,应当由市场监督管理部门负责人集体讨论决定。”

删去原第二款。

三十六、增加一条,作为第六十一条:“对当事人的违法行为依法不予行政处罚的,市场监督管理部门应当对当事人进行教育。”

三十七、第五十五条改为第六十二条,将第二项修改为:“违反法律、法规、规章的事实和证据”。

将第五项修改为:“行政处罚的履行方式和期限”。

将第六项修改为:“申请行政复议、提起行政诉讼的途径和期限”。

三十八、第五十六条改为第六十三条,修改为:“市场监督管理部门作出的具有一定社会影响的行政处罚决定应当按照有关规定向社会公开。”

增加一款,作为第二款:“公开的行政处罚决定被依法变更、撤销、确认违法或者确认无效的,市场监督管理部门应当在三个工作日内撤回行政处罚决定信息并公开说明理由。”

三十九、第五十七条改为第六十四条,将第一款中的“适用一般程序办理的案件应当自立案之日起九十日内作出处理决定”修改为“适用普通程序办理的案件应当自立案之日起九十日内作出处理决定”。

将第二款修改为:“案件处理过程中,中止、听证、公告和检测、检验、检疫、鉴定、权利人辨认或者鉴别、责令退还多收价款等时间不计入前款所指的案件办理期限。”

四十、增加一条,作为第六十五条:“发生重大传染病疫情等突发事件,为了控制、减轻和消除突发事件引起的社会危害,市场监督管理部门对违反突发事件应对措施的行为,依法快速、从重处罚。”

四十一、第五十八条改为第六十六条,修改为:“违法事实确凿并有法定依据,对自然人处以二百元以下、对法人或者其他组织处以三千元以下罚款或者警告的行政处罚的,可以当场作出行政处罚决定。法律另有规定的,从其规定。”

四十二、第五十九条改为第六十七条,将第二款修改为:“行政处罚决定书应当由办案人员签名或者盖章,并当场交付当事人。当事人拒绝签收的,应当在行政处罚决定书上注明。”

四十三、第六十条改为第六十八条,将其中的“救济途径”修改为“救济途径和期限”。

四十四、第六十一条改为第六十九条,将其中的“应当告知当事人作出行政处罚决定的事实、理由和依据”修改为“应当告知当事人拟作出的行政处罚内容及事实、理由、依据”。

四十五、第六十三条改为第七十一条,将第一款中的“当事人应当在行政处罚决定的期限内予以履行”修改为“当事人应当在行政处罚决定书载明的期限内予以履行”。

四十六、第六十四条改为第七十二条,将第一款中的“通过指定银行缴纳罚没款”修改为“通过指定银行或者电子支付系统缴纳罚没款”;第一项中的“二十元”修改为“一百元”;第二项中的“五十元”修改为“二百元”,“一千元”修改为“三千元”;第三项中的“当事人向指定银行缴纳罚款确有困难”修改为“当事人向指定银行或者通过电子支付系统缴纳罚款确有困难”。

将第二款修改为:“办案人员当场收缴罚款的,必须向当事人出具国务院财政部门或者省、自治区、直辖市财政部门统一制发的专用票据。”

四十七、第六十五条改为第七十三条,将其中的3处“二日”修改为“二个工作日”。

四十八、第六十六条改为第七十四条,将其中的“同意当事人延期或者分期缴纳罚款的,市场监督管理部门应当书面告知当事人延期或者分期的期限”修改为“同意当事人暂缓或者分期缴纳罚款的,市场监督管理部门应当书面告知当事人暂缓或者分期的期限”。

四十九、第六十七条改为第七十五条，将其中的“加处罚款的数额不得超出应缴罚款的数额”修改为“加处罚款的数额不得超出罚款的数额”。

五十、第六十八条改为第七十六条，将其中的“十日”修改为“十个工作日”。

增加一款，作为第二款：“市场监督管理部门批准延期、分期缴纳罚款的，申请人民法院强制执行的期限，自暂缓或者分期缴纳罚款期限结束之日起计算。”

五十一、删去第六十九条。

五十二、第七十条改为第七十七条，将其中的“一般程序”修改为“普通程序”；第四项中的“第五十四条”修改为“第六十条”。

五十三、增加一条，作为第七十九条：“市场监督管理部门应当依法以文字、音像等形式，对行政处罚的启动、调查取证、审核、决定、送达、执行等进行全过程记录，依照本规定第七十八条的规定归档保存。”

五十四、第七十三条改为第八十一条，将其中的“七日”修改为“七个工作日”；将其中的“第七十四条”修改为“第八十二条”；将其中的“第七十五条”修改为“第八十三条”。

五十五、第七十四条改为第八十二条，将原第三项修改为第四项，其中的“可以邮寄送达或者委托当地市场监督管理部门代为送达”修改为“可以邮寄送达或者委托当地市场监督管理部门、转交其他部门代为送达”；将其中的“委托送达的，受送达人的签收日期为送达日期”修改为“委托、转交送达的，受送达人的签收日期为送达日期”。

将原第四项修改为第三项，其中的“除行政处罚决定书外，经受送达人同意”修改为“经受送达人同意并签订送达地址确认书”。

五十六、第七十七条改为第八十五条，将第二款修改为：“法律、法规授权的履行市场监督管理职能的组织实施行政处罚，适用本规定。”

附件2

对《市场监督管理行政处罚听证暂行办法》的修改

一、将名称修改为:“市场监督管理行政处罚听证办法”。

二、将第四条第一款中的“听证主持人、听证员、记录员、翻译人员与当事人有直接利害关系的,应当回避”修改为“听证主持人、听证员、记录员、翻译人员与案件有直接利害关系或者有其他关系可能影响公正执法的,应当回避”。

三、将第五条第一款修改为:“市场监督管理部门拟作出下列行政处罚决定,应当告知当事人有要求听证的权利:

“(一)责令停产停业、责令关闭、限制从业;

“(二)降低资质等级、吊销许可证件或者营业执照;

“(三)对自然人处以一万元以上、对法人或者其他组织处以十万元以上罚款;

“(四)对自然人、法人或者其他组织作出没收违法所得和非法财物价值总额达到第三项所列数额的行政处罚;

“(五)其他较重的行政处罚;

“(六)法律、法规、规章规定的其他情形。”

四、将第六条中的“应当书面告知当事人拟作出行政处罚的事实、理由和依据”修改为“应当书面告知当事人拟作出的行政处罚内容及事实、理由、依据”。

五、将第七条中的2处“三个工作日”修改为“五个工作日”;2处“举行听证”修改为“听证”。

六、将第十三条和第十八条中的“要求举行听证”修改为“要求听证”。

七、将第二十条第一款中的“并应当于举行听证七日前将听证通知书送达当事人”修改为“并应当于举行听证的七个工作日前将听证通知书送达当事人”。

第三款中的“听证主持人应当在举行听证前将听证的时间、地点通知第三人”修改为“听证主持人应当在举行听证的七个工作日前将听证的时间、地点通知第三人”。

八、将第二十一条中的“听证七日前”修改为“听证的七个工作日前”。

九、将第二十二条第一款中的“除涉及国家秘密、商业秘密或者个人隐私外”修改为“除涉及国家秘密、商业秘密或者个人隐私依法予以保密外”。

将第二款中的“听证三日前”修改为“听证的三个工作日前”。

十、将第二十五条第一款中的原第四项修改为第四项、第五项两项,第四项为:“质证”;第五项为:“辩论”。

将第一款原第五项改为第六项。

十一、将第二十八条第二款中的“应当在听证笔录中记明情况”修改为“由听证主持人在听证笔录中注明”。

十二、第二十九条增加一款,作为第二款:“市场监督管理部门应当根据听证笔录,结合听证报告提出的意见建议,依照《市场监督管理行政处罚程序规定》的有关规定,作出决定。”

十三、将第三十二条第二款修改为:“法律、法规授权的履行市场监督管理职能的组织组织行政处罚听证,适用本办法。”

十四、将第三十三条修改为:“本办法中有关执法文书的送达适用《市场监督管理行政处罚程序规定》的有关规定。”

市场监督管理行政处罚程序规定

（2018年12月21日国家市场监督管理总局令第2号公布　根据2021年7月2日《国家市场监督管理总局关于修改〈市场监督管理行政处罚程序暂行规定〉等二部规章的决定》修正）

第一章　总　　则

第一条　为了规范市场监督管理行政处罚程序，保障市场监督管理部门依法实施行政处罚，保护自然人、法人和其他组织的合法权益，根据《中华人民共和国行政处罚法》《中华人民共和国行政强制法》等法律、行政法规，制定本规定。

第二条　市场监督管理部门实施行政处罚，适用本规定。

第三条　市场监督管理部门实施行政处罚，应当遵循公正、公开的原则，坚持处罚与教育相结合，做到事实清楚、证据确凿、适用依据正确、程序合法、处罚适当。

第四条　市场监督管理部门实施行政处罚实行回避制度。参与案件办理的有关人员与案件有直接利害关系或者有其他关系可能影响公正执法的，应当回避。

市场监督管理部门主要负责人的回避，由市场监督管理部门负责人集体讨论决定；市场监督管理部门其他负责人的回避，由市场监督管理部门主要负责人决定；其他有关人员的回避，由市场监督管理部门负责人决定。

回避决定作出之前，不停止案件调查。

第五条　市场监督管理部门及参与案件办理的有关人员对实施行政处罚过程中知悉的国家秘密、商业秘密和个人隐私应当依法予以保密。

第六条　上级市场监督管理部门对下级市场监督管理部门实施行政处罚，应当加强监督。

各级市场监督管理部门对本部门内设机构及其派出机构、受委托组织实施行政处罚，应当加强监督。

第二章　管　　辖

第七条　行政处罚由违法行为发生地的县级以上市场监督管理部门管

辖。法律、行政法规、部门规章另有规定的，从其规定。

第八条　县级、设区的市级市场监督管理部门依职权管辖本辖区内发生的行政处罚案件。法律、法规、规章规定由省级以上市场监督管理部门管辖的，从其规定。

第九条　市场监督管理部门派出机构在本部门确定的权限范围内以本部门的名义实施行政处罚，法律、法规授权以派出机构名义实施行政处罚的除外。

县级以上市场监督管理部门可以在法定权限内书面委托符合《中华人民共和国行政处罚法》规定条件的组织实施行政处罚。受委托组织在委托范围内，以委托行政机关名义实施行政处罚；不得再委托其他任何组织或者个人实施行政处罚。

委托书应当载明委托的具体事项、权限、期限等内容。委托行政机关和受委托组织应当将委托书向社会公布。

第十条　网络交易平台经营者和通过自建网站、其他网络服务销售商品或者提供服务的网络交易经营者的违法行为由其住所地县级以上市场监督管理部门管辖。

平台内经营者的违法行为由其实际经营地县级以上市场监督管理部门管辖。网络交易平台经营者住所地县级以上市场监督管理部门先行发现违法线索或者收到投诉、举报的，也可以进行管辖。

第十一条　对利用广播、电影、电视、报纸、期刊、互联网等大众传播媒介发布违法广告的行为实施行政处罚，由广告发布者所在地市场监督管理部门管辖。广告发布者所在地市场监督管理部门管辖异地广告主、广告经营者有困难的，可以将广告主、广告经营者的违法情况移送广告主、广告经营者所在地市场监督管理部门处理。

对于互联网广告违法行为，广告主所在地、广告经营者所在地市场监督管理部门先行发现违法线索或者收到投诉、举报的，也可以进行管辖。

对广告主自行发布违法互联网广告的行为实施行政处罚，由广告主所在地市场监督管理部门管辖。

第十二条　对当事人的同一违法行为，两个以上市场监督管理部门都有管辖权的，由最先立案的市场监督管理部门管辖。

第十三条　两个以上市场监督管理部门因管辖权发生争议的，应当自发生争议之日起七个工作日内协商解决，协商不成的，报请共同的上一级市场监督管理部门指定管辖；也可以直接由共同的上一级市场监督管理部门指定管辖。

第十四条 市场监督管理部门发现立案查处的案件不属于本部门管辖的,应当将案件移送有管辖权的市场监督管理部门。受移送的市场监督管理部门对管辖权有异议的,应当报请共同的上一级市场监督管理部门指定管辖,不得再自行移送。

第十五条 上级市场监督管理部门认为必要时,可以将本部门管辖的案件交由下级市场监督管理部门管辖。法律、法规、规章明确规定案件应当由上级市场监督管理部门管辖的,上级市场监督管理部门不得将案件交由下级市场监督管理部门管辖。

上级市场监督管理部门认为必要时,可以直接查处下级市场监督管理部门管辖的案件,也可以将下级市场监督管理部门管辖的案件指定其他下级市场监督管理部门管辖。

下级市场监督管理部门认为依法由其管辖的案件存在特殊原因,难以办理的,可以报请上一级市场监督管理部门管辖或者指定管辖。

第十六条 报请上一级市场监督管理部门管辖或者指定管辖的,上一级市场监督管理部门应当在收到报送材料之日起七个工作日内确定案件的管辖部门。

第十七条 市场监督管理部门发现立案查处的案件属于其他行政管理部门管辖的,应当及时依法移送其他有关部门。

市场监督管理部门发现违法行为涉嫌犯罪的,应当及时将案件移送司法机关,并对涉案物品以及与案件有关的其他材料依照有关规定办理交接手续。

第三章 行政处罚的普通程序

第十八条 市场监督管理部门对依据监督检查职权或者通过投诉、举报、其他部门移送、上级交办等途径发现的违法行为线索,应当自发现线索或者收到材料之日起十五个工作日内予以核查,由市场监督管理部门负责人决定是否立案;特殊情况下,经市场监督管理部门负责人批准,可以延长十五个工作日。法律、法规、规章另有规定的除外。

检测、检验、检疫、鉴定以及权利人辨认或者鉴别等所需时间,不计入前款规定期限。

第十九条 经核查,符合下列条件的,应当立案:

(一)有证据初步证明存在违反市场监督管理法律、法规、规章的行为;

(二)依据市场监督管理法律、法规、规章应当给予行政处罚;

(三)属于本部门管辖;

（四）在给予行政处罚的法定期限内。

决定立案的，应当填写立案审批表，由办案机构负责人指定两名以上具有行政执法资格的办案人员负责调查处理。

第二十条 经核查，有下列情形之一的，可以不予立案：

（一）违法行为轻微并及时改正，没有造成危害后果；

（二）初次违法且危害后果轻微并及时改正；

（三）当事人有证据足以证明没有主观过错，但法律、行政法规另有规定的除外；

（四）依法可以不予立案的其他情形。

决定不予立案的，应当填写不予立案审批表。

第二十一条 办案人员应当全面、客观、公正、及时进行案件调查，收集、调取证据，并依照法律、法规、规章的规定进行检查。

首次向当事人收集、调取证据的，应当告知其享有陈述权、申辩权以及申请回避的权利。

第二十二条 办案人员调查或者进行检查时不得少于两人，并应当主动向当事人或者有关人员出示执法证件。

第二十三条 办案人员应当依法收集证据。证据包括：

（一）书证；

（二）物证；

（三）视听资料；

（四）电子数据；

（五）证人证言；

（六）当事人的陈述；

（七）鉴定意见；

（八）勘验笔录、现场笔录。

立案前核查或者监督检查过程中依法取得的证据材料，可以作为案件的证据使用。

对于移送的案件，移送机关依职权调查收集的证据材料，可以作为案件的证据使用。

上述证据，应当符合法律、法规、规章关于证据的规定，并经查证属实，才能作为认定案件事实的根据。以非法手段取得的证据，不得作为认定案件事实的根据。

第二十四条 收集、调取的书证、物证应当是原件、原物。调取原件、原物有困难的，可以提取复制件、影印件或者抄录件，也可以拍摄或者制作足以反映原件、原物外形或者内容的照片、录像。复制件、影印件、抄录件和照片、录像由证据提供人核对无误后注明与原件、原物一致,并注明出证日期、证据出处,同时签名或者盖章。

第二十五条 收集、调取的视听资料应当是有关资料的原始载体。调取视听资料原始载体有困难的,可以提取复制件,并注明制作方法、制作时间、制作人等。声音资料应当附有该声音内容的文字记录。

第二十六条 收集、调取的电子数据应当是有关数据的原始载体。收集电子数据原始载体有困难的,可以采用拷贝复制、委托分析、书式固定、拍照录像等方式取证,并注明制作方法、制作时间、制作人等。

市场监督管理部门可以利用互联网信息系统或者设备收集、固定违法行为证据。用来收集、固定违法行为证据的互联网信息系统或者设备应当符合相关规定,保证所收集、固定电子数据的真实性、完整性。

市场监督管理部门可以指派或者聘请具有专门知识的人员,辅助办案人员对案件关联的电子数据进行调查取证。

市场监督管理部门依照法律、行政法规规定利用电子技术监控设备收集、固定违法事实的,依照《中华人民共和国行政处罚法》有关规定执行。

第二十七条 在中华人民共和国领域外形成的公文书证,应当经所在国公证机关证明,或者履行中华人民共和国与该所在国订立的有关条约中规定的证明手续。涉及身份关系的证据,应当经所在国公证机关证明,并经中华人民共和国驻该国使领馆认证,或者履行中华人民共和国与该所在国订立的有关条约中规定的证明手续。

在中华人民共和国香港特别行政区、澳门特别行政区和台湾地区形成的证据,应当履行相关的证明手续。

外文书证或者外国语视听资料等证据应当附有由具有翻译资质的机构翻译的或者其他翻译准确的中文译本,由翻译机构盖章或者翻译人员签名。

第二十八条 对有违法嫌疑的物品或者场所进行检查时,应当通知当事人到场。办案人员应当制作现场笔录,载明时间、地点、事件等内容,由办案人员、当事人签名或者盖章。

第二十九条 办案人员可以询问当事人及其他有关单位和个人。询问应当个别进行。询问应当制作笔录,询问笔录应当交被询问人核对;对阅读有困难的,应当向其宣读。笔录如有差错、遗漏,应当允许其更正或者补充。涂改部分应当由被询问人签名、盖章或者以其他方式确认。经核对无误后,由被询问人在笔录上逐页签名、盖章或者以其他方式确认。办案人员应当在笔录上签名。

第三十条 办案人员可以要求当事人及其他有关单位和个人在一定期限内提供证明材料或者与涉嫌违法行为有关的其他材料，并由材料提供人在有关材料上签名或者盖章。

市场监督管理部门在查处侵权假冒等案件过程中，可以要求权利人对涉案产品是否为权利人生产或者其许可生产的产品进行辨认，也可以要求其对有关事项进行鉴别。

第三十一条 市场监督管理部门抽样取证时，应当通知当事人到场。办案人员应当制作抽样记录，对样品加贴封条，开具清单，由办案人员、当事人在封条和相关记录上签名或者盖章。

通过网络、电话购买等方式抽样取证的，应当采取拍照、截屏、录音、录像等方式对交易过程、商品拆包查验及封样等过程进行记录。

法律、法规、规章或者国家有关规定对实施抽样机构的资质或者抽样方式有明确要求的，市场监督管理部门应当委托相关机构或者按照规定方式抽取样品。

第三十二条 为查明案情，需要对案件中专门事项进行检测、检验、检疫、鉴定的，市场监督管理部门应当委托具有法定资质的机构进行；没有法定资质机构的，可以委托其他具备条件的机构进行。检测、检验、检疫、鉴定结果应当告知当事人。

第三十三条 在证据可能灭失或者以后难以取得的情况下，市场监督管理部门可以对与涉嫌违法行为有关的证据采取先行登记保存措施。采取或者解除先行登记保存措施，应当经市场监督管理部门负责人批准。

情况紧急，需要当场采取先行登记保存措施的，办案人员应当在二十四小时内向市场监督管理部门负责人报告，并补办批准手续。市场监督管理部门负责人认为不应当采取先行登记保存措施的，应当立即解除。

第三十四条 先行登记保存有关证据，应当当场清点，开具清单，由当事人和办案人员签名或者盖章，交当事人一份，并当场交付先行登记保存证据通知书。

先行登记保存期间，当事人或者有关人员不得损毁、销毁或者转移证据。

第三十五条 对于先行登记保存的证据，应当在七个工作日内采取以下措施：

（一）根据情况及时采取记录、复制、拍照、录像等证据保全措施；

（二）需要检测、检验、检疫、鉴定的，送交检测、检验、检疫、鉴定；

（三）依据有关法律、法规规定可以采取查封、扣押等行政强制措施的，决定采取行政强制措施；

（四）违法事实成立，应当予以没收的，作出行政处罚决定，没收违法物品；

（五）违法事实不成立，或者违法事实成立但依法不应当予以查封、扣押或者没收的，决定解除先行登记保存措施。

逾期未采取相关措施的，先行登记保存措施自动解除。

第三十六条 市场监督管理部门可以依据法律、法规的规定采取查封、扣押等行政强制措施。采取或者解除行政强制措施，应当经市场监督管理部门负责人批准。

情况紧急，需要当场采取行政强制措施的，办案人员应当在二十四小时内向市场监督管理部门负责人报告，并补办批准手续。市场监督管理部门负责人认为不应当采取行政强制措施的，应当立即解除。

第三十七条 市场监督管理部门实施行政强制措施应当依照《中华人民共和国行政强制法》规定的程序进行，并当场交付实施行政强制措施决定书和清单。

第三十八条 查封、扣押的期限不得超过三十日；情况复杂的，经市场监督管理部门负责人批准，可以延长，但是延长期限不得超过三十日。法律、行政法规另有规定的除外。

延长查封、扣押的决定应当及时书面告知当事人，并说明理由。

对物品需要进行检测、检验、检疫、鉴定的，查封、扣押的期间不包括检测、检验、检疫、鉴定的期间。检测、检验、检疫、鉴定的期间应当明确，并书面告知当事人。

第三十九条 扣押当事人托运的物品，应当制作协助扣押通知书，通知有关单位协助办理，并书面通知当事人。

第四十条 对当事人家存或者寄存的涉嫌违法物品，需要扣押的，责令当事人取出；当事人拒绝取出的，应当会同当地有关部门或者单位将其取出，并办理扣押手续。

第四十一条 查封、扣押的场所、设施或者财物应当妥善保管，不得使用或者损毁；市场监督管理部门可以委托第三人保管，第三人不得损毁或者擅自转移、处置。

查封的场所、设施或者财物，应当加贴市场监督管理部门封条，任何人不得随意动用。

除法律、法规另有规定外，容易损毁、灭失、变质、保管困难或者保管费用过高、季节性商品等不宜长期保存的物品，在确定为罚没财物前，经权利人同意或者申请，并经市场监督管理部门负责人批准，在采取相关措施留存证据后，可以依法先行处置；权利人不明确的，可以依法公告，公告期满后仍没有权利人同意或者申请的,可以依法先行处置。先行处置所得款项按照涉案现金管理。

第四十二条 有下列情形之一的,市场监督管理部门应当及时作出解除查封、扣押决定:

(一)当事人没有违法行为;

(二)查封、扣押的场所、设施或者财物与违法行为无关;

(三)对违法行为已经作出处理决定,不再需要查封、扣押;

(四)查封、扣押期限已经届满;

(五)其他不再需要采取查封、扣押措施的情形。

解除查封、扣押应当立即退还财物,并由办案人员和当事人在财物清单上签名或者盖章。市场监督管理部门已将财物依法先行处置并有所得款项的,应当退还所得款项。先行处置明显不当,给当事人造成损失的,应当给予补偿。

当事人下落不明或者无法确定涉案物品所有人的,应当按照本规定第八十二条第五项规定的公告送达方式告知领取。公告期满仍无人领取的,经市场监督管理部门负责人批准,将涉案物品上缴或者依法拍卖后将所得款项上缴国库。

第四十三条 办案人员在调查取证过程中,无法通知当事人,当事人不到场或者拒绝接受调查,当事人拒绝签名、盖章或者以其他方式确认的,办案人员应当在笔录或者其他材料上注明情况,并采取录音、录像等方式记录,必要时可以邀请有关人员作为见证人。

第四十四条 进行现场检查、询问当事人及其他有关单位和个人、抽样取证、采取先行登记保存措施、实施查封或者扣押等行政强制措施时,按照有关规定采取拍照、录音、录像等方式记录现场情况。

第四十五条 市场监督管理部门在办理行政处罚案件时,确需有关机关或者其他市场监督管理部门协助调查取证的,应当出具协助调查函。

收到协助调查函的市场监督管理部门对属于本部门职权范围的协助事项应当予以协助,在接到协助调查函之日起十五个工作日内完成相关工作。需要延期完成的,应当在期限届满前告知提出协查请求的市场监督管理部门。

第四十六条 有下列情形之一的,经市场监督管理部门负责人批准,中止案件调查:

(一)行政处罚决定须以相关案件的裁判结果或者其他行政决定为依据,而相关案件尚未审结或者其他行政决定尚未作出的;

(二)涉及法律适用等问题,需要送请有权机关作出解释或者确认的;

（三）因不可抗力致使案件暂时无法调查的；

（四）因当事人下落不明致使案件暂时无法调查的；

（五）其他应当中止调查的情形。

中止调查的原因消除后，应当立即恢复案件调查。

第四十七条 因涉嫌违法的自然人死亡或者法人、其他组织终止，并且无权利义务承受人等原因，致使案件调查无法继续进行的，经市场监督管理部门负责人批准，案件终止调查。

第四十八条 案件调查终结，办案机构应当撰写调查终结报告。案件调查终结报告包括以下内容：

（一）当事人的基本情况；

（二）案件来源、调查经过及采取行政强制措施的情况；

（三）调查认定的事实及主要证据；

（四）违法行为性质；

（五）处理意见及依据；

（六）自由裁量的理由等其他需要说明的事项。

第四十九条 办案机构应当将调查终结报告连同案件材料，交由市场监督管理部门审核机构进行审核。

审核分为法制审核和案件审核。

办案人员不得作为审核人员。

第五十条 对情节复杂或者重大违法行为给予行政处罚的下列案件，在市场监督管理部门负责人作出行政处罚的决定之前，应当由从事行政处罚决定法制审核的人员进行法制审核；未经法制审核或者审核未通过的，不得作出决定：

（一）涉及重大公共利益的；

（二）直接关系当事人或者第三人重大权益，经过听证程序的；

（三）案件情况疑难复杂、涉及多个法律关系的；

（四）法律、法规规定应当进行法制审核的其他情形。

前款第二项规定的案件，在听证程序结束后进行法制审核。

县级以上市场监督管理部门可以对第一款的法制审核案件范围作出具体规定。

第五十一条 法制审核由市场监督管理部门法制机构或者其他机构负责实施。

市场监督管理部门中初次从事行政处罚决定法制审核的人员，应当通过国家统一法律职业资格考试取得法律职业资格。

第五十二条　除本规定第五十条第一款规定以外适用普通程序的案件，应当进行案件审核。

案件审核由市场监督管理部门办案机构或者其他机构负责实施。

市场监督管理部门派出机构以自己的名义实施行政处罚的案件，由派出机构负责案件审核。

第五十三条　审核的主要内容包括：

（一）是否具有管辖权；

（二）当事人的基本情况是否清楚；

（三）案件事实是否清楚、证据是否充分；

（四）定性是否准确；

（五）适用依据是否正确；

（六）程序是否合法；

（七）处理是否适当。

第五十四条　审核机构对案件进行审核，区别不同情况提出书面意见和建议：

（一）对事实清楚、证据充分、定性准确、适用依据正确、程序合法、处理适当的案件，同意案件处理意见；

（二）对定性不准、适用依据错误、程序不合法、处理不当的案件，建议纠正；

（三）对事实不清、证据不足的案件，建议补充调查；

（四）认为有必要提出的其他意见和建议。

第五十五条　审核机构应当自接到审核材料之日起十个工作日内完成审核。特殊情况下，经市场监督管理部门负责人批准可以延长。

第五十六条　审核机构完成审核并退回案件材料后，对于拟给予行政处罚的案件，办案机构应当将案件材料、行政处罚建议及审核意见报市场监督管理部门负责人批准，并依法履行告知等程序；对于建议给予其他行政处理的案件，办案机构应当将案件材料、审核意见报市场监督管理部门负责人审查决定。

第五十七条　拟给予行政处罚的案件，市场监督管理部门在作出行政处罚决定之前，应当书面告知当事人拟作出的行政处罚内容及事实、理由、依据，并告知当事人依法享有陈述权、申辩权。拟作出的行政处罚属于听证范围的，还应当告知当事人有要求听证的权利。法律、法规规定在行政处罚决定作出前需责令当事人退还多收价款的，一并告知拟责令退还的数额。

当事人自告知书送达之日起五个工作日内，未行使陈述、申辩权，未要求听证的，视为放弃此权利。

第五十八条 市场监督管理部门在告知当事人拟作出的行政处罚决定后，应当充分听取当事人的意见，对当事人提出的事实、理由和证据进行复核。当事人提出的事实、理由或者证据成立的，市场监督管理部门应当予以采纳，不得因当事人陈述、申辩或者要求听证而给予更重的行政处罚。

第五十九条 法律、法规要求责令当事人退还多收价款的，市场监督管理部门应当在听取当事人意见后作出行政处罚决定前，向当事人发出责令退款通知书，责令当事人限期退还。难以查找多付价款的消费者或者其他经营者的，责令公告查找。

第六十条 市场监督管理部门负责人经对案件调查终结报告、审核意见、当事人陈述和申辩意见或者听证报告等进行审查，根据不同情况，分别作出以下决定：

（一）确有依法应当给予行政处罚的违法行为的，根据情节轻重及具体情况，作出行政处罚决定；

（二）确有违法行为，但有依法不予行政处罚情形的，不予行政处罚；

（三）违法事实不能成立的，不予行政处罚；

（四）不属于市场监督管理部门管辖的，移送其他行政管理部门处理；

（五）违法行为涉嫌犯罪的，移送司法机关。

对本规定第五十条第一款规定的案件，拟给予行政处罚的，应当由市场监督管理部门负责人集体讨论决定。

第六十一条 对当事人的违法行为依法不予行政处罚的，市场监督管理部门应当对当事人进行教育。

第六十二条 市场监督管理部门作出行政处罚决定，应当制作行政处罚决定书，并加盖本部门印章。行政处罚决定书的内容包括：

（一）当事人的姓名或者名称、地址等基本情况；

（二）违反法律、法规、规章的事实和证据；

（三）当事人陈述、申辩的采纳情况及理由；

（四）行政处罚的内容和依据；

（五）行政处罚的履行方式和期限；

（六）申请行政复议、提起行政诉讼的途径和期限；

（七）作出行政处罚决定的市场监督管理部门的名称和作出决定的日期。

第六十三条 市场监督管理部门作出的具有一定社会影响的行政处罚决定应当按照有关规定向社会公开。

公开的行政处罚决定被依法变更、撤销、确认违法或者确认无效的，市场监督管理部门应当在三个工作日内撤回行政处罚决定信息并公开说明理由。

第六十四条 适用普通程序办理的案件应当自立案之日起九十日内作出处理决定。因案情复杂或者其他原因,不能在规定期限内作出处理决定的,经市场监督管理部门负责人批准,可以延长三十日。案情特别复杂或者有其他特殊情况,经延期仍不能作出处理决定的,应当由市场监督管理部门负责人集体讨论决定是否继续延期,决定继续延期的,应当同时确定延长的合理期限。

案件处理过程中,中止、听证、公告和检测、检验、检疫、鉴定、权利人辨认或者鉴别、责令退还多收价款等时间不计入前款所指的案件办理期限。

第六十五条 发生重大传染病疫情等突发事件,为了控制、减轻和消除突发事件引起的社会危害,市场监督管理部门对违反突发事件应对措施的行为,依法快速、从重处罚。

第四章 行政处罚的简易程序

第六十六条 违法事实确凿并有法定依据,对自然人处以二百元以下、对法人或者其他组织处以三千元以下罚款或者警告的行政处罚的,可以当场作出行政处罚决定。法律另有规定的,从其规定。

第六十七条 适用简易程序当场查处违法行为,办案人员应当向当事人出示执法证件,当场调查违法事实,收集必要的证据,填写预定格式、编有号码的行政处罚决定书。

行政处罚决定书应当由办案人员签名或者盖章,并当场交付当事人。当事人拒绝签收的,应当在行政处罚决定书上注明。

第六十八条 当场制作的行政处罚决定书应当载明当事人的基本情况、违法行为、行政处罚依据、处罚种类、罚款数额、缴款途径和期限、救济途径和期限、部门名称、时间、地点,并加盖市场监督管理部门印章。

第六十九条 办案人员在行政处罚决定作出前,应当告知当事人拟作出的行政处罚内容及事实、理由、依据,并告知当事人有权进行陈述和申辩。当事人进行陈述和申辩的,办案人员应当记入笔录。

第七十条 适用简易程序查处案件的有关材料,办案人员应当在作出行政处罚决定之日起七个工作日内交至所在的市场监督管理部门归档保存。

第五章 执行与结案

第七十一条 行政处罚决定依法作出后,当事人应当在行政处罚决定书载明的期限内予以履行。

当事人对行政处罚决定不服申请行政复议或者提起行政诉讼的,行政处罚不停止执行,法律另有规定的除外。

第七十二条 市场监督管理部门对当事人作出罚款、没收违法所得行政处罚的,当事人应当自收到行政处罚决定书之日起十五日内,通过指定银行或者电子支付系统缴纳罚没款。有下列情形之一的,可以由办案人员当场收缴罚款:

(一)当场处以一百元以下罚款的;

(二)当场对自然人处以二百元以下、对法人或者其他组织处以三千元以下罚款,不当场收缴事后难以执行的;

(三)在边远、水上、交通不便地区,当事人向指定银行或者通过电子支付系统缴纳罚款确有困难,经当事人提出的。

办案人员当场收缴罚款的,必须向当事人出具国务院财政部门或者省、自治区、直辖市财政部门统一制发的专用票据。

第七十三条 办案人员当场收缴的罚款,应当自收缴罚款之日起二个工作日内交至所在市场监督管理部门。在水上当场收缴的罚款,应当自抵岸之日起二个工作日内交至所在市场监督管理部门。市场监督管理部门应当在二个工作日内将罚款缴付指定银行。

第七十四条 当事人确有经济困难,需要延期或者分期缴纳罚款的,应当提出书面申请。经市场监督管理部门负责人批准,同意当事人暂缓或者分期缴纳罚款的,市场监督管理部门应当书面告知当事人暂缓或者分期的期限。

第七十五条 当事人逾期不缴纳罚款的,市场监督管理部门可以每日按罚款数额的百分之三加处罚款,加处罚款的数额不得超出罚款的数额。

第七十六条 当事人在法定期限内不申请行政复议或者提起行政诉讼,又不履行行政处罚决定,且在收到催告书十个工作日后仍不履行行政处罚决定的,市场监督管理部门可以在期限届满之日起三个月内依法申请人民法院强制执行。

市场监督管理部门批准延期、分期缴纳罚款的,申请人民法院强制执行的期限,自暂缓或者分期缴纳罚款期限结束之日起计算。

第七十七条 适用普通程序的案件有以下情形之一的,办案机构应当在十五个工作日内填写结案审批表,经市场监督管理部门负责人批准后,予以结案:

(一)行政处罚决定执行完毕的;

(二)人民法院裁定终结执行的;

（三）案件终止调查的；

（四）作出本规定第六十条第一款第二项至五项决定的；

（五）其他应予结案的情形。

第七十八条 结案后，办案人员应当将案件材料按照档案管理的有关规定立卷归档。案卷归档应当一案一卷、材料齐全、规范有序。

案卷可以分正卷、副卷。正卷按照下列顺序归档：

（一）立案审批表；

（二）行政处罚决定书及送达回证；

（三）对当事人制发的其他法律文书及送达回证；

（四）证据材料；

（五）听证笔录；

（六）财物处理单据；

（七）其他有关材料。

副卷按照下列顺序归档：

（一）案源材料；

（二）调查终结报告；

（三）审核意见；

（四）听证报告；

（五）结案审批表；

（六）其他有关材料。

案卷的保管和查阅，按照档案管理的有关规定执行。

第七十九条 市场监督管理部门应当依法以文字、音像等形式，对行政处罚的启动、调查取证、审核、决定、送达、执行等进行全过程记录，依照本规定第七十八条的规定归档保存。

第六章 期间、送达

第八十条 期间以时、日、月计算，期间开始的时或者日不计算在内。期间不包括在途时间。期间届满的最后一日为法定节假日的，以法定节假日后的第一日为期间届满的日期。

第八十一条 市场监督管理部门送达行政处罚决定书，应当在宣告后当场交付当事人。当事人不在场的，应当在七个工作日内按照本规定第八十二条、第八十三条的规定，将行政处罚决定书送达当事人。

第八十二条 市场监督管理部门送达执法文书，应当按照下列方式进行：

（一）直接送达的，由受送达人在送达回证上注明签收日期，并签名或者盖章，受送达人在送达回证上注明的签收日期为送达日期。受送达人是自然人的，本人不在时交其同住成年家属签收；受送达人是法人或者其他组织的，应当由法人的法定代表人、其他组织的主要负责人或者该法人、其他组织负责收件的人签收；受送达人有代理人的，可以送交其代理人签收；受送达人已向市场监督管理部门指定代收人的，送交代收人签收。受送达人的同住成年家属，法人或者其他组织负责收件的人，代理人或者代收人在送达回证上签收的日期为送达日期。

（二）受送达人或者其同住成年家属拒绝签收的，市场监督管理部门可以邀请有关基层组织或者所在单位的代表到场，说明情况，在送达回证上载明拒收事由和日期，由送达人、见证人签名或者以其他方式确认，将执法文书留在受送达人的住所；也可以将执法文书留在受送达人的住所，并采取拍照、录像等方式记录送达过程，即视为送达。

（三）经受送达人同意并签订送达地址确认书，可以采用手机短信、传真、电子邮件、即时通讯账号等能够确认其收悉的电子方式送达执法文书，市场监督管理部门应当通过拍照、截屏、录音、录像等方式予以记录，手机短信、传真、电子邮件、即时通讯信息等到达受送达人特定系统的日期为送达日期。

（四）直接送达有困难的，可以邮寄送达或者委托当地市场监督管理部门、转交其他部门代为送达。邮寄送达的，以回执上注明的收件日期为送达日期；委托、转交送达的，受送达人的签收日期为送达日期。

（五）受送达人下落不明或者采取上述方式无法送达的，可以在市场监督管理部门公告栏和受送达人住所地张贴公告，也可以在报纸或者市场监督管理部门门户网站等刊登公告。自公告发布之日起经过六十日，即视为送达。公告送达，应当在案件材料中载明原因和经过。在市场监督管理部门公告栏和受送达人住所地张贴公告的，应当采取拍照、录像等方式记录张贴过程。

第八十三条 市场监督管理部门可以要求受送达人签署送达地址确认书，送达至受送达人确认的地址，即视为送达。受送达人送达地址发生变更的，应当及时书面告知市场监督管理部门；未及时告知的，市场监督管理部门按原地址送达，视为依法送达。

因受送达人提供的送达地址不准确、送达地址变更未书面告知市场监督管理部门，导致执法文书未能被受送达人实际接收的，直接送达的，执法文书留在该地址之日为送达之日；邮寄送达的，执法文书被退回之日为送达之日。

第七章　附　　则

第八十四条　本规定中的"以上""以下""内"均包括本数。

第八十五条　国务院药品监督管理部门和省级药品监督管理部门实施行政处罚，适用本规定。

法律、法规授权的履行市场监督管理职能的组织实施行政处罚，适用本规定。

对违反《中华人民共和国反垄断法》规定的行为实施行政处罚的程序，按照国务院市场监督管理部门专项规定执行。专项规定未作规定的，参照本规定执行。

第八十六条　行政处罚文书格式范本，由国务院市场监督管理部门统一制定。各省级市场监督管理部门可以参照文书格式范本，制定本行政区域适用的行政处罚文书格式并自行印制。

第八十七条　本规定自2019年4月1日起施行。1996年9月18日原国家技术监督局令第45号公布的《技术监督行政处罚委托实施办法》、2001年4月9日原国家质量技术监督局令第16号公布的《质量技术监督罚没物品管理和处置办法》、2007年9月4日原国家工商行政管理总局令第28号公布的《工商行政管理机关行政处罚程序规定》、2011年3月2日原国家质量监督检验检疫总局令第137号公布的《质量技术监督行政处罚程序规定》、2011年3月2日原国家质量监督检验检疫总局令第138号公布的《质量技术监督行政处罚案件审理规定》、2014年4月28日原国家食品药品监督管理总局令第3号公布的《食品药品行政处罚程序规定》同时废止。

市场监督管理行政处罚听证办法

（2018年12月21日国家市场监督管理总局令第3号公布　根据2021年7月2日《国家市场监督管理总局关于修改〈市场监督管理行政处罚程序暂行规定〉等二部规章的决定》修正）

第一章　总　　则

第一条　为了规范市场监督管理行政处罚听证程序，保障市场监督管理部门依法实施行政处罚，保护自然人、法人和其他组织的合法权益，根据《中华人民共和国行政处罚法》的有关规定,制定本办法。

第二条 市场监督管理部门组织行政处罚听证,适用本办法。

第三条 市场监督管理部门组织行政处罚听证,应当遵循公开、公正、效率的原则,保障和便利当事人依法行使陈述权和申辩权。

第四条 市场监督管理部门行政处罚案件听证实行回避制度。听证主持人、听证员、记录员、翻译人员与案件有直接利害关系或者有其他关系可能影响公正执法的,应当回避。

听证员、记录员、翻译人员的回避,由听证主持人决定;听证主持人的回避,由市场监督管理部门负责人决定。

第二章 申请和受理

第五条 市场监督管理部门拟作出下列行政处罚决定,应当告知当事人有要求听证的权利:

(一)责令停产停业、责令关闭、限制从业;

(二)降低资质等级、吊销许可证件或者营业执照;

(三)对自然人处以一万元以上、对法人或者其他组织处以十万元以上罚款;

(四)对自然人、法人或者其他组织作出没收违法所得和非法财物价值总额达到第三项所列数额的行政处罚;

(五)其他较重的行政处罚;

(六)法律、法规、规章规定的其他情形。

各省、自治区、直辖市人大常委会或者人民政府对前款第三项、第四项所列罚没数额有具体规定的,可以从其规定。

第六条 向当事人告知听证权利时,应当书面告知当事人拟作出的行政处罚内容及事实、理由、依据。

第七条 当事人要求听证的,可以在告知书送达回证上签署意见,也可以自收到告知书之日起五个工作日内提出。当事人以口头形式提出的,办案人员应当将情况记入笔录,并由当事人在笔录上签名或者盖章。

当事人自告知书送达之日起五个工作日内,未要求听证的,视为放弃此权利。

当事人在规定期限内要求听证的,市场监督管理部门应当依照本办法的规定组织听证。

第三章 听证组织机构、听证人员和听证参加人

第八条 听证由市场监督管理部门法制机构或者其他机构负责组织。

第九条 听证人员包括听证主持人、听证员和记录员。

第十条 听证参加人包括当事人及其代理人、第三人、办案人员、证人、翻译人员、鉴定人以及其他有关人员。

第十一条 听证主持人由市场监督管理部门负责人指定。必要时,可以设一至二名听证员,协助听证主持人进行听证。

记录员由听证主持人指定,具体承担听证准备和听证记录工作。

办案人员不得担任听证主持人、听证员和记录员。

第十二条 听证主持人在听证程序中行使下列职责:

(一)决定举行听证的时间、地点;

(二)审查听证参加人资格;

(三)主持听证;

(四)维持听证秩序;

(五)决定听证的中止或者终止,宣布听证结束;

(六)本办法赋予的其他职责。

听证主持人应当公开、公正地履行主持听证的职责,不得妨碍当事人、第三人行使陈述权、申辩权。

第十三条 要求听证的自然人、法人或者其他组织是听证的当事人。

第十四条 与听证案件有利害关系的其他自然人、法人或者其他组织,可以作为第三人申请参加听证,或者由听证主持人通知其参加听证。

第十五条 当事人、第三人可以委托一至二人代为参加听证。

委托他人代为参加听证的,应当向市场监督管理部门提交由委托人签名或者盖章的授权委托书以及委托代理人的身份证明文件。

授权委托书应当载明委托事项及权限。委托代理人代为撤回听证申请或者明确放弃听证权利的,必须有委托人的明确授权。

第十六条 办案人员应当参加听证。

第十七条 与听证案件有关的证人、鉴定人等经听证主持人同意,可以到场参加听证。

第四章 听证准备

第十八条 市场监督管理部门应当自收到当事人要求听证的申请之日起

三个工作日内，确定听证主持人。

第十九条 办案人员应当自确定听证主持人之日起三个工作日内，将案件材料移交听证主持人，由听证主持人审阅案件材料，准备听证提纲。

第二十条 听证主持人应当自接到办案人员移交的案件材料之日起五个工作日内确定听证的时间、地点，并应当于举行听证的七个工作日前将听证通知书送达当事人。

听证通知书中应当载明听证时间、听证地点及听证主持人、听证员、记录员、翻译人员的姓名，并告知当事人有申请回避的权利。

第三人参加听证的，听证主持人应当在举行听证的七个工作日前将听证的时间、地点通知第三人。

第二十一条 听证主持人应当于举行听证的七个工作日前将听证的时间、地点通知办案人员，并退回案件材料。

第二十二条 除涉及国家秘密、商业秘密或者个人隐私依法予以保密外，听证应当公开举行。

公开举行听证的，市场监督管理部门应当于举行听证的三个工作日前公告当事人的姓名或者名称、案由以及举行听证的时间、地点。

第五章 举行听证

第二十三条 听证开始前，记录员应当查明听证参加人是否到场，并向到场人员宣布以下听证纪律：

（一）服从听证主持人的指挥，未经听证主持人允许不得发言、提问；

（二）未经听证主持人允许不得录音、录像和摄影；

（三）听证参加人未经听证主持人允许不得退场；

（四）不得大声喧哗，不得鼓掌、哄闹或者进行其他妨碍听证秩序的活动。

第二十四条 听证主持人核对听证参加人，说明案由，宣布听证主持人、听证员、记录员、翻译人员名单，告知听证参加人在听证中的权利义务，询问当事人是否提出回避申请。

第二十五条 听证按下列程序进行：

（一）办案人员提出当事人违法的事实、证据、行政处罚建议及依据；

（二）当事人及其委托代理人进行陈述和申辩；

（三）第三人及其委托代理人进行陈述；

（四）质证；

（五）辩论；

（六）听证主持人按照第三人、办案人员、当事人的先后顺序征询各方最后意见。

当事人可以当场提出证明自己主张的证据，听证主持人应当接收。

第二十六条 有下列情形之一的，可以中止听证：

（一）当事人因不可抗力无法参加听证的；

（二）当事人死亡或者终止，需要确定相关权利义务承受人的；

（三）当事人临时提出回避申请，无法当场作出决定的；

（四）需要通知新的证人到场或者需要重新鉴定的；

（五）其他需要中止听证的情形。

中止听证的情形消失后，听证主持人应当恢复听证。

第二十七条 有下列情形之一的，可以终止听证：

（一）当事人撤回听证申请或者明确放弃听证权利的；

（二）当事人无正当理由拒不到场参加听证的；

（三）当事人未经听证主持人允许中途退场的；

（四）当事人死亡或者终止，并且无权利义务承受人的；

（五）其他需要终止听证的情形。

第二十八条 记录员应当如实记录，制作听证笔录。听证笔录应当载明听证时间、地点、案由，听证人员、听证参加人姓名，各方意见以及其他需要载明的事项。

听证会结束后，听证笔录应当经听证参加人核对无误后，由听证参加人当场签名或者盖章。当事人、第三人拒绝签名或者盖章的，由听证主持人在听证笔录中注明。

第二十九条 听证结束后，听证主持人应当在五个工作日内撰写听证报告，由听证主持人、听证员签名，连同听证笔录送办案机构，由其连同其他案件材料一并上报市场监督管理部门负责人。

市场监督管理部门应当根据听证笔录，结合听证报告提出的意见建议，依照《市场监督管理行政处罚程序规定》的有关规定，作出决定。

第三十条 听证报告应当包括以下内容：

（一）听证案由；

（二）听证人员、听证参加人；

（三）听证的时间、地点；

（四）听证的基本情况；

（五）处理意见和建议；

（六）需要报告的其他事项。

第六章　附　　则

第三十一条　本办法中的“以上”“内”均包括本数。

第三十二条　国务院药品监督管理部门和省级药品监督管理部门组织行政处罚听证，适用本办法。

法律、法规授权的履行市场监督管理职能的组织组织行政处罚听证，适用本办法。

第三十三条　本办法中有关执法文书的送达适用《市场监督管理行政处罚程序规定》的有关规定。

第三十四条　市场监督管理部门应当保障听证经费，提供组织听证所必需的场地、设备以及其他便利条件。

市场监督管理部门举行听证，不得向当事人收取费用。

第三十五条　本办法自2019年4月1日施行。2005年12月30日原国家食品药品监督管理局令第23号公布的《国家食品药品监督管理局听证规则（试行）》、2007年9月4日原国家工商行政管理总局令第29号公布的《工商行政管理机关行政处罚案件听证规则》同时废止。

交通运输部关于修改《邮政行政执法监督办法》的决定

（2021年7月9日交通运输部令2021年第8号公布　自2021年7月15日起施行　国司备字［2022005728］）

交通运输部决定对《邮政行政执法监督办法》（交通运输部令2020年第5号）作如下修改：

一、将第十条修改为：“邮政管理部门可以依照《中华人民共和国行政处罚法》的规定，书面委托依法成立并符合法定条件的具有管理公共事务职能的组织实施行政处罚相关工作。受委托组织实施的行政行为，由委托机关负责监督，并对该行为的后果承担法律责任。

“邮政管理部门可以依照《中华人民共和国行政许可法》的规定，委托下级邮政管理部门实施行政许可相关工作。受委托机关实施的行政行为，由委托机关负责监督，并对该行为的后果承担法律责任。”

二、将第十七条修改为:“邮政管理部门可以依法制定本机关行政处罚裁量基准,规范行使行政处罚裁量权。行政处罚裁量基准应当向社会公布。

“邮政管理部门适用普通程序办理行政处罚案件的,应当自立案之日起 90 日内作出行政处罚决定;因案情复杂或者其他原因,不能在规定期限内作出行政处罚决定的,经邮政管理部门负责人批准,可以延长 30 日。案件办理过程中,中止、听证、公告、检测、检验、检疫、鉴定等时间不计入案件办理期限。”

三、将第十八条修改为:“邮政管理部门拟作出重大行政执法决定以及法律、法规规定情形的行政处罚决定的,应当在作出决定前进行法制审核。

“邮政管理部门应当结合本机关行政执法行为的类别、执法层级、所属领域等因素,明确法制审核事项。”

四、第三十九条增加一款,作为第二款:“被监督调查机关、机构实施行政处罚违反法定程序构成重大且明显违法或者实施行政处罚没有依据、不具有行政主体资格的,邮政管理部门应当确认行政处罚无效。”

五、将第四十一条修改为:“邮政管理部门决定撤销行政执法行为、确认行政执法行为违法或者确认行政处罚无效的,可以责令被监督调查机关、机构在一定期限内重新作出行政执法行为。”

六、将第四十七条修改为:“有下列情形之一的,由上一级邮政管理部门责令限期改正;情节严重或者拒不改正的,予以批评:

“(一)未按要求报送行政执法总体情况的;

“(二)未按要求向社会主动公开执法信息的;

“(三)法律、行政法规、部门规章规定的其他情形。”

本决定自 2021 年 7 月 15 日起施行。

《邮政行政执法监督办法》根据本决定作相应修改并对条文序号作相应调整,重新公布。

邮政行政执法监督办法

(2020 年 2 月 24 日交通运输部令 2020 年第 5 号公布　根据 2021 年 7 月 9 日《交通运输部关于修改〈邮政行政执法监督办法〉的决定》修正)

第一条　为了加强邮政行政执法监督,纠正邮政行政执法中的违法、不当行为,保证涉及邮政的法律、法规及规章的正确实施,促进严格、规范、公正、文明执法,维护公民、法人和其他组织的合法权益,制定本办法。

第二条 邮政管理部门对本机关内设执法机构和下级邮政管理部门的行政执法活动实施监督，适用本办法。

第三条 邮政行政执法监督应当坚持监督检查与指导改进相结合，遵循依法、客观、公正、公开和有错必纠的原则。

第四条 调查处理邮政行政执法中的违法、不当行为，应当做到事实清楚、证据确凿、程序合法、定性准确、处理恰当。

第五条 邮政管理部门法制工作机构负责邮政行政执法监督工作，承担下列职责：

（一）依法负责邮政行政执法人员的执法资格管理工作；

（二）拟订邮政行政执法监督工作制度；

（三）组织执法案卷评议，对行政执法开展监督调查；

（四）依法办理行政复议、行政应诉事项；

（五）法律、行政法规规定的其他职责。

第六条 邮政管理部门内设执法机构负责行政执法业务指导和督促工作，承担下列职责：

（一）指导和督促下级邮政管理部门依法实施行政执法行为；

（二）指导和督促下级邮政管理部门依法公开行政执法信息；

（三）指导下级邮政管理部门行政执法案卷、用语、装备、场所的规范化工作；

（四）法律、行政法规规定的其他职责。

第七条 邮政管理部门可以组织法律顾问、公职律师参与行政执法监督工作。

第八条 邮政行政执法监督主要包括下列内容：

（一）实施行政处罚、行政强制、行政许可等行政执法行为的合法性、合理性情况；

（二）行政执法信息的主动公开情况；

（三）行政执法场所规范化建设情况；

（四）行政执法案卷和文书制作情况；

（五）法律、行政法规规定的其他事项。

第九条 邮政行政执法人员从事行政执法工作，应当取得行政执法证件。

第十条 邮政管理部门可以依照《中华人民共和国行政处罚法》的规定，书面委托依法成立并符合法定条件的具有管理公共事务职能的组织实施行政处罚相关工作。受委托组织实施的行政行为，由委托机关负责监督，并对该行为的后果承担法律责任。

邮政管理部门可以依照《中华人民共和国行政许可法》的规定，委托下级邮政管理部门实施行政许可相关工作。受委托机关实施的行政行为，由委托机关负责监督，并对该行为的后果承担法律责任。

第十一条 邮政行政执法人员在进行监督检查、调查取证、采取强制措施、送达执法文书等行政执法活动时，应当主动出示行政执法证件，向当事人和相关人员表明身份。

第十二条 实施邮政行政执法，应当按照“谁执法谁公示”的原则，向社会公开下列信息，涉及国家秘密、商业秘密、个人隐私的除外：

（一）作出行政执法行为的法律、法规、规章等法定依据；

（二）本机关发布的涉及行政执法的行政规范性文件；

（三）本机关职能、机构设置、办公地址、办公时间、联系方式、负责人姓名；

（四）随机抽查事项清单；

（五）办理行政许可的条件、程序、时限；

（六）法律、法规、规章和国家有关规定要求主动公开的其他行政执法信息。

对前款规定的信息，邮政管理部门在主动公开后，应当根据法定依据以及机构职责变化等情况进行调整。

第十三条 邮政管理部门应当自作出行政执法决定之日起 20 个工作日内，向社会公布执法机关、执法对象、执法类别、执法结论等信息，接受社会监督，其中对行政许可、行政处罚的行政执法决定信息应当自作出行政执法决定之日起 7 个工作日内公开，但是法律、行政法规另有规定的除外。

第十四条 邮政管理部门实施行政处罚、行政强制、行政许可等行政执法行为，应当做到文字记录合法规范、客观全面、及时准确。

第十五条 除法律、法规或者国家规定禁止进行音像记录外，邮政管理部门对直接涉及重大财产权益的现场执法活动和执法办案场所以及对现场执法、调查取证、举行听证、留置送达和公告送达等容易引发争议的行政执法过程，应当使用照相、录音或者录像设备进行音像记录。

第十六条 邮政管理部门应当依法收集、整理行政处罚、行政强制、行政许可等行政执法行为的检查记录、证据材料、执法文书并立卷、归档，按照档案管理规定实行集中统一管理。

第十七条 邮政管理部门可以依法制定本机关行政处罚裁量基准，规范行使行政处罚裁量权。行政处罚裁量基准应当向社会公布。

邮政管理部门适用普通程序办理行政处罚案件的，应当自立案之日起 90 日内作出行政处罚决定；因案情复杂或者其他原因，不能在规定期限内作出行政处罚决定的，经邮政管理部门负责人批准，可以延长 30 日。案件办理过程中，中止、听证、公告、检测、检验、检疫、鉴定等时间不计入案件办理期限。

第十八条 邮政管理部门拟作出重大行政执法决定以及法律、法规规定情形的行政处罚决定的，应当在作出决定前进行法制审核。

邮政管理部门应当结合本机关行政执法行为的类别、执法层级、所属领域等因素，明确法制审核事项。

第十九条 进行法制审核的，由邮政管理部门内设执法机构向法制工作机构提供送审材料，对行政执法的事实、证据、法律适用、程序的合法性进行说明。

邮政管理部门内设执法机构应当对送审材料的真实性、准确性、完整性负责。

第二十条 邮政管理部门法制工作机构负责对送审材料涉及的下列事项进行审核：

（一）行政执法人员是否具备执法资格；

（二）行政执法程序是否合法；

（三）案件事实是否清楚，证据是否合法充分；

（四）适用法律、法规、规章是否准确，裁量是否适当；

（五）执法是否符合本机关的法定权限；

（六）行政执法文书是否完备、规范；

（七）违法行为是否涉嫌犯罪、需要移送司法机关。

第二十一条 邮政管理部门法制工作机构对送审材料提出法制审核意见，由内设执法机构按程序一并提交本机关主要负责人批准。

第二十二条 邮政管理部门可以委托法律顾问对送审材料提出建议，供法制工作机构参考。

第二十三条 下级邮政管理部门应当向上一级邮政管理部门书面报告上一年度邮政行政执法总体情况，接受监督、指导。

行政执法年度报告，包括执法制度和执法队伍建设情况，行政许可、行政强制、行政处罚实施情况，以及执法中存在的问题和改进的措施等事项。

第二十四条 对下级邮政管理部门办理的有重大社会影响的行政执法事项，上级邮政管理部门可以要求其书面报告办理行政执法事项的工作信息，加强指导和督促。

第二十五条 上级邮政管理部门可以对下一级邮政管理部门进行执法案卷评议，由法制工作机构组织两名以上评议人员抽查已经结案的行政许可、行政处罚、行政强制等行政执法案卷。

第二十六条 对同级国家权力机关、人民政府或者上级邮政管理部门提出异议的行政执法案件,邮政管理部门应当组织对其内设执法机构的行政执法案卷实施专项执法案卷评议。

对公民、法人、其他组织提出投诉比较集中或者新闻媒体作出重点报道的行政执法案件,邮政管理部门可以参照前款规定实施专项执法案卷评议。

第二十七条 邮政管理部门制定执法案卷评议标准应当符合法律、行政法规、部门规章的规定。

第二十八条 邮政管理部门内设执法机构可以根据执法案卷评议标准组织对行政执法案件进行评析,对办理行政执法案件以及规范行政执法行为等提出改进措施。

第二十九条 邮政管理部门在实施执法案卷评议过程中发现下级邮政管理部门、本机关内设执法机构的行政执法行为涉嫌违法、不当且严重损害行政相对人合法权益的,应当自发现之日起 7 个工作日内立案调查。

上级邮政管理部门有权指令下级邮政管理部门实施立案调查或者指令其参与调查。

第三十条 指令下级邮政管理部门实施立案调查或者参与调查的,上级邮政管理部门应当制作《邮政行政执法监督调查通知书》。

受指令实施立案调查或者参与调查的下级邮政管理部门应当自收到《邮政行政执法监督调查通知书》之日起 7 个工作日内立案调查或者参与调查。

第三十一条 邮政管理部门实施行政执法监督调查时,法制工作机构人员不得少于两人。

第三十二条 邮政管理部门实施行政执法监督调查,可以依法采取下列措施:

(一)询问邮政管理部门负责人、行政执法人员,询问行政相对人或者其他知情人,并制作笔录;

(二)查阅和复制行政执法案卷、账目、票据和凭证,暂扣、封存可以证明存在违法或者不当行政执法行为的文书等材料;

(三)以拍照、录音、录像、抽样等方式收集证据;

(四)召开座谈会、论证会,听取汇报;

(五)要求有关机关、机构、人员提交书面答复。

第三十三条 被监督调查机关、机构及其人员不得拒绝、阻碍行政执法监督调查。

第三十四条 行政执法监督调查事项涉及国家秘密、商业秘密、个人隐私的,邮政管理部门应当依法履行保密义务。

第三十五条 邮政管理部门应当自立案调查之日起60日内完成调查,并作出行政执法监督调查处理决定;情节复杂或者有其他特殊原因的,经本机关负责人批准可以延长,但延长期限不得超过30日。

按上级邮政管理部门的指令实施立案调查的邮政管理部门,应当自作出行政执法监督调查处理决定之日起10个工作日内将监督调查处理结果逐级报告下达指令的邮政管理部门。

第三十六条 邮政管理部门作出行政执法监督调查处理决定前,应当向被监督调查机关、机构告知作出决定的事实、理由和依据,并充分听取其陈述和申辩。

第三十七条 邮政管理部门作出行政执法监督调查处理决定,应当制作《邮政行政执法监督调查处理决定书》。

《邮政行政执法监督调查处理决定书》应当载明下列内容:

(一)被监督调查机关、机构的名称;

(二)认定的事实和理由;

(三)处理的决定和依据;

(四)执行处理决定的方式和期限;

(五)作出处理决定的邮政管理部门名称和日期,并加盖印章。

第三十八条 被监督调查机关、机构无正当理由不履行或者拖延履行法定执法职责的,邮政管理部门应当作出责令其限期履行的决定。

第三十九条 被监督调查机关、机构的行政执法行为有下列情形之一的,邮政管理部门应当决定予以撤销、变更或者确认其违法:

(一)主要事实不清、证据不足的;

(二)适用依据错误的;

(三)违反法定程序的;

(四)超越或者滥用职权的;

(五)行政执法行为明显不当的;

(六)法律、行政法规规定的其他情形。

被监督调查机关、机构实施行政处罚违反法定程序构成重大且明显违法或者实施行政处罚没有依据、不具有行政主体资格的,邮政管理部门应当确认行政处罚无效。

第四十条 撤销、变更行政执法行为,不适用下列情形:

(一)撤销、变更行政执法行为可能对公共利益造成重大损害的;

(二)行政执法行为违法,但不具有可撤销、变更内容的;

(三)法律、行政法规规定的其他情形。

因前款情形，具体行政行为不予撤销、变更的，被监督调查机关、机构应当采取补救措施。

第四十一条　邮政管理部门决定撤销行政执法行为、确认行政执法行为违法或者确认行政处罚无效的，可以责令被监督调查机关、机构在一定期限内重新作出行政执法行为。

第四十二条　被监督调查机关、机构作出的行政执法行为有下列情形之一的，邮政管理部门应当责令其以书面形式进行补正或者更正：

（一）未载明行政执法决定作出日期的；

（二）程序存在瑕疵，但未对公民、法人或者其他组织合法权益造成影响的；

（三）需要补正或者更正的其他情形。

第四十三条　邮政管理部门可以向被监督调查机关、机构提出改进行政执法工作的意见建议。

被监督调查机关、机构应当根据意见建议改进行政执法工作，并按要求报告改进情况。

第四十四条　邮政管理部门可以内部通报行政执法典型案例。

第四十五条　公民、法人或者其他组织不服邮政管理部门及其工作人员的职务行为，可以向上级或者本级邮政管理部门提出建议、意见或者投诉请求。

第四十六条　公民、法人或者其他组织认为邮政管理部门的行政执法行为侵犯其合法权益的，可以依法申请行政复议或者提起行政诉讼。

邮政管理部门应当依法办理行政复议和行政应诉。

第四十七条　有下列情形之一的，由上一级邮政管理部门责令限期改正；情节严重或者拒不改正的，予以批评：

（一）未按要求报送行政执法总体情况的；

（二）未按要求向社会主动公开执法信息的；

（三）法律、行政法规、部门规章规定的其他情形。

第四十八条　邮政管理部门在实施行政执法监督过程中，发现下级邮政管理部门、本机关内设执法机构存在多次违法、不当行政执法行为的，可以约谈该邮政管理部门、内设执法机构的负责人。

第四十九条　邮政管理部门在实施行政执法监督过程中，发现存在违法违纪行为需要追责问责的，应当移交有权机关根据有关规定处理。

第五十条　本办法自 2020 年 5 月 1 日起施行。交通运输部于 2014 年 12 月 7 日以交通运输部令 2014 年第 18 号公布的《邮政行政执法监督办法》同时废止。

中华人民共和国海关报关单位备案管理规定

（2021年11月19日海关总署令第253号公布　自2022年1月1日起施行　国司备字[2022005661]）

第一条　为了规范海关对报关单位的备案管理，根据《中华人民共和国海关法》以及其他有关法律、行政法规的规定，制定本规定。

第二条　报关单位，是指按照本规定在海关备案的进出口货物收发货人、报关企业。

第三条　报关单位可以在中华人民共和国关境内办理报关业务。

第四条　进出口货物收发货人、报关企业申请备案的，应当取得市场主体资格；其中进出口货物收发货人申请备案的，还应当取得对外贸易经营者备案。

进出口货物收发货人、报关企业已办理报关单位备案的，其符合前款条件的分支机构也可以申请报关单位备案。

法律、行政法规、规章另有规定的，从其规定。

第五条　报关单位申请备案时，应当向海关提交《报关单位备案信息表》（见附件）。

第六条　下列单位按照国家有关规定需要从事非贸易性进出口活动的，应当办理临时备案：

（一）境外企业、新闻、经贸机构、文化团体等依法在中国境内设立的常驻代表机构；

（二）少量货样进出境的单位；

（三）国家机关、学校、科研院所、红十字会、基金会等组织机构；

（四）接受捐赠、礼品、国际援助或者对外实施捐赠、国际援助的单位；

（五）其他可以从事非贸易性进出口活动的单位。

办理临时备案的，应当向所在地海关提交《报关单位备案信息表》，并随附主体资格证明材料、非贸易性进出口活动证明材料。

第七条　经审核，备案材料齐全，符合报关单位备案要求的，海关应当在3个工作日内予以备案。备案信息应当通过“中国海关企业进出口信用信息公示平台”进行公布。

报关单位要求提供纸质备案证明的，海关应当提供。

第八条 报关单位备案长期有效。

临时备案有效期为1年,届满后可以重新申请备案。

第九条 报关单位名称、市场主体类型、住所(主要经营场所)、法定代表人(负责人)、报关人员等《报关单位备案信息表》载明的信息发生变更的,报关单位应当自变更之日起30日内向所在地海关申请变更。

报关单位因迁址或者其他原因造成所在地海关发生变更的,应当向变更后的海关申请变更。

第十条 报关单位有下列情形之一的,应当向所在地海关办理备案注销手续:

(一)因解散、被宣告破产或者其他法定事由终止的;

(二)被市场监督管理部门注销或者撤销登记、吊销营业执照的;

(三)进出口货物收发货人对外贸易经营者备案失效的;

(四)临时备案单位丧失主体资格的;

(五)其他依法应当注销的情形。

报关单位已在海关备案注销的,其所属分支机构应当办理备案注销手续。

报关单位未按照前两款规定办理备案注销手续的,海关发现后应当依法注销。

第十一条 报关单位备案注销前,应当办结海关有关手续。

第十二条 报关单位在办理备案、变更和注销时,应当对所提交材料的真实性、有效性负责并且承担法律责任。

第十三条 海关可以对报关单位备案情况进行监督和实地检查,依法查阅或者要求报关单位报送有关材料。报关单位应当配合,如实提供有关情况和材料。

第十四条 报关单位有下列情形之一的,海关责令其改正,拒不改正的,海关可以处1万元以下罚款:

(一)报关单位名称、市场主体类型、住所(主要经营场所)、法定代表人(负责人)、报关人员等发生变更,未按照规定向海关办理变更的;

(二)向海关提交的备案信息隐瞒真实情况、弄虚作假的;

(三)拒不配合海关监督和实地检查的。

第十五条 本规定由海关总署负责解释。

第十六条 本规定自2022年1月1日起施行。2014年3月13日海关总署令第221号公布、2017年12月20日海关总署令第235号修改、2018年5月29日海关总署令第240号修改的《中华人民共和国海关报关单位注册登记管理规定》,2015年2月15日原国家质量监督检验检疫总局令第161号公布、2016年10月18日原国家质量监督检验检疫总局令第184号修改、2018年4月28日海关总署令第238号修改、2018年5月29日海关总署令第240号修改的《出入境检验检疫报检企业管理办法》同时废止。

附件:报关单位备案信息表

附件

报关单位备案信息表

统一社会信用代码				填表/打印日期	
申请类型	□备案 □备案信息变更 □注销				
申请报关单位类型	□进出口货物收发货人 □报关企业 □临时备案单位 □进出口货物收发货人分支机构 □报关企业分支机构				
行政区划		所在地海关		统计经济区域	
中文名称					
英文名称					
住所(主要经营场所)				邮政编码	
英文地址					
组织机构类型		市场主体类型		行业种类	
联系人		固定电话		移动电话	
电子邮箱		传真		网址	
所属单位代码			所属单位名称		
经营范围					

管理人员信息

	姓名	证件类型	证件号码	国籍	移动电话
法定代表人(负责人)					
财务负责人					
关务负责人					

续表

<table>
<tr><td colspan="6">出资者信息</td></tr>
<tr><td>序号</td><td colspan="2">出资者名称(姓名)</td><td>国籍</td><td>出资币制</td><td>出资金额</td></tr>
<tr><td>1</td><td colspan="2"></td><td></td><td></td><td></td></tr>
<tr><td>2</td><td colspan="2"></td><td></td><td></td><td></td></tr>
<tr><td>3</td><td colspan="2"></td><td></td><td></td><td></td></tr>
<tr><td colspan="6">所属报关人员信息</td></tr>
<tr><td>序号</td><td>姓名</td><td>证件类型</td><td>证件号码</td><td>移动电话</td><td>申请办理类型</td></tr>
<tr><td>1</td><td></td><td></td><td></td><td></td><td>□到岗 □变更
□离岗</td></tr>
<tr><td>2</td><td></td><td></td><td></td><td></td><td>□到岗 □变更
□离岗</td></tr>
<tr><td>3</td><td></td><td></td><td></td><td></td><td>□到岗 □变更
□离岗</td></tr>
<tr><td>4</td><td></td><td></td><td></td><td></td><td>□到岗 □变更
□离岗</td></tr>
<tr><td>5</td><td></td><td></td><td></td><td></td><td>□到岗 □变更
□离岗</td></tr>
<tr><td>6</td><td></td><td></td><td></td><td></td><td>□到岗 □变更
□离岗</td></tr>
<tr><td>7</td><td></td><td></td><td></td><td></td><td>□到岗 □变更
□离岗</td></tr>
<tr><td>8</td><td></td><td></td><td></td><td></td><td>□到岗 □变更
□离岗</td></tr>
<tr><td>9</td><td></td><td></td><td></td><td></td><td>□到岗 □变更
□离岗</td></tr>
<tr><td>10</td><td></td><td></td><td></td><td></td><td>□到岗 □变更
□离岗</td></tr>
<tr><td colspan="6">本单位承诺对本表所填报备案信息的真实性、有效性负责并承担相应的法律责任。
(单位印章)
年　　月　　日</td></tr>
</table>

《报关单位备案信息表》填表说明

1. 统一社会信用代码:市场主体、有统一社会信用代码的其他组织机构必须填写“统一社会信用代码”,办理临时备案的单位没有统一社会信用代码的可不填写。

2. 填表/打印日期:提交纸面《报关单位备案信息表》的,应填写填表日期。

3. 申请类型:根据申请办理业务的类型勾选,每次只能选择一个选项。

4. 申请报关单位类型:根据要申请的报关单位类型勾选,每次只能勾选一个选项。

5. 行政区划:填写住所(非法人组织、个体工商户为主要经营场所或主要办事机构所在地,下同)所在行政区划代码。

6. 所在地海关:填写住所所在地海关。

7. 统计经济区域:填写住所所在地统计经济区域代码。

8. 中文名称:市场主体填写《营业执照》上的“名称”或“企业名称”,其他组织机构按实际情况填写。

9. 英文名称:填写本单位的英文名称,申请临时备案的可不填写。

10. 住所(主要经营场所):市场主体填写《营业执照》上的“住所”“企业住所”或“主要经营场所”,其他组织机构按实际情况填写。

11. 邮政编码:填写住所所在地的邮政编码。

12. 英文地址:填写住所的英文地址,申请临时备案的可不填写。

13. 组织机构类型:非市场主体根据《组织机构类型》(GB/T 20091-2006)填写 2 位组织机构类型及对应名称,市场主体可不填写。

14. 市场主体类型:市场主体填写《营业执照》上的“类型”或“市场主体类型”,非市场主体可不填写。

15. 行业种类:根据《国民经济行业分类》(GB/T 4754-2017)填写 4 位代码及对应名称。申请临时备案的可不填写。

16. 联系人:填写本单位负责海关业务的联系人姓名。

17. 固定电话:填写本单位联系人的固定电话。

18. 移动电话:填写本单位联系人的移动电话。

19. 电子邮箱:填写本单位联系人的电子邮箱。无电子邮箱的可不填写。

20. 传真:填写本单位的传真号码。无传真的可不填写。

21. 网址:填写本单位的网址。无网址的可不填写。

22. 所属单位代码:申请进出口货物收发货人分支机构、报关企业分支机构备案、变更的,应填写所属报关单位统一社会信用代码,其他可不填写。

23. 所属单位名称:申请进出口货物收发货人分支机构、报关企业分支机构备案、变更的,应填写所属报关单位名称,其他可不填写。

24. 经营范围:市场主体填写《营业执照》上的“经营范围”,其他可不填写。

25. 管理人员信息:申请进出口货物收发货人、报关企业、进出口货物收发货人分支机构、报关企业分支机构备案或变更的,应当填写法定代表人(负责人)、财务负责人、关务负责人信息,其他可不填写。其中法定代表人(负责人)信息中,法人填写法定代表人信息、合伙企业填写执行事务合伙人信息、个人独资企业填写投资人信息、个体工商户填写经营者信息、其他非法人机构填写负责人信息。

26. 姓名:填写相应管理人员的姓名。

27. 证件类型:填写相应管理人员的证件类型。证件类型包括:身份证、户口簿、护照、军官证、士兵证、港澳居民来往内地通行证、台湾同胞来往内地通行证、临时身份证、外国人居留证、警官证、其他证件。

28. 证件号码:填写相应管理人员的证件号码。

29. 国籍:填写相应管理人员的国籍。

30. 移动电话:填写相应管理人员的移动电话。

31. 出资者信息:外商投资企业、港澳台投资企业应当填写出资者信息,其他可不填写。出资者超过 3 名的,可另附页。

32. 出资者名称(姓名):出资者为组织机构的,填写组织机构名称,出资者为自然人的,填写自然人姓名。

33. 国籍:填写出资者的国籍。

34. 出资币制:填写出资金额的币制。

35. 出资金额:填写出资金额。

36. 所属报关人员信息:办理报关单位备案、备案信息变更、注销时同时备案所属报关人员的到岗、变更、离职备案的,应一并填写报关人员相关信息,否则可不填写。一次填写报关人员信息超过 10 名的,可自行扩展表格或者另附页。姓名、证件类型、证件号码、移动电话比照管理人员信息相关填写说明填写。

37. 申请办理类型:根据报关人员实际情况填写。

38. 以上行政区划、所在地海关、统计经济区域、组织机构类型、市场主体类型、行业种类、证件类型、国籍、出资币制等信息,在通过“互联网+海关”或者“国际贸易单一窗口”等向海关提交电子申请时,可以通过相关系统提供的参数选择进行录入。

39. 通过市场监管部门“多证合一”“注销便利化”等平台提出报关单位备案、备案信息变更、注销电子申请的，海关在收到电子申请后主动完成审核；

通过“卡介质”方式登录“互联网+海关”或者“国际贸易单一窗口”，为本单位向海关提交电子申请的，无需上传附件，可不提交纸质《报关单位备案信息表》，海关在收到电子申请后主动完成审核；

通过“账号登录”方式登录“互联网+海关”或者“国际贸易单一窗口”，向海关提交电子申请，并上传加盖单位公章的《报关单位备案信息表》扫描件或者照片的，可不再提交纸质《报关单位备案信息表》，海关在收到电子申请后主动完成审核；

通过其他方式向海关提出申请的，应向所在地海关提交加盖单位公章的《报关单位备案信息表》，具体提交方式请咨询所在地海关。

40. 办理报关单位备案信息变更的，应填写变更后的信息。

中华人民共和国海关经核准出口商管理办法

（2021 年 11 月 23 日海关总署令第 254 号公布　自 2022 年 1 月 1 日起施行　国司备字[2022005662]）

第一条　为了有效实施中华人民共和国缔结或者参加的优惠贸易协定项下经核准出口商管理制度，规范出口货物原产地管理，促进对外贸易，根据《中华人民共和国政府和冰岛政府自由贸易协定》《中华人民共和国和瑞士联邦自由贸易协定》《中华人民共和国政府和毛里求斯共和国政府自由贸易协定》《区域全面经济伙伴关系协定》等优惠贸易协定（以下统称“相关优惠贸易协定”）的规定，制定本办法。

第二条　本办法所称的经核准出口商，是指经海关依法认定，可以对其出口或者生产的、具备相关优惠贸易协定项下原产资格的货物开具原产地声明的企业。

第三条　海关按照诚信守法便利原则，对经核准出口商实施管理。

海关建立经核准出口商管理信息化系统，提升经核准出口商管理便利化水平。

第四条　经核准出口商应当符合以下条件：

（一）海关高级认证企业；

（二）掌握相关优惠贸易协定项下原产地规则；

（三）建立完备的原产资格文件管理制度。

第五条　企业申请成为经核准出口商的，应当向其住所地直属海关（以下统称主管海关）提交书面申请。书面申请应当包含以下内容：

（一）企业中英文名称、中英文地址、统一社会信用代码、海关信用等级、企业类型、联系人信息等基本信息；

（二）企业主要出口货物的中英文名称、规格型号、HS 编码、适用的优惠贸易协定及具体原产地标准、货物所使用的全部材料及零部件组成情况等信息；

（三）掌握相关优惠贸易协定项下原产地规则的承诺声明；

（四）建立完备的货物原产资格文件管理制度的承诺声明；

（五）拟加盖在原产地声明上的印章印模。

申请材料涉及商业秘密的,应当在申请时以书面方式向主管海关提出保密要求,并且具体列明需要保密的内容。海关按照国家有关规定承担保密义务。

第六条 主管海关应当自收到申请材料之日起 30 日内进行审核并作出决定。

经审核,符合经核准出口商条件的,主管海关应当制发经核准出口商认定书,并给予经核准出口商编号;不符合经核准出口商条件的,主管海关应当制发不予认定经核准出口商决定书。

经核准出口商认定书、不予认定经核准出口商决定书应当送达申请人,并且自送达之日起生效。

第七条 经核准出口商认定的有效期为 3 年。

经核准出口商可以在有效期届满前 3 个月内,向主管海关书面申请续展。每次续展的有效期为 3 年。

第八条 海关总署依据中华人民共和国缔结或者参加的优惠贸易协定以及相关协议,与优惠贸易协定项下其他缔约方(以下简称其他缔约方)交换下列经核准出口商信息:

(一)经核准出口商编号;

(二)经核准出口商中英文名称;

(三)经核准出口商中英文地址;

(四)经核准出口商认定的生效日期和失效日期;

(五)相关优惠贸易协定要求交换的其他信息。

海关总署依照前款规定与其他缔约方完成信息交换后,主管海关应当通知经核准出口商可以依照本办法第九条、第十条规定开具原产地声明。

第九条 经核准出口商为其出口或者生产的货物开具原产地声明前,应当向主管海关提交货物的中英文名称、《商品名称及编码协调制度》6 位编码、适用的优惠贸易协定等信息。

相关货物的中英文名称、《商品名称及编码协调制度》6 位编码、适用的优惠贸易协定与已提交信息相同的,无需重复提交。

第十条 经核准出口商应当通过海关经核准出口商管理信息化系统开具原产地声明,并且对其开具的原产地声明的真实性和准确性负责。

经核准出口商依据本办法开具的原产地声明可以用于向其他缔约方申请享受相关优惠贸易协定项下优惠待遇。

第十一条 经核准出口商应当自原产地声明开具之日起 3 年内保存能够证明该货物原产资格的全部文件。相关文件可以以电子或者纸质形式保存。

经核准出口商不是出口货物生产商的,应当在开具原产地声明前要求生产商提供能够证明货物原产资格的证明文件,并且按照前款要求予以保存。

第十二条 海关可以对经核准出口商开具的原产地声明及其相关货物、原产资格文件管理制度及执行情况等实施检查,经核准出口商应当予以配合。

其他缔约方主管部门根据相关优惠贸易协定,提出对经核准出口商开具的原产地声明及其相关货物核查请求的,由海关总署统一组织实施。

经核准出口商应当将其收到的其他缔约方主管部门有关原产地声明及其相关货物的核查请求转交主管海关。

第十三条 经核准出口商信息或者货物信息发生变更的,经核准出口商未进行变更前,不得开具原产地声明。

第十四条 存在以下情形的,主管海关可以注销经核准出口商认定,并且书面通知该企业:

(一)经核准出口商申请注销的;

(二)经核准出口商不再符合海关总署规定的企业信用等级的;

(三)经核准出口商有效期届满未向主管海关申请续展的。

注销决定自作出之日起生效。

第十五条 存在以下情形的,主管海关可以撤销经核准出口商认定,并书面通知该企业:

(一)提供虚假材料骗取经核准出口商认定的;

(二)存在伪造或者买卖原产地声明行为的;

(三)经核准出口商未按照本办法第十二条转交核查请求,情节严重的;

(四)经核准出口商开具的原产地声明不符合海关总署规定,1 年内累计数量超过上年度开具的原产地声明总数百分之一,并且涉及货物价值累计超过 100 万元的。

撤销决定自作出之日起生效,但依照本条第一款第一项规定撤销经核准出口商认定的,经核准出口商认定自始无效。

企业被海关撤销经核准出口商认定的,自被撤销之日起 2 年内不得提出经核准出口商认定申请。

第十六条 提供虚假材料骗取经核准出口商认定,或者伪造、买卖原产地声明的,主管海关应当给予警告,可以并处 1 万元以下罚款。

第十七条 海关依法对经核准出口商实施信用管理。

第十八条 海关对中华人民共和国缔结或者参加的其他优惠贸易协定项下经核准出口商的管理,适用本办法。

第十九条 本办法由海关总署负责解释。

第二十条 本办法自 2022 年 1 月 1 日起施行。

中华人民共和国海关《区域全面经济伙伴关系协定》项下进出口货物原产地管理办法

（2021年11月23日海关总署令第255号公布　自2022年1月1日起施行　国司备字[2022005663]）

第一章　总　　则

第一条　为了正确确定《区域全面经济伙伴关系协定》（以下简称《协定》）项下进出口货物原产地，促进我国与《协定》其他成员方的经贸往来，根据《中华人民共和国海关法》《中华人民共和国进出口货物原产地条例》和《协定》的规定，制定本办法。

第二条　本办法适用于中华人民共和国与《协定》其他成员方之间的《协定》项下进出口货物原产地管理。

本办法所称成员方，是指已实施《协定》的国家（地区），具体清单由海关总署另行公布。

第二章　原产地规则

第三条　符合下列条件之一的货物，是《协定》项下原产货物（以下简称原产货物），具备《协定》项下原产资格（以下简称原产资格）：

（一）在一成员方完全获得或者生产；

（二）在一成员方完全使用原产材料生产；

（三）在一成员方使用非原产材料生产，但符合产品特定原产地规则规定的税则归类改变、区域价值成分、制造加工工序或者其他要求。

产品特定原产地规则由海关总署另行公告。

第四条　本办法第三条所称在一成员方完全获得或者生产的货物是指：

（一）在该成员方种植、收获、采摘或者收集的植物或者植物产品；

（二）在该成员方出生并饲养的活动物；

（三）从该成员方饲养的活动物获得的货物；

（四）在该成员方通过狩猎、诱捕、捕捞、耕种、水产养殖、收集或者捕捉直接获得的货物；

（五）从该成员方领土、领水、海床或者海床底土提取或者得到的，但未包括在本条第一至第四项的矿物质及其他天然资源；

（六）由该成员方船只依照国际法规定，从公海或者该成员方有权开发的专属经济区捕捞的海洋渔获产品和其他海洋生物；

（七）由该成员方或者该成员方的人依照国际法规定从该成员方领海以外的水域、海床或者海床底土获得的未包括在本条第六项的货物；

（八）在该成员方加工船上完全使用本条第六项或者第七项所述的货物加工或者制造的货物；

（九）在该成员方生产或者消费中产生的，仅用于废弃处置或者原材料回收利用的废碎料；

（十）在该成员方收集的，仅用于废弃处置或者原材料回收利用的旧货物；

（十一）在该成员方仅使用本条第一至第十项所列货物或者其衍生物获得或者生产的货物。

第五条　符合本办法第三条第一款第三项规定的货物，如在生产中使用的非原产材料在成员方仅经过下列一项或者多项加工或者处理，该货物仍不具备原产资格：

（一）为确保货物在运输或者储存期间保持良好状态进行的保存操作；

（二）为货物运输或者销售进行的包装或者展示；

（三）简单的加工，包括过滤、筛选、挑选、分类、磨锐、切割、纵切、研磨、弯曲、卷绕或者展开；

（四）在货物或者其包装上粘贴或者印刷标志、标签、标识以及其他类似的用于区别的标记；

（五）仅用水或者其他物质稀释，未实质改变货物的特性；

（六）将产品拆成零部件；

（七）屠宰动物；

（八）简单的上漆和磨光；

（九）简单的去皮、去核或者去壳；

（十）对产品进行简单混合，无论是否为不同种类的产品。

前款规定的“简单”，是指不需要专门技能，并且不需要专门生产、装配机械、仪器或者设备的情形。

第六条　在一成员方获得或者生产的原产货物或者原产材料，在另一成员方用于生产时，应当视为另一成员方的原产材料。

第七条　本办法第三条规定的区域价值成分应当按照下列公式之一计算：

（一）扣减公式

$$区域价值成分=\frac{货物离岸价格—非原产材料价格}{货物离岸价格}\times 100\%$$

（二）累加公式

$$区域价值成分=\frac{原产材料价格+直接人工成本+直接经营费用成本+利润+其他成本}{货物离岸价格}\times 100\%$$

原产材料价格，是指用于生产货物的原产材料和零部件的价格；

直接人工成本包括工资、薪酬和其他员工福利；

直接经营费用成本是指经营的总体费用；

非原产材料价格，是指非原产材料的进口成本、运至目的港口或者地点的运费和保险费，包括原产地不明材料的价格。非原产材料在一成员方境内获得时，其价格应当为在该成员方最早可确定的实付或者应付价格。

以下费用可以从非原产材料价格中扣除：

（一）将非原产材料运至生产商的运费、保险费、包装费，以及在此过程中产生的其他运输相关费用；

（二）未被免除、返还或者以其他方式退还的关税、其他税收和代理报关费；

（三）扣除废料及副产品回收价格后的废品和排放成本。

本办法规定的货物价格应当参照《WTO 估价协定》计算。各项成本应当依照生产货物的成员方适用的公认会计准则记录和保存。

第八条 适用《协定》项下税则归类改变要求确定原产资格的货物，如不属于本办法第五条规定的情形，且生产过程中使用的不满足税则归类改变要求的非原产材料符合下列条件之一，应当视为原产货物：

（一）上述全部非原产材料按照本办法第七条确定的价格不超过该货物离岸价格的百分之十；

（二）货物归入《中华人民共和国进出口税则》（以下简称《税则》）第五十章至第六十三章的，上述全部非原产材料的重量不超过该货物总重量的百分之十。

第九条 下列包装材料和容器不影响货物原产资格的确定：

（一）运输期间用于保护货物的包装材料和容器；

（二）与货物一并归类的零售用包装材料和容器。

货物适用区域价值成分标准确定原产资格的，在计算货物的区域价值成分时，与货物一并归类的零售用包装材料和容器的价格应当纳入原产材料或者非原产材料的价格予以计算。

第十条 与货物一并申报进口,在《税则》中一并归类并且不单独开具发票的附件、备件、工具和说明材料不影响货物原产资格的确定。

货物适用区域价值成分标准确定原产资格的,在计算货物的区域价值成分时,前款所列附件、备件、工具和说明材料的价格应当纳入原产材料或者非原产材料的价格予以计算。

附件、备件、工具和说明材料的数量与价格应当在合理范围之内。

第十一条 在货物生产、测试或者检验过程中使用且本身不构成该货物组成成分的下列物料,应当视为原产材料:

(一)燃料及能源;

(二)工具、模具及型模;

(三)用于维护设备和建筑的备件及材料;

(四)在生产中使用或者用于运行设备和维护厂房建筑物的润滑剂、油(滑)脂、合成材料及其他材料;

(五)手套、眼镜、鞋靴、衣服、安全设备及用品;

(六)用于测试或者检验货物的设备、装置及用品;

(七)催化剂及溶剂;

(八)能合理证明用于生产的其他物料。

第十二条 对于出于商业目的可相互替换且性质实质相同的货物或者材料,应当通过下列方法之一区分后分别确定其原产资格:

(一)物理分离;

(二)出口成员方公认会计准则承认并在整个会计年度内连续使用的库存管理方法。

第十三条 确定货物原产资格时,货物的标准单元应当与根据《商品名称及编码协调制度公约》确定商品归类时的基本单位一致。

同一批运输货物中包括多个可归类在同一税则号列下的相同商品,应当分别确定每个商品的原产资格。

第十四条 具备原产资格并且列入进口成员方《特别货物清单》的货物,如出口成员方价值成分不低于百分之二十,其《协定》项下原产国(地区)(以下简称原产国(地区))为出口成员方。

前款规定的出口成员方价值成分应当按照本办法第七条规定计算,但其他成员方生产的材料一律视为非原产材料。

各成员方《特别货物清单》由海关总署另行公告。

第十五条 具备原产资格但未列入进口成员方《特别货物清单》的货物,

符合下列条件之一的，其原产国(地区)为出口成员方：

(一)货物在出口成员方完全获得或者生产；

(二)货物完全使用原产材料生产，并且在出口成员方经过了本办法第五条规定以外的加工或者处理；

(三)货物在出口成员方使用非原产材料生产，并且符合产品特定原产地规则的规定。

第十六条 具备原产资格，但根据本办法第十四条、第十五条规定无法确定原产国(地区)的货物，其原产国(地区)是为该货物在出口成员方的生产提供的全部原产材料价格占比最高的成员方。

第十七条 从出口成员方运输至进口成员方的原产货物，符合下列条件之一的，货物保有其原产资格：

(一)未途经其他国家(地区)；

(二)途经其他国家(地区)，但除装卸、储存等物流活动、其他为运输货物或者保持货物良好状态的必要操作外，货物在其境内未经任何其他处理，并且处于这些国家(地区)海关的监管之下。

第三章 原产地证明

第十八条 《协定》项下原产地证明包括原产地证书和原产地声明。

原产地证明应当采用书面形式以英文填制，具体格式由海关总署另行公告。

第十九条 原产地证书应当符合下列条件：

(一)具有唯一的证书编号；

(二)注明货物具备原产资格的依据；

(三)由出口成员方的签证机构签发，具有该签证机构的授权签名和印章。

原产地证书应当在货物装运前签发；由于过失或者其他合理原因在装运后签发的，应当注明“ISSUED RETROACTIVELY”(补发)字样。

原产地证书所载内容有更正的，更正处应当有出口成员方签证机构的授权签名和印章。

第二十条 经认证的原产地证书副本应当具有与原产地证书正本相同的原产地证书编号和签发日期，并且注明“CERTIFIED TRUE COPY”(经认证的真实副本)字样，视为原产地证书正本。

第二十一条 原产地声明应当由经核准出口商开具，并且符合以下条件：

(一)具有该经核准出口商的唯一编号；

（二）具有唯一的声明编号；

（三）具有开具者的姓名和签名；

（四）注明开具原产地声明的日期；

（五）出口成员方已向其他成员方通报该经核准出口商信息。

第二十二条 对于在一成员方中转或者再次出口的未经处理的原产货物，该成员方的签证机构、经核准出口商可以依据初始原产地证明正本签发或者开具背对背原产地证明，用于证明货物的原产资格以及原产国（地区）未发生变化。

前款所述的处理不包括装卸、储存、拆分运输等物流操作、重新包装、根据进口成员方法律要求贴标以及其他为运输货物或者保持货物良好状态所进行的必要操作。

第二十三条 背对背原产地证明应当符合本办法对原产地证明的有关规定，并且符合以下条件：

（一）包含初始原产地证明的签发或者开具日期、编号及其他相关信息；

（二）经物流拆分出口的货物应注明拆分后的数量，并且拆分后出口货物的数量总和不超过初始原产地证明所载的货物数量。

第二十四条 原产地证明自签发或者开具之日起1年内有效。

背对背原产地证明的有效期与初始原产地证明的有效期一致。

第四章 进口货物通关享惠程序

第二十五条 具备原产资格的进口货物，可以依据其原产国（地区）适用相应的《协定》项下税率。

第二十六条 进口货物收货人或者其代理人为进口原产货物申请适用《协定》项下税率的，应当按照海关总署有关规定申报，并且凭以下单证办理：

（一）有效的《协定》项下原产地证明；

（二）货物的商业发票；

（三）货物的全程运输单证。

货物经过其他国家（地区）运输至中国境内的，还应当提交证明货物符合本办法第十七条规定的其他证明文件。

第二十七条 《协定》项下原产地证明上无论是否标明货物原产国（地区），进口货物收货人或者其代理人可以申请适用对其他成员方相同原产货物实施的《协定》项下最高税率；在进口货物收货人或者其代理人能够证明为生产该货物提供原产材料的所有成员方时，也可以申请适用对上述成员方相同原产货物实施的《协定》项下最高税率。

第二十八条 同一批次进口原产货物完税价格不超过200美元的，进口货物收货人或者其代理人申请适用《协定》项下税率时可以免予提交原产地证明。

为规避本办法规定拆分申报进口货物的，不适用前款规定。

第二十九条 原产国（地区）申报为成员方的进口货物，进口货物收货人或者其代理人在办结海关手续前未取得有效原产地证明的，应当在办结海关手续前就该货物是否具备原产资格向海关进行补充申报，但海关总署另有规定的除外。

进口货物收货人或者其代理人依照前款规定就进口货物具备原产资格向海关进行补充申报并且提供税款担保的，海关应当依法办理进口手续。依照法律、行政法规规定不得办理担保的情形除外。因提前放行等原因已经提交了与货物可能承担的最高税款总额相当的税款担保的，视为符合本款关于提供税款担保的规定。

第三十条 为确定原产地证明的真实性和准确性，核实进口货物的原产资格和原产国（地区），海关可以通过以下方式开展原产地核查：

（一）要求进口货物收货人或者其代理人、境外出口商或者生产商提供补充信息；

（二）要求出口成员方签证机构或者主管部门提供补充信息。

必要时，海关可以经出口成员方同意后对境外出口商或者生产商进行实地核查，也可以通过与出口成员方商定的其他方式开展核查。

核查期间，海关可以应进口货物收货人或者其代理人申请办理担保放行，但法律法规另有规定的除外。

海关应当向进口货物收货人（或者其代理人）、境外出口商（或者生产商）或者出口成员方签证机构（或者主管部门）书面通报核查结果和理由。

第三十一条 具有下列情形之一的，海关应当依法办理担保财产、权利退还手续：

（一）进口货物收货人或者其代理人已经按照本办法规定向海关进行补充申报并且提交了有效《协定》项下原产地证明的；

（二）海关核查结果足以认定货物原产资格和原产国（地区）的。

第三十二条 具有下列情形之一的，进口货物不适用《协定》项下税率：

（一）进口货物收货人或者其代理人在货物办结海关手续前未按照本办法第二十六条规定申请适用《协定》项下税率，也未按照本办法第二十九条规定补充申报的；

（二）货物不具备原产资格的；

（三）原产地证明不符合本办法规定的；

（四）原产地证明所列货物与实际进口货物不符的；

（五）自进口货物收货人或者其代理人、境外出口商或者生产商、出口成员方签证机构或者主管部门收到原产地核查要求之日起 90 日内，海关未收到核查反馈，或者反馈结果不足以确定原产地证明真实性、货物原产资格或者原产国（地区）的；

（六）自出口成员方或者境外出口商、生产商收到实地核查要求之日起 30 日内，海关未收到回复，或者实地核查要求被拒绝的；

（七）进口货物收货人或者其代理人存在其他违反本办法有关规定的行为的。

第五章　出口货物签证程序

第三十三条　出口货物发货人及其代理人、已进行原产地企业备案的境内生产商及其代理人（以下统称申请人）可以向我国签证机构申请签发原产地证书。

第三十四条　申请人应当在货物装运前申请签发原产地证书，同时提交证明货物原产资格、原产国（地区）的材料。申请人应当对其提交材料的真实性、完整性、准确性负责。

申请人申请签发背对背原产地证书的，还应当提交初始原产地证明正本。

第三十五条　签证机构应当对申请人提交的材料进行审核，符合本办法规定的，签发原产地证书；不符合本办法规定的，决定不予签发原产地证书，书面通知申请人并且说明理由。

签证机构进行审核时，可以通过以下方式核实货物的原产资格和原产国（地区）：

（一）要求申请人补充提供与货物原产资格、原产国（地区）相关的信息和资料；

（二）实地核实出口货物的生产设备、加工工序、原材料及零部件的原产资格、原产国（地区）以及出口货物说明书、包装、商标、唛头和原产地标记；

（三）查阅、复制有关合同、发票、账簿以及其他相关资料。

第三十六条　申请人由于过失或者其他合理原因，未能在装运前向签证机构申请签发原产地证书的，可以自货物装运之日起 1 年内向签证机构申请补发。

第三十七条 原产地证书所载信息有误或者需要补充信息的，申请人可以自原产地证书签发之日起1年内，凭原产地证书正本向原签证机构申请更正。签证机构可以通过以下方式更正：

（一）更正原产地证书，并且在更正处签名和盖章；

（二）签发新的原产地证书，并且作废原原产地证书。

第三十八条 已签发的原产地证书正本遗失或者损毁的，申请人可以自该原产地证书签发之日起1年内，向原签证机构申请签发经认证的原产地证书副本。

第三十九条 经核准出口商可以按照本办法规定对其出口或者生产的原产货物开具原产地声明。

海关按照《中华人民共和国海关经核准出口商管理办法》对经核准出口商实施管理。

第四十条 应进口成员方的请求，海关可以通过以下方式对出口货物的原产地情况进行核查：

（一）要求申请人补充提供与货物原产资格、原产国（地区）相关的信息和资料；

（二）实地核实出口货物的生产设备、加工工序、原材料及零部件的原产资格、原产国（地区）以及出口货物说明书、包装、商标、唛头和原产地标记；

（三）查阅、复制有关合同、发票、账簿以及其他相关资料。

第六章　附　　则

第四十一条 申领原产地证书的出口货物发货人和生产商、开具原产地声明的经核准出口商应当自原产地证明签发或者开具之日起3年内，保存能够充分证明货物原产资格和原产国（地区）的文件记录。

适用《协定》项下税率进口货物的收货人应当自货物办结海关手续之日起3年内，保存能够充分证明货物原产资格和原产国（地区）的文件记录。

签证机构应当自原产地证书签发之日起3年内，保存原产地证书申请资料。

上述文件记录可以以电子或者纸质形式保存。

第四十二条 本办法下列用语的含义：

（一）出口成员方、进口成员方，分别是指货物申报出口和进口时所在的成员方；

（二）生产，是指获得货物的方法，包括货物的种植、开采、收获、耕种、养育、繁殖、提取、收集、采集、捕获、捕捞、水产养殖、诱捕、狩猎、制造、加工或者装配；

（三）原产材料，是指根据本办法规定具备原产资格的材料；

（四）非原产材料，是指根据本办法规定不具备原产资格的材料；

（五）有权开发，是指成员方依照与沿海国之间的协定或者安排享有获得沿海国渔业资源的权利；

（六）成员方加工船和成员方船只，分别是指在成员方注册并且有权悬挂该成员方旗帜的加工船和船只；但在澳大利亚专属经济区内作业的任何加工船或者船只，如果符合《1991 年渔业管理法（联邦）》或任何后续立法对“澳大利亚船”的定义，应当分别视为澳大利亚加工船或者船只；

（七）《WTO 估价协定》，是指《关于实施 1994 年关贸总协定第七条的协定》；

（八）公认会计准则，是指一成员方普遍接受或者官方认可的有关记录收入、费用、成本、资产和负债、信息披露以及编制财务报表的会计准则，包括普遍适用的广泛性指导原则以及详细的标准、惯例和程序；

（九）签证机构，是指由成员方指定或者授权签发原产地证书，并且已依照《协定》规定向其他成员方通报的机构。直属海关、隶属海关、中国国际贸易促进委员会及其地方分会是我国签证机构；

（十）主管机构，是指由成员方指定并且已依照《协定》规定向其他成员方通报的一个或者多个政府机构。

第四十三条　本办法由海关总署负责解释。

第四十四条　本办法自 2022 年 1 月 1 日起施行。

军队离休退休干部服务管理办法

（2021 年 12 月 1 日退役军人事务部令第 5 号公布　自 2022 年 1 月 1 日起施行　国司备字[2022005680]）

第一章　总　　则

第一条　为了做好军队离休退休干部服务管理工作，根据《中华人民共和国退役军人保障法》和国家有关规定，制定本办法。

本办法所称军队离休退休干部，是指移交政府安置的由退役军人事务部门服务管理的中国人民解放军和中国人民武装警察部队离休退休干部（以下简称军休干部）。

第二条 军休干部服务管理应当从维护军休干部的合法权益出发，贯彻执行国家关于军休干部的法律法规和政策，完善军休干部服务保障和教育管理机制，落实军休干部政治待遇和生活待遇。

军休干部服务管理坚持政治关心、生活照顾、服务优先、依法管理的原则。

第三条 军休干部服务管理工作坚持党的领导，由退役军人事务部门主管，军休服务管理机构（以下简称军休机构）具体组织实施。

退役军人事务部门应当依法负责军休干部服务管理工作，及时研究解决存在的问题，监督检查军休服务管理相关法律法规和政策措施落实情况。

军休机构是服务和管理军休干部的专设机构，包括军休服务管理中心、军休所、军休服务站等，承担军休干部服务管理具体工作。

第四条 军休干部服务管理应当与经济发展相协调，与社会进步相适应，实行国家保障与社会化服务相结合。

第五条 对在军休干部服务管理中做出突出贡献的单位和个人，按照国家有关规定给予表彰、奖励。

第二章 服务管理内容

第六条 退役军人事务部门、军休机构应当加强军休干部思想政治工作，引导军休干部继续发扬人民军队优良传统，模范遵守宪法和法律法规，永葆政治本色。

第七条 退役军人事务部门、军休机构应当按照规定落实军休干部政治待遇，组织军休干部阅读有关文件、听取党和政府重要会议精神传达等。

退役军人事务部门应当主动协调当地离退休干部管理部门，将军休干部纳入本级老干部工作体系。

第八条 退役军人事务部门在国家、地方和军队举行重大庆典和重大政治活动时，应当按照要求组织军休干部参加。

第九条 退役军人事务部门应当协调当地人民政府和军队有关负责人，在八一建军节、春节等重大节日走访慰问军休干部。

第十条 退役军人事务部门应当按规定落实军休干部荣誉疗养制度，对服役期间或移交安置后作出突出贡献的军休干部，分层级、分批次组织疗养。

第十一条 军休机构应当做好以下服务保障工作：

（一）举行新接收军休干部迎接仪式。

（二）按时发放军休干部离退休费和津贴补贴，帮助符合条件的军休干部落实优抚待遇。

(三)协调做好军休干部的医疗保障工作,落实体检制度,建立健康档案,开展医疗保健知识普及活动,引导军休干部科学保健、健康养生。

(四)培育军休干部文化队伍,开展军休文化体育活动,引导和鼓励军休干部参与社会文化活动。

(五)开展经常性走访探望,定期了解军休干部情况和需求,提供必要的关心照顾。

(六)协助办理军休干部去世后的丧葬事宜,按照政策规定落实遗属待遇。

第十二条 退役军人事务部门、军休机构应当依法依规加强对军休干部参加社会组织、出国(境)、著作出书、发表言论等事项的管理,督促军休干部遵纪守法和遵守军休机构各项规章制度。

第十三条 退役军人事务部门、军休机构应当鼓励支持军休干部保持和发扬优良传统,发挥自身优势,继续贡献力量。

第三章 服务管理方式

第十四条 军休机构应当建立健全工作制度,为军休干部老有所养、老有所医、老有所教、老有所学、老有所为、老有所乐创造条件。

第十五条 军休机构应当建立值班制度,并采取定期联系、定人包户等方式,为军休干部提供及时、方便的日常服务保障。

第十六条 军休机构应当坚持共性服务和个性化服务相结合,为军休干部提供细致周到的服务。对失能、失智、重病、高龄、独居、空巢等军休干部,应当重点照顾并提供必要帮助。

第十七条 军休机构应当按照退役军人事务部门制定的规范标准,推进服务管理工作标准化建设,确保规范运行。

第十八条 军休机构应当推进社会化服务,根据需要引进医疗、养老、志愿服务等方面力量,为军休干部提供多元服务。

第十九条 退役军人事务部门、军休机构应当加强信息化建设,充分运用信息化技术,发挥军休安置服务管理信息系统、网络"军休所"等信息化平台作用,提高工作效率,实现精准服务。

第二十条 退役军人事务部门、军休机构应当推进军休老年大学建设,线上线下融合,扩大教学供给,提高办学水平,不断满足军休干部终身学习需求。

第二十一条 退役军人事务部门应当健全军休机构服务网格,加强军休干部服务保障。

第二十二条 军休干部管理委员会是在军休机构内军休干部自我教育、自我管理、自我服务的群众性组织。

军休机构内设有军休干部管理委员会的,军休机构党组织应当加强对军休干部管理委员会的领导,按照有关规定组织开展活动,发挥军休干部管理委员会的作用,定期听取军休干部管理委员会工作情况报告,研究解决其反映的问题。

第四章 军休机构建设

第二十三条 退役军人事务部门根据安置管理工作实际,按照统筹规划、合理布局、精干高效、便于服务的原则设置、调整军休机构。

第二十四条 军休机构实行法定代表人负责制,对重大问题实行科学决策、民主决策。

军休机构应当依法依规落实政策公开、财务公开、服务公开,接受军休干部和工作人员监督。

第二十五条 军休机构应当加强党组织建设,改进和创新军休干部党组织工作,落实党的组织生活制度,增强党组织的政治功能和组织力,使之成为组织、凝聚、教育军休干部和工作人员的坚强堡垒。

加强军休干部中的流动党员管理,将流动党员就近安排在暂住地军休机构党组织参加组织生活。

第二十六条 军休机构应当加强基础设施建设,设置会议室、活动室、阅览室、荣誉室等场所,根据军休干部特点和需求,因地制宜开展适老化改造,具备条件的可引进或设立养老、医疗、助餐等功能设施,建立必要的室外文化体育活动场地,创造良好休养环境。

第二十七条 军休机构应当按规定用好军休经费,加强军休经费和国有资产管理,提高使用效益,接受有关部门的审计监督。

第二十八条 军休机构应当加强军休干部档案管理。

第二十九条 军休机构应当加强安全管理,制定并落实卫生、灾害等突发事件应急预案,增强风险防控和应急处置能力,及时消除安全隐患,防止安全责任事故发生。

第五章 服务管理工作人员

第三十条 退役军人事务部门应当加强军休服务管理工作人员队伍建

设，在编制员额内配齐配强工作力量，优化队伍结构。

第三十一条 军休机构在编制员额内新聘用工作人员，除国家政策性安置、按照人事管理权限由上级任命、涉密岗位等人员外，应当面向社会公开招聘，同等条件下优先聘用退役军人、军人家属。

第三十二条 退役军人事务部门可以通过引进专业化服务等渠道充实工作力量。

第三十三条 服务管理工作人员应当强化能力素质和作风纪律，树牢全心全意为军休干部服务的意识。

第三十四条 退役军人事务部门、军休机构应当定期开展教育培训、岗位练兵、业务竞赛等活动，提高工作人员思想政治素质、政策理论水平和服务管理能力。

第三十五条 退役军人事务部门应当建立以军休干部满意度为主要内容的服务管理工作监督考评体系，定期对军休机构及其负责人进行测评。

退役军人事务部门、军休机构应当建立工作人员绩效考核、岗位交流制度。对军休政策落实不到位、工作推进不力的人员，按照有关规定进行处理。

第六章 附 则

第三十六条 中国人民解放军和中国人民武装警察部队移交政府安置的退休军（警）士的服务管理参照本办法执行。

第三十七条 本办法自2022年1月1日起施行。

道路交通事故社会救助基金管理办法

（2021年12月1日财政部、中国银行保险监督管理委员会、公安部、国家卫生健康委员会、农业农村部令第107号公布 自2022年1月1日起施行 国司备字[2022005445]）

第一章 总 则

第一条 为加强道路交通事故社会救助基金管理，对道路交通事故中受害人依法进行救助，根据《中华人民共和国道路交通安全法》、《机动车交通事故责任强制保险条例》，制定本办法。

第二条 道路交通事故社会救助基金的筹集、使用和管理适用本办法。

本办法所称道路交通事故社会救助基金(以下简称救助基金),是指依法筹集用于垫付机动车道路交通事故中受害人人身伤亡的丧葬费用、部分或者全部抢救费用的社会专项基金。

第三条 救助基金实行统一政策、地方筹集、分级管理、分工负责。

救助基金管理应当坚持扶危救急、公开透明、便捷高效的原则,保障救助基金安全高效和可持续运行。

第四条 省、自治区、直辖市、计划单列市人民政府(以下统称省级人民政府)应当设立救助基金。

省级救助基金主管部门会同有关部门报省级人民政府确定省级以下救助基金的设立以及管理级次,并推进省级以下救助基金整合,逐步实现省级统筹。

第五条 财政部门是救助基金的主管部门。

财政部负责会同有关部门制定救助基金的有关政策,并对省级救助基金的筹集、使用和管理进行指导。

县级以上地方财政部门根据救助基金设立情况,依法监督检查救助基金的筹集、使用和管理,按照规定确定救助基金管理机构,并对其管理情况进行考核。

第六条 国务院保险监督管理机构的派出机构负责对保险公司缴纳救助基金情况实施监督检查。

县级以上地方公安机关交通管理部门负责通知救助基金管理机构垫付道路交通事故中受害人的抢救费用,并协助救助基金管理机构做好相关救助基金垫付费用的追偿工作。

县级以上地方农业机械化主管部门负责协助救助基金管理机构做好相关救助基金垫付费用的追偿工作。

县级以上地方卫生健康主管部门负责监督医疗机构按照道路交通事故受伤人员临床诊疗相关指南和规范及时抢救道路交通事故中的受害人以及依法申请救助基金垫付抢救费用。

第七条 县级以上财政部门、公安机关交通管理部门、卫生健康主管部门、农业机械化主管部门以及国务院保险监督管理机构及其派出机构,应当通过多种渠道加强救助基金有关政策的宣传和提示,为道路交通事故受害人及其亲属申请使用救助基金提供便利。

第八条 救助基金主管部门可以通过政府采购等方式依法确定救助基金管理机构。

保险公司或者其他能够独立承担民事责任的专业机构可以作为救助基金管理机构,具体负责救助基金运行管理。

第二章　救助基金筹集

第九条　救助基金的来源包括：

（一）按照机动车交通事故责任强制保险（以下简称交强险）的保险费的一定比例提取的资金；

（二）对未按照规定投保交强险的机动车的所有人、管理人的罚款；

（三）依法向机动车道路交通事故责任人追偿的资金；

（四）救助基金孳息；

（五）地方政府按照规定安排的财政临时补助；

（六）社会捐款；

（七）其他资金。

第十条　每年5月1日前，财政部会同国务院保险监督管理机构根据上一年度救助基金的收支情况，按照收支平衡的原则，合理确定当年从交强险保险费中提取救助基金的比例幅度。省级人民政府在幅度范围内确定本地区具体提取比例。

以省级为单位，救助基金累计结余达到上一年度支出金额3倍以上的，本年度暂停从交强险保险费中提取。

第十一条　办理交强险业务的保险公司应当按照确定的比例，从交强险保险费中提取资金，并在每季度结束后10个工作日内，通过银行转账方式足额转入省级救助基金账户。

第十二条　县级以上地方财政部门应当根据当年预算在每季度结束后10个工作日内，将未按照规定投保交强险的罚款全额划拨至省级救助基金账户。

第十三条　县级以上地方财政部门向救助基金安排临时补助的，应当依照《中华人民共和国预算法》等预算管理法律法规的规定及时拨付。

第三章　救助基金使用

第十四条　有下列情形之一时，救助基金垫付道路交通事故中受害人人身伤亡的丧葬费用、部分或者全部抢救费用：

（一）抢救费用超过交强险责任限额的；

（二）肇事机动车未参加交强险的；

（三）机动车肇事后逃逸的。

救助基金一般垫付受害人自接受抢救之时起7日内的抢救费用，特殊情况下超过7日的抢救费用，由医疗机构书面说明理由。具体费用应当按照规定的收费标准核算。

第十五条 依法应当由救助基金垫付受害人丧葬费用、部分或者全部抢救费用的，由道路交通事故发生地的救助基金管理机构及时垫付。

第十六条 发生本办法第十四条所列情形之一需要救助基金垫付部分或者全部抢救费用的，公安机关交通管理部门应当在处理道路交通事故之日起3个工作日内书面通知救助基金管理机构。

第十七条 医疗机构在抢救受害人结束后，对尚未结算的抢救费用，可以向救助基金管理机构提出垫付申请，并提供需要垫付抢救费用的相关材料。

受害人或者其亲属对尚未支付的抢救费用，可以向救助基金管理机构提出垫付申请，医疗机构应当予以协助并提供需要垫付抢救费用的相关材料。

第十八条 救助基金管理机构收到公安机关交通管理部门的抢救费用垫付通知或者申请人的抢救费用垫付申请以及相关材料后，应当在3个工作日内按照本办法有关规定、道路交通事故受伤人员临床诊疗相关指南和规范，以及规定的收费标准，对下列内容进行审核，并将审核结果书面告知处理该道路交通事故的公安机关交通管理部门或者申请人：

（一）是否属于本办法第十四条规定的救助基金垫付情形；

（二）抢救费用是否真实、合理；

（三）救助基金管理机构认为需要审核的其他内容。

对符合垫付要求的，救助基金管理机构应当在2个工作日内将相关费用结算划入医疗机构账户。对不符合垫付要求的，不予垫付，并向处理该交通事故的公安机关交通管理部门或者申请人书面说明理由。

第十九条 发生本办法第十四条所列情形之一需要救助基金垫付丧葬费用的，由受害人亲属凭处理该道路交通事故的公安机关交通管理部门出具的《尸体处理通知书》向救助基金管理机构提出书面垫付申请。

对无主或者无法确认身份的遗体，由县级以上公安机关交通管理部门会同有关部门按照规定处理。

第二十条 救助基金管理机构收到丧葬费用垫付申请和相关材料后，对符合垫付要求的，应当在3个工作日内按照有关标准垫付丧葬费用；对不符合垫付要求的，不予垫付，并向申请人书面说明理由。救助基金管理机构应当同时将审核结果书面告知处理该道路交通事故的公安机关交通管理部门。

第二十一条 救助基金管理机构对抢救费用和丧葬费用的垫付申请进行审核时，可以向公安机关交通管理部门、医疗机构和保险公司等有关单位核实情况，有关单位应当予以配合。

第二十二条 救助基金管理机构与医疗机构或者其他单位就垫付抢救费用、丧葬费用问题发生争议时，由救助基金主管部门会同卫生健康主管部门或者其他有关部门协调解决。

第四章 救助基金管理

第二十三条 救助基金管理机构应当保持相对稳定，一经确定，除本办法另有规定外，3 年内不得变更。

第二十四条 救助基金管理机构履行下列管理职责：

（一）接收救助基金资金；

（二）制作、发放宣传材料，积极宣传救助基金申请使用和管理有关政策；

（三）受理、审核垫付申请，并及时垫付；

（四）追偿垫付款，向人民法院、公安机关等单位通报拒不履行偿还义务的机动车道路交通事故责任人信息；

（五）如实报告救助基金业务事项；

（六）管理救助基金的其他职责。

第二十五条 救助基金管理机构应当建立符合救助基金筹集、使用和管理要求的信息系统，建立数据信息交互机制，规范救助基金网上申请和审核流程，提高救助基金使用和管理效率。

救助基金管理机构应当设立热线电话，建立 24 小时值班制度，确保能够及时受理、审核垫付申请。

第二十六条 救助基金管理机构应当公开以下信息：

（一）救助基金有关政策文件；

（二）救助基金管理机构的电话、地址和救助网点；

（三）救助基金申请流程以及所需提供的材料清单；

（四）救助基金筹集、使用、追偿和结余信息，但涉及国家秘密、商业秘密的除外；

（五）救助基金主管部门对救助基金管理机构的考核结果；

（六）救助基金主管部门规定的其他信息。

救助基金管理机构、有关部门及其工作人员对被救助人的个人隐私和个人信息，应当依法予以保密。

第二十七条 救助基金账户应当按照国家有关银行账户管理规定开立。

救助基金实行单独核算、专户管理，并按照本办法第十四条的规定使用，不得用于担保、出借、投资或者其他用途。

第二十八条 救助基金管理机构根据本办法垫付抢救费用和丧葬费用后，应当依法向机动车道路交通事故责任人进行追偿。

发生本办法第十四条第三项情形救助基金垫付丧葬费用、部分或者全部抢救费用的，道路交通事故案件侦破后，处理该道路交通事故的公安机关交通管理部门应当及时通知救助基金管理机构。

有关单位、受害人或者其继承人应当协助救助基金管理机构进行追偿。

第二十九条 道路交通事故受害人或者其继承人已经从机动车道路交通事故责任人或者通过其他方式获得赔偿的，应当退还救助基金垫付的相应费用。

对道路交通事故死亡人员身份无法确认或者其受益人不明的，救助基金管理机构可以在扣除垫付的抢救费用和丧葬费用后，代为保管死亡人员所得赔偿款，死亡人员身份或者其受益人身份确定后，应当依法处理。

第三十条 救助基金管理机构已经履行追偿程序和职责，但有下列情形之一导致追偿未果的，可以提请救助基金主管部门批准核销：

（一）肇事逃逸案件超过 3 年未侦破的；

（二）机动车道路交通事故责任人死亡（被宣告死亡）、被宣告失踪或者终止，依法认定无财产可供追偿的；

（三）机动车道路交通事故责任人、应当退还救助基金垫付费用的受害人或者其继承人家庭经济特别困难，依法认定无财产可供追偿或者退还的。

省级救助基金主管部门会同有关部门根据本省实际情况，遵循账销案存权存的原则，制定核销实施细则。

第三十一条 救助基金管理机构应当于每季度结束后 15 个工作日内，将上一季度的财务会计报告报送至救助基金主管部门；于每年 2 月 1 日前，将上一年度工作报告和财务会计报告报送至救助基金主管部门，并接受救助基金主管部门依法实施的年度考核、监督检查。

第三十二条 救助基金管理机构变更或者终止时，应当委托会计师事务所依法进行审计，并对救助基金进行清算。

第三十三条 救助基金主管部门应当每年向社会公告救助基金的筹集、使用、管理和追偿情况。

第三十四条 救助基金主管部门应当委托会计师事务所对救助基金年度财务会计报告依法进行审计，并将审计结果向社会公告。

第三十五条 救助基金主管部门应当根据救助基金管理机构年度服务数量和质量结算管理费用。

救助基金的管理费用列入本级预算，不得在救助基金中列支。

第三十六条　救助基金主管部门在确定救助基金管理机构时，应当书面约定有下列情形之一的，救助基金主管部门可以变更救助基金管理机构，并依法追究有关单位和人员的责任：

（一）未按照本办法规定受理、审核救助基金垫付申请并进行垫付的；

（二）提供虚假工作报告、财务会计报告的；

（三）违反本办法规定使用救助基金的；

（四）违规核销的；

（五）拒绝或者妨碍有关部门依法实施监督检查的；

（六）可能严重影响救助基金管理的其他情形。

第三十七条　省级救助基金主管部门应当于每年 3 月 1 日前，将本地区上一年度救助基金的筹集、使用、管理、追偿以及救助基金管理机构相关情况报送至财政部和国务院保险监督管理机构。

第五章　法律责任

第三十八条　办理交强险业务的保险公司未依法从交强险保险费中提取资金并及时足额转入救助基金账户的，由国务院保险监督管理机构的派出机构进行催缴，超过 3 个工作日仍未足额上缴的，给予警告，并予以公告。

第三十九条　医疗机构提供虚假抢救费用材料或者拒绝、推诿、拖延抢救道路交通事故受害人的，由卫生健康主管部门按照有关规定予以处理。

第四十条　救助基金主管部门和有关部门工作人员，在工作中滥用职权、玩忽职守、徇私舞弊的，依法给予处分；涉嫌犯罪的，依法追究刑事责任。

第六章　附　则

第四十一条　本办法所称受害人，是指机动车发生道路交通事故造成人身伤亡的人员。

第四十二条　本办法所称抢救费用，是指机动车发生道路交通事故导致人员受伤时，医疗机构按照道路交通事故受伤人员临床诊疗相关指南和规范，对生命体征不平稳和虽然生命体征平稳但如果不采取必要的救治措施会产生生命危险，或者导致残疾、器官功能障碍，或者导致病程明显延长的受伤人员，采取必要的救治措施所发生的医疗费用。

第四十三条　本办法所称丧葬费用，是指丧葬所必需的遗体接运、存放、火化、骨灰寄存和安葬等服务费用。具体垫付费用标准由救助基金主管部门会同有关部门结合当地实际,参考有关规定确定。

第四十四条 机动车在道路以外的地方通行时发生事故,造成人身伤亡的,参照适用本办法。

第四十五条 省级救助基金主管部门应当依据本办法有关规定,会同本地区有关部门制定实施细则,明确有关主体的职责,细化垫付等具体工作流程和规则,并将实施细则报财政部和有关部门备案。

第四十六条 本办法自 2022 年 1 月 1 日起施行。《道路交通事故社会救助基金管理试行办法》(财政部 保监会 公安部 卫生部 农业部令第 56 号)同时废止。

互联网宗教信息服务管理办法

(2021 年 12 月 3 日国家宗教事务局、国家互联网信息办公室、工业和信息化部、公安部、国家安全部令第 17 号公布 自 2022 年 3 月 1 日起施行 国司备字[2022005634])

第一章 总 则

第一条 为了规范互联网宗教信息服务,保障公民宗教信仰自由,根据《中华人民共和国网络安全法》《互联网信息服务管理办法》《宗教事务条例》等法律法规,制定本办法。

第二条 在中华人民共和国境内从事互联网宗教信息服务,适用本办法。

本办法所称互联网宗教信息服务,包括互联网宗教信息发布服务、转载服务、传播平台服务以及其他与互联网宗教信息相关的服务。

第三条 从事互联网宗教信息服务,应当遵守宪法、法律、法规和规章,践行社会主义核心价值观,坚持我国宗教独立自主自办原则,坚持我国宗教中国化方向,积极引导宗教与社会主义社会相适应,维护宗教和顺、社会和谐、民族和睦。

第四条 互联网宗教信息服务管理坚持保护合法、制止非法、遏制极端、抵御渗透、打击犯罪的原则。

第五条 宗教事务部门依法对互联网宗教信息服务进行监督管理,网信部门、电信主管部门、公安机关、国家安全机关等在各自职责范围内依法负责有关行政管理工作。

省级以上人民政府宗教事务部门应当会同网信部门、电信主管部门、公安机关、国家安全机关等建立互联网宗教信息服务管理协调机制。

第二章　互联网宗教信息服务许可

第六条　通过互联网站、应用程序、论坛、博客、微博客、公众账号、即时通信工具、网络直播等形式，以文字、图片、音视频等方式向社会公众提供宗教教义教规、宗教知识、宗教文化、宗教活动等信息的服务，应当取得互联网宗教信息服务许可，并具备下列条件：

（一）申请人是在中华人民共和国境内依法设立的法人组织或者非法人组织，其法定代表人或者主要负责人是具有中国国籍的内地居民；

（二）有熟悉国家宗教政策法规和相关宗教知识的信息审核人员；

（三）有健全的互联网宗教信息服务管理制度；

（四）有健全的信息安全管理制度和安全可控的技术保障措施；

（五）有与服务相匹配的场所、设施和资金；

（六）申请人及其法定代表人或者主要负责人近3年内无犯罪记录、无违反国家宗教事务管理有关规定的行为。

境外组织或者个人及其在境内成立的组织不得在境内从事互联网宗教信息服务。

第七条　从事互联网宗教信息服务，应当向所在地省、自治区、直辖市人民政府宗教事务部门提出申请，填报互联网宗教信息服务申请表，并提交下列材料：

（一）申请人依法设立或者登记备案的材料以及法定代表人或者主要负责人身份证件；

（二）宗教信息审核人员参加宗教政策法规和相关宗教知识的教育培训，以及具备审核能力的情况说明；

（三）互联网宗教信息服务管理制度、信息安全管理制度和技术保障措施材料；

（四）用于从事互联网宗教信息服务的场所、设施和资金情况说明；

（五）申请人及其法定代表人或者主要负责人近3年内无犯罪记录和无违反国家宗教事务管理有关规定情况承诺书；

（六）拟从事互联网宗教信息服务的栏目、功能设置和域名注册相关材料。

申请提供互联网宗教信息传播平台服务的，还应当提交平台注册用户管理规章制度、用户协议范本、投诉举报处理机制等。用户协议范本涉及互联网宗教信息服务的内容应当符合本办法有关规定。

互联网宗教信息服务申请表式样由国家宗教事务局制定。

全国性宗教团体及其举办的宗教院校从事互联网宗教信息服务，应当向国家宗教事务局提出申请。

第八条 从事互联网宗教信息服务所使用的名称，除与申请人名称相同以外，不得使用宗教团体、宗教院校和宗教活动场所等名称，不得含有法律、行政法规禁止的内容。

第九条 省级以上人民政府宗教事务部门自受理申请之日起20日内作出批准或者不予批准的决定。作出批准决定的，核发《互联网宗教信息服务许可证》；作出不予批准决定的，应当书面通知申请人并说明理由。

《互联网宗教信息服务许可证》由国家宗教事务局印制。

申请人取得《互联网宗教信息服务许可证》后，还应当按照国家互联网信息服务管理有关规定办理相关手续。

第十条 从事互联网宗教信息服务，应当在显著位置明示《互联网宗教信息服务许可证》编号。

第十一条 申请人取得《互联网宗教信息服务许可证》后，发生影响许可条件重大事项的，应当报原发证机关审核批准；其他事项变更，应当向原发证机关备案。

第十二条 终止互联网宗教信息服务的，应当自终止之日起30日内，到原发证机关办理注销手续。

第十三条 《互联网宗教信息服务许可证》有效期3年。有效期届满后拟继续从事互联网宗教信息服务的，应当在有效期届满30日前，向原发证机关重新提出申请。

第三章　互联网宗教信息服务管理

第十四条 互联网宗教信息不得含有下列内容：

（一）利用宗教煽动颠覆国家政权、反对中国共产党的领导，破坏社会主义制度、国家统一、民族团结和社会稳定，宣扬极端主义、恐怖主义、民族分裂主义和宗教狂热的；

（二）利用宗教妨碍国家司法、教育、婚姻、社会管理等制度实施的；

（三）利用宗教宣扬邪教和封建迷信，或者利用宗教损害公民身体健康，欺骗、胁迫取得财物的；

（四）违背我国宗教独立自主自办原则的；

（五）破坏不同宗教之间、同一宗教内部以及信教公民与不信教公民之间和睦相处的；

（六）歧视、侮辱信教公民或者不信教公民，损害信教公民或者不信教公民合法权益的；

（七）从事违法宗教活动或者为违法宗教活动提供便利的；

（八）诱导未成年人信教，或者组织、强迫未成年人参加宗教活动的；

（九）以宗教名义进行商业宣传，经销、发送宗教用品、宗教内部资料性出版物和非法出版物的；

（十）假冒宗教教职人员开展活动的；

（十一）有关法律、行政法规和国家规定禁止的其他内容的。

第十五条 取得《互联网宗教信息服务许可证》的宗教团体、宗教院校和寺观教堂，可以且仅限于通过其依法自建的互联网站、应用程序、论坛等由宗教教职人员、宗教院校教师讲经讲道，阐释教义教规中有利于社会和谐、时代进步、健康文明的内容，引导信教公民爱国守法。参与讲经讲道的人员实行实名管理。

第十六条 取得《互联网宗教信息服务许可证》的宗教院校，可以且仅限于通过其依法自建的专用互联网站、应用程序、论坛等开展面向宗教院校学生、宗教教职人员的宗教教育培训。专用互联网站、应用程序、论坛等对外须使用虚拟专用网络连接，并对参加教育培训的人员进行身份验证。

第十七条 除本办法第十五条、第十六条规定的情形外，任何组织或者个人不得在互联网上传教，不得开展宗教教育培训、发布讲经讲道内容或者转发、链接相关内容，不得在互联网上组织开展宗教活动，不得以文字、图片、音视频等方式直播或者录播拜佛、烧香、受戒、诵经、礼拜、弥撒、受洗等宗教仪式。

第十八条 任何组织或者个人不得在互联网上成立宗教组织、设立宗教院校和宗教活动场所、发展教徒。

第十九条 任何组织或者个人不得在互联网上以宗教名义开展募捐。

宗教团体、宗教院校和宗教活动场所发起设立的慈善组织在互联网上开展慈善募捐，应当符合《中华人民共和国慈善法》相关规定。

第二十条 提供互联网宗教信息传播平台服务的，应当与平台注册用户签订协议，核验注册用户真实身份信息。

第二十一条 未取得《互联网宗教信息服务许可证》的互联网信息传播平台，应当加强平台注册用户管理，不得为用户提供互联网宗教信息发布服务。

第二十二条 从事互联网宗教信息服务，发现违反本办法规定的信息的，应当立即停止传输该信息，采取消除等处置措施，防止信息扩散，保存有关记录，并向有关主管部门报告。

第二十三条 宗教事务部门应当加强对互联网宗教信息服务的日常指导、监督、检查,建立互联网宗教信息服务违规档案、失信联合惩戒对象名单和约谈制度,加强对互联网宗教信息服务相关从业人员的专业培训,接受对违法从事互联网宗教信息服务的举报,研判互联网宗教信息,会同网信部门、电信主管部门、公安机关、国家安全机关依法处置违法行为。

第二十四条 网信部门应当加强互联网信息内容管理,依法处置违法互联网宗教信息。

第二十五条 电信主管部门应当加强互联网行业监管,依法配合处置违法从事互联网宗教信息服务的行为。

第二十六条 公安机关应当依法加强互联网信息服务安全监督管理,防范和处置互联网宗教信息服务中的违法犯罪活动。

第二十七条 国家安全机关应当依法防范和处置境外机构、组织、个人,以及境内机构、组织、个人与境外机构、组织、个人相勾结在互联网上利用宗教进行的危害国家安全活动。

第四章 法律责任

第二十八条 申请人隐瞒有关情况或者提供虚假材料申请互联网宗教信息服务许可的,宗教事务部门不予受理或者不予许可,已经许可的应当依法撤销许可,并给予警告。

擅自从事互联网宗教信息服务的,由宗教事务部门会同电信主管部门依据职责责令停止相关服务活动。

第二十九条 违反本办法第十条、第十一条、第十四条、第十五条、第十六条、第十七条、第十八条、第十九条规定的,由宗教事务部门责令限期改正;拒不改正的,会同网信部门、电信主管部门、公安机关、国家安全机关等依照有关法律、行政法规的规定给予处罚。

第三十条 互联网宗教信息传播平台注册用户违反本办法规定的,由宗教事务部门会同网信部门、公安机关责令互联网宗教信息传播平台提供者依法依约采取警示整改、限制功能直至关闭账号等处置措施。

第三十一条 违反本办法规定,同时还违反《互联网信息服务管理办法》及国家对互联网新闻信息服务、互联网视听节目服务、网络出版服务等相关管理规定的,由宗教事务部门、网信部门、电信主管部门、公安机关、广播电视主管部门、电影主管部门、出版主管部门等依法处置。

第三十二条 国家工作人员在互联网宗教信息服务管理工作中滥用职

权、玩忽职守、徇私舞弊,依法给予处分。

第三十三条 违反本办法规定,构成违反治安管理行为的,依法给予治安管理处罚;构成犯罪的,依法追究刑事责任。

第五章 附 则

第三十四条 本办法施行前已经从事互联网宗教信息服务的,应当自本办法施行之日起6个月内依照本办法有关规定办理相关手续。

第三十五条 本办法由国家宗教事务局、国家互联网信息办公室、工业和信息化部、公安部和国家安全部负责解释。

第三十六条 本办法自2022年3月1日起施行。

理财公司理财产品流动性风险管理办法

(2021年12月10日中国银行保险监督管理委员会令2021年第14号公布 自2022年5月10日起施行 国司备字[2022005593])

第一章 总 则

第一条 根据《中华人民共和国银行业监督管理法》等法律、行政法规,以及《关于规范金融机构资产管理业务的指导意见》《商业银行理财业务监督管理办法》《商业银行理财子公司管理办法》,制定本办法。

第二条 本办法所称理财公司是指在中华人民共和国境内依法设立的商业银行理财子公司,以及银保监会批准设立的其他主要从事理财业务的非银行金融机构。

本办法适用于理财公司及其发行的理财产品。

第三条 本办法所称流动性风险是指理财产品无法通过变现资产等途径以合理成本及时获得充足资金,用于满足该理财产品的投资者赎回需求、履行其他支付义务的风险。

第四条 理财公司承担理财产品流动性风险管理的主体责任,应当按照本办法建立健全理财产品流动性风险管理体系,专业审慎、勤勉尽责地管理理财产品流动性风险,确保理财产品投资运作稳健、净值计价公允,保障投资者的合法权益不受损害并得到公平对待。

理财公司开展理财产品流动性风险管理,应当建立有效风险隔离机制,防范流动性风险传染。理财公司应当按照公平交易和价格公允原则，严格本公司理财产品之间、理财产品与本公司及其关联方之间的交易管理，并对相关交易行为实施专门的监控、分析、评估、授权、审批和核查，有效识别、监测、预警和防范各类不正当交易。

第五条 银保监会及其派出机构依法对理财公司的理财产品流动性风险管理活动实施监督管理。

第二章 治理架构与管理措施

第六条 理财公司应当建立组织健全、职责清晰、有效制衡、激励约束合理的理财产品流动性风险管理治理结构，指定部门设立专门岗位，配备充足的具备胜任能力的人员负责理财产品的流动性风险评估与监测，监督流动性风险管理制度的执行情况。理财产品流动性风险管理相关部门、岗位与人员应当独立于投资管理部门，具有明确且独立的报告路径。

第七条 理财公司中承担理财产品投资运作管理职责的部门负责人应当对该理财产品的流动性风险管理承担主要责任。

第八条 理财公司应当针对理财产品流动性风险管理建立严格的考核问责机制，将流动性风险管理状况纳入该理财产品投资运作管理人员的考核评价标准。

第九条 理财公司应当根据理财产品性质和风险特征，建立健全理财产品流动性风险管理制度，并定期评估完善，包括但不限于：

（一）投资者集中度管理，认购和赎回限制，出现对投资者重大不利影响事项时的应对措施，对巨额赎回的监测、管控和评估；

（二）投资组合的事前评估，对高流动性资产的投资比例设定下限，对低流动性资产的投资比例设定上限，投资资产的集中度限制，高风险资产的投资限制；

（三）压力测试；

（四）应急计划。

第十条 理财公司可以依照法律法规及理财产品合同的约定，综合运用以下理财产品流动性风险应对措施：

（一）认购风险应对措施，包括：设定单一投资者认购金额上限、设定理财产品单日净认购比例上限、拒绝大额认购、暂停认购，以及银保监会规定的其他措施。

（二）赎回风险应对措施，包括：设置赎回上限、延期办理巨额赎回申请、暂停接受赎回申请、延缓支付赎回款项、收取短期赎回费、暂停理财产品估值、摆动定价，以及银保监会规定的其他措施。

理财公司应当明确各类流动性风险应对措施的实施条件、发起部门、决策程序、业务流程等事项，确保相关措施实施的及时、有序、透明及公平。

第十一条 理财公司运用延缓支付赎回款项、暂停理财产品估值、摆动定价等措施后，应当在3个工作日内向银保监会或其派出机构报告，说明面临的赎回压力情况、市场流动性状况、已采取的措施、恢复正常业务所需的时间、采取相关措施对理财产品的影响等。

理财公司运用本办法第十条所列流动性风险应对措施的，应当在当月结束后5个工作日内，在全国银行业理财信息登记系统提交相关信息。

第十二条 理财公司应当指定部门负责理财产品流动性风险压力测试的实施与评估。相关部门应当与投资管理部门保持相对独立。

理财公司在设置压力测试情景时，应当充分考虑不同压力情景下各类资产投资策略和方式对资产变现能力的影响、变现所需时间和可能的价格折损，以及除投资者赎回外对债权人、交易对手及其他第三方的支付义务，并关注市场风险、声誉风险等对理财产品流动性风险的影响。

理财公司针对开放式理财产品还应专门建立以压力测试为核心的流动性风险监测与预警框架。

第十三条 理财公司应当制定并定期测试、完善理财产品流动性风险应急计划，审慎评估各类流动性风险应对措施的可行性、有效性和可能影响。应急计划的内容包括但不限于触发应急计划的各种情景、应急资金来源、应急程序和措施，董事会、高级管理层及相关部门实施应急程序和措施的权限与职责等。

第十四条 理财公司应当依照理财产品信息披露相关规定，向投资者披露理财产品面临的主要流动性风险及其管理方法。

（一）在理财产品销售文件中披露开放式理财产品认购、赎回安排，主要拟投资市场、资产的流动性风险评估等信息。

（二）针对理财产品特点确定拟运用的流动性风险应对措施，并在理财产品销售文件中与投资者事先约定相关措施的使用情形、处理方法、程序及对投资者的潜在影响等，确保相关措施在必要时能够及时、有效运用。

（三）理财产品持续运作过程中，应当在理财产品季度、半年和年度报告中披露理财产品组合资产情况及其流动性风险分析等；在发生涉及理财产品认购、赎回事项调整或潜在影响投资者赎回等事项时，及时发布临时公告。

（四）理财公司应当按照理财产品销售文件中约定的信息披露方式，在运用收取短期赎回费、摆动定价等措施后,3 个交易日内告知该理财产品的相关投资者;在运用暂停认购、延期办理巨额赎回申请、暂停接受赎回申请、延缓支付赎回款项、暂停理财产品估值等措施后,3 个交易日内告知该理财产品的投资者,并说明运用相关措施的原因、拟采取的应对安排等。

第三章 投资交易管理

第十五条 理财公司应当在理财产品设计阶段,在综合评估投资策略、投资范围、投资资产流动性、投资限制、销售渠道、投资者类型与风险偏好、投资者结构等因素的基础上,审慎确定开放式、封闭式等产品运作方式,合理设计认购和赎回安排,制定相应的流动性风险应对措施。

理财产品拟采用开放式运作的,组合资产的流动性应当与理财产品合同约定的认购、赎回安排相匹配,投资策略应当能够满足不同市场情形下投资者的赎回需求,理财产品投资者结构、估值计价等方面安排能够充分保障投资者得到公平对待。

理财公司应当按照本办法规定评估每只开放式理财产品的流动性风险,评估结论至少经相关高级管理人员同意,由承担该理财产品投资运作管理职责的部门负责人签字,并在全国银行业理财信息登记系统对理财产品进行集中登记时同步提交。

第十六条 理财公司应当持续监测开放式理财产品流动性风险,审慎评估该产品所投资各类资产的估值计价和变现能力,充分考虑声誉风险、信用风险、市场风险、交易对手风险等的可能影响,并提前作出流动性风险应对安排。

第十七条 单只理财产品同时存在以下情形的,应当采用封闭或定期开放运作方式,且定期开放周期不得低于 90 天,该理财产品销售文件还应当作出充分披露和显著标识:

(一)计划投资不存在活跃交易市场,并且需要采用估值技术确定公允价值的资产;

(二)计划投资上述资产的比例达到理财产品净资产 50%以上。

对于其他理财产品,非因理财公司主观因素导致突破前款规定比例限制的,该理财产品不得新增投资上述资产。

第十八条 单只开放式公募理财产品和每个交易日开放的私募理财产品直接投资于流动性受限资产的市值在开放日不得超过该产品资产净值的15%。单只定期开放式私募理财产品直接投资于流动性受限资产的市值在开放日不得超过该产品资产净值的 20%。

面向单一投资者发行的私募理财产品可不受前款比例限制。

因证券市场波动、上市公司股票停牌、理财产品规模变动等因素导致理财产品不符合本条规定比例限制的，该理财产品不得主动新增投资流动性受限资产。

第十九条 开放式理财产品所投资资产的流动性应当与投资者赎回需求相匹配，确保持有足够具有良好流动性的资产，以备支付理财产品投资者的赎回款项。

定期开放周期不低于90天的公募理财产品，应当在开放日及开放日前7个工作日内持有不低于该理财产品资产净值5%的现金或者到期日在一年以内的国债、中央银行票据和政策性金融债券。

其他开放式公募理财产品均应当持续符合前款比例要求。

第二十条 单只理财产品允许单一投资者持有份额超过总份额50%的，应当采用封闭或定期开放运作方式，定期开放周期不得低于90天（现金管理类理财产品除外）。该理财产品销售文件应当作出充分披露和显著标识，不得向个人投资者公开发售。

对于其他理财产品，非因理财公司主观因素导致突破前款规定比例限制的，在单一投资者持有比例降至50%以下之前，理财公司不得再接受该投资者对该理财产品的认购申请。

第二十一条 定期开放周期低于90天的私募理财产品应当主要投资于标准化债权类资产以及上市交易的股票，法律、行政法规和银保监会另有规定的除外。

对于每个交易日开放的私募理财产品，其投资范围、投资比例、认购和赎回安排等参照银保监会关于开放式公募理财产品的相关规定执行。

第二十二条 理财公司应当加强理财产品同业融资的流动性风险、交易对手风险等风险管理，做好期限管理和集中度管控，按照穿透原则对交易对手实施尽职调查和准入管理，设置适当的交易限额并根据需要进行动态调整。

理财公司理财产品可以按照国务院金融管理部门相关规定开展回购业务，但应当事先在理财产品销售文件中与投资者作出明确约定。

第二十三条 理财公司应当建立健全理财产品买入返售交易押品的管理制度，与交易对手开展买入返售交易的，可接受押品的资质要求应当与理财产品合同约定的投资范围保持一致。

第四章 认购与赎回管理

第二十四条 理财公司应当加强理财产品认购管理，合理控制投资者集中度,审慎分析评估大额认购申请。当接受认购申请可能对理财产品存量投资者利益构成重大不利影响时,或者基于投资运作与风险控制需要,理财公司可以采取本办法第十条所列认购风险应对措施。

第二十五条 理财公司应当对开放式理财产品 7 个工作日可变现资产的可变现价值进行审慎评估与测算,确保每日确认且需当日支付的净赎回申请不超过前一工作日该理财产品 7 个工作日可变现资产的可变现价值,银保监会另有规定的除外。

在开放日前一工作日内,开放式理财产品 7 个工作日可变现资产的可变现价值应当不低于该产品资产净值的 10%。

面向单一投资者发行的私募理财产品可不受本条规定限制。

第二十六条 理财公司应当强化开放式理财产品巨额赎回的事前监测、事中管控与事后评估。当开放式理财产品发生巨额赎回且现金类资产不足以支付赎回款项时,应当在充分评估该产品组合资产变现能力、投资比例变动与理财产品单位份额净值波动的基础上,审慎接受、确认赎回申请。

开放式理财产品发生巨额赎回的,理财公司当日办理的赎回份额不得低于前一日终理财产品总份额的 10%,对其余赎回申请可以暂停接受或延期办理。对该产品单个份额持有人的赎回申请,可以按照其申请占当日申请赎回总份额的比例,确定该份额持有人当日办理的赎回份额。

理财产品份额持有人可以在申请赎回时选择将当日未获办理部分予以撤销。理财产品份额持有人未选择撤销的,理财公司可以延迟至下一个开放日办理,赎回价格为下一个开放日的价格。

第二十七条 开放式理财产品连续 2 个以上开放日发生巨额赎回的,除采取本办法第二十六条措施外,对于已经接受的赎回申请,理财公司还可以延缓支付赎回款项,但延缓期限不得超过 20 个工作日。

第二十八条 开放式理财产品的单个份额持有人在单个开放日申请赎回理财产品份额超过该理财产品总份额合同约定比例的,理财公司可以暂停接受其赎回申请;已经接受的赎回申请可以延缓支付赎回款项,但延缓期限不得超过 20 个工作日。

第二十九条 理财公司可以按照事先约定,向连续持有少于 7 日的开放式理财产品(现金管理类理财产品除外)投资者收取赎回费,并将上述赎回费全额计入理财产品财产。

第三十条 理财公司应当按照相关规定开展理财产品估值,加强极端市场条件下的估值管理。

开放式理财产品在前一估值日内,产品资产净值 50%以上的资产不具备活跃交易市场或者在活跃市场中无报价，且不能采用估值技术可靠计量公允价值的，理财公司应当暂停该产品估值，并采取延缓支付赎回款项或暂停接受理财产品认购、赎回申请等措施。

第三十一条 开放式公募理财产品（现金管理类理财产品除外）发生大额认购或赎回时，理财公司可以采用摆动定价机制。

理财公司应当在理财产品销售文件中与投资者事先约定摆动定价机制的相关原理与操作方法，并履行相关信息披露义务。

第五章 合作机构管理

第三十二条 理财公司应当采取有效措施确保各方合作行为持续满足理财产品流动性风险管理需要。

本办法所称合作机构包括理财投资合作机构和理财产品代销机构。理财投资合作机构应当符合《商业银行理财子公司管理办法》等规定。理财产品代销机构应当符合银保监会关于理财公司理财产品销售的相关规定。

第三十三条 理财公司理财产品投资合作机构发行的资产管理产品，理财公司应当及时、充分了解该理财产品所投资资产管理产品的认购、赎回安排和流动性风险状况，合理评估理财产品所投资资产管理产品底层资产的流动性风险。

第三十四条 理财公司应当采取有效措施督促理财产品受托投资机构按照合同约定开展理财产品受托投资活动，确保理财产品受托投资机构的相关业务行为持续满足理财产品流动性风险管理要求，其受托投资资产的管理符合理财产品的投资策略、目标和赎回安排。

第三十五条 理财公司应当自主审慎判断理财产品投资顾问的投资管理建议与理财产品投资策略和目标、认购和赎回安排的一致性，有效评估相关建议对理财产品流动性风险管理的影响。

第三十六条 理财公司通过代销机构销售理财产品的，应当充分考虑代销行为和销售渠道对理财产品流动性的影响，要求代销机构充分、准确提供与该产品流动性风险管理相关的投资者信息和变化情况，包括但不限于投资者数量、类型、结构、风险承受能力等级等。

第六章 监督管理

第三十七条 理财公司应当按照规定，向银保监会或其派出机构报送与理财产品流动性风险有关的统计报表、外部审计报告和银保监会及其派出机构要求报送的其他材料。

银行业理财登记托管中心应当加强对理财产品流动性风险情况的监测分析,并定期向银保监会报送。

第三十八条 理财公司应当将理财产品总体流动性风险管理情况纳入理财业务年度报告,于每年度结束后 2 个月内向银保监会或其派出机构报送。

理财公司对理财产品流动性风险管理制度、程序和措施进行重大调整的,应当在 1 个月内向银保监会或其派出机构书面报告调整情况。

第三十九条 理财公司的理财产品出现或者可能出现重大流动性风险时,应当及时向银保监会或其派出机构报告,并提交应对措施。

第四十条 理财公司违反本办法规定的,银保监会及其派出机构可依照法律法规提出整改要求,采取相关监管措施或者进行处罚。

第七章 附 则

第四十一条 其他银行业金融机构发行理财产品,参照本办法执行。

第四十二条 除本办法规定外,现金管理类理财产品还应当符合《关于规范现金管理类理财产品管理有关事项的通知》等规制要求。

第四十三条 本办法中"以上"均含本数,"以下"不含本数。

本办法所称巨额赎回,是指理财公司开放式理财产品单个开放日净赎回申请超过前一日终理财产品总份额的 10%的赎回行为,银保监会另有规定的除外。

本办法所称摆动定价机制,是指当开放式公募理财产品遭遇大额认购或赎回时,通过调整理财产品份额净值的方式,将理财产品调整投资组合的市场冲击成本分配给实际认购、赎回的投资者,从而减少对存量理财产品份额持有人利益的不利影响。

本办法所称定期开放式理财产品,是指自产品成立日至终止日期间,理财产品份额总额不固定,具有多个确定开放期,开放期内投资者可以按照协议约定进行认购或者赎回,其他时间内产品封闭运作的理财产品。本办法所称定期开放周期是指定期开放式理财产品 2 个开放期的最短间隔天数。

本办法所称流动性受限资产,是指由于法律法规、监管、合同或操作障碍等原因无法以合理价格予以变现的资产,包括到期日在 10 个交易日以上的逆回购与银行定期存款(含协议约定有条件提前支取的银行存款)、距可赎回日在 10 个交易日以上的资产管理产品、停牌股票、流通受限的新股及非公开发行股票、资产支持证券(票据),因发行人债务违约无法进行转让或交易的债券和非金融企业债务融资工具,以及其他流动性受限资产。

本办法所称7个工作日可变现资产,包括可在交易所、银行间市场正常交易的股票、债券、非金融企业债务融资工具、期货及期权合约以及同业存单,7个工作日内到期或可支取的买入返售、银行存款,7个工作日内能够确认收到的各类应收款项等。

第四十四条 本办法由银保监会负责解释。

第四十五条 本办法自2022年5月10日起施行。

本办法施行前存续的开放式理财产品不符合本办法第二十条要求的,在单一投资者持有份额占理财产品总份额比例降至50%以下之前,理财公司不得再接受该单一投资者对该理财产品的认购申请。

企业环境信息依法披露管理办法

(2021年12月11日生态环境部令第24号公布　自2022年2月8日起施行　国司备字[2022005632])

第一章　总　　则

第一条 为了规范企业环境信息依法披露活动,加强社会监督,根据《中华人民共和国环境保护法》《中华人民共和国清洁生产促进法》《公共企事业单位信息公开规定制定办法》《环境信息依法披露制度改革方案》等相关法律法规和文件,制定本办法。

第二条 本办法适用于企业依法披露环境信息及其监督管理活动。

第三条 生态环境部负责全国环境信息依法披露的组织、指导、监督和管理。

设区的市级以上地方生态环境主管部门负责本行政区域环境信息依法披露的组织实施和监督管理。

第四条 企业是环境信息依法披露的责任主体。

企业应当建立健全环境信息依法披露管理制度,规范工作规程,明确工作职责,建立准确的环境信息管理台账,妥善保存相关原始记录,科学统计归集相关环境信息。

企业披露环境信息所使用的相关数据及表述应当符合环境监测、环境统计等方面的标准和技术规范要求,优先使用符合国家监测规范的污染物监测数据、排污许可证执行报告数据等。

第五条 企业应当依法、及时、真实、准确、完整地披露环境信息，披露的环境信息应当简明清晰、通俗易懂，不得有虚假记载、误导性陈述或者重大遗漏。

第六条 企业披露涉及国家秘密、战略高新技术和重要领域核心关键技术、商业秘密的环境信息，依照有关法律法规的规定执行；涉及重大环境信息披露的，应当按照国家有关规定请示报告。

任何公民、法人或者其他组织不得非法获取企业环境信息，不得非法修改披露的环境信息。

第二章 披露主体

第七条 下列企业应当按照本办法的规定披露环境信息：

（一）重点排污单位；

（二）实施强制性清洁生产审核的企业；

（三）符合本办法第八条规定的上市公司及合并报表范围内的各级子公司（以下简称上市公司）；

（四）符合本办法第八条规定的发行企业债券、公司债券、非金融企业债务融资工具的企业（以下简称发债企业）；

（五）法律法规规定的其他应当披露环境信息的企业。

第八条 上一年度有下列情形之一的上市公司和发债企业，应当按照本办法的规定披露环境信息：

（一）因生态环境违法行为被追究刑事责任的；

（二）因生态环境违法行为被依法处以十万元以上罚款的；

（三）因生态环境违法行为被依法实施按日连续处罚的；

（四）因生态环境违法行为被依法实施限制生产、停产整治的；

（五）因生态环境违法行为被依法吊销生态环境相关许可证件的；

（六）因生态环境违法行为，其法定代表人、主要负责人、直接负责的主管人员或者其他直接责任人员被依法处以行政拘留的。

第九条 设区的市级生态环境主管部门组织制定本行政区域内的环境信息依法披露企业名单（以下简称企业名单）。

设区的市级生态环境主管部门应当于每年 3 月底前确定本年度企业名单，并向社会公布。企业名单公布前应当在政府网站上进行公示，征求公众意见；公示期限不得少于十个工作日。

对企业名单公布后新增的符合纳入企业名单要求的企业，设区的市级生态环境主管部门应当将其纳入下一年度企业名单。

设区的市级生态环境主管部门应当在企业名单公布后十个工作日内报送省级生态环境主管部门。省级生态环境主管部门应当于每年4月底前，将本行政区域的企业名单报送生态环境部。

第十条 重点排污单位应当自列入重点排污单位名录之日起，纳入企业名单。

实施强制性清洁生产审核的企业应当自列入强制性清洁生产审核名单后，纳入企业名单，并延续至该企业完成强制性清洁生产审核验收后的第三年。

上市公司、发债企业应当连续三年纳入企业名单；期间再次发生本办法第八条规定情形的，应当自三年期限届满后，再连续三年纳入企业名单。

对同时符合本条规定的两种以上情形的企业，应当按照最长期限纳入企业名单。

第三章 披露内容和时限

第十一条 生态环境部负责制定企业环境信息依法披露格式准则（以下简称准则），并根据生态环境管理需要适时进行调整。

企业应当按照准则编制年度环境信息依法披露报告和临时环境信息依法披露报告，并上传至企业环境信息依法披露系统。

第十二条 企业年度环境信息依法披露报告应当包括以下内容：

（一）企业基本信息，包括企业生产和生态环境保护等方面的基础信息；

（二）企业环境管理信息，包括生态环境行政许可、环境保护税、环境污染责任保险、环保信用评价等方面的信息；

（三）污染物产生、治理与排放信息，包括污染防治设施，污染物排放，有毒有害物质排放，工业固体废物和危险废物产生、贮存、流向、利用、处置，自行监测等方面的信息；

（四）碳排放信息，包括排放量、排放设施等方面的信息；

（五）生态环境应急信息，包括突发环境事件应急预案、重污染天气应急响应等方面的信息；

（六）生态环境违法信息；

（七）本年度临时环境信息依法披露情况；

（八）法律法规规定的其他环境信息。

第十三条　重点排污单位披露年度环境信息时，应当披露本办法第十二条规定的环境信息。

第十四条　实施强制性清洁生产审核的企业披露年度环境信息时，除了披露本办法第十二条规定的环境信息外，还应当披露以下信息：

（一）实施强制性清洁生产审核的原因；

（二）强制性清洁生产审核的实施情况、评估与验收结果。

第十五条　上市公司和发债企业披露年度环境信息时，除了披露本办法第十二条规定的环境信息外，还应当按照以下规定披露相关信息：

（一）上市公司通过发行股票、债券、存托凭证、中期票据、短期融资券、超短期融资券、资产证券化、银行贷款等形式进行融资的，应当披露年度融资形式、金额、投向等信息，以及融资所投项目的应对气候变化、生态环境保护等相关信息；

（二）发债企业通过发行股票、债券、存托凭证、可交换债、中期票据、短期融资券、超短期融资券、资产证券化、银行贷款等形式融资的，应当披露年度融资形式、金额、投向等信息，以及融资所投项目的应对气候变化、生态环境保护等相关信息。

上市公司和发债企业属于强制性清洁生产审核企业的，还应当按照本办法第十四条的规定披露相关环境信息。

第十六条　企业未产生本办法规定的环境信息的，可以不予披露。

第十七条　企业应当自收到相关法律文书之日起五个工作日内，以临时环境信息依法披露报告的形式，披露以下环境信息：

（一）生态环境行政许可准予、变更、延续、撤销等信息；

（二）因生态环境违法行为受到行政处罚的信息；

（三）因生态环境违法行为，其法定代表人、主要负责人、直接负责的主管人员和其他直接责任人员被依法处以行政拘留的信息；

（四）因生态环境违法行为，企业或者其法定代表人、主要负责人、直接负责的主管人员和其他直接责任人员被追究刑事责任的信息；

（五）生态环境损害赔偿及协议信息。

企业发生突发环境事件的，应当依照有关法律法规规定披露相关信息。

第十八条　企业可以根据实际情况对已披露的环境信息进行变更；进行变更的，应当以临时环境信息依法披露报告的形式变更，并说明变更事项和理由。

第十九条　企业应当于每年3月15日前披露上一年度1月1日至12月31日的环境信息。

第二十条 企业在企业名单公布前存在本办法第十七条规定的环境信息的，应当于企业名单公布后十个工作日内以临时环境信息依法披露报告的形式披露本年度企业名单公布前的相关信息。

第四章 监督管理

第二十一条 生态环境部、设区的市级以上地方生态环境主管部门应当依托政府网站等设立企业环境信息依法披露系统，集中公布企业环境信息依法披露内容，供社会公众免费查询，不得向企业收取任何费用。

第二十二条 生态环境主管部门应当加强企业环境信息依法披露系统与全国排污许可证管理信息平台等生态环境相关信息系统的互联互通，充分利用信息化手段避免企业重复填报。

生态环境主管部门应当加强企业环境信息依法披露系统与信用信息共享平台、金融信用信息基础数据库对接，推动环境信息跨部门、跨领域、跨地区互联互通、共享共用，及时将相关环境信息提供给有关部门。

第二十三条 设区的市级生态环境主管部门应当于每年 3 月底前，将上一年度本行政区域环境信息依法披露情况报送省级生态环境主管部门。省级生态环境主管部门应当于每年 4 月底前将相关情况报送生态环境部。

报送的环境信息依法披露情况应当包括以下内容：

（一）企业开展环境信息依法披露的总体情况；

（二）对企业环境信息依法披露的监督检查情况；

（三）其他应当报送的信息。

第二十四条 生态环境主管部门应当会同有关部门加强对企业环境信息依法披露活动的监督检查，及时受理社会公众举报，依法查处企业未按规定披露环境信息的行为。鼓励生态环境主管部门运用大数据分析、人工智能等技术手段开展监督检查。

第二十五条 公民、法人或者其他组织发现企业有违反本办法规定行为的，有权向生态环境主管部门举报。接受举报的生态环境主管部门应当依法进行核实处理，并对举报人的相关信息予以保密，保护举报人的合法权益。

生态环境主管部门应当畅通投诉举报渠道，引导社会公众、新闻媒体等对企业环境信息依法披露进行监督。

第二十六条 设区的市级以上生态环境主管部门应当按照国家有关规定，将环境信息依法披露纳入企业信用管理，作为评价企业信用的重要指标，并将企业违反环境信息依法披露要求的行政处罚信息记入信用记录。

第五章　罚　　则

第二十七条　法律法规对企业环境信息公开或者披露规定了法律责任的，依照其规定执行。

第二十八条　企业违反本办法规定，不披露环境信息，或者披露的环境信息不真实、不准确的，由设区的市级以上生态环境主管部门责令改正，通报批评，并可以处一万元以上十万元以下的罚款。

第二十九条　企业违反本办法规定，有下列行为之一的，由设区的市级以上生态环境主管部门责令改正，通报批评，并可以处五万元以下的罚款：

（一）披露环境信息不符合准则要求的；

（二）披露环境信息超过规定时限的；

（三）未将环境信息上传至企业环境信息依法披露系统的。

第三十条　设区的市级以上地方生态环境主管部门在企业环境信息依法披露监督管理中有玩忽职守、滥用职权、徇私舞弊行为的，依法依纪对直接负责的主管人员或者其他直接责任人员给予处分。

第六章　附　　则

第三十一条　事业单位依法披露环境信息的，参照本办法执行。

第三十二条　本办法由生态环境部负责解释。

第三十三条　本办法自2022年2月8日起施行。《企业事业单位环境信息公开办法》（环境保护部令第31号）同时废止。

生态环境部关于修改部分部门规章的决定

（2021年12月13日生态环境部令第25号公布　自公布之日起施行　国司备字［2022005633］）

根据《中国共产党机构编制工作条例》《规章制定程序条例》，生态环境部决定对以下部门规章的部分条款予以修改。

一、将《环境信访办法》第八条第一款修改为："按照有利工作、方便信访人的原则，县级以上环境保护行政主管部门应当确定负责环境信访工作的机构或者人员，具体负责环境信访工作。"

将第二十五条第二款中的“国家环境保护总局”修改为“生态环境部”。

二、将《环境统计管理办法》第七条第二款修改为：“县级以上地方环境保护行政主管部门根据统计任务的需要，明确相关机构或者人员，负责环境统计工作。”

三、将《环境保护档案管理办法》第五条修改为：“环境保护部门应当加强对档案工作的领导，完善档案工作管理体制，确定档案机构或者档案工作人员负责管理本单位的档案，并对所属单位的档案工作实行监督和指导。”

四、删去《环境影响评价审查专家库管理办法》第四条第三项。

将第三条第二款中的“国家环境保护总局”修改为“生态环境部”。

五、删去《国家级自然保护区监督检查办法》第八条第一款第一项。

六、删去《环保举报热线工作管理办法》第五条。

本决定自公布之日起施行。

环境信访办法

（2006年6月24日国家环保总局令第34号公布　根据2021年12月13日《生态环境部关于修改部分部门规章的决定》修正）

第一章　总　　则

第一条　为了规范环境信访工作，维护环境信访秩序，保护信访人的合法环境权益，根据《信访条例》和环境保护有关法律、法规，制定本办法。

第二条　本办法所称环境信访是指公民、法人或者其他组织采用书信、电子邮件、传真、电话、走访等形式，向各级环境保护行政主管部门反映环境保护情况，提出建议、意见或者投诉请求，依法由环境保护行政主管部门处理的活动。

采用前款规定形式，反映环境保护情况，提出建议、意见或者投诉请求的公民、法人或者其他组织，称信访人。

第三条　各级环境保护行政主管部门应当畅通信访渠道，认真倾听人民群众的建议、意见和要求，为信访人采用本办法规定的形式反映情况，提出建议、意见或者投诉请求提供便利条件。

各级环境保护行政主管部门及其工作人员不得打击报复信访人。

第四条　环境信访工作应当遵循下列原则：

（一）属地管理、分级负责，谁主管、谁负责，依法、及时、就地解决问题与疏导教育相结合；

（二）科学、民主决策，依法履行职责，从源头预防环境信访案件的发生；

（三）建立统一领导、部门协调，统筹兼顾、标本兼治，各负其责、齐抓共管的环境信访工作机制；

（四）维护公众对环境保护工作的知情权、参与权和监督权，实行政务公开；

（五）深入调查研究，实事求是，妥善处理，解决问题。

第五条 环境信访工作实行行政首长负责制。各级环境保护行政主管部门负责人应当阅批重要来信、接待重要来访，定期听取环境信访工作汇报，研究解决环境信访工作中的问题，检查指导环境信访工作。

第六条 各级环境保护行政主管部门应当建立健全环境信访工作责任制，将环境信访工作绩效纳入工作人员年度考核体系。对环境信访工作中的失职、渎职行为，按照有关法律、法规和本办法，实行责任追究制度。

第七条 信访人检举、揭发污染环境、破坏生态的违法行为或者提出的建议、意见，对环境保护工作有重要推动作用的，环境保护行政主管部门应当给予表扬或者奖励。

对在环境信访工作中做出优异成绩的单位或个人，由同级或上级环境保护行政主管部门给予表彰或者奖励。

第二章　环境信访工作机构、工作人员及职责

第八条 按照有利工作、方便信访人的原则，县级以上环境保护行政主管部门应当确定负责环境信访工作的机构或者人员，具体负责环境信访工作。

各级环境保护行政主管部门应当加强环境信访工作机构的能力建设，配备与环境信访工作相适应的工作人员，保证工作经费和必要的工作设备及设施。

各级环境保护行政主管部门的环境信访工作机构代表本机关负责组织、协调、处理和督促检查环境信访工作及信访事项的办理，保障环境信访渠道的畅通。

第九条 各级环境保护行政主管部门应当选派责任心强，熟悉环境保护业务，了解相关的法律、法规和政策，有群众工作经验的人员从事环境信访工作；重视环境信访干部的培养和使用。

第十条 环境信访工作机构履行下列职责：

（一）受理信访人提出的环境信访事项；

（二）向本级环境保护行政主管部门有关内设机构或单位、下级环境保护行政主管部门转送、交办环境信访事项；

（三）承办上级环境保护行政主管部门和本级人民政府交办处理的环境信访事项；

（四）协调、处理环境信访事项；

（五）督促检查环境信访事项的处理和落实情况，督促承办机构上报处理结果；

（六）研究、分析环境信访情况，开展调查研究，及时向环境保护行政主管部门提出改进工作的建议；

（七）总结交流环境信访工作经验，检查、指导下级环境保护行政主管部门的环境信访工作，组织环境信访工作人员培训；

（八）向本级和上一级环境保护行政主管部门提交年度工作报告，报告应当包括环境信访承办、转办、督办工作情况和受理环境信访事项的数据统计及分析等内容。

第三章　环境信访渠道

第十一条　各级环境保护行政主管部门应当向社会公布环境信访工作机构的通信地址、邮政编码、电子信箱、投诉电话，信访接待时间、地点、查询方式等。

各级环境保护行政主管部门应当在其信访接待场所或本机关网站公布与环境信访工作有关的法律、法规、规章，环境信访事项的处理程序，以及其他为信访人提供便利的相关事项。

第十二条　地方各级环境保护行政主管部门应当建立负责人信访接待日制度，由部门负责人协调处理信访事项，信访人可以在公布的接待日和接待地点，当面反映环境保护情况，提出意见、建议或者投诉。

各级环境保护行政主管部门负责人或者其指定的人员，必要时可以就信访人反映的突出问题到信访人居住地与信访人面谈或进行相关调查。

第十三条　国务院环境保护行政主管部门充分利用现有政务信息网络资源，推进全国环境信访信息系统建设。

地方各级环境保护行政主管部门应当建立本行政区域的环境信访信息系统，与环境举报热线、环境统计和本级人民政府信访信息系统互相联通，实现信息共享。

第十四条　环境信访工作机构应当及时、准确地将下列信息输入环境信访信息系统：

（一）信访人的姓名、地址和联系电话，环境信访事项的基本要求、事实和理由摘要；

（二）已受理环境信访事项的转办、交办、办理和督办情况；

（三）重大紧急环境信访事项的发生、处置情况。

信访人可以到受理其信访事项的环境信访工作机构指定的场所，查询其提出的环境信访事项的处理情况及结果。

第十五条 各级环境保护行政主管部门可以协调相关社会团体、法律援助机构、相关专业人员、社会志愿者等共同参与，综合运用咨询、教育、协商、调解、听证等方法，依法、及时、合理处理信访人反映的环境问题。

第四章 环境信访事项的提出

第十六条 信访人可以提出以下环境信访事项：

（一）检举、揭发违反环境保护法律、法规和侵害公民、法人或者其他组织合法环境权益的行为；

（二）对环境保护工作提出意见、建议和要求；

（三）对环境保护行政主管部门及其所属单位工作人员提出批评、建议和要求。

对依法应当通过诉讼、仲裁、行政复议等法定途径解决的投诉请求，信访人应当依照有关法律、行政法规规定的程序向有关机关提出。

第十七条 信访人的环境信访事项，应当依法向有权处理该事项的本级或者上一级环境保护行政主管部门提出。

第十八条 信访人一般应当采用书信、电子邮件、传真等书面形式提出环境信访事项；采用口头形式提出的，环境信访机构工作人员应当记录信访人的基本情况、请求、主要事实、理由、时间和联系方式。

第十九条 信访人采用走访形式提出环境信访事项的，应当到环境保护行政主管部门设立或者指定的接待场所提出。多人提出同一环境信访事项的，应当推选代表，代表人数不得超过5人。

第二十条 信访人在信访过程中应当遵守法律、法规，自觉履行下列义务：

（一）尊重社会公德，爱护接待场所的公共财物；

（二）申请处理环境信访事项，应当如实反映基本事实、具体要求和理由，提供本人真实姓名、证件及联系方式；

（三）对环境信访事项材料内容的真实性负责；

（四）服从环境保护行政主管部门做出的符合环境保护法律、法规的处理决定。

第二十一条 信访人在信访过程中不得损害国家、社会、集体的利益和其他公民的合法权利，自觉维护社会公共秩序和信访秩序，不得有下列行为：

（一）围堵、冲击环境保护行政机关，拦截公务车辆，堵塞机关公共通道；

（二）捏造、歪曲事实，诬告、陷害他人；

（三）侮辱、殴打、威胁环境信访接待人员；

（四）采取自残、发传单、打标语、喊口号、穿状衣等过激行为或者其他扰乱公共秩序、违反公共道德的行为；

（五）煽动、串联、胁迫、以财物诱使、幕后操纵他人信访或者以信访为名借机敛财；

（六）在环境信访接待场所滞留、滋事，或者将生活不能自理的人弃留在接待场所；

（七）携带危险物品、管制器具，妨害国家和公共安全的其他行为。

第五章 环境信访事项的受理

第二十二条 各级环境信访工作机构收到信访事项，应当予以登记，并区分情况，分别按下列方式处理：

（一）信访人提出属于本办法第十六条规定的环境信访事项的，应予以受理，并及时转送、交办本部门有关内设机构、单位或下一级环境保护行政主管部门处理，要求其在指定办理期限内反馈结果，提交办结报告，并回复信访人。对情况重大、紧急的，应当及时提出建议，报请本级环境保护行政主管部门负责人决定。

（二）对不属于环境保护行政主管部门处理的信访事项不予受理，但应当告知信访人依法向有关机关提出。

（三）对依法应当通过诉讼、仲裁、行政复议等法定途径解决的，应当告知信访人依照有关法律、行政法规规定程序向有关机关和单位提出。

（四）对信访人提出的环境信访事项已经受理并正在办理中的，信访人在规定的办理期限内再次提出同一环境信访事项的，不予受理。

对信访人提出的环境信访事项，环境信访机构能够当场决定受理的，应当场答复；不能当场答复是否受理的，应当自收到环境信访事项之日起 15 日内书面告知信访人。但是信访人的姓名（名称）、住址或联系方式不清而联系不上的除外。

各级环境保护行政主管部门工作人员收到的环境信访事项，交由环境信访工作机构按规定处理。

第二十三条 同级人民政府信访机构转送、交办的环境信访事项，接办的环境保护行政主管部门应当自收到转送、交办信访事项之日起15日内，决定是否受理并书面告知信访人。

第二十四条 环境信访事项涉及两个或两个以上环境保护行政主管部门时，最先收到环境信访事项的环境保护行政主管部门可进行调查，由环境信访事项涉及的环境保护行政主管部门协商受理，受理有争议的，由上级环境保护行政主管部门协调、决定受理部门。

对依法应当由其他环境保护行政主管部门处理的环境信访事项，环境信访工作人员应当告知信访人依照属地管理规定向有权处理的环境保护行政主管部门提出环境信访事项，并将环境信访事项转送有权处理的环境保护行政主管部门；上级环境保护行政主管部门认为有必要直接受理的环境信访事项，可以直接受理。

第二十五条 信访人提出可能造成社会影响的重大、紧急环境信访事项时，环境信访工作人员应当及时向本级环境保护行政主管部门负责人报告。本级环境保护行政主管部门应当在职权范围内依法采取措施，果断处理，防止不良影响的发生或扩大，并立即报告本级人民政府和上一级环境保护行政主管部门。

突发重大环境信访事项时，紧急情况下可直接报告生态环境部或国家信访局。

环境保护行政主管部门对重大、紧急环境信访事项不得隐瞒、谎报、缓报，或者授意他人隐瞒、谎报、缓报。

第二十六条 各级环境保护行政主管部门及其工作人员不得将信访人的检举、揭发材料及有关情况透露或者转给被检举、揭发的人员或者单位。

第六章　环境信访事项办理和督办

第二十七条 各级环境保护行政主管部门及其工作人员办理环境信访事项，应当恪尽职守，秉公办理，查清事实，分清责任，正确疏导，及时、恰当、妥善处理，不得推诿、敷衍、拖延。

第二十八条 有权做出处理决定的环境保护行政主管部门工作人员与环境信访事项或者信访人有直接利害关系的，应当回避。

第二十九条 各级环境保护行政主管部门或单位对办理的环境信访事项应当进行登记，并根据职责权限和信访事项的性质，按照下列程序办理：

（一）经调查核实，依据有关规定，分别做出以下决定：

1、属于环境信访受理范围、事实清楚、法律依据充分，做出予以支持的决定，并答复信访人；

2、信访人的请求合理但缺乏法律依据的，应当对信访人说服教育，同时向有关部门提出完善制度的建议；

3、信访人的请求不属于环境信访受理范围，不符合法律、法规及其他有关规定的，不予支持，并答复信访人。

（二）对重大、复杂、疑难的环境信访事项可以举行听证。听证应当公开举行，通过质询、辩论、评议、合议等方式，查明事实，分清责任。听证范围、主持人、参加人、程序等可以按照有关规定执行。

第三十条 环境信访事项应当自受理之日起 60 日内办结，情况复杂的，经本级环境保护行政主管部门负责人批准，可以适当延长办理期限，但延长期限不得超过 30 日，并应告知信访人延长理由；法律、行政法规另有规定的，从其规定。

对上级环境保护行政主管部门或者同级人民政府信访机构交办的环境信访事项，接办的环境保护行政主管部门必须按照交办的时限要求办结，并将办理结果报告交办部门和答复信访人；情况复杂的，经本级环境保护行政主管部门负责人批准，并向交办部门说明情况，可以适当延长办理期限，并告知信访人延期理由。

上级环境保护行政主管部门或者同级人民政府信访机构认为交办的环境信访事项处理不当的，可以要求原办理的环境保护行政主管部门重新办理。

第三十一条 信访人对环境保护行政主管部门做出的环境信访事项处理决定不服的，可以自收到书面答复之日起 30 日内请求原办理部门的同级人民政府或上一级环境保护行政主管部门复查。收到复查请求的环境保护行政主管部门自收到复查请求之日起 30 日内提出复查意见，并予以书面答复。

第三十二条 信访人对复查意见不服的，可以自收到书面答复之日起 30 日内请求复查部门的本级人民政府或上一级环境保护行政主管部门复核，收到复核请求的环境保护行政主管部门自收到复核请求之日起 30 日内提出复核意见。

第三十三条 上级环境保护行政主管部门对环境信访事项进行复查、复核时，应当听取作出决定的环境保护行政主管部门的意见，必要时可以要求信访人和原处理部门共同到场说明情况，需要向其他有关部门调查核实的，也可以向其他有关部门和人员进行核实。

上级环境保护行政主管部门对环境信访事项进行复查、复核时，发现下级环境保护行政主管部门对环境信访事项处理不当的，在复查、复核的同时，有权直接处理或者要求下级环境保护行政主管部门重新处理。

各级环境保护行政主管部门在复查、复核环境信访事项中，本级人民政府或上一级人民政府对信访事项的复查、复核有明确规定的，按其规定执行。

第三十四条 信访人对复核决定不服的，仍以同一事实和理由提出环境信访事项的，各级环境保护行政主管部门不再受理。

第三十五条 各级环境保护行政主管部门，发现有权做出处理决定的下级环境保护行政主管部门办理环境信访事项有下列情形之一的，应当及时督办，并提出改进建议：

（一）无正当理由未按规定的办理期限办结的；

（二）未按规定程序反馈办理结果的；

（三）办结后信访处理决定未得到落实的；

（四）未按规定程序办理的；

（五）办理时弄虚作假的；

（六）其他需要督办的事项。

第三十六条 各级环境信访工作机构对信访人反映集中、突出的政策性问题，应当及时向本级环境保护行政主管部门负责人报告，会同有关部门进行调查研究，提出完善政策、解决问题的建议。

对在环境信访工作中推诿、敷衍、拖延、弄虚作假，造成严重后果的工作人员，可以向有权做出处理决定的部门提出行政处分建议。

第七章 法律责任

第三十七条 因下列情形之一导致环境信访事项发生、造成严重后果的，对直接负责的主管人员和其他直接责任人员依照有关法律、行政法规的规定给予行政处分；构成犯罪的，依法追究刑事责任：

（一）超越或者滥用职权，侵害信访人合法权益的；

（二）应当作为而不作为，侵害信访人合法权益的；

（三）适用法律、法规错误或者违反法定程序，侵害信访人合法权益的；

（四）拒不执行有权处理的行政机关做出的支持信访请求意见的。

第三十八条 各级环境信访工作机构对收到的环境信访事项应当登记、受理、转送、交办和告知信访人事项的而未按规定登记、受理、转送、交办和告知信访人事项的，或者应当履行督办职责而未履行的，由其所属的环境保护行政主管部门责令改正；造成严重后果的，对直接负责的主管人员和其他直接责任人员依法给予行政处分。

第三十九条 环境保护行政主管部门在办理环境信访事项过程中，有下列行为之一的，由其上级环境保护行政主管部门责令改正；造成严重后果的，对直接负责的主管人员和其他直接责任人员由有权处理的行政部门依法给予行政处分：

（一）推诿、敷衍、拖延环境信访事项办理或者未在法定期限内办结环境信访事项的；

（二）对事实清楚、符合法律、法规、规章或者其他有关规定的投诉请求未给予支持的。

第四十条 各级环境保护行政主管部门及其工作人员在处理环境信访事项过程中，作风粗暴、激化矛盾并造成严重后果的，依法给予行政处分。

违反本办法第二十六条规定，造成严重后果的，对直接负责的主管人员和其他直接责任人员依法给予行政处分；构成犯罪的，移交司法机关追究刑事责任。

违反本办法第三条第二款规定，打击报复信访人，尚不构成犯罪的，依法给予行政处分或纪律处分；构成犯罪的，移交司法机关追究刑事责任。

第四十一条 信访人捏造歪曲事实、诬告陷害他人的，依法承担相应的法律责任。

信访人违反本办法第二十一条规定的，有关机关及所属单位工作人员应当对信访人进行劝阻、批评或者教育。经劝阻、批评和教育无效的，交由公安机关依法进行处置。构成犯罪的，依法追究刑事责任。

第八章 附 则

第四十二条 本办法没有规定的事项，按《信访条例》的有关规定执行。

第四十三条 外国人、无国籍人、外国组织反映国内环境信访事项的处理，参照本办法执行。

第四十四条 环境信访文书的格式和内容见附件

第四十五条 本办法自 2006 年 7 月 1 日起施行，1997 年 4 月 29 日国家环保局发布的《环境信访办法》同时废止。

环境统计管理办法

（2006年11月4日国家环保总局令第37号公布　根据2021年12月13日《生态环境部关于修改部分部门规章的决定》修正）

第一章　总　　则

第一条　为加强环境统计管理，保障环境统计资料的准确性和及时性，根据《中华人民共和国环境保护法》、《中华人民共和国统计法》（以下简称《统计法》）及其实施细则的有关规定，制定本办法。

第二条　环境统计的任务是对环境状况和环境保护工作情况进行统计调查、统计分析，提供统计信息和咨询，实行统计监督。

环境统计的内容包括环境质量、环境污染及其防治、生态保护、核与辐射安全、环境管理及其他有关环境保护事项。

环境统计的类型有：普查和专项调查；定期调查和不定期调查。定期调查包括统计年报、半年报、季报和月报等。

第三条　环境统计工作实行统一管理、分级负责。

国务院环境保护行政主管部门在国务院统计行政主管部门的业务指导下，对全国环境统计工作实行统一管理，制定环境统计的规章制度、标准规范、工作计划，组织开展环境统计科学研究，部署指导全国环境统计工作，汇总、管理和发布全国环境统计资料。

县级以上地方环境保护行政主管部门在上级环境保护行政主管部门和同级统计行政主管部门的指导下，负责本辖区的环境统计工作。

第四条　各级环境保护行政主管部门应当加强环境统计能力建设，将环境统计信息建设列入发展计划，建立健全环境统计信息系统，有计划地用现代信息技术装备本部门及其管辖系统的统计机构，提高环境统计信息处理能力，满足辖区内环境统计信息需求。

第五条　各级环境保护行政主管部门应当根据国家环境统计任务和本地区、本部门的环境管理需要，在下列方面加强对环境统计工作的领导和监督：

（一）将环境统计事业发展纳入环境保护工作计划，并组织实施；

（二）建立、健全环境统计机构；

（三）安排并保障环境统计业务经费；

（四）按时完成上级环境保护行政主管部门依照法规、规章规定布置的统计任务，采取措施保障统计数据的准确性和及时性，不得随意删改统计数据；

（五）开展环境统计科学研究，改进和完善环境统计制度和方法；

（六）建立环境统计工作奖惩制度。

第六条 环境统计范围内的机关、团体、企业事业单位和个体工商户，必须依照有关法律、法规和本办法的规定，如实提供环境统计资料，不得虚报、瞒报、拒报、迟报，不得伪造、篡改。

第二章 环境统计机构和人员

第七条 国务院环境保护行政主管部门设置专门的统计机构，归口管理环境统计工作。国务院环境保护行政主管部门有关司（办、局），负责本司（办、局）业务范围内的专业统计工作。

县级以上地方环境保护行政主管部门根据统计任务的需要，明确相关机构或者人员，负责环境统计工作。

第八条 各级环境保护行政主管部门的统计机构（以下简称环境统计机构）的职责是：

（一）制定环境统计工作规章制度和工作计划，并组织实施；

（二）建立健全环境统计指标体系，归口管理环境统计调查项目；

（三）开展环境统计分析和预测；

（四）实行环境统计质量控制和监督，采取措施保障统计资料的准确性和及时性；

（五）收集、汇总和核实环境统计资料，建立和管理环境统计数据库，提供对外公布的环境统计信息；

（六）按照规定向同级统计行政主管部门和上级环境保护行政主管部门报送环境统计资料；

（七）指导下级环境保护行政主管部门和调查对象的环境统计工作；组织环境统计人员的业务培训；

（八）开展环境统计科研和国内外环境统计业务的交流与合作；

（九）负责环境统计的保密工作。

第九条 各级环境保护行政主管部门的相关职能机构负责其业务范围内的统计工作，其职责是：

（一）编制业务范围内的环境统计调查方案，提交同级环境统计机构审核，并按规定经批准后组织实施；

（二）收集、汇总、审核其业务范围内的环境统计数据，并按照调查方案的要求，上报上级环境保护行政主管部门对口的相关职能机构，同时抄报给同级环境统计机构；

（三）开展环境统计分析，对本部门业务工作提出建议。

第十条　环境统计范围内的机关、团体、企业事业单位应当指定专人负责环境统计工作。

环境统计范围内的机关、团体、企业事业单位和个体工商户的环境统计职责是：

（一）完善环境计量、监测制度，建立健全生产活动及其环境保护设施运行的原始记录、统计台账和核算制度；

（二）按照规定，报送和提供环境统计资料，管理本单位的环境统计调查表和基本环境统计资料。

第十一条　环境统计机构和统计人员在环境统计工作中依法独立行使以下职权，任何单位和个人不得干扰或者阻挠：

（一）统计调查权：调查、搜集有关资料，召开有关调查会议，要求有关单位和人员提供环境统计资料，检查与环境统计资料有关的各种原始记录，要求更正不实的环境统计数据；

（二）统计报告权：调查人员必须将环境统计调查所得资料和情况进行整理、分析，及时、如实地向上级机关和统计部门提供环境统计资料；

（三）统计监督权：根据环境统计调查和统计分析，对环境统计工作进行监督，指出存在的问题，提出改进的建议。

第十二条　各级环境保护行政主管部门和企业事业单位的环境统计人员应当保持相对稳定。

变动环境统计人员的，应当及时向上级环境保护行政主管部门和同级统计行政主管部门报告，并做好环境统计资料的交接工作。

第三章　环境统计调查制度

第十三条　各级环境保护行政主管部门设定环境统计调查项目，必须事先制定环境统计调查方案。

环境统计调查方案应当包括项目名称、调查机关、调查目的、调查范围、调查对象、调查方式、调查时间、调查的主要内容，供调查对象填报用的统计调查表及说明、供整理上报用的综合表及说明和统计调查所需人员及经费来源。

环境统计调查方案的内容可以定期调整。

第十四条　环境统计调查方案应当按照规定程序经审查批准后实施。

统计调查对象属于本部门管辖系统内的,应当经本级环境统计机构审核后,由本级环境保护行政主管部门负责人审批,报同级统计行政主管部门备案。

统计调查对象超出本部门管辖系统的,应当由本级环境统计机构审核后,经本级环境保护行政主管部门负责人同意,报同级统计行政主管部门审批,其中重要的,报国务院或者本级地方人民政府审批。

第十五条 编制环境统计调查方案应当遵循以下原则:

(一)凡可从已有资料或利用现有资料整理加工得到所需资料的,不得重复调查;

(二)抽样调查、重点调查或者行政记录可以满足需要的,不得制发全面统计调查表;一次性统计调查可以满足需要的,不得进行经常性统计调查;年度统计调查可以满足需要的,不得按季度统计调查;季度统计调查可以满足需要的,不得按月统计调查;月以下的进度统计调查必须从严控制;

(三)编制新的环境统计调查方案,必须事先试点或者充分征求有关地方环境保护行政主管部门、其他有关部门和基层单位的意见,进行可行性论证;

(四)统计调查需要的人员和经费应当有保证;

(五)地方环境统计调查方案,其指标解释、计算方法、完成期限及其他有关内容,不得与国家环境统计调查方案相抵触。

第十六条 按照规定程序批准的环境统计调查表,必须在右上角标明统一编号、制表机关、批准或者备案机关、批准或者备案文号及有效期限。

未标明前款所列内容或者超过有效期限的环境统计调查表属无效报表,被调查单位和个人有权拒绝填报。

第十七条 环境统计调查表中的指标必须有确定的涵义、数据采集来源和计算方法。

国务院环境保护行政主管部门制定全国性环境统计调查表,并对其指标的涵义、数据采集来源、计算方法和汇总程序等作出统一规定。

县级以上地方环境保护行政主管部门可以根据地方环境管理需要,补充制定地方性环境统计调查表,并对其指标的涵义、数据采集来源和计算方法等作出规定。

第十八条 各级环境保护行政主管部门必须按照批准的环境统计调查方案开展环境统计调查。

环境统计调查中所采取的统计标准和计量单位、统计编码及标准必须符合国家有关标准。未经批准机关同意,任何单位及个人不得擅自修改、变动。

第十九条 在环境统计调查中,污染物排放量数据应当按照自动监控、监督性监测、物料衡算、排污系数以及其他方法综合比对获取。

第二十条 各级环境保护行政主管部门应当建立健全环境统计数据质量控制制度,加强对重要环境统计数据的逐级审核和评估。

县级以上地方环境保护行政主管部门应当采取现场核查、资料核查以及其他有效方式,对企业环境统计数据进行审查和核实。

第二十一条 国家建立环境统计的周期普查和定期抽样调查制度。

国务院环境保护行政主管部门定期组织开展全国污染源普查,并在普查基础上适时校正污染物排放统计数据;周期普查外的其他年份,组织开展环境统计定期抽样调查,并根据环境管理需要,适时开展专项调查。

第四章 环境统计资料的管理和公布

第二十二条 各部门、各单位提供环境统计资料,必须经本部门、本单位负责人审核、签署或者盖章。

第二十三条 环境统计资料是制定环境保护政策、规划、计划,考核环境保护工作的基本依据。

各级环境保护行政主管部门制定环境保护政策、年度计划和中长期规划,开展各类环境保护考核,需要使用环境统计资料的,应当以环境统计机构或者统计负责人签署或者盖章的统计资料为准。

各级环境保护行政主管部门的相关职能机构使用环境统计资料进行各项环境管理考核评比,其结果需经同级环境统计机构会签。

第二十四条 各级环境保护行政主管部门的相关职能机构应当在规定的日期内,将其组织实施的其业务范围内的统计调查所获得的调查结果(含调查汇总资料及数据),报送环境统计机构。

前款所述的环境统计调查结果应当纳入环境统计年报或者其他形式的环境统计资料,统一发布。

第二十五条 各级环境保护行政主管部门应当建立健全环境统计资料定期公布制度,依法定期公布本辖区的环境统计资料,并向同级人民政府统计行政主管部门提供环境统计资料。

第二十六条 环境统计机构应当做好统计信息咨询服务工作。

提供《统计法》和环境统计报表制度规定外的环境统计信息咨询、查询,可以实行有偿服务。

第二十七条 各级环境保护行政主管部门必须执行国家有关统计资料保密管理的规定,加强对环境统计资料的保密管理。

第二十八条 各级环境保护行政主管部门和各企业事业单位必须建立环境统计资料档案。环境统计资料档案的保管、调用和移交,应当遵守国家有关档案管理的规定。

第五章 奖励与惩罚

第二十九条 各级环境保护行政主管部门对有下列表现之一的环境统计机构或者个人,应当给予表彰或者奖励:

(一)在改革和完善环境统计制度、统计调查方法等方面,有重要贡献的;

(二)在完成规定的环境统计调查任务,保障环境统计资料准确性、及时性方面,做出显著成绩的;

(三)在进行环境统计分析、预测和监督方面取得突出成绩的;

(四)在环境统计方面,运用和推广现代信息技术有显著效果的;

(五)在环境统计科学研究方面有所创新、做出重要贡献的;

(六)忠于职守,执行统计法律、法规和本办法表现突出的。

第三十条 国务院环境保护行政主管部门每年对全国环境统计工作进行评比和表扬,每5年对全国环境统计工作进行专项表彰。

第三十一条 违反本办法的规定,有下列行为之一的,由有关部门责令改正,并依照有关法律、法规的规定给予处分或者行政处罚:

(一)未经批准,擅自制发环境统计调查表的;

(二)虚报、瞒报、拒报、屡次迟报或者伪造、篡改环境统计资料的;

(三)妨碍环境统计人员执行环境统计公务的;

(四)环境统计人员滥用职权、玩忽职守的;

(五)未按规定保守国家或者被调查者的秘密的;

(六)有其他违反法律、法规关于统计规定的行为的。

有前款所列行为之一,情节严重构成犯罪的,依法追究刑事责任。

第六章 附 则

第三十二条 本办法自2006年12月1日起施行。1995年6月15日国家环境保护局发布的《环境统计管理暂行办法》同时废止。

环境保护档案管理办法

（2016年12月27日环境保护部、国家档案局令第43号公布
根据2021年12月13日《生态环境部关于修改部分部门规章的决定》修正）

第一章　总　则

第一条　为了加强环境保护档案的形成、管理和保护工作，开发利用环境保护档案信息资源，根据《中华人民共和国档案法》及其实施办法、《中华人民共和国环境保护法》等相关法律法规，结合环境保护工作实际，制定本办法。

第二条　本办法所称环境保护档案，是指各级环境保护主管部门及其派出机构、直属单位（以下简称环境保护部门），在环境保护各项工作和活动中形成的，对国家、社会和单位具有利用价值、应当归档保存的各种形式和载体的历史记录，主要包括文书档案、音像（照片、录音、录像）档案、科技档案、会计档案、人事档案、基建档案及电子档案等。

第三条　环境保护档案工作是环境保护部门的重要职责，实行统一领导、分级管理。

第四条　国务院环境保护主管部门对环境保护档案管理工作实行监督和指导，在业务上接受国家档案行政管理部门的监督和指导。

地方各级环境保护主管部门对本行政区域内环境保护档案管理工作实行监督和指导，在业务上接受同级档案行政管理部门和上级环境保护主管部门的监督和指导。

第二章　环境保护部门档案工作职责

第五条　环境保护部门应当加强对档案工作的领导，完善档案工作管理体制，确定档案机构或者档案工作人员负责管理本单位的档案，并对所属单位的档案工作实行监督和指导。

第六条　环境保护部门应当将档案工作纳入本部门发展规划和年度工作计划，列入工作考核检查内容，及时研究并协调解决档案工作中的重大问题，确保档案工作与本部门整体工作同步协调发展。

第七条　环境保护部门应当按照部门预算编制和管理的有关规定，科学

合理核定档案工作经费，并列入同级财政预算，加强对档案工作经费的审计和绩效考核，确保科学使用、专款专用。

第八条 环境保护部门应当按照国家有关档案管理的规定，确定文件材料的具体接收范围，包括本部门在各项工作和活动中形成的具有利用价值、应当归档保存的各种形式和载体的历史记录，以及与本部门有关的撤销或者合并部门的全部档案。

第九条 环境保护部门应当将档案信息化建设纳入本部门信息化建设同步实施，推进文档一体化管理，实现资源数字化、利用网络化、管理智能化。

第十条 环境保护部门应当为开展档案管理工作提供必要条件。档案管理人员办公室、档案库房、阅档室和档案整理间应当分开。

第十一条 环境保护部门应当加强档案基础设施建设，改善档案安全管理条件，提供符合设计规范的专用库房，配备防盗、防火、防潮、防水、防尘、防光、防鼠、防虫等安全设施，以及计算机、复印机、打印机、扫描仪、照相机、摄像机、防磁柜等工作设备。

第十二条 环境保护部门应当将档案管理人员培训、交流、使用列入干部培养和选拔任用统一规划，统筹安排，为档案管理人员学习培训、挂职锻炼、交流任职等创造条件。档案管理人员的职务晋升或者职称评定、业务能力考核，按照国家有关规定执行，并享有专业人员的同等待遇。

第十三条 环境保护部门应当按照《中华人民共和国保守国家秘密法》等有关法律法规，确保环境保护档案安全保密和有效利用。

第三章 档案管理机构、文件（项目）承办单位职责

第十四条 环境保护部门的档案管理机构应当履行下列职责：

（一）贯彻执行国家档案法律法规和工作方针、政策。经国家档案行政管理部门同意，国务院环境保护主管部门的档案管理机构负责研究制定环境保护档案管理规章制度、行业标准和技术规范并组织实施。地方各级环境保护主管部门的档案管理机构依据上级环境保护主管部门和档案行政管理部门的相关制度要求，制定本行政区域内环境保护档案管理工作制度并组织实施。

（二）负责本部门档案的统一管理，地方各级环境保护主管部门的档案管理机构对本行政区域内环境保护档案管理工作进行监督和指导。

（三）负责编制本部门档案管理经费年度预算，将档案资料收集整理、保管保护、开发利用，设备购置和运行维护，信息化建设，以及档案宣传培训等项目经费列入预算。

（四）负责本部门档案信息化工作，参与本部门电子文件全过程管理工作，组织实施本部门档案数字化加工、电子文件归档和电子档案管理以及重要档案异地、异质备份工作。

（五）负责对本部门重点工作、重大会议和活动、重大建设项目、重大科研项目、重大生态保护项目等归档工作进行监督和指导，参与重大科研项目成果验收、重大建设项目工程竣工和重要设备仪器开箱的文件材料验收工作。

（六）负责制定本部门文件（项目）材料的归档范围和保管期限，指导本部门的文件收集、整理、归档工作，组织档案信息资源的编研，科学合理开发利用，安全保管档案并按照有关规定向档案馆移交档案。

（七）国务院环境保护主管部门的档案管理机构，负责汇总统计地方环境保护主管部门，本部门及其派出机构、直属单位档案工作基本情况的数据，并报送国家档案行政管理部门。地方各级环境保护主管部门的档案管理机构，负责汇总统计本行政区域内环境保护档案工作基本情况数据，并报送同级档案行政管理部门和上级环境保护主管部门。

（八）负责开展环境保护部门档案工作业务交流，组织档案管理人员专业培训。

（九）各级环境保护主管部门的档案管理机构负责组织实施同级档案行政管理部门布置的相关工作，并协调环境保护部门的档案管理机构与其他部门档案管理机构之间的档案工作。

第十五条 环境保护部门的文件（项目）承办单位在本部门档案管理机构的指导下，履行下列职责：

（一）负责本单位文件（项目）材料的收集、整理和归档。

（二）负责督促指导文件（项目）承办人分类整理文件材料，做到齐全完整、分类清楚、排列有序，并按照规定向本部门档案管理机构移交。

（三）重大建设项目、重大科研项目、重大生态保护项目承办单位负责制定专项档案管理规定、归档范围和保管期限，报环境保护部门的档案管理机构同意后，由项目承办单位组织实施。

第四章 文件材料的归档

第十六条 环境保护文件材料归档范围应当全面、系统地反映综合管理和政策法规、科学技术、环境影响评价、环境监测、污染防治、生态保护、核与辐射安全监管、环境监察执法等业务活动。

第十七条 环境保护部门在部署污染源普查、环境质量调查等专项工作时，应当明确文件材料的归档要求；在检查专项工作进度时，应当检查文件材料的收集、整理情况；重大建设项目、重大科研项目和重大生态保护项目文件材料不符合归档要求的，不得进行项目鉴定、验收和申报奖项。

第十八条 环境保护文件材料归档工作一般应于次年3月底前完成。文件（项目）承办单位根据下列情形，按要求将应归档文件及电子文件同步移交本部门档案管理机构进行归档，任何人不得据为己有或者拒绝归档：

（一）文书材料应当在文件办理完毕后及时归档；

（二）重大会议和活动等文件材料，应当在会议和活动结束后一个月内归档；

（三）科研项目、建设项目文件材料应当在成果鉴定和项目验收后两个月内归档，周期较长的科研项目、建设项目可以按完成阶段分期归档；

（四）一般仪器设备随机文件材料，应当在开箱验收或者安装调试后七日内归档，重要仪器设备开箱验收应当由档案管理人员现场监督随机文件材料归档。

第五章 档案的管理

第十九条 环境保护部门应当加强对不同门类、各种形式和载体档案的管理，确保环境保护档案真实、齐全、完整。

第二十条 环境保护档案的分类、著录、标引，依照《中国档案分类法 环境保护档案分类表》《环境保护档案著录细则》《环境保护档案管理规范》等文件的有关规定执行，其相应的电子文件材料应当按照有关要求同步归档。

文书材料的整理归档，依照《归档文件整理规则》（DA/T 22-2015）的有关规定执行。

照片资料的整理归档，依照《照片档案管理规范》（GB/T 11821-2002）的有关规定执行。

录音、录像资料的整理归档，依照录音、录像管理的有关规定执行。

科技文件的整理归档，依照《科学技术档案案卷构成的一般要求》（GB/T 11822-2008）的有关规定执行。

会计资料的整理归档，依照《会计档案管理办法》（财政部、国家档案局令第79号）的有关规定执行。

人事文件材料的整理归档，依照《干部档案工作条例》（组通字〔1991〕13号）、《干部档案整理工作细则》（组通字〔1991〕11号）、《干部人事档案材料收集归档规定》（中组发〔2009〕12号）等文件的有关规定执行。

电子文件的整理归档，依照《电子文件归档与电子档案管理规范》（GB/T 18894-2016）、《CAD电子文件光盘存储、归档与档案管理要求》（GB/T 17678.1-1999）等文件的有关规定执行。重要电子文件应当与纸质文件材料一并归档。

第二十一条 环境保护部门的档案管理机构应当定期检查档案保管状态，调试库房温度、湿度，及时对破损或者变质的档案进行修复。

第二十二条 环境保护档案的鉴定应当定期进行。

环境保护部门成立环境保护档案鉴定小组进行鉴定工作，鉴定小组由环境保护部门分管档案工作的负责人、办公厅（室）负责人，以及档案管理机构、保密部门和文件（项目）承办单位有关人员组成。

对保管期限变动、密级调整和需要销毁的档案，应当提请本部门环境保护档案鉴定小组鉴定。鉴定工作结束后，环境保护档案鉴定小组应当形成鉴定报告，提出鉴定意见。

第二十三条 环境保护档案的销毁应当按照相关规定办理，并履行销毁批准手续。未经鉴定、未履行批准销毁手续的档案，严禁销毁。

对经过环境保护档案鉴定小组鉴定确认无保存价值需要销毁的档案，应当进行登记造册，报本部门分管档案工作负责人批准后销毁。档案销毁清册永久保存。

环境保护档案的销毁由档案管理机构组织实施。销毁档案时，档案管理机构与保密部门应当分别指派人员共同进行现场监督，并在销毁清册上签字确认。档案销毁后，应当及时调整档案柜（架），并在目录及检索工具中注明。

第二十四条 环境保护部门撤销或者变动时，应当妥善保管环境保护档案，向相关接收部门或者同级档案管理部门移交，并向上级环境保护主管部门报告。

第二十五条 文件（项目）承办单位的工作人员退休或者工作岗位变动时，应当及时对属于归档范围的文件材料进行整理、归档，并办理移交手续，不得带走或者毁弃。

第六章 档案的利用

第二十六条 环境保护部门的档案管理机构应当积极开发环境保护档案信息资源，并根据环境保护工作实际需要，对现有档案信息资源进行综合加工和深度开发，为环境保护工作提供服务。

第二十七条 环境保护部门应当积极开展环境保护档案的利用工作，建立健全档案利用制度,明确相应的利用范围和审批程序,确保档案合理利用。

第二十八条 环境保护档案一般以数字副本代替档案原件提供利用。档案原件原则上不得带出档案室。

利用环境保护档案的单位或者个人应当负责所利用档案的安全和保密,不得擅自转借,不得对档案原件进行折叠、剪贴、抽取、拆散,严禁在档案原件上勾画、涂抹、填注、加字、改字,或者以其他方式损毁档案。

第七章 奖励与处罚

第二十九条 有下列事迹之一的,依照国家有关规定给予表扬、表彰或者奖励:

(一)在环境保护档案的收集、整理或者开发利用等方面做出显著成绩的;

(二)对环境保护档案的保护和现代化管理做出显著成绩的;

(三)将个人所有的具有重要或者珍贵价值的环境保护档案捐赠给国家的;

(四)执行档案法律法规表现突出的。

第三十条 在环境保护档案工作中有违法违纪行为的,依法依规给予处分;情节严重,涉嫌构成犯罪的,依法移送司法机关追究刑事责任。

第八章 附 则

第三十一条 地方各级环境保护主管部门可以根据本办法,结合本地实际情况,联合同级档案行政管理部门制定实施细则,并报上级档案行政管理部门和环境保护主管部门备案。

第三十二条 本办法自2017年3月1日起施行。1994年10月6日公布的《环境保护档案管理办法》(原国家环境保护局 国家档案局令第13号)同时废止。

环境影响评价审查专家库管理办法

(2003年8月20日国家环境保护总局令第16号公布 根据2021年12月13日《生态环境部关于修改部分部门规章的决定》修正)

第一条 为了加强对环境影响评价审查专家库的管理,保证审查活动的公平、公正,根据《中华人民共和国环境影响评价法》,制定本办法。

第二条 本办法适用于环境影响评价审查专家库(以下简称专家库)的设立和管理。

第三条 专家库分为国家库和地方库。

国家库由生态环境部设立和管理。地方库由设区的市级以上地方人民政府环境保护行政主管部门设立和管理。

第四条 专家库应当具备下列条件:

(一)满足环境影响评价审查的专家专业、行业分类;

(二)具备随机抽取专家的必要设施和管理系统软件。

第五条 入选专家库的专家,应当具备下列条件:

(一)在本专业或者本行业有较深造诣,熟悉本专业或者本行业的国内外情况和动态;

(二)坚持原则,作风正派,能够认真、客观公正、廉洁地履行职责;

(三)熟悉国家有关法律、法规和政策,掌握环境影响评价审查技术规范和要求;

(四)具有高级专业技术职称,从事相关专业领域工作五年以上;

(五)身体健康,能够承担审查工作。

第六条 专家入选专家库,采取个人申请或者单位推荐方式向设立专家库的环境保护行政主管部门(以下简称设立部门)提出申请。采取推荐方式的,单位应当事先征得被推荐人同意。

个人申请书和单位推荐书应当附有符合本办法规定条件的证明材料。

第七条 设立部门应当公布专家库入选需求信息与条件;对申请人或者被推荐人进行遴选,根据需要征求有关行业主管部门及其他有关部门或者专家的意见;对符合条件的申请人或者被推荐人,决定入选专家库,并予以公布。

对特殊需要的专家,经设立部门认可,可直接入选专家库。

第八条 确定参加专项规划环境影响报告书审查小组的专家,应当根据所涉及的专业、行业,从专家库内的专家名单中随机抽取。

第九条 参加审查小组的专家应当本着科学求实和负责的态度认真履行职责,在规定的期限内客观、公正地提出审查意见,并对审查结论负责。

参加审查小组的专家与为环境影响评价提供技术服务的机构存在利益关系,可能影响审查公正性的情况时,应当主动提出回避。

第十条 参加审查小组的专家有权根据审查小组的分工和要求,独立发表意见,不受任何单位或者个人的干预。

第十一条 设立部门应当为入选专家库的专家建立档案。

设立部门应对专家库实行动态管理,每2年进行一次调整,并公布调整结果。

第十二条 入选专家库的专家有下列情形之一的，由设立部门予以警告；情节严重的，取消其入选专家库资格，并予以公告：

（一）不负责任，弄虚作假，或者其他不客观、公正履行审查职责的；

（二）无正当理由，不按要求参加审查工作两次以上的；

（三）与为环境影响评价提供技术服务的机构存在利益关系，可能影响审查公正性的情况，未主动提出回避的；

（四）泄露在审查过程中知悉的技术秘密、商业秘密以及其他不宜公开的情况的；

（五）收受他人的财物或者其他好处的，影响客观、公正履行审查职责的。

有前款规定情形，违反国家有关法律、行政法规的，依法追究法律责任。

第十三条 本办法自2003年9月1日起施行。

国家级自然保护区监督检查办法

（2006年10月18日国家环保总局令第36号公布　根据2017年12月20日《环境保护部关于修改部分规章的决定》第一次修正　根据2019年8月22日《生态环境部关于废止、修改部分规章的决定》第二次修正　根据2021年12月13日《生态环境部关于修改部分部门规章的决定》第三次修正）

第一条 为加强对国家级自然保护区的监督管理，提高国家级自然保护区的建设和管理水平，根据《中华人民共和国环境保护法》、《中华人民共和国自然保护区条例》以及其他有关规定，制定本办法。

第二条 本办法适用于国务院环境保护行政主管部门组织的对全国各类国家级自然保护区的监督检查。

第三条 国务院环境保护行政主管部门在依照法律法规和本办法的规定履行监督检查职责时，有权采取下列措施：

（一）进入国家级自然保护区进行实地检查；

（二）要求国家级自然保护区管理机构汇报建设和管理情况；

（三）查阅或者复制有关资料、凭证；

（四）向有关单位和人员调查了解相关情况；

（五）法律、法规规定有权采取的其他措施。

监督检查人员在履行监督检查职责时，应当严格遵守国家有关法律法规规定的程序，出示证件，并为被检查单位保守技术和业务秘密。

第四条 有关单位或者人员对依法进行的监督检查应当给予支持与配合，如实反映情况，提供有关资料，不得拒绝或者妨碍监督检查工作。

第五条 任何单位和个人都有权对污染或者破坏国家级自然保护区的单位、个人以及不履行或者不依法履行国家级自然保护区监督管理职责的机构进行检举或者控告。

第六条 国务院环境保护行政主管部门应当向社会公开国家级自然保护区监督检查的有关情况，接受社会监督。

第七条 国务院环境保护行政主管部门组织对国家级自然保护区的建设和管理状况进行定期评估。

国务院环境保护行政主管部门组织成立国家级自然保护区评估委员会，对国家级自然保护区的建设和管理状况进行定期评估，并根据评估结果提出整改建议。

对每个国家级自然保护区的建设和管理状况的定期评估，每五年不少于一次。

第八条 国家级自然保护区定期评估的内容应当包括：

（一）管护设施状况；

（二）面积和功能分区适宜性、范围、界线和土地权属；

（三）管理规章、规划的制定及其实施情况；

（四）资源本底、保护及利用情况；

（五）科研、监测、档案和标本情况；

（六）自然保护区内建设项目管理情况；

（七）旅游和其他人类活动情况；

（八）与周边社区的关系状况；

（九）宣传教育、培训、交流与合作情况；

（十）管理经费情况；

（十一）其他应当评估的内容。

国家级自然保护区定期评估标准由国务院环境保护行政主管部门另行制定。

第九条 国务院环境保护行政主管部门组织国家级自然保护区定期评估时，应当在评估开始20个工作日前通知拟被评估的国家级自然保护区管理机构及其行政主管部门。

第十条 国家级自然保护区评估结果分为优、良、中和差四个等级。

国务院环境保护行政主管部门应当及时将评估结果和整改建议向被评估的国家级自然保护区管理机构反馈，并抄送该自然保护区行政主管部门及所在地省级人民政府。

被评估的国家级自然保护区管理机构对评估结果有异议的,可以向国务院环境保护行政主管部门申请复核;国务院环境保护行政主管部门应当及时进行审查核实。

第十一条 国家级自然保护区定期评估结果由国务院环境保护行政主管部门统一发布。

第十二条 国务院环境保护行政主管部门对国家级自然保护区进行执法检查。

执法检查分为定期检查、专项检查、抽查和专案调查等。

第十三条 国家级自然保护区执法检查的内容应当包括:

(一)国家级自然保护区的设立、范围和功能区的调整以及名称的更改是否符合有关规定;

(二)国家级自然保护区内是否存在违法砍伐、放牧、狩猎、捕捞、采药、开垦、烧荒、开矿、采石、挖沙、影视拍摄以及其他法律法规禁止的活动;

(三)国家级自然保护区内是否存在违法的建设项目,排污单位的污染物排放是否符合环境保护法律、法规及自然保护区管理的有关规定,超标排污单位限期治理的情况;

(四)国家级自然保护区内是否存在破坏、侵占、非法转让自然保护区的土地或者其他自然资源的行为;

(五)在国家级自然保护区的实验区开展参观、旅游活动的,自然保护区管理机构是否编制方案,编制的方案是否符合自然保护区管理目标;国家级自然保护区的参观、旅游活动是否按照编制的方案进行;

(六)国家级自然保护区建设是否符合建设规划(总体规划)要求,相关基础设施、设备是否符合国家有关标准和技术规范;

(七)国家级自然保护区管理机构是否依法履行职责;

(八)国家级自然保护区的建设和管理经费的使用是否符合国家有关规定;

(九)法律法规规定的应当实施监督检查的其他内容。

第十四条 对在定期评估或者执法检查中发现的违反国家级自然保护区建设和管理规定的国家级自然保护区管理机构,除依照本办法第十九条的规定处理外,国务院环境保护行政主管部门应当责令限期整改,并可酌情予以通报。

对于整改不合格且保护对象受到严重破坏,不再符合国家级自然保护区条件的国家级自然保护区,国务院环境保护行政主管部门应当向国家级自然保护区评审委员会提出对该国家级自然保护区予以降级的建议,经评审通过并报国务院批准后,给予降级处理。

第十五条 因有关行政机关或者国家级自然保护区管理机构滥用职权、玩忽职守、徇私舞弊,导致该国家级自然保护区被降级的,对其直接负责的主管人员和其他直接责任人员,国务院环境保护行政主管部门可以向其上级机关或者有关监察机关提出行政处分建议。

第十六条 被降级的国家级自然保护区,五年之内不得再次申报设立国家级自然保护区。

第十七条 国务院环境保护行政主管部门应当及时向社会公布对国家级自然保护区执法检查的结果、被责令整改的国家级自然保护区名单及其整改情况和被降级的国家级自然保护区名单。

第十八条 县级以上地方人民政府及其有关行政主管部门,违反有关规定,有下列行为之一的,对直接负责的主管人员和其他直接责任人员,国务院环境保护行政主管部门可以向其上级机关或者有关监察机关提出行政处分建议:

(一)未经批准,擅自撤销国家级自然保护区或者擅自调整、改变国家级自然保护区的范围、界限、功能区划的;

(二)违法批准在国家级自然保护区内建设污染或者破坏生态环境的项目的;

(三)违法批准在国家级自然保护区内开展旅游或者开采矿产资源的;

(四)对本辖区内发生的违反环境保护法律法规中有关国家级自然保护区管理规定的行为,不予制止或者不予查处的;

(五)制定或者采取与环境保护法律法规中有关国家级自然保护区管理规定相抵触的规定或者措施,经指出仍不改正的;

(六)干预或者限制环境保护行政主管部门依法对国家级自然保护区实施监督检查的;

(七)其他违反国家级自然保护区管理规定的行为。

第十九条 国家级自然保护区管理机构违反有关规定,有下列行为之一的,国务院环境保护行政主管部门应当责令限期改正;对直接负责的主管人员和其他直接责任人员,可以向设立该管理机构的自然保护区行政主管部门或者有关监察机关提出行政处分建议:

(一)擅自调整、改变自然保护区的范围、界限和功能区划的;

(二)开展参观、旅游活动未编制方案或者编制的方案不符合自然保护区管理目标的;

（三）开设与自然保护区保护方向不一致的参观、旅游项目的；

（四）不按照编制的方案开展参观、旅游活动的；

（五）对国家级自然保护区内发生的违反环境保护法律法规中有关国家级自然保护区管理规定的行为，不予制止或者不予查处的；

（六）阻挠或者妨碍监督检查人员依法履行职责的；

（七）挪用、滥用国家级自然保护区建设和管理经费的；

（八）对监督检查人员、检举和控告人员进行打击报复的；

（九）其他不依法履行自然保护区建设和管理职责的行为。

第二十条 国家级自然保护区管理机构拒绝国务院环境保护行政主管部门对国家级自然保护区的监督检查，或者在监督检查中弄虚作假的，由国务院环境保护行政主管部门依照《自然保护区条例》的有关规定给予处罚。

第二十一条 省级人民政府环境保护行政主管部门对本行政区域内地方级自然保护区的监督检查，可以参照本办法执行。

县级以上地方人民政府环境保护行政主管部门对本行政区域内的国家级自然保护区的执法检查内容，可以参照本办法执行；在执法检查中发现国家级自然保护区管理机构有违反国家级自然保护区建设和管理规定行为的，可以将有关情况逐级上报国务院环境保护行政主管部门，由国务院环境保护行政主管部门经核实后依照本办法的有关规定处理。

第二十二条 本办法自2006年12月1日起施行。

环保举报热线工作管理办法

（2010年12月15日环境保护部令第15号公布　根据2021年12月13日《生态环境部关于修改部分部门规章的决定》修正）

目　　录

第一章 总 则

第一条 为了加强环保举报热线工作的规范化管理，畅通群众举报渠道，维护和保障人民群众的合法环境权益，根据《信访条例》以及环境保护法律、法规的有关规定，制定本办法。

第二条 公民、法人或者其他组织通过拨打环保举报热线电话，向各级环境保护主管部门举报环境污染或者生态破坏事项，请求环境保护主管部门依法处理的，适用本办法。

环保举报热线应当使用"12369"特服电话号码，各地名称统一为"12369"环保举报热线。

承担"12369"环保举报热线工作的机构依法受理的举报事项，称举报件。

第三条 环保举报热线工作应当遵循下列原则：

（一）属地管理、分级负责，谁主管、谁负责；

（二）依法受理，及时办理；

（三）维护公众对环境保护工作的知情权、参与权和监督权；

（四）调查研究，实事求是，妥善处理，解决问题。

第四条 环保举报热线要做到有报必接、违法必查，事事有结果、件件有回音。

除发生不可抗力情形外，环保举报热线应当保证畅通。

第二章 机构、职责和人员

第五条 承担环保举报热线工作机构的职责是：

（一）依法受理环境污染、生态破坏的举报事项；

（二）对举报件及时转送、交办、催办、督办；

（三）向上级交办部门报告交办件的办理结果；

（四）研究、分析环保举报热线工作情况，向环境保护主管部门提出改进工作的意见和建议；

（五）向本级和上一级环境保护主管部门提交年度工作报告，报告举报事项受理情况以及举报件的转送、交办、答复、催办、督办等情况；

（六）检查、指导和考核下级环保举报热线工作，总结交流工作经验，组织工作人员培训。

各地承担环保举报热线工作的机构可以根据实际情况依法履行其他工作

职责,或者承担当地人民政府授予的其他职责。

第六条 环保举报热线工作人员应当具备以下条件:

(一)遵纪守法,政治立场坚定,熟悉环境保护业务,了解相关的法律、法规和政策,经业务培训并且考核合格;

(二)热爱本职工作,有较强的事业心和责任感;

(三)大专以上文化程度;

(四)掌握受理举报事项的基本知识和技能,有较强的协调能力和沟通能力;

(五)作风正派,实事求是;

(六)严格遵守各项规章制度。

第三章 工作程序

第七条 环保举报热线工作人员接听举报电话,应当耐心细致,用语规范,准确据实记录举报时间、被举报单位的名称和地址、举报内容、举报人的姓名和联系方式、诉求目的等信息,并区分情况,分别按照下列方式处理:

(一)对属于各级环境保护主管部门职责范围的环境污染和生态破坏的举报事项,应当予以受理。

(二)对不属于环境保护主管部门处理的举报事项不予受理,但应当告知举报人依法向有关机关提出。

(三)对依法应当通过诉讼、仲裁、行政复议等法定途径解决或者已经进入上述程序的,应当告知举报人依照有关法律、法规规定向有关机关和单位提出。

(四)举报事项已经受理,举报人再次提出同一举报事项的,不予受理,但应当告知举报人受理情况和办理结果的查询方式。

(五)举报人对环境保护主管部门做出的举报件答复不服,仍以同一事实和理由提出举报的,不予受理,但应当告知举报人可以依照《信访条例》的规定提请复查或者复核。

(六)对涉及突发环境事件和有群体性事件倾向的举报事项,应当立即受理并及时向有关负责人报告。

(七)涉及两个或者两个以上环境保护主管部门的举报事项,由举报事项涉及的环境保护主管部门协商受理;协商不成的,由其共同的上一级环境保护主管部门协调、决定受理机关。

对举报人提出的举报事项,环保举报热线工作人员能当场决定受理的,应当当场告知举报人；不能当场告知是否受理的，应当在15日内告知举报人，但举报人联系不上的除外。

第八条 属于本级环境保护主管部门办理的举报件，承担环保举报热线工作的机构受理后，应当在3个工作日内转送本级环境保护主管部门有关内设机构。

第九条 属于下级环境保护主管部门办理的举报件，承担环保举报热线工作的机构受理后，应当通过"12369"环保举报热线管理系统于3个工作日内向下级承担环保举报热线工作的机构交办。

地方各级环保举报热线工作人员应当即时接收上级交办的举报件，并按规定及时进行处理。

第十条 举报件应当自受理之日起60日内办结。情况复杂的，经本级环境保护主管部门负责人批准，可以适当延长办理期限，并告知举报人延期理由，但延长期限不得超过30日。

对上级交办的举报件，下级承担环保举报热线工作的机构应当按照交办的时限要求办结，并将办理结果报告上级交办机构；情况复杂的，经本级环境保护主管部门负责人批准，并向交办机构说明情况，可以适当延长办理期限，并告知举报人延期理由。

第十一条 举报件办结后，举报件办理部门应当将举报件办理结果及时答复举报人并转送承担环保举报热线工作的机构。

对上级交办的举报件，负责办理的下级环境保护主管部门应当在办理后及时将办理结果向上级交办机构报告；上级交办机构发现报告内容不全或者事实不清的，可以退回原办理部门重新办理。

举报件办理结果应当由环境保护主管部门负责人签发，并说明举报事项、查处情况、处理意见、答复情况等。

第十二条 举报件办理部门未及时转送或者报告办理结果的，环保举报热线工作人员应当及时催办。

第十三条 上级承担环保举报热线工作的机构发现向下级交办的举报件有下列情形之一的，应当向环境保护主管部门报告，由环境保护主管部门按照有关规定及时督办：

（一）办结后处理决定未得到落实的；

（二）问题久拖不决，群众反复举报的；

（三）办理时弄虚作假的；

（四）未按照规定程序办理的；

（五）其他需要督办的情形。

第十四条 各级承担环保举报热线工作的机构应当视情况抽查、回访已经办结的举报件，听取意见，改进工作。

第四章 工作制度

第十五条 各级环境保护主管部门应当建立健全环保举报热线工作规章制度，确保环保举报热线工作有章可循、规范有序。

第十六条 各级承担环保举报热线工作的机构应当对各类举报信息和办理情况进行汇总、分析，提出建议，并向本级环境保护主管部门和上级承担环保举报热线工作的机构报告。

第十七条 各级环境保护主管部门应当定期分析总结环保举报热线工作情况，并根据工作需要，向有关单位和部门通报。

第十八条 各级环境保护主管部门应当通过电视、报刊、网络等媒体宣传环保举报热线，提高公众的参与意识和监督意识。

第十九条 各级环境保护主管部门应当定期组织开展环保举报热线工作人员政治理论学习和业务工作培训，加强队伍建设，不断提高工作人员的思想觉悟和业务水平。

第二十条 各级承担环保举报热线工作的机构应当健全保密管理制度，完善保密防护措施，加强保密检查，并积极开展保密宣传教育。

第二十一条 各级承担环保举报热线工作的机构应当妥善保存相关书面材料或者录音资料，并按照档案管理的有关规范建立档案。

第二十二条 各级环境保护主管部门应当结合本单位工作实际，制定环保举报热线工作表彰和奖励制度，对事迹突出、成绩显著的工作人员或者单位给予表彰和奖励。

第二十三条 各级环境保护主管部门应当积极争取当地财政部门资金支持，将环保举报热线的建设、运行、管理、维护等资金纳入财政预算，确保环保举报热线工作及其管理系统正常运行。

第二十四条 各级环境保护主管部门以及环保举报热线工作人员玩忽职守、滥用职权、徇私舞弊的，依法给予处分；涉嫌犯罪的，依法移送司法机关追究刑事责任。

环境保护主管部门及其工作人员对举报人进行打击报复的，依法给予处分；涉嫌犯罪的，依法移送司法机关追究刑事责任。

第五章　附　　则

第二十五条　本办法未作规定的事项，按照《信访条例》和《环境信访办法》的有关规定执行。

地方各级环境保护主管部门可以结合本地实际情况制定实施细则。

第二十六条　本办法自2011年3月1日起施行。

农业农村部行政许可实施管理办法

（2021年12月14日农业农村部令2021年第3号公布　自2022年1月15日起施行　国司备字［2022005679］）

第一章　总　　则

第一条　为了规范农业农村部行政许可实施，维护农业农村领域市场主体合法权益，优化农业农村发展环境，根据《中华人民共和国行政许可法》《优化营商环境条例》等法律法规，制定本办法。

第二条　农业农村部行政许可条件的规定、行政许可的办理和监督管理，适用本办法。

第三条　实施行政许可应当遵循依法、公平、公正、公开、便民的原则。

第四条　农业农村部法规司（以下简称“法规司”）在行政许可实施过程中承担下列职责：

（一）组织协调行政审批制度改革，指导、督促相关单位取消和下放行政许可事项、强化事中事后监管；

（二）负责行政审批综合办公业务管理工作，审核行政许可事项实施规范、办事指南、审查细则等，适时集中公布行政许可事项办事指南；

（三）受理和督办申请人提出的行政许可投诉举报；

（四）受理申请人依法提出的行政复议申请。

第五条　行政许可承办司局及单位（以下简称“承办单位”）在行政许可实施过程中承担下列职责：

（一）起草行政许可事项实施规范、办事指南、审查细则等；

（二）按规定选派政务服务大厅窗口工作人员（以下简称“窗口人员”）；

（三）依法对行政许可申请进行审查，在规定时限内提出审查意见；

（四）对申请材料和行政许可实施过程中形成的纸质及电子文件资料及时归档；

（五）调查核实与行政许可实施有关的投诉举报，并按规定整改反馈；

（六）持续简化行政许可申请材料和办理程序，提高审批效率，提升服务水平；

（七）实施行政许可事中事后监管。

第六条 行政许可事项实行清单管理。农业农村部行政许可事项以国务院公布的清单为准，禁止在清单外以任何形式和名义设定、实施行政许可。

第二章 行政许可条件的规定和调整

第七条 部门规章可以在法律、行政法规设定的行政许可事项范围内，对实施该行政许可作出具体规定。农业农村部规范性文件可以明确行政许可条件的具体技术指标或资料要求，但不得增设违反上位法的条件和程序，不得限制申请人的权利、增加申请人的义务。

部门规章和农业农村部规范性文件应当按照法定程序起草、审查和公布，法律、行政法规、部门规章和农业农村部规范性文件以外的其他文件不得规定和调整行政许可具体条件及其技术指标或资料要求。

第八条 行政许可具体条件调整后，承办单位应当及时进行宣传、解读和培训，便于申请人及时了解、地方农业农村部门按规定实施。

第九条 行政许可具体条件及其技术指标或资料要求调整后，承办单位应当及时修改实施规范、办事指南、审查细则等，并送法规司审核。

修改后的实施规范、办事指南、审查细则等，承办单位应当及时在农业农村部政务服务平台、国家政务服务平台等载体同源同步更新，确保信息统一。

第三章 行政许可申请和受理

第十条 申请人可以通过信函、电子数据交换和电子邮件等方式提出行政许可申请。申请书需要采用格式文本的，承办单位应当向申请人免费提供行政许可申请书格式文本。

第十一条 农业农村部行政许可的事项名称、依据、条件、数量、程序、期限以及需要提交全部材料的目录和申请书示范文本等，应当在农业农村部政务服务大厅及一体化在线政务服务平台进行公示。

申请人要求对公示内容予以说明、解释的，承办单位或者窗口人员应当说明、解释，提供准确、可靠的信息。

第十二条 除直接涉及国家安全、国家秘密、公共安全、生态环境保护，直接关系人身健康、生命财产安全以及重要涉外等情形以外，对行政许可事项要求提供的证明材料实行证明事项告知承诺制。承办单位应当提出实行告知承诺制的事项范围并制作告知承诺书格式文本，法规司统一公布实行告知承诺制的证明事项目录。

第十三条 实行告知承诺制的证明事项，申请人可以自主选择是否采用告知承诺制方式办理。

第十四条 承办单位不得要求申请人提交法律、行政法规和部门规章、农业农村部规范性文件要求范围以外的材料。

第十五条 对申请人提出的行政许可申请，应当根据下列情况分别作出处理：

（一）申请事项依法不需要取得行政许可的，应当即时告知申请人不受理及不受理的理由；

（二）申请事项依法不属于农业农村部职权范围的，应当即时作出不予受理的决定，并告知申请人向有关行政机关申请；

（三）申请材料存在可以当场更正的错误的，应当允许申请人当场更正；

（四）申请材料不齐全或者不符合法定形式的，应当当场或者在五个工作日内一次性告知申请人需要补正的全部内容，逾期不告知的，自收到申请材料之日起即为受理；

（五）申请事项属于农业农村部职权范围，申请材料齐全、符合法定形式，或者申请人按照要求提交全部补正申请材料的，应当受理行政许可申请。

受理或者不予受理行政许可申请，应当出具通知书。通知书应当加盖农业农村部行政审批专用章，并注明日期。

第十六条 申请人在行政许可决定作出前要求撤回申请的，应当书面提出，经承办单位审核同意后，由窗口人员将行政许可申请材料退回申请人。撤回的申请自始无效。

第十七条 农业农村部按照国务院要求建设一体化在线政务服务平台，强化安全保障和运营管理，拓展完善系统功能，推动行政许可全程网上办理。

第十八条 除法律、行政法规另有规定或者涉及国家秘密等情形外，农业农村部行政许可应当纳入一体化在线政务服务平台办理。

第十九条 农业农村部政务服务大厅与一体化在线政务服务平台均可受理行政许可申请，适用统一的办理标准，申请人可以自主选择。

第四章　行政许可审查和决定

第二十条　承办单位应当按规定对申请材料进行审查。

申请人提交的申请材料齐全、符合法定形式和有关要求，能够当场作出决定的，应当当场作出书面的行政许可决定。

根据法定条件和程序，需要对申请材料的实质内容进行核实的，承办单位应当指派两名以上工作人员进行核查。

第二十一条　依法应当先经省级人民政府农业农村部门审查后报农业农村部决定的行政许可，省级人民政府农业农村部门应当在法定期限内将初步审查意见和全部申请材料报送农业农村部。窗口人员和承办单位不得要求申请人重复提供申请材料。

第二十二条　承办单位审查行政许可申请，发现行政许可事项直接关系他人重大利益的，应当在作出行政许可决定前告知利害关系人。申请人、利害关系人有权进行陈述和申辩，承办单位应当听取申请人、利害关系人的意见。申请人、利害关系人依法要求听证的，承办单位应当在二十个工作日内组织听证。

第二十三条　申请人的申请符合规定条件的，应当依法作出准予行政许可的书面决定。

作出不予行政许可的书面决定的，应当说明理由，并告知申请人享有依法申请行政复议或者提起行政诉讼的权利。

第二十四条　除当场作出行政许可决定的情形外，行政许可决定应当在法定期限内按照规定程序作出。行政许可事项办事指南中明确承诺时限的，应当在承诺时限内作出行政许可决定。

第二十五条　在承诺时限内不能作出行政许可决定的，承办单位应当提出书面延期申请并说明理由，会签法规司并报该行政许可决定签发人审核同意后，将延长期限的理由告知申请人，但不得超过法定办理时限。

第二十六条　作出行政许可决定，依法需要听证、检验、检测、检疫、鉴定和专家评审的，所需时间不计算在办理期限内。承办单位应当及时安排、限时办结，并将所需时间书面告知申请人。

第二十七条　农业农村部一体化在线政务服务平台设立行政许可电子监察系统，对行政许可办理时限全流程实时监控，及时予以警示。

第二十八条　窗口人员或者承办单位应当在行政许可决定作出之日起十个工作日内，将行政许可决定通过农业农村部一体化在线政务服务平台反馈申请人，并通过现场、邮政特快专递等方式向申请人颁发、送达许可证件，或者加盖检疫印章。

第二十九条 农业农村部作出的准予行政许可决定应当公开，公众有权查阅。

第三十条 农业农村部按照国务院要求推广应用电子证照，逐步实现行政许可证照电子化。承办单位会同法规司制定电子证照标准，制作和管理电子证照，对有效期内存量纸质证照数据逐步实行电子化。

第五章 监督管理

第三十一条 已取消的行政许可事项，承办单位不得继续实施或者变相实施，不得转由其他单位或组织实施。

第三十二条 中介服务事项作为行政许可办理条件的，应当有法律、行政法规或者国务院决定依据。

承办单位不得为申请人指定或者变相指定中介服务机构；除法定行政许可中介服务事项外，不得强制或者变相强制申请人接受中介服务。

农业农村部所属事业单位、主管的社会组织，及其设立的企业，不得开展与农业农村部行政许可相关的中介服务。法律、行政法规另有规定的，依照其规定。

第三十三条 承办单位应当对实施的行政许可事项逐项明确监管主体，制定并公布全国统一、简明易行的监管规则，明确监管方式和标准。

第三十四条 已取消的行政许可事项，承办单位应当变更监管规则，加强事中事后监管；已下放的行政许可事项，承办单位应当同步调整优化监管层级，确保审批与监管权责统一。

第三十五条 承办单位负责同志、直接从事行政许可审查的工作人员，符合法定回避情形的应当回避；直接从事行政许可审查的工作人员应当定期轮岗交流。

第三十六条 承办单位及相关人员违反《中华人民共和国行政许可法》和其他有关规定，情节轻微，尚未给公民、法人或者其他组织造成严重财产损失或者严重不良社会影响的，采取通报批评、责令整改等方式予以处理。涉嫌违规违纪的，按照干部管理权限移送纪检监察机关。涉嫌犯罪的，依法移送司法机关。

第三十七条 申请人隐瞒有关情况或者提供虚假材料申请行政许可的，不予受理或者不予行政许可，并给予警告；行政许可申请属于直接关系公共安全、人身健康、生命财产安全事项的，申请人在一年内不得再次申请该行政许可。法律、行政法规另有规定的，依照其规定。

第三十八条 被许可人以欺骗、贿赂等不正当手段取得行政许可的，应当依法给予行政处罚；取得的行政许可属于直接关系公共安全、人身健康、生命财产安全事项的，申请人在三年内不得再次申请该行政许可。法律、行政法规另有规定的，依照其规定。

第六章 附 则

第三十九条 农业农村部政务服务大厅其他政务服务事项的办理，参照本办法执行。

第四十条 本办法自 2022 年 1 月 15 日起施行。

国家密码管理局规章制定程序规定

（2021 年 12 月 16 日国家密码管理局令第 1 号公布 自 2022 年 2 月 1 日起施行 国司备字［2022005640］）

第一条 为了规范国家密码管理局规章制定工作，根据《中华人民共和国立法法》、《中华人民共和国密码法》和《规章制定程序条例》，制定本规定。

第二条 国家密码管理局根据法律和国务院的行政法规、决定、命令，在本部门的权限范围内制定公布面向社会履行密码行政管理职能，对密码管理部门和行政相对人具有普遍约束力的规章。

规章的立项、起草、审查、决定、公布、解释，适用本规定。

第三条 制定规章，应当坚持中国共产党对密码工作的领导，贯彻落实党的路线方针政策和决策部署，遵循立法法确定的立法原则，符合宪法、法律、行政法规和其他上位法的规定。

制定规章涉及重大事项的，应当事先报中央密码工作领导小组同意。重要规章公布前，应当报中央密码工作领导小组批准。

第四条 制定规章，应当体现职权与责任相统一的原则，切实保障行政相对人的合法权益。

没有法律或者国务院的行政法规、决定、命令的依据，规章不得设定减损行政相对人权利或者增加其义务的规范，不得增加密码管理部门的权力或者减少密码管理部门的法定职责。

规章不得溯及既往，但是为了更好地保护行政相对人权益而作出的特别规定除外。

第五条 规章的名称一般称“规定”、“办法”，但不得称“条例”。

第六条 规章应当根据需要，明确制定目的、依据、适用范围、主体、权利义务、具体规范、操作程序、法律责任、施行日期等。

规章用语应当准确、简洁，避免产生歧义；条文内容应当明确、具体，具有可操作性。

法律、行政法规已经明确规定的内容，规章原则上不作重复规定。

除内容复杂的外，规章一般不分章、节。

第七条 国家密码管理局内设机构或者省、自治区、直辖市密码管理部门认为需要制定规章的，应当于每年 11 月 30 日前向国家密码管理局提出下一年度的规章立项申请。

规章立项申请应当列明规章名称、立项必要性和可行性、所要解决的主要问题、拟确立的主要制度、起草单位、进度安排和完成时间等内容。

国家密码管理局可以向社会公开征集规章制定项目建议。

第八条 国家密码管理局政策法规机构（以下简称政策法规机构）应当对规章立项申请和制定项目建议进行评估论证，拟订年度规章制定工作计划，报局务会议批准后向社会公布。

年度规章制定工作计划需要调整的，应当经局务会议批准。

第九条 规章由国家密码管理局业务主管机构负责起草；涉及多个机构职责的，由一个机构牵头起草，相关机构配合。重要的或者综合性的规章，可以由政策法规机构起草或者组织起草。

起草专业性较强的规章，可以吸收相关领域的专家、局法律顾问、公职律师参与，或者委托有关专家、教学科研单位、社会组织起草。

第十条 起草规章，应当深入调查研究，广泛听取国务院有关部门、地方密码管理部门、组织和公民的意见。听取意见可以采取书面征求意见、座谈会、论证会、听证会等多种形式。

除依法需要保密的外，起草单位应当将规章征求意见稿及其说明等在中国政府法制信息网、国家密码管理局门户网站上向社会公布，征求意见，征求意见期限一般不少于 30 日。

起草规章涉及重大利益调整的，起草单位应当按照规定进行论证咨询。依法需要进行听证的，起草单位应当按照规定举行听证会听取意见。

起草单位与国务院有关部门有不同意见的，应当充分协商；经过充分协商不能取得一致意见的，起草单位应当在报送规章草案送审稿（以下简称规章送审稿)时说明情况和理由。

第十一条 起草单位形成规章送审稿后,应当将规章送审稿及其说明和其他有关材料按照规定报送政策法规机构审查。

规章送审稿的说明应当对制定规章的必要性、起草过程、规定的主要措施、有关方面的意见及其协调处理情况等作出说明。

有关材料主要包括所规范领域的实际情况和相关数据、实践中存在的主要问题、汇总的意见、听证会笔录、调研报告、国内外有关立法资料等。

第十二条 政策法规机构应当从以下方面对规章送审稿进行审查:

(一)是否符合本规定第三条至第六条的规定;

(二)是否与有关规章协调、衔接;

(三)是否正确处理国务院有关部门、地方密码管理部门、组织和公民对规章送审稿主要问题的意见;

(四)是否符合立法技术要求;

(五)需要审查的其他内容。

第十三条 规章送审稿有下列情形之一的,政策法规机构可以缓办或者退回起草单位:

(一)制定规章的基本条件尚不成熟或者发生重大变化的;

(二)国务院有关部门对规章送审稿规定的主要制度存在较大争议,起草单位未与国务院有关部门充分协商的;

(三)未按照本规定有关规定公开征求意见的;

(四)报送送审稿不符合本规定第十一条规定的。

第十四条 政策法规机构应当按照规定对规章送审稿涉及的主要问题进行深入调查研究,并将规章送审稿或者规章送审稿涉及的主要问题发送国务院有关部门、地方密码管理部门、组织和专家征求意见。

政策法规机构可以将规章送审稿或者修改稿及其说明等向社会公布,征求意见,征求意见期限一般不少于 30 日。

第十五条 规章送审稿涉及重大利益调整的,政策法规机构应当按照规定进行论证咨询。规章送审稿在起草过程中应当进行而未进行听证的,政策法规机构报局领导批准后,按照规定举行听证会。

国务院有关部门对规章送审稿涉及的主要措施、管理体制、权限分工等问题有不同意见的,政策法规机构应当进行协调,力求达成一致意见。对有较大争议的重要立法事项,政策法规机构可以委托有关专家、教学科研单位、社会组织进行评估。经过充分协调不能达成一致意见的,政策法规机构应当提出倾向性意见报局领导协调或者报局务会议决定。

第十六条 政策法规机构应当认真研究各方面意见，与起草单位协商后，对规章送审稿进行修改，形成规章草案和对草案的说明，报局务会议审议。

第十七条 规章草案经局务会议审议通过后，政策法规机构应当根据局务会议审议意见进行修改，形成草案修改稿，报请局长签署国家密码管理局令予以公布。

国家密码管理局与国务院有关部门联合制定的规章，应当经局务会议审议通过，由局长和联合制定部门的行政首长共同署名，以联合命令形式公布，使用主办机关的命令序号。

第十八条 规章签署公布后，及时在国务院公报、中国政府法制信息网和国家密码管理局门户网站上刊载。

第十九条 规章应当自公布之日起 30 日后施行；但是，涉及国家安全以及公布后不立即施行将有碍施行的，可以自公布之日起施行。

第二十条 规章由国家密码管理局负责解释。规章的解释同规章具有同等效力。

第二十一条 规章应当自公布之日起 30 日内，由政策法规机构按照规定报国务院备案。

第二十二条 规章的修改、废止程序适用本规定的有关规定。规章修改、废止后，应当及时公布。

国家密码管理局应当及时组织开展规章清理工作，并根据清理情况及时修改或者废止相关规章。

国家密码管理局可以组织开展规章立法后评估，并把评估结果作为修改、废止规章的重要参考。

第二十三条 国家密码管理局负责起草法律、行政法规草案的，参照本规定执行。

第二十四条 本规定自 2022 年 2 月 1 日起施行。

道路交通安全违法行为记分管理办法

（2021 年 12 月 17 日交通运输部令第 163 号公布　自 2022 年 4 月 1 日起施行　国司备字[2022005780]）

目　录

第一章　总　　则

第一条　为充分发挥记分制度的管理、教育、引导功能，提升机动车驾驶人交通安全意识，减少道路交通安全违法行为（以下简称交通违法行为），预防和减少道路交通事故，根据《中华人民共和国道路交通安全法》及其实施条例，制定本办法。

第二条　公安机关交通管理部门对机动车驾驶人的交通违法行为，除依法给予行政处罚外，实行累积记分制度。

第三条　记分周期为十二个月，满分为12分。记分周期自机动车驾驶人初次领取机动车驾驶证之日起连续计算，或者自初次取得临时机动车驾驶许可之日起累积计算。

第四条　记分达到满分的，机动车驾驶人应当按照本办法规定参加满分学习、考试。

第五条　在记分达到满分前，符合条件的机动车驾驶人可以按照本办法规定减免部分记分。

第六条　公安机关交通管理部门应当通过互联网、公安机关交通管理部门业务窗口提供交通违法行为记录及记分查询。

第二章　记分分值

第七条　根据交通违法行为的严重程度，一次记分的分值为12分、9分、6分、3分、1分。

第八条　机动车驾驶人有下列交通违法行为之一，一次记12分：

（一）饮酒后驾驶机动车的；

（二）造成致人轻伤以上或者死亡的交通事故后逃逸，尚不构成犯罪的；

（三）使用伪造、变造的机动车号牌、行驶证、驾驶证、校车标牌或者使用其他机动车号牌、行驶证的；

（四）驾驶校车、公路客运汽车、旅游客运汽车载人超过核定人数百分之二十以上，或者驾驶其他载客汽车载人超过核定人数百分之百以上的；

（五）驾驶校车、中型以上载客载货汽车、危险物品运输车辆在高速公路、城市快速路上行驶超过规定时速百分之二十以上，或者驾驶其他机动车在高速公路、城市快速路上行驶超过规定时速百分之五十以上的；

（六）驾驶机动车在高速公路、城市快速路上倒车、逆行、穿越中央分隔带掉头的；

（七）代替实际机动车驾驶人接受交通违法行为处罚和记分牟取经济利益的。

第九条 机动车驾驶人有下列交通违法行为之一，一次记 9 分：

（一）驾驶 7 座以上载客汽车载人超过核定人数百分之五十以上未达到百分之百的；

（二）驾驶校车、中型以上载客载货汽车、危险物品运输车辆在高速公路、城市快速路以外的道路上行驶超过规定时速百分之五十以上的；

（三）驾驶机动车在高速公路或者城市快速路上违法停车的；

（四）驾驶未悬挂机动车号牌或者故意遮挡、污损机动车号牌的机动车上道路行驶的；

（五）驾驶与准驾车型不符的机动车的；

（六）未取得校车驾驶资格驾驶校车的；

（七）连续驾驶中型以上载客汽车、危险物品运输车辆超过 4 小时未停车休息或者停车休息时间少于 20 分钟的。

第十条 机动车驾驶人有下列交通违法行为之一，一次记 6 分：

（一）驾驶校车、公路客运汽车、旅游客运汽车载人超过核定人数未达到百分之二十，或者驾驶 7 座以上载客汽车载人超过核定人数百分之二十以上未达到百分之五十，或者驾驶其他载客汽车载人超过核定人数百分之五十以上未达到百分之百的；

（二）驾驶校车、中型以上载客载货汽车、危险物品运输车辆在高速公路、城市快速路上行驶超过规定时速未达到百分之二十，或者在高速公路、城市快速路以外的道路上行驶超过规定时速百分之二十以上未达到百分之五十的；

（三）驾驶校车、中型以上载客载货汽车、危险物品运输车辆以外的机动车在高速公路、城市快速路上行驶超过规定时速百分之二十以上未达到百分之五十，或者在高速公路、城市快速路以外的道路上行驶超过规定时速百分之五十以上的；

（四）驾驶载货汽车载物超过最大允许总质量百分之五十以上的；

（五）驾驶机动车载运爆炸物品、易燃易爆化学物品以及剧毒、放射性等危险物品，未按指定的时间、路线、速度行驶或者未悬挂警示标志并采取必要的安全措施的；

（六）驾驶机动车运载超限的不可解体的物品，未按指定的时间、路线、速度行驶或者未悬挂警示标志的；

（七）驾驶机动车运输危险化学品，未经批准进入危险化学品运输车辆限制通行的区域的；

（八）驾驶机动车不按交通信号灯指示通行的；

（九）机动车驾驶证被暂扣或者扣留期间驾驶机动车的；

（十）造成致人轻微伤或者财产损失的交通事故后逃逸，尚不构成犯罪的；

（十一）驾驶机动车在高速公路或者城市快速路上违法占用应急车道行驶的。

第十一条　机动车驾驶人有下列交通违法行为之一，一次记3分：

（一）驾驶校车、公路客运汽车、旅游客运汽车、7座以上载客汽车以外的其他载客汽车载人超过核定人数百分之二十以上未达到百分之五十的；

（二）驾驶校车、中型以上载客载货汽车、危险物品运输车辆以外的机动车在高速公路、城市快速路以外的道路上行驶超过规定时速百分之二十以上未达到百分之五十的；

（三）驾驶机动车在高速公路或者城市快速路上不按规定车道行驶的；

（四）驾驶机动车不按规定超车、让行，或者在高速公路、城市快速路以外的道路上逆行的；

（五）驾驶机动车遇前方机动车停车排队或者缓慢行驶时，借道超车或者占用对面车道、穿插等候车辆的；

（六）驾驶机动车有拨打、接听手持电话等妨碍安全驾驶的行为的；

（七）驾驶机动车行经人行横道不按规定减速、停车、避让行人的；

（八）驾驶机动车不按规定避让校车的；

（九）驾驶载货汽车载物超过最大允许总质量百分之三十以上未达到百分之五十的，或者违反规定载客的；

（十）驾驶不按规定安装机动车号牌的机动车上道路行驶的；

（十一）在道路上车辆发生故障、事故停车后，不按规定使用灯光或者设置警告标志的；

（十二）驾驶未按规定定期进行安全技术检验的公路客运汽车、旅游客运汽车、危险物品运输车辆上道路行驶的；

（十三）驾驶校车上道路行驶前，未对校车车况是否符合安全技术要求进

行检查,或者驾驶存在安全隐患的校车上道路行驶的;

(十四)连续驾驶载货汽车超过 4 小时未停车休息或者停车休息时间少于 20 分钟的;

(十五)驾驶机动车在高速公路上行驶低于规定最低时速的。

第十二条 机动车驾驶人有下列交通违法行为之一,一次记 1 分:

(一)驾驶校车、中型以上载客载货汽车、危险物品运输车辆在高速公路、城市快速路以外的道路上行驶超过规定时速百分之十以上未达到百分之二十的;

(二)驾驶机动车不按规定会车,或者在高速公路、城市快速路以外的道路上不按规定倒车、掉头的;

(三)驾驶机动车不按规定使用灯光的;

(四)驾驶机动车违反禁令标志、禁止标线指示的;

(五)驾驶机动车载货长度、宽度、高度超过规定的;

(六)驾驶载货汽车载物超过最大允许总质量未达到百分之三十的;

(七)驾驶未按规定定期进行安全技术检验的公路客运汽车、旅游客运汽车、危险物品运输车辆以外的机动车上道路行驶的;

(八)驾驶擅自改变已登记的结构、构造或者特征的载货汽车上道路行驶的;

(九)驾驶机动车在道路上行驶时,机动车驾驶人未按规定系安全带的;

(十)驾驶摩托车,不戴安全头盔的。

第三章 记分执行

第十三条 公安机关交通管理部门对机动车驾驶人的交通违法行为,在作出行政处罚决定的同时予以记分。

对机动车驾驶人作出处罚前,应当在告知拟作出的行政处罚决定的同时,告知该交通违法行为的记分分值,并在处罚决定书上载明。

第十四条 机动车驾驶人有二起以上交通违法行为应当予以记分的,记分分值累积计算。

机动车驾驶人可以一次性处理完毕同一辆机动车的多起交通违法行为记录,记分分值累积计算。累积记分未满 12 分的,可以处理其驾驶的其他机动车的交通违法行为记录;累积记分满 12 分的,不得再处理其他机动车的交通违法行为记录。

第十五条 机动车驾驶人在一个记分周期期限届满,累积记分未满 12 分的，该记分周期内的记分予以清除；累积记分虽未满 12 分，但有罚款逾期未缴纳的，该记分周期内尚未缴纳罚款的交通违法行为记分分值转入下一记分周期。

第十六条 行政处罚决定被依法变更或者撤销的，相应记分应当变更或者撤销。

第四章 满 分 处 理

第十七条 机动车驾驶人在一个记分周期内累积记分满 12 分的，公安机关交通管理部门应当扣留其机动车驾驶证，开具强制措施凭证，并送达满分教育通知书，通知机动车驾驶人参加满分学习、考试。

临时入境的机动车驾驶人在一个记分周期内累积记分满 12 分的，公安机关交通管理部门应当注销其临时机动车驾驶许可，并送达满分教育通知书。

第十八条 机动车驾驶人在一个记分周期内累积记分满 12 分的，应当参加为期七天的道路交通安全法律、法规和相关知识学习。其中，大型客车、重型牵引挂车、城市公交车、中型客车、大型货车驾驶人应当参加为期三十天的道路交通安全法律、法规和相关知识学习。

机动车驾驶人在一个记分周期内参加满分教育的次数每增加一次或者累积记分每增加 12 分，道路交通安全法律、法规和相关知识的学习时间增加七天，每次满分学习的天数最多六十天。其中，大型客车、重型牵引挂车、城市公交车、中型客车、大型货车驾驶人在一个记分周期内参加满分教育的次数每增加一次或者累积记分每增加 12 分，道路交通安全法律、法规和相关知识的学习时间增加三十天，每次满分学习的天数最多一百二十天。

第十九条 道路交通安全法律、法规和相关知识学习包括现场学习、网络学习和自主学习。网络学习应当通过公安机关交通管理部门互联网学习教育平台进行。

机动车驾驶人参加现场学习、网络学习的天数累计不得少于五天，其中，现场学习的天数不得少于二天。大型客车、重型牵引挂车、城市公交车、中型客车、大型货车驾驶人参加现场学习、网络学习的天数累计不得少于十天，其中，现场学习的天数不得少于五天。满分学习的剩余天数通过自主学习完成。

机动车驾驶人单日连续参加现场学习超过三小时或者参加网络学习时间累计超过三小时的，按照一天计入累计学习天数。同日既参加现场学习又参加网络学习的，学习天数不累积计算。

第二十条 机动车驾驶人可以在机动车驾驶证核发地或者交通违法行为

发生地、处理地参加公安机关交通管理部门组织的道路交通安全法律、法规和相关知识学习,并在学习地参加考试。

第二十一条 机动车驾驶人在一个记分周期内累积记分满12分,符合本办法第十八条、第十九条第一款、第二款规定的,可以预约参加道路交通安全法律、法规和相关知识考试。考试不合格的,十日后预约重新考试。

第二十二条 机动车驾驶人在一个记分周期内二次累积记分满12分或者累积记分满24分未满36分的,应当在道路交通安全法律、法规和相关知识考试合格后,按照《机动车驾驶证申领和使用规定》第四十四条的规定预约参加道路驾驶技能考试。考试不合格的,十日后预约重新考试。

机动车驾驶人在一个记分周期内三次以上累积记分满12分或者累积记分满36分的,应当在道路交通安全法律、法规和相关知识考试合格后,按照《机动车驾驶证申领和使用规定》第四十三条和第四十四条的规定预约参加场地驾驶技能和道路驾驶技能考试。考试不合格的,十日后预约重新考试。

第二十三条 机动车驾驶人经满分学习、考试合格且罚款已缴纳的,记分予以清除,发还机动车驾驶证。机动车驾驶人同时被处以暂扣机动车驾驶证的,在暂扣期限届满后发还机动车驾驶证。

第二十四条 满分学习、考试内容应当按照机动车驾驶证载明的准驾车型确定。

第五章 记分减免

第二十五条 机动车驾驶人处理完交通违法行为记录后累积记分未满12分,参加公安机关交通管理部门组织的交通安全教育并达到规定要求的,可以申请在机动车驾驶人现有累积记分分值中扣减记分。在一个记分周期内累计最高扣减6分。

第二十六条 机动车驾驶人申请接受交通安全教育扣减交通违法行为记分的,公安机关交通管理部门应当受理。但有以下情形之一的,不予受理:

(一)在本记分周期内或者上一个记分周期内,机动车驾驶人有二次以上参加满分教育记录的;

(二)在最近三个记分周期内,机动车驾驶人因造成交通事故后逃逸,或者饮酒后驾驶机动车,或者使用伪造、变造的机动车号牌、行驶证、驾驶证、校车标牌,或者使用其他机动车号牌、行驶证,或者买分卖分受到过处罚的;

(三)机动车驾驶证在实习期内,或者机动车驾驶证逾期未审验,或者机动车驾驶证被扣留、暂扣期间的;

（四）机动车驾驶人名下有安全技术检验超过有效期或者未按规定办理注销登记的机动车的；

（五）在最近三个记分周期内，机动车驾驶人参加接受交通安全教育扣减交通违法行为记分或者机动车驾驶人满分教育、审验教育时，有弄虚作假、冒名顶替记录的。

第二十七条 参加公安机关交通管理部门组织的道路交通安全法律、法规和相关知识网上学习三日内累计满三十分钟且考试合格的，一次扣减1分。

参加公安机关交通管理部门组织的道路交通安全法律、法规和相关知识现场学习满一小时且考试合格的，一次扣减2分。

参加公安机关交通管理部门组织的交通安全公益活动的，满一小时为一次，一次扣减1分。

第二十八条 交通违法行为情节轻微，给予警告处罚的，免予记分。

第六章 法律责任

第二十九条 机动车驾驶人在一个记分周期内累积记分满12分，机动车驾驶证未被依法扣留或者收到满分教育通知书后三十日内拒不参加公安机关交通管理部门通知的满分学习、考试的，由公安机关交通管理部门公告其机动车驾驶证停止使用。

第三十条 机动车驾驶人请他人代为接受交通违法行为处罚和记分并支付经济利益的，由公安机关交通管理部门处所支付经济利益三倍以下罚款，但最高不超过五万元；同时，依法对原交通违法行为作出处罚。

代替实际机动车驾驶人接受交通违法行为处罚和记分牟取经济利益的，由公安机关交通管理部门处违法所得三倍以下罚款，但最高不超过五万元；同时，依法撤销原行政处罚决定。

组织他人实施前两款行为之一牟取经济利益的，由公安机关交通管理部门处违法所得五倍以下罚款，但最高不超过十万元；有扰乱单位秩序等行为，构成违反治安管理行为的，依法予以治安管理处罚。

第三十一条 机动车驾驶人参加满分教育时在签注学习记录、满分学习考试中弄虚作假的，相应学习记录、考试成绩无效，由公安机关交通管理部门处一千元以下罚款。

机动车驾驶人在参加接受交通安全教育扣减交通违法行为记分中弄虚作假的，由公安机关交通管理部门撤销相应记分扣减记录，恢复相应记分，处一千元以下罚款。

代替实际机动车驾驶人参加满分教育签注学习记录、满分学习考试或者接受交通安全教育扣减交通违法行为记分的，由公安机关交通管理部门处二千元以下罚款。

组织他人实施前三款行为之一，有违法所得的，由公安机关交通管理部门处违法所得三倍以下罚款，但最高不超过二万元；没有违法所得的，由公安机关交通管理部门处二万元以下罚款。

第三十二条 公安机关交通管理部门及其交通警察开展交通违法行为记分管理工作，应当接受监察机关、公安机关督察审计部门等依法实施的监督。

公安机关交通管理部门及其交通警察开展交通违法行为记分管理工作，应当自觉接受社会和公民的监督。

第三十三条 交通警察有下列情形之一的，按照有关规定给予处分；警务辅助人员有下列情形之一的，予以解聘；构成犯罪的，依法追究刑事责任：

（一）当事人对实施处罚和记分提出异议拒不核实，或者经核实属实但不纠正、整改的；

（二）为未经满分学习考试、考试不合格人员签注学习记录、合格考试成绩的；

（三）在满分考试时，减少考试项目、降低评判标准或者参与、协助、纵容考试舞弊的；

（四）为不符合记分扣减条件的机动车驾驶人扣减记分的；

（五）串通他人代替实际机动车驾驶人接受交通违法行为处罚和记分的；

（六）弄虚作假，将记分分值高的交通违法行为变更为记分分值低或者不记分的交通违法行为的；

（七）故意泄露、篡改系统记分数据的；

（八）根据交通技术监控设备记录资料处理交通违法行为时，未严格审核当事人提供的证据材料，导致他人代替实际机动车驾驶人接受交通违法行为处罚和记分，情节严重的。

第七章　附　　则

第三十四条 公安机关交通管理部门对拖拉机驾驶人予以记分的，应当定期将记分情况通报农业农村主管部门。

第三十五条 省、自治区、直辖市公安厅、局可以根据本地区的实际情况，在本办法规定的处罚幅度范围内，制定具体的执行标准。

对本办法规定的交通违法行为的处理程序按照《道路交通安全违法行为

处理程序规定》执行。

第三十六条 本办法所称“三日”“十日”“三十日”,是指自然日。期间的最后一日为节假日的,以节假日期满后的第一个工作日为期间届满的日期。

第三十七条 本办法自 2022 年 4 月 1 日起施行。

机动车登记规定

(2021 年 12 月 17 日公安部令第 164 号公布 自 2022 年 5 月 1 日起施行 国司备字[2022005755])

目 录

第一章 总 则

第一条 为了规范机动车登记,保障道路交通安全,保护公民、法人和其他组织的合法权益,根据《中华人民共和国道路交通安全法》及其实施条例,制定本规定。

第二条 本规定由公安机关交通管理部门负责实施。

省级公安机关交通管理部门负责本省(自治区、直辖市)机动车登记工作的指导、检查和监督。直辖市公安机关交通管理部门车辆管理所、设区的市或者相当于同级的公安机关交通管理部门车辆管理所负责办理本行政区域内机动车登记业务。

县级公安机关交通管理部门车辆管理所可以办理本行政区域内除危险货物运输车、校车、中型以上载客汽车登记以外的其他机动车登记业务。具体业务范围和办理条件由省级公安机关交通管理部门确定。

警用车辆登记业务按照有关规定办理。

第三条 车辆管理所办理机动车登记业务，应当遵循依法、公开、公正、便民的原则。

车辆管理所办理机动车登记业务，应当依法受理申请人的申请，审查申请人提交的材料，按规定查验机动车。对符合条件的，按照规定的标准、程序和期限办理机动车登记。对申请材料不齐全或者不符合法定形式的，应当一次书面或者电子告知申请人需要补正的全部内容。对不符合规定的，应当书面或者电子告知不予受理、登记的理由。

车辆管理所应当将法律、行政法规和本规定的有关办理机动车登记的事项、条件、依据、程序、期限以及收费标准、需要提交的全部材料的目录和申请表示范文本等在办公场所公示。

省级、设区的市或者相当于同级的公安机关交通管理部门应当在互联网上发布信息，便于群众查阅办理机动车登记的有关规定，查询机动车登记、检验等情况，下载、使用有关表格。

第四条 车辆管理所办理机动车登记业务时，应当按照减环节、减材料、减时限的要求，积极推行一次办结、限时办结等制度，为申请人提供规范、便利、高效的服务。

公安机关交通管理部门应当积极推进与有关部门信息互联互通，对实现信息共享、网上核查的，申请人免予提交相关证明凭证。

公安机关交通管理部门应当按照就近办理、便捷办理的原则，推进在机动车销售企业、二手车交易市场等地设置服务站点，方便申请人办理机动车登记业务，并在办公场所和互联网公示辖区内的业务办理网点、地址、联系电话、办公时间和业务范围。

第五条 车辆管理所应当使用全国统一的计算机管理系统办理机动车登记、核发机动车登记证书、号牌、行驶证和检验合格标志。

计算机管理系统的数据库标准和软件全国统一，能够完整、准确地记录和存储机动车登记业务全过程和经办人员信息，并能够实时将有关信息传送到全国公安交通管理信息系统。

第六条 车辆管理所应当使用互联网交通安全综合服务管理平台受理申请人网上提交的申请，验证申请人身份，按规定办理机动车登记业务。

互联网交通安全综合服务管理平台信息管理系统数据库标准和软件全国统一。

第七条 申请办理机动车登记业务的，应当如实向车辆管理所提交规定的材料、交验机动车，如实申告规定的事项，并对其申请材料实质内容的真实性以及机动车的合法性负责。

第八条 公安机关交通管理部门应当建立机动车登记业务监督制度，加强对机动车登记、牌证生产制作和发放等监督管理。

第九条 车辆管理所办理机动车登记业务时可以依据相关法律法规认可、使用电子签名、电子印章、电子证照。

第二章 机动车登记

第一节 注 册 登 记

第十条 初次申领机动车号牌、行驶证的，机动车所有人应当向住所地的车辆管理所申请注册登记。

第十一条 机动车所有人应当到机动车安全技术检验机构对机动车进行安全技术检验，取得机动车安全技术检验合格证明后申请注册登记。但经海关进口的机动车和国务院机动车产品主管部门认定免予安全技术检验的机动车除外。

免予安全技术检验的机动车有下列情形之一的，应当进行安全技术检验：

（一）国产机动车出厂后两年内未申请注册登记的；

（二）经海关进口的机动车进口后两年内未申请注册登记的；

（三）申请注册登记前发生交通事故的。

专用校车办理注册登记前，应当按照专用校车国家安全技术标准进行安全技术检验。

第十二条 申请注册登记的，机动车所有人应当交验机动车，确认申请信息，并提交以下证明、凭证：

（一）机动车所有人的身份证明；

（二）购车发票等机动车来历证明；

（三）机动车整车出厂合格证明或者进口机动车进口凭证；

（四）机动车交通事故责任强制保险凭证；

（五）车辆购置税、车船税完税证明或者免税凭证，但法律规定不属于征收范围的除外；

（六）法律、行政法规规定应当在机动车注册登记时提交的其他证明、凭证。

不属于经海关进口的机动车和国务院机动车产品主管部门规定免予安全技术检验的机动车，还应当提交机动车安全技术检验合格证明。

车辆管理所应当自受理申请之日起二日内，查验机动车，采集、核对车辆识别代号拓印膜或者电子资料，审查提交的证明、凭证，核发机动车登记证书、号牌、行驶证和检验合格标志。

机动车安全技术检验、税务、保险等信息实现与有关部门或者机构联网核查的，申请人免予提交相关证明、凭证，车辆管理所核对相关电子信息。

第十三条 车辆管理所办理消防车、救护车、工程救险车注册登记时，应当对车辆的使用性质、标志图案、标志灯具和警报器进行审查。

机动车所有人申请机动车使用性质登记为危险货物运输、公路客运、旅游客运的，应当具备相关道路运输许可；实现与有关部门联网核查道路运输许可信息、车辆使用性质信息的，车辆管理所应当核对相关电子信息。

申请危险货物运输车登记的，机动车所有人应当为单位。

车辆管理所办理注册登记时，应当对牵引车和挂车分别核发机动车登记证书、号牌、行驶证和检验合格标志。

第十四条 车辆管理所实现与机动车制造厂新车出厂查验信息联网的，机动车所有人申请小型、微型非营运载客汽车注册登记时，免予交验机动车。

车辆管理所应当会同有关部门在具备条件的摩托车销售企业推行摩托车带牌销售，方便机动车所有人购置车辆、投保保险、缴纳税款、注册登记一站式办理。

第十五条 有下列情形之一的，不予办理注册登记：

（一）机动车所有人提交的证明、凭证无效的；

（二）机动车来历证明被涂改或者机动车来历证明记载的机动车所有人与身份证明不符的；

（三）机动车所有人提交的证明、凭证与机动车不符的；

（四）机动车未经国务院机动车产品主管部门许可生产或者未经国家进口机动车主管部门许可进口的；

（五）机动车的型号或者有关技术参数与国务院机动车产品主管部门公告不符的；

（六）机动车的车辆识别代号或者有关技术参数不符合国家安全技术标准的；

（七）机动车达到国家规定的强制报废标准的；

（八）机动车被监察机关、人民法院、人民检察院、行政执法部门依法查封、扣押的；

（九）机动车属于被盗抢骗的；

（十）其他不符合法律、行政法规规定的情形。

第二节　变更登记

第十六条　已注册登记的机动车有下列情形之一的，机动车所有人应当向登记地车辆管理所申请变更登记：

（一）改变车身颜色的；

（二）更换发动机的；

（三）更换车身或者车架的；

（四）因质量问题更换整车的；

（五）机动车登记的使用性质改变的；

（六）机动车所有人的住所迁出、迁入车辆管理所管辖区域的。

属于第一款第一项至第三项规定的变更事项的，机动车所有人应当在变更后十日内向车辆管理所申请变更登记。

第十七条　申请变更登记的，机动车所有人应当交验机动车，确认申请信息，并提交以下证明、凭证：

（一）机动车所有人的身份证明；

（二）机动车登记证书；

（三）机动车行驶证；

（四）属于更换发动机、车身或者车架的，还应当提交机动车安全技术检验合格证明；

（五）属于因质量问题更换整车的，还应当按照第十二条的规定提交相关证明、凭证。

车辆管理所应当自受理之日起一日内，查验机动车，审查提交的证明、凭证，在机动车登记证书上签注变更事项，收回行驶证，重新核发行驶证。属于第十六条第一款第三项、第四项、第六项规定的变更登记事项的，还应当采集、核对车辆识别代号拓印膜或者电子资料。属于机动车使用性质变更为公路客运、旅游客运，实现与有关部门联网核查道路运输许可信息、车辆使用性质信息的，还应当核对相关电子信息。属于需要重新核发机动车号牌的，收回号牌、行驶证，核发号牌、行驶证和检验合格标志。

小型、微型载客汽车因改变车身颜色申请变更登记，车辆不在登记地的，可以向车辆所在地车辆管理所提出申请。车辆所在地车辆管理所应当按规定查验机动车，审查提交的证明、凭证，并将机动车查验电子资料转递至登记地车辆管理所，登记地车辆管理所按规定复核并核发行驶证。

第十八条　机动车所有人的住所迁出车辆管理所管辖区域的，转出地车辆管理所应当自受理之日起三日内，查验机动车，在机动车登记证书上签注变更事项，制作上传机动车电子档案资料。机动车所有人应当在三十日内到住所地车辆管理所申请机动车转入。属于小型、微型载客汽车或者摩托车机动车所有人的住所迁出车辆管理所管辖区域的，应当向转入地车辆管理所申请变更登记。

申请机动车转入的，机动车所有人应当确认申请信息，提交身份证明、机动车登记证书，并交验机动车。机动车在转入时已超过检验有效期的，应当按规定进行安全技术检验并提交机动车安全技术检验合格证明和交通事故责任强制保险凭证。车辆管理所应当自受理之日起三日内，查验机动车，采集、核对车辆识别代号拓印膜或者电子资料，审查相关证明、凭证和机动车电子档案资料，在机动车登记证书上签注转入信息，收回号牌、行驶证，确定新的机动车号牌号码，核发号牌、行驶证和检验合格标志。

机动车所有人申请转出、转入前，应当将涉及该车的道路交通安全违法行为和交通事故处理完毕。

第十九条 机动车所有人为两人以上，需要将登记的所有人姓名变更为其他共同所有人姓名的，可以向登记地车辆管理所申请变更登记。申请时，机动车所有人应当共同提出申请，确认申请信息，提交机动车登记证书、行驶证、变更前和变更后机动车所有人的身份证明和共同所有的公证证明，但属于夫妻双方共同所有的，可以提供结婚证或者证明夫妻关系的居民户口簿。

车辆管理所应当自受理之日起一日内，审查提交的证明、凭证，在机动车登记证书上签注变更事项，收回号牌、行驶证，确定新的机动车号牌号码，重新核发号牌、行驶证和检验合格标志。变更后机动车所有人的住所不在车辆管理所管辖区域内的，迁出地和迁入地车辆管理所应当按照第十八条的规定办理变更登记。

第二十条 同一机动车所有人名下机动车的号牌号码需要互换，符合以下情形的，可以向登记地车辆管理所申请变更登记：

（一）两辆机动车在同一辖区车辆管理所登记；

（二）两辆机动车属于同一号牌种类；

（三）两辆机动车使用性质为非营运。

机动车所有人应当确认申请信息，提交机动车所有人身份证明、两辆机动车的登记证书、行驶证、号牌。申请前，应当将两车的道路交通安全违法行为和交通事故处理完毕。

车辆管理所应当自受理之日起一日内，审查提交的证明、凭证，在机动车登记证书上签注变更事项，收回两车的号牌、行驶证，重新核发号牌、行驶证和检验合格标志。

同一机动车一年内可以互换变更一次机动车号牌号码。

第二十一条 有下列情形之一的,不予办理变更登记:

(一)改变机动车的品牌、型号和发动机型号的,但经国务院机动车产品主管部门许可选装的发动机除外;

(二)改变已登记的机动车外形和有关技术参数的,但法律、法规和国家强制性标准另有规定的除外;

(三)属于第十五条第一项、第七项、第八项、第九项规定情形的。

距机动车强制报废标准规定要求使用年限一年以内的机动车,不予办理第十六条第五项、第六项规定的变更事项。

第二十二条 有下列情形之一,在不影响安全和识别号牌的情况下,机动车所有人不需要办理变更登记:

(一)增加机动车车内装饰;

(二)小型、微型载客汽车加装出入口踏步件;

(三)货运机动车加装防风罩、水箱、工具箱、备胎架等。

属于第一款第二项、第三项规定变更事项的,加装的部件不得超出车辆宽度。

第二十三条 已注册登记的机动车有下列情形之一的,机动车所有人应当在信息或者事项变更后三十日内,向登记地车辆管理所申请变更备案:

(一)机动车所有人住所在车辆管理所管辖区域内迁移、机动车所有人姓名(单位名称)变更的;

(二)机动车所有人身份证明名称或者号码变更的;

(三)机动车所有人联系方式变更的;

(四)车辆识别代号因磨损、锈蚀、事故等原因辨认不清或者损坏的;

(五)小型、微型自动挡载客汽车加装、拆除、更换肢体残疾人操纵辅助装置的;

(六)载货汽车、挂车加装、拆除车用起重尾板的;

(七)小型、微型载客汽车在不改变车身主体结构且保证安全的情况下加装车顶行李架,换装不同式样散热器面罩、保险杠、轮毂的;属于换装轮毂的,不得改变轮胎规格。

第二十四条 申请变更备案的,机动车所有人应当确认申请信息,按照下列规定办理:

(一)属于第二十三条第一项规定情形的,机动车所有人应当提交身份证明、机动车登记证书、行驶证。车辆管理所应当自受理之日起一日内,在机动车登记证书上签注备案事项,收回并重新核发行驶证;

（二）属于第二十三条第二项规定情形的，机动车所有人应当提交身份证明、机动车登记证书；属于身份证明号码变更的，还应当提交相关变更证明。车辆管理所应当自受理之日起一日内，在机动车登记证书上签注备案事项；

（三）属于第二十三条第三项规定情形的，机动车所有人应当提交身份证明。车辆管理所应当自受理之日起一日内办理备案；

（四）属于第二十三条第四项规定情形的，机动车所有人应当提交身份证明、机动车登记证书、行驶证，交验机动车。车辆管理所应当自受理之日起一日内，查验机动车，监督重新打刻原车辆识别代号，采集、核对车辆识别代号拓印膜或者电子资料，在机动车登记证书上签注备案事项；

（五）属于第二十三条第五项、第六项规定情形的，机动车所有人应当提交身份证明、行驶证、机动车安全技术检验合格证明、操纵辅助装置或者尾板加装合格证明，交验机动车。车辆管理所应当自受理之日起一日内，查验机动车，收回并重新核发行驶证；

（六）属于第二十三条第七项规定情形的，机动车所有人应当提交身份证明、行驶证，交验机动车。车辆管理所应当自受理之日起一日内，查验机动车，收回并重新核发行驶证。

因第二十三条第五项、第六项、第七项申请变更备案，车辆不在登记地的，可以向车辆所在地车辆管理所提出申请。车辆所在地车辆管理所应当按规定查验机动车，审查提交的证明、凭证，并将机动车查验电子资料转递至登记地车辆管理所，登记地车辆管理所按规定复核并核发行驶证。

第三节　转让登记

第二十五条　已注册登记的机动车所有权发生转让的，现机动车所有人应当自机动车交付之日起三十日内向登记地车辆管理所申请转让登记。

机动车所有人申请转让登记前，应当将涉及该车的道路交通安全违法行为和交通事故处理完毕。

第二十六条　申请转让登记的，现机动车所有人应当交验机动车，确认申请信息，并提交以下证明、凭证：

（一）现机动车所有人的身份证明；

（二）机动车所有权转让的证明、凭证；

（三）机动车登记证书；

（四）机动车行驶证；

（五）属于海关监管的机动车，还应当提交海关监管车辆解除监管证明书或者海关批准的转让证明；

（六）属于超过检验有效期的机动车，还应当提交机动车安全技术检验合格证明和交通事故责任强制保险凭证。

车辆管理所应当自受理申请之日起一日内，查验机动车，核对车辆识别代号拓印膜或者电子资料，审查提交的证明、凭证，收回号牌、行驶证，确定新的机动车号牌号码，在机动车登记证书上签注转让事项，重新核发号牌、行驶证和检验合格标志。

在机动车抵押登记期间申请转让登记的，应当由原机动车所有人、现机动车所有人和抵押权人共同申请，车辆管理所一并办理新的抵押登记。

在机动车质押备案期间申请转让登记的，应当由原机动车所有人、现机动车所有人和质权人共同申请，车辆管理所一并办理新的质押备案。

第二十七条 车辆管理所办理转让登记时，现机动车所有人住所不在车辆管理所管辖区域内的，转出地车辆管理所应当自受理之日起三日内，查验机动车，核对车辆识别代号拓印膜或者电子资料，审查提交的证明、凭证，收回号牌、行驶证，在机动车登记证书上签注转让和变更事项，核发有效期为三十日的临时行驶车号牌，制作上传机动车电子档案资料。机动车所有人应当在临时行驶车号牌的有效期限内到转入地车辆管理所申请机动车转入。

申请机动车转入时，机动车所有人应当确认申请信息，提交身份证明、机动车登记证书，并交验机动车。机动车在转入时已超过检验有效期的，应当按规定进行安全技术检验并提交机动车安全技术检验合格证明和交通事故责任强制保险凭证。转入地车辆管理所应当自受理之日起三日内，查验机动车，采集、核对车辆识别代号拓印膜或者电子资料，审查相关证明、凭证和机动车电子档案资料，在机动车登记证书上签注转入信息，核发号牌、行驶证和检验合格标志。

小型、微型载客汽车或者摩托车在转入地交易的，现机动车所有人应当向转入地车辆管理所申请转让登记。

第二十八条 二手车出口企业收购机动车的，车辆管理所应当自受理之日起三日内，查验机动车，核对车辆识别代号拓印膜或者电子资料，审查提交的证明、凭证，在机动车登记证书上签注转让待出口事项，收回号牌、行驶证，核发有效期不超过六十日的临时行驶车号牌。

第二十九条 有下列情形之一的，不予办理转让登记：

（一）机动车与该车档案记载内容不一致的；

（二）属于海关监管的机动车，海关未解除监管或者批准转让的；

（三）距机动车强制报废标准规定要求使用年限一年以内的机动车；

（四）属于第十五条第一项、第二项、第七项、第八项、第九项规定情形的。

第三十条 被监察机关、人民法院、人民检察院、行政执法部门依法没收并拍卖，或者被仲裁机构依法仲裁裁决，或者被监察机关依法处理，或者被人民法院调解、裁定、判决机动车所有权转让时，原机动车所有人未向现机动车所有人提供机动车登记证书、号牌或者行驶证的，现机动车所有人在办理转让登记时，应当提交监察机关或者人民法院出具的未得到机动车登记证书、号牌或者行驶证的协助执行通知书，或者人民检察院、行政执法部门出具的未得到机动车登记证书、号牌或者行驶证的证明。车辆管理所应当公告原机动车登记证书、号牌或者行驶证作废，并在办理转让登记的同时，补发机动车登记证书。

第四节 抵押登记

第三十一条 机动车作为抵押物抵押的，机动车所有人和抵押权人应当向登记地车辆管理所申请抵押登记；抵押权消灭的，应当向登记地车辆管理所申请解除抵押登记。

第三十二条 申请抵押登记的，由机动车所有人和抵押权人共同申请，确认申请信息，并提交下列证明、凭证：

（一）机动车所有人和抵押权人的身份证明；

（二）机动车登记证书；

（三）机动车抵押合同。

车辆管理所应当自受理之日起一日内，审查提交的证明、凭证，在机动车登记证书上签注抵押登记的内容和日期。

在机动车抵押登记期间，申请因质量问题更换整车变更登记、机动车迁出迁入、共同所有人变更或者补领、换领机动车登记证书的，应当由机动车所有人和抵押权人共同申请。

第三十三条 申请解除抵押登记的，由机动车所有人和抵押权人共同申请，确认申请信息，并提交下列证明、凭证：

（一）机动车所有人和抵押权人的身份证明；

（二）机动车登记证书。

人民法院调解、裁定、判决解除抵押的，机动车所有人或者抵押权人应当确认申请信息，提交机动车登记证书、人民法院出具的已经生效的调解书、裁定书或者判决书，以及相应的协助执行通知书。

车辆管理所应当自受理之日起一日内，审查提交的证明、凭证，在机动车登记证书上签注解除抵押登记的内容和日期。

第三十四条 机动车作为质押物质押的，机动车所有人可以向登记地车辆管理所申请质押备案；质押权消灭的，应当向登记地车辆管理所申请解除质押备案。

申请办理机动车质押备案或者解除质押备案的，由机动车所有人和质权人共同申请，确认申请信息，并提交以下证明、凭证：

（一）机动车所有人和质权人的身份证明；

（二）机动车登记证书。

车辆管理所应当自受理之日起一日内，审查提交的证明、凭证，在机动车登记证书上签注质押备案或者解除质押备案的内容和日期。

第三十五条 机动车抵押、解除抵押信息实现与有关部门或者金融机构等联网核查的，申请人免予提交相关证明、凭证。

机动车抵押登记日期、解除抵押登记日期可以供公众查询。

第三十六条 属于第十五条第一项、第七项、第八项、第九项或者第二十九条第二项规定情形的，不予办理抵押登记、质押备案。对机动车所有人、抵押权人、质权人提交的证明、凭证无效，或者机动车被监察机关、人民法院、人民检察院、行政执法部门依法查封、扣押的，不予办理解除抵押登记、质押备案。

第五节 注 销 登 记

第三十七条 机动车有下列情形之一的，机动车所有人应当向登记地车辆管理所申请注销登记：

（一）机动车已达到国家强制报废标准的；

（二）机动车未达到国家强制报废标准，机动车所有人自愿报废的；

（三）因自然灾害、失火、交通事故等造成机动车灭失的；

（四）机动车因故不在我国境内使用的；

（五）因质量问题退车的。

属于第一款第四项、第五项规定情形的，机动车所有人申请注销登记前，应当将涉及该车的道路交通安全违法行为和交通事故处理完毕。

属于二手车出口符合第一款第四项规定情形的，二手车出口企业应当在机动车办理海关出口通关手续后二个月内申请注销登记。

第三十八条 属于第三十七条第一款第一项、第二项规定情形，机动车所有人申请注销登记的，应当向报废机动车回收企业交售机动车，确认申请信息，提交机动车登记证书、号牌和行驶证。

报废机动车回收企业应当确认机动车，向机动车所有人出具报废机动车回收证明，七日内将申请表、机动车登记证书、号牌、行驶证和报废机动车回收证明副本提交车辆管理所。属于报废校车、大型客车、重型货车及其他营运车辆的，申请注销登记时，还应当提交车辆识别代号拓印膜、车辆解体的照片或者电子资料。

车辆管理所应当自受理之日起一日内，审查提交的证明、凭证，收回机动车登记证书、号牌、行驶证，出具注销证明。

对车辆不在登记地的，机动车所有人可以向车辆所在地机动车回收企业交售报废机动车。报废机动车回收企业应当确认机动车，向机动车所有人出具报废机动车回收证明，七日内将申请表、机动车登记证书、号牌、行驶证、报废机动车回收证明副本以及车辆识别代号拓印膜或者电子资料提交报废地车辆管理所。属于报废校车、大型客车、重型货车及其他营运车辆的，还应当提交车辆解体的照片或者电子资料。

报废地车辆管理所应当自受理之日起一日内，审查提交的证明、凭证，收回机动车登记证书、号牌、行驶证，并通过计算机登记管理系统将机动车报废信息传递给登记地车辆管理所。登记地车辆管理所应当自接到机动车报废信息之日起一日内办理注销登记，并出具注销证明。

机动车报废信息实现与有关部门联网核查的，报废机动车回收企业免予提交相关证明、凭证，车辆管理所应当核对相关电子信息。

第三十九条　属于第三十七条第一款第三项、第四项、第五项规定情形，机动车所有人申请注销登记的，应当确认申请信息，并提交以下证明、凭证：

（一）机动车所有人身份证明；

（二）机动车登记证书；

（三）机动车行驶证；

（四）属于海关监管的机动车，因故不在我国境内使用的，还应当提交海关出具的海关监管车辆进（出）境领（销）牌照通知书；

（五）属于因质量问题退车的，还应当提交机动车制造厂或者经销商出具的退车证明。

申请人因机动车灭失办理注销登记的，应当书面承诺因自然灾害、失火、交通事故等导致机动车灭失，并承担不实承诺的法律责任。

二手车出口企业因二手车出口办理注销登记的，应当提交机动车所有人身份证明、机动车登记证书和机动车出口证明。

车辆管理所应当自受理之日起一日内，审查提交的证明、凭证，属于机动车因故不在我国境内使用的还应当核查机动车出境记录，收回机动车登记证书、号牌、行驶证，出具注销证明。

第四十条　已注册登记的机动车有下列情形之一的，登记地车辆管理所应当办理机动车注销：

（一）机动车登记被依法撤销的；

（二）达到国家强制报废标准的机动车被依法收缴并强制报废的。

第四十一条 已注册登记的机动车有下列情形之一的，车辆管理所应当公告机动车登记证书、号牌、行驶证作废：

（一）达到国家强制报废标准，机动车所有人逾期不办理注销登记的；

（二）机动车登记被依法撤销后，未收缴机动车登记证书、号牌、行驶证的；

（三）达到国家强制报废标准的机动车被依法收缴并强制报废的；

（四）机动车所有人办理注销登记时未交回机动车登记证书、号牌、行驶证的。

第四十二条 属于第十五条第一项、第八项、第九项或者第二十九条第一项规定情形的，不予办理注销登记。机动车在抵押登记、质押备案期间的，不予办理注销登记。

第三章 机动车牌证

第一节 牌证发放

第四十三条 机动车所有人可以通过计算机随机选取或者按照选号规则自行编排的方式确定机动车号牌号码。

公安机关交通管理部门应当使用统一的机动车号牌选号系统发放号牌号码，号牌号码公开向社会发放。

第四十四条 办理机动车变更登记、转让登记或者注销登记后，原机动车所有人申请机动车登记时，可以向车辆管理所申请使用原机动车号牌号码。

申请使用原机动车号牌号码应当符合下列条件：

（一）在办理机动车迁出、共同所有人变更、转让登记或者注销登记后两年内提出申请；

（二）机动车所有人拥有原机动车且使用原号牌号码一年以上；

（三）涉及原机动车的道路交通安全违法行为和交通事故处理完毕。

第四十五条 夫妻双方共同所有的机动车将登记的机动车所有人姓名变更为另一方姓名，婚姻关系存续期满一年且经夫妻双方共同申请的，可以使用原机动车号牌号码。

第四十六条 机动车具有下列情形之一，需要临时上道路行驶的，机动车所有人应当向车辆管理所申领临时行驶车号牌：

（一）未销售的；

（二）购买、调拨、赠予等方式获得机动车后尚未注册登记的；

（三）新车出口销售的；

（四）进行科研、定型试验的；

（五）因轴荷、总质量、外廓尺寸超出国家标准不予办理注册登记的特型机动车。

第四十七条 机动车所有人申领临时行驶车号牌应当提交以下证明、凭证：

（一）机动车所有人的身份证明；

（二）机动车交通事故责任强制保险凭证；

（三）属于第四十六条第一项、第五项规定情形的，还应当提交机动车整车出厂合格证明或者进口机动车进口凭证；

（四）属于第四十六条第二项规定情形的，还应当提交机动车来历证明，以及机动车整车出厂合格证明或者进口机动车进口凭证；

（五）属于第四十六条第三项规定情形的，还应当提交机动车制造厂出具的安全技术检验证明以及机动车出口证明；

（六）属于第四十六条第四项规定情形的，还应当提交书面申请，以及机动车安全技术检验合格证明或者机动车制造厂出具的安全技术检验证明。

车辆管理所应当自受理之日起一日内，审查提交的证明、凭证，属于第四十六条第一项、第二项、第三项规定情形，需要临时上道路行驶的，核发有效期不超过三十日的临时行驶车号牌。属于第四十六条第四项规定情形的，核发有效期不超过六个月的临时行驶车号牌。属于第四十六条第五项规定情形的，核发有效期不超过九十日的临时行驶车号牌。

因号牌制作的原因，无法在规定时限内核发号牌的，车辆管理所应当核发有效期不超过十五日的临时行驶车号牌。

对属于第四十六条第一项、第二项规定情形，机动车所有人需要多次申领临时行驶车号牌的，车辆管理所核发临时行驶车号牌不得超过三次。属于第四十六条第三项规定情形的，车辆管理所核发一次临时行驶车号牌。

临时行驶车号牌有效期不得超过机动车交通事故责任强制保险有效期。

机动车办理登记后，机动车所有人收到机动车号牌之日起三日后，临时行驶车号牌作废，不得继续使用。

第四十八条 对智能网联机动车进行道路测试、示范应用需要上道路行驶的，道路测试、示范应用单位应当向车辆管理所申领临时行驶车号牌，提交以下证明、凭证：

（一）道路测试、示范应用单位的身份证明；

（二）机动车交通事故责任强制保险凭证；

（三）经主管部门确认的道路测试、示范应用凭证；

（四）机动车安全技术检验合格证明。

车辆管理所应当自受理之日起一日内，审查提交的证明、凭证，核发临时行驶车号牌。临时行驶车号牌有效期应当与准予道路测试、示范应用凭证上签注的期限保持一致，但最长不得超过六个月。

第四十九条 对临时入境的机动车需要上道路行驶的，机动车所有人应当按规定向入境地或者始发地车辆管理所申领临时入境机动车号牌和行驶证。

第五十条 公安机关交通管理部门应当使用统一的号牌管理信息系统制作、发放、收回、销毁机动车号牌和临时行驶车号牌。

第二节 牌证补换领

第五十一条 机动车号牌灭失、丢失或者损毁的，机动车所有人应当向登记地车辆管理所申请补领、换领。申请时，机动车所有人应当确认申请信息并提交身份证明。

车辆管理所应当审查提交的证明、凭证，收回未灭失、丢失或者损毁的号牌，自受理之日起十五日内补发、换发号牌，原机动车号牌号码不变。

补发、换发号牌期间，申请人可以申领有效期不超过十五日的临时行驶车号牌。

补领、换领机动车号牌的，原机动车号牌作废，不得继续使用。

第五十二条 机动车登记证书、行驶证灭失、丢失或者损毁的，机动车所有人应当向登记地车辆管理所申请补领、换领。申请时，机动车所有人应当确认申请信息并提交身份证明。

车辆管理所应当审查提交的证明、凭证，收回损毁的登记证书、行驶证，自受理之日起一日内补发、换发登记证书、行驶证。

补领、换领机动车登记证书、行驶证的，原机动车登记证书、行驶证作废，不得继续使用。

第五十三条 机动车所有人发现登记内容有错误的，应当及时要求车辆管理所更正。车辆管理所应当自受理之日起五日内予以确认。确属登记错误的，在机动车登记证书上更正相关内容，换发行驶证。需要改变机动车号牌号码的，应当收回号牌、行驶证，确定新的机动车号牌号码，重新核发号牌、行驶证和检验合格标志。

第三节　检验合格标志核发

第五十四条　机动车所有人可以在机动车检验有效期满前三个月内向车辆管理所申请检验合格标志。除大型载客汽车、校车以外的机动车因故不能在登记地检验的，机动车所有人可以向车辆所在地车辆管理所申请检验合格标志。

申请前，机动车所有人应当将涉及该车的道路交通安全违法行为和交通事故处理完毕。申请时，机动车所有人应当确认申请信息并提交行驶证、机动车交通事故责任强制保险凭证、车船税纳税或者免税证明、机动车安全技术检验合格证明。

车辆管理所应当自受理之日起一日内，审查提交的证明、凭证，核发检验合格标志。

第五十五条　对免予到机动车安全技术检验机构检验的机动车，机动车所有人申请检验合格标志时，应当提交机动车所有人身份证明或者行驶证、机动车交通事故责任强制保险凭证、车船税纳税或者免税证明。

车辆管理所应当自受理之日起一日内，审查提交的证明、凭证，核发检验合格标志。

第五十六条　公安机关交通管理部门应当实行机动车检验合格标志电子化，在核发检验合格标志的同时，发放检验合格标志电子凭证。

检验合格标志电子凭证与纸质检验合格标志具有同等效力。

第五十七条　机动车检验合格标志灭失、丢失或者损毁，机动车所有人需要补领、换领的，可以持机动车所有人身份证明或者行驶证向车辆管理所申请补领或者换领。对机动车交通事故责任强制保险在有效期内的，车辆管理所应当自受理之日起一日内补发或者换发。

第四章　校车标牌核发

第五十八条　学校或者校车服务提供者申请校车使用许可，应当按照《校车安全管理条例》向县级或者设区的市级人民政府教育行政部门提出申请。公安机关交通管理部门收到教育行政部门送来的征求意见材料后，应当在一日内通知申请人交验机动车。

第五十九条　县级或者设区的市级公安机关交通管理部门应当自申请人交验机动车之日起二日内确认机动车，查验校车标志灯、停车指示标志、卫星定位装置以及逃生锤、干粉灭火器、急救箱等安全设备，审核行驶线路、开行时

间和停靠站点。属于专用校车的,还应当查验校车外观标识。审查以下证明、凭证:

(一)机动车所有人的身份证明;

(二)机动车行驶证;

(三)校车安全技术检验合格证明;

(四)包括行驶线路、开行时间和停靠站点的校车运行方案;

(五)校车驾驶人的机动车驾驶证。

公安机关交通管理部门应当自收到教育行政部门征求意见材料之日起三日内向教育行政部门回复意见,但申请人未按规定交验机动车的除外。

第六十条 学校或者校车服务提供者按照《校车安全管理条例》取得校车使用许可后,应当向县级或者设区的市级公安机关交通管理部门领取校车标牌。领取时应当确认表格信息,并提交以下证明、凭证:

(一)机动车所有人的身份证明;

(二)校车驾驶人的机动车驾驶证;

(三)机动车行驶证;

(四)县级或者设区的市级人民政府批准的校车使用许可;

(五)县级或者设区的市级人民政府批准的包括行驶线路、开行时间和停靠站点的校车运行方案。

公安机关交通管理部门应当在收到领取表之日起三日内核发校车标牌。对属于专用校车的,应当核对行驶证上记载的校车类型和核载人数;对不属于专用校车的,应当在行驶证副页上签注校车类型和核载人数。

第六十一条 校车标牌应当记载本车的号牌号码、机动车所有人、驾驶人、行驶线路、开行时间、停靠站点、发牌单位、有效期限等信息。校车标牌分前后两块,分别放置于前风窗玻璃右下角和后风窗玻璃适当位置。

校车标牌有效期的截止日期与校车安全技术检验有效期的截止日期一致,但不得超过校车使用许可有效期。

第六十二条 专用校车应当自注册登记之日起每半年进行一次安全技术检验,非专用校车应当自取得校车标牌后每半年进行一次安全技术检验。

学校或者校车服务提供者应当在校车检验有效期满前一个月内向公安机关交通管理部门申请检验合格标志。

公安机关交通管理部门应当自受理之日起一日内,审查提交的证明、凭证,核发检验合格标志,换发校车标牌。

第六十三条 已取得校车标牌的机动车达到报废标准或者不再作为校车使用的,学校或者校车服务提供者应当拆除校车标志灯、停车指示标志,消除校车外观标识，并将校车标牌交回核发的公安机关交通管理部门。

专用校车不得改变使用性质。

校车使用许可被吊销、注销或者撤销的，学校或者校车服务提供者应当拆除校车标志灯、停车指示标志，消除校车外观标识，并将校车标牌交回核发的公安机关交通管理部门。

第六十四条 校车行驶线路、开行时间、停靠站点或者车辆、所有人、驾驶人发生变化的，经县级或者设区的市级人民政府批准后，应当按照本规定重新领取校车标牌。

第六十五条 公安机关交通管理部门应当每月将校车标牌的发放、变更、收回等信息报本级人民政府备案，并通报教育行政部门。

学校或者校车服务提供者应当自取得校车标牌之日起，每月查询校车道路交通安全违法行为记录，及时到公安机关交通管理部门接受处理。核发校车标牌的公安机关交通管理部门应当每月汇总辖区内校车道路交通安全违法和交通事故等情况，通知学校或者校车服务提供者，并通报教育行政部门。

第六十六条 校车标牌灭失、丢失或者损毁的，学校或者校车服务提供者应当向核发标牌的公安机关交通管理部门申请补领或者换领。申请时，应当提交机动车所有人的身份证明及机动车行驶证。公安机关交通管理部门应当自受理之日起三日内审核，补发或者换发校车标牌。

第五章 监督管理

第六十七条 公安机关交通管理部门应当建立业务监督管理中心，通过远程监控、数据分析、日常检查、档案抽查、业务回访等方式，对机动车登记及相关业务办理情况进行监督管理。

直辖市、设区的市或者相当于同级的公安机关交通管理部门应当通过监管系统每周对机动车登记及相关业务办理情况进行监控、分析，及时查处整改发现的问题。省级公安机关交通管理部门应当通过监管系统每月对机动车登记及相关业务办理情况进行监控、分析，及时查处、通报发现的问题。

车辆管理所存在严重违规办理机动车登记情形的，上级公安机关交通管理部门可以暂停该车辆管理所办理相关业务或者指派其他车辆管理所人员接管业务。

第六十八条 县级公安机关交通管理部门办理机动车登记及相关业务的，办公场所、设施设备、人员资质和信息系统等应当满足业务办理需求，并符合相关规定和标准要求。

直辖市、设区的市公安机关交通管理部门应当加强对县级公安机关交通管理部门办理机动车登记及相关业务的指导、培训和监督管理。

第六十九条 机动车销售企业、二手车交易市场、机动车安全技术检验机构、报废机动车回收企业和邮政、金融机构、保险机构等单位，经公安机关交通管理部门委托可以设立机动车登记服务站，在公安机关交通管理部门监督管理下协助办理机动车登记及相关业务。

机动车登记服务站应当规范设置名称和外观标识，公开业务范围、办理依据、办理程序、收费标准等事项。机动车登记服务站应当使用统一的计算机管理系统协助办理机动车登记及相关业务。

机动车登记服务站协助办理机动车登记的，可以提供办理保险和车辆购置税、机动车预查验、信息预录入等服务，便利机动车所有人一站式办理。

第七十条 公安机关交通管理部门应当建立机动车登记服务站监督管理制度，明确设立条件、业务范围、办理要求、信息系统安全等规定，签订协议及责任书，通过业务抽查、网上巡查、实地检查、业务回访等方式加强对机动车登记服务站协助办理业务情况的监督管理。

机动车登记服务站存在违反规定办理机动车登记及相关业务、违反信息安全管理规定等情形的，公安机关交通管理部门应当暂停委托其业务办理，限期整改；有严重违规情形的，终止委托其业务办理。机动车登记服务站违反规定办理业务给当事人造成经济损失的，应当依法承担赔偿责任；构成犯罪的，依法追究相关责任人员刑事责任。

第七十一条 公安机关交通管理部门应当建立号牌制作发放监管制度，加强对机动车号牌制作单位和号牌质量的监督管理。

机动车号牌制作单位存在违反规定制作和发放机动车号牌的，公安机关交通管理部门应当暂停其相关业务，限期整改；构成犯罪的，依法追究相关责任人员刑事责任。

第七十二条 机动车安全技术检验机构应当按照国家机动车安全技术检验标准对机动车进行检验，对检验结果承担法律责任。

公安机关交通管理部门在核发机动车检验合格标志时，发现机动车安全技术检验机构存在为未经检验的机动车出具检验合格证明、伪造或者篡改检验数据等出具虚假检验结果行为的，停止认可其出具的检验合格证明，依法进行处罚，并通报市场监督管理部门；构成犯罪的，依法追究相关责任人员刑事责任。

第七十三条 从事机动车查验工作的人员，应当持有公安机关交通管理部门颁发的资格证书。公安机关交通管理部门应当在公安民警、警务辅助人员中选拔足够数量的机动车查验员，从事查验工作。机动车登记服务站工作人员可以在车辆管理所监督下承担机动车查验工作。

机动车查验员应当严格遵守查验工作纪律，不得减少查验项目、降低查验标准，不得参与、协助、纵容为违规机动车办理登记。公安民警、警务辅助人员不得参与或者变相参与机动车安全技术检验机构经营活动，不得收取机动车安全技术检验机构、机动车销售企业、二手车交易市场、报废机动车回收企业等相关企业、申请人的财物。

车辆管理所应当对机动车查验过程进行全程录像，并实时监控查验过程，没有使用录像设备的，不得进行查验。机动车查验中，查验员应当使用执勤执法记录仪记录查验过程。车辆管理所应当建立机动车查验音视频档案，存储录像设备和执勤执法记录仪记录的音像资料。

第七十四条 车辆管理所在办理机动车登记及相关业务过程中发现存在以下情形的，应当及时开展调查：

（一）机动车涉嫌走私、被盗抢骗、非法生产销售、拼（组）装、非法改装的；

（二）涉嫌提交虚假申请材料的；

（三）涉嫌使用伪造、变造机动车牌证的；

（四）涉嫌以欺骗、贿赂等不正当手段取得机动车登记的；

（五）存在短期内频繁补换领牌证、转让登记、转出转入等异常情形的；

（六）存在其他违法违规情形的。

车辆管理所发现申请人通过互联网办理机动车登记及相关业务存在第一款规定嫌疑情形的，应当转为现场办理，当场审查申请材料，及时开展调查。

第七十五条 车辆管理所开展调查时，可以通知申请人协助调查，询问嫌疑情况，记录调查内容，并可以采取检验鉴定、实地检查等方式进行核查。

对经调查发现涉及行政案件或者刑事案件的，应当依法采取必要的强制措施或者其他处置措施，移交有管辖权的公安机关按照《公安机关办理行政案件程序规定》《公安机关办理刑事案件程序规定》等规定办理。

对办理机动车登记时发现机动车涉嫌走私的，公安机关交通管理部门应当将机动车及相关资料移交海关依法处理。

第七十六条 已注册登记的机动车被盗抢骗的，车辆管理所应当根据刑侦部门提供的情况，在计算机登记系统内记录，停止办理该车的各项登记和业务。被盗抢骗机动车发还后，车辆管理所应当恢复办理该车的各项登记和业务。

机动车在被盗抢骗期间，发动机号码、车辆识别代号或者车身颜色被改变的，车辆管理所应当凭有关技术鉴定证明办理变更备案。

第七十七条 公安机关交通管理部门及其交通警察、警务辅助人员办理机动车登记工作,应当接受监察机关、公安机关督察审计部门等依法实施的监督。

公安机关交通管理部门及其交通警察、警务辅助人员办理机动车登记工作,应当自觉接受社会和公民的监督。

第六章 法律责任

第七十八条 有下列情形之一的,由公安机关交通管理部门处警告或者二百元以下罚款:

(一)重型、中型载货汽车、专项作业车、挂车及大型客车的车身或者车厢后部未按照规定喷涂放大的牌号或者放大的牌号不清晰的;

(二)机动车喷涂、粘贴标识或者车身广告,影响安全驾驶的;

(三)载货汽车、专项作业车及挂车未按照规定安装侧面及后下部防护装置、粘贴车身反光标识的;

(四)机动车未按照规定期限进行安全技术检验的;

(五)改变车身颜色、更换发动机、车身或者车架,未按照第十六条规定的时限办理变更登记的;

(六)机动车所有权转让后,现机动车所有人未按照第二十五条规定的时限办理转让登记的;

(七)机动车所有人办理变更登记、转让登记,未按照第十八条、第二十七条规定的时限到住所地车辆管理所申请机动车转入的;

(八)机动车所有人未按照第二十三条规定申请变更备案的。

第七十九条 除第十六条、第二十二条、第二十三条规定的情形外,擅自改变机动车外形和已登记的有关技术参数的,由公安机关交通管理部门责令恢复原状,并处警告或者五百元以下罚款。

第八十条 隐瞒有关情况或者提供虚假材料申请机动车登记的,公安机关交通管理部门不予受理或者不予登记,处五百元以下罚款;申请人在一年内不得再次申请机动车登记。

对发现申请人通过机动车虚假交易、以合法形式掩盖非法目的等手段,在机动车登记业务中牟取不正当利益的,依照第一款的规定处理。

第八十一条 以欺骗、贿赂等不正当手段取得机动车登记的,由公安机关交通管理部门收缴机动车登记证书、号牌、行驶证,撤销机动车登记,处二千元以下罚款;申请人在三年内不得再次申请机动车登记。

以欺骗、贿赂等不正当手段办理补、换领机动车登记证书、号牌、行驶证和检验合格标志等业务的，由公安机关交通管理部门收缴机动车登记证书、号牌、行驶证和检验合格标志，未收缴的，公告作废，处二千元以下罚款。

组织、参与实施第八十条、本条前两款行为之一牟取经济利益的，由公安机关交通管理部门处违法所得三倍以上五倍以下罚款，但最高不超过十万元。

第八十二条 省、自治区、直辖市公安厅、局可以根据本地区的实际情况，在本规定的处罚幅度范围内，制定具体的执行标准。

对本规定的道路交通安全违法行为的处理程序按照《道路交通安全违法行为处理程序规定》执行。

第八十三条 交通警察有下列情形之一的，按照有关规定给予处分；对聘用人员予以解聘。构成犯罪的，依法追究刑事责任：

（一）违反规定为被盗抢骗、走私、非法拼（组）装、达到国家强制报废标准的机动车办理登记的；

（二）不按照规定查验机动车和审查证明、凭证的；

（三）故意刁难，拖延或者拒绝办理机动车登记的；

（四）违反本规定增加机动车登记条件或者提交的证明、凭证的；

（五）违反第四十三条的规定，采用其他方式确定机动车号牌号码的；

（六）违反规定跨行政辖区办理机动车登记和业务的；

（七）与非法中介串通牟取经济利益的；

（八）超越职权进入计算机登记管理系统办理机动车登记和业务，或者不按规定使用计算机登记管理系统办理机动车登记和业务的；

（九）违反规定侵入计算机登记管理系统，泄漏、篡改、买卖系统数据，或者泄漏系统密码的；

（十）违反规定向他人出售或者提供机动车登记信息的；

（十一）参与或者变相参与机动车安全技术检验机构经营活动的；

（十二）利用职务上的便利索取、收受他人财物或者牟取其他利益的；

（十三）强令车辆管理所违反本规定办理机动车登记的。

交通警察未按照第七十三条第三款规定使用执法记录仪的，根据情节轻重，按照有关规定给予处分。

第八十四条 公安机关交通管理部门有第八十三条所列行为之一的，按照有关规定对直接负责的主管人员和其他直接责任人员给予相应的处分。

公安机关交通管理部门及其工作人员有第八十三条所列行为之一，给当事人造成损失的，应当依法承担赔偿责任。

第七章　附　　则

第八十五条　机动车登记证书、号牌、行驶证、检验合格标志的式样由公安部统一制定并监制。

机动车登记证书、号牌、行驶证、检验合格标志的制作应当符合有关标准。

第八十六条　机动车所有人可以委托代理人代理申请各项机动车登记和业务，但共同所有人变更、申请补领机动车登记证书、机动车灭失注销的除外；对机动车所有人因死亡、出境、重病、伤残或者不可抗力等原因不能到场的，可以凭相关证明委托代理人代理申请，或者由继承人申请。

代理人申请机动车登记和业务时，应当提交代理人的身份证明和机动车所有人的委托书。

第八十七条　公安机关交通管理部门应当实行机动车登记档案电子化，机动车电子档案与纸质档案具有同等效力。车辆管理所对办理机动车登记时不需要留存原件的证明、凭证，应当以电子文件形式归档。

第八十八条　本规定所称进口机动车以及进口机动车的进口凭证是指：

（一）进口机动车：

1. 经国家限定口岸海关进口的汽车；

2. 经各口岸海关进口的其他机动车；

3. 海关监管的机动车；

4. 国家授权的执法部门没收的走私、无合法进口证明和利用进口关键件非法拼（组）装的机动车。

（二）进口机动车的进口凭证：

1. 进口汽车的进口凭证，是国家限定口岸海关签发的货物进口证明书；

2. 其他进口机动车的进口凭证，是各口岸海关签发的货物进口证明书；

3. 海关监管的机动车的进口凭证，是监管地海关出具的海关监管车辆进（出）境领（销）牌照通知书；

4. 国家授权的执法部门没收的走私、无进口证明和利用进口关键件非法拼（组）装的机动车的进口凭证，是该部门签发的没收走私汽车、摩托车证明书。

第八十九条　本规定所称机动车所有人、身份证明以及住所是指：

（一）机动车所有人包括拥有机动车的个人或者单位。

1. 个人是指我国内地的居民和军人（含武警）以及香港、澳门特别行政区、台湾地区居民、定居国外的中国公民和外国人；

2. 单位是指机关、企业、事业单位和社会团体以及外国驻华使馆、领馆和外国驻华办事机构、国际组织驻华代表机构。

（二）身份证明：

1. 机关、企业、事业单位、社会团体的身份证明，是该单位的统一社会信用代码证书、营业执照或者社会团体法人登记证书，以及加盖单位公章的委托书和被委托人的身份证明。机动车所有人为单位的内设机构，本身不具备领取统一社会信用代码证书条件的，可以使用上级单位的统一社会信用代码证书作为机动车所有人的身份证明。上述单位已注销、撤销或者破产，其机动车需要办理变更登记、转让登记、解除抵押登记、注销登记、解除质押备案和补、换领机动车登记证书、号牌、行驶证的，已注销的企业的身份证明，是市场监督管理部门出具的准予注销登记通知书；已撤销的机关、事业单位、社会团体的身份证明，是其上级主管机关出具的有关证明；已破产无有效营业执照的企业，其身份证明是依法成立的财产清算机构或者人民法院依法指定的破产管理人出具的有关证明。商业银行、汽车金融公司申请办理抵押登记业务的，其身份证明是营业执照或者加盖公章的营业执照复印件；

2. 外国驻华使馆、领馆和外国驻华办事机构、国际组织驻华代表机构的身份证明，是该使馆、领馆或者该办事机构、代表机构出具的证明；

3. 居民的身份证明，是居民身份证或者临时居民身份证。在户籍地以外居住的内地居民，其身份证明是居民身份证或者临时居民身份证，以及公安机关核发的居住证明或者居住登记证明；

4. 军人（含武警）的身份证明，是居民身份证或者临时居民身份证。在未办理居民身份证前，是军队有关部门核发的军官证、文职干部证、士兵证、离休证、退休证等有效军人身份证件，以及其所在的团级以上单位出具的本人住所证明；

5. 香港、澳门特别行政区居民的身份证明，是港澳居民居住证；或者是其所持有的港澳居民来往内地通行证或者外交部核发的中华人民共和国旅行证，以及公安机关出具的住宿登记证明；

6. 台湾地区居民的身份证明，是台湾居民居住证；或者是其所持有的公安机关核发的五年有效的台湾居民来往大陆通行证或者外交部核发的中华人民共和国旅行证，以及公安机关出具的住宿登记证明；

7. 定居国外的中国公民的身份证明，是中华人民共和国护照和公安机关出具的住宿登记证明；

8. 外国人的身份证明，是其所持有的有效护照或者其他国际旅行证件，停居留期三个月以上的有效签证或者停留、居留许可，以及公安机关出具的住宿登记证明；或者是外国人永久居留身份证；

9. 外国驻华使馆、领馆人员、国际组织驻华代表机构人员的身份证明，是外交部核发的有效身份证件。

（三）住所：

1. 单位的住所是其主要办事机构所在地；

2. 个人的住所是户籍登记地或者其身份证明记载的住址。在户籍地以外居住的内地居民的住所是公安机关核发的居住证明或者居住登记证明记载的住址。

属于在户籍地以外办理除机动车注册登记、转让登记、住所迁入、共同所有人变更以外业务的，机动车所有人免予提交公安机关核发的居住证明或者居住登记证明。

属于在户籍地以外办理小型、微型非营运载客汽车注册登记的，机动车所有人免予提交公安机关核发的居住证明或者居住登记证明。

第九十条 本规定所称机动车来历证明以及机动车整车出厂合格证明是指：

（一）机动车来历证明：

1. 在国内购买的机动车，其来历证明是机动车销售统一发票或者二手车交易发票。在国外购买的机动车，其来历证明是该车销售单位开具的销售发票及其翻译文本，但海关监管的机动车不需提供来历证明；

2. 监察机关依法没收、追缴或者责令退赔的机动车，其来历证明是监察机关出具的法律文书，以及相应的协助执行通知书；

3. 人民法院调解、裁定或者判决转让的机动车，其来历证明是人民法院出具的已经生效的调解书、裁定书或者判决书，以及相应的协助执行通知书；

4. 仲裁机构仲裁裁决转让的机动车，其来历证明是仲裁裁决书和人民法院出具的协助执行通知书；

5. 继承、赠予、中奖、协议离婚和协议抵偿债务的机动车，其来历证明是继承、赠予、中奖、协议离婚、协议抵偿债务的相关文书和公证机关出具的公证书；

6. 资产重组或者资产整体买卖中包含的机动车，其来历证明是资产主管部门的批准文件；

7. 机关、企业、事业单位和社会团体统一采购并调拨到下属单位未注册登记的机动车，其来历证明是机动车销售统一发票和该部门出具的调拨证明；

8. 机关、企业、事业单位和社会团体已注册登记并调拨到下属单位的机动车，其来历证明是该单位出具的调拨证明。被上级单位调回或者调拨到其他下属单位的机动车，其来历证明是上级单位出具的调拨证明；

9. 经公安机关破案发还的被盗抢骗且已向原机动车所有人理赔完毕的机动车，其来历证明是权益转让证明书。

（二）机动车整车出厂合格证明：

1. 机动车整车厂生产的汽车、摩托车、挂车，其出厂合格证明是该厂出具的机动车整车出厂合格证；

2. 使用国产或者进口底盘改装的机动车，其出厂合格证明是机动车底盘生产厂出具的机动车底盘出厂合格证或者进口机动车底盘的进口凭证和机动车改装厂出具的机动车整车出厂合格证；

3. 使用国产或者进口整车改装的机动车，其出厂合格证明是机动车生产厂出具的机动车整车出厂合格证或者进口机动车的进口凭证和机动车改装厂出具的机动车整车出厂合格证；

4. 监察机关、人民法院、人民检察院或者行政执法机关依法扣留、没收并拍卖的未注册登记的国产机动车，未能提供出厂合格证明的，可以凭监察机关、人民法院、人民检察院或者行政执法机关出具的证明替代。

第九十一条 本规定所称二手车出口企业是指经商务主管部门认定具备二手车出口资质的企业。

第九十二条 本规定所称"一日"、"二日"、"三日"、"五日"、"七日"、"十日"、"十五日"，是指工作日，不包括节假日。

临时行驶车号牌的最长有效期"十五日"、"三十日"、"六十日"、"九十日"、"六个月"，包括工作日和节假日。

本规定所称"以下"、"以上"、"以内"，包括本数。

第九十三条 本规定自2022年5月1日起施行。2008年5月27日发布的《机动车登记规定》（公安部令第102号）和2012年9月12日发布的《公安部关于修改〈机动车登记规定〉的决定》（公安部令第124号）同时废止。本规定生效后，公安部以前制定的规定与本规定不一致的，以本规定为准。

长江水生生物保护管理规定

（2021年12月21日农业农村部令2021年第5号公布　自2022年2月1日起施行　国司备字[2022005677]）

第一章　总　　则

第一条　为了加强长江流域水生生物保护和管理，维护生物多样性，保障流域生态安全，根据《中华人民共和国长江保护法》《中华人民共和国渔业法》《中华人民共和国野生动物保护法》等有关法律、行政法规，制定本规定。

第二条　长江流域水生生物及其栖息地的监测调查、保护修复、捕捞利用等活动及其监督管理，适用本规定。

本规定所称长江流域，是指由长江干流、支流和湖泊形成的集水区域所涉及的青海省、四川省、西藏自治区、云南省、重庆市、湖北省、湖南省、江西省、安徽省、江苏省、上海市，以及甘肃省、陕西省、河南省、贵州省、广西壮族自治区、广东省、浙江省、福建省的相关县级行政区域。

第三条　长江流域水生生物保护和管理应当坚持统筹协调、科学规划，实行自然恢复为主、自然恢复与人工修复相结合的系统治理。

第四条　农业农村部主管长江流域水生生物保护和管理工作。

农业农村部成立长江水生生物科学委员会，对长江水生生物保护和管理的重大政策、规划、措施等，开展专业咨询和评估论证。

长江流域县级以上地方人民政府农业农村主管部门负责本行政区域水生生物保护和管理工作。

第五条　长江流域县级以上地方人民政府农业农村主管部门应当按规定统筹使用相关生态补偿资金，加强水生生物及其栖息地的保护修复、宣传教育和科普培训。

支持单位和个人参与长江流域水生生物及其栖息地保护，鼓励对破坏水生生物资源和水域生态环境的行为进行监督举报。

第六条　对在长江水生生物保护管理工作中作出突出贡献的单位或个人，按照有关规定予以表彰和奖励。

农业农村部和长江流域省级人民政府农业农村主管部门对长江水生生物保护管理工作不力、问题突出、群众反映集中的地区，依法约谈所在地县级以上地方人民政府及其有关部门主要负责人，要求其采取措施及时整改。

第二章　监测和调查

第七条　农业农村部制定长江水生生物及其栖息地调查监测的技术标准和程序规范，健全长江流域水生生物监测网络体系，建立调查监测信息共享平台。

长江流域省级人民政府农业农村主管部门应当定期对本行政区域内的水生生物分布区域、种群数量、结构及栖息地生态状况等开展调查监测，并及时将调查监测信息报农业农村部。

第八条　农业农村部每十年组织一次长江水生野生动物及其栖息地状况普查，根据需要组织开展专项调查，建立水生野生动物资源档案，并向社会公布长江流域水生野生动物资源状况。

第九条　对中华鲟、长江鲟、长江江豚等国家一级保护水生野生动物及其栖息地的专项调查监测，由农业农村部组织实施；其他重点保护水生野生动物及其栖息地的专项调查监测，由长江流域省级人民政府农业农村主管部门组织实施。

第十条　长江流域县级以上地方人民政府农业农村主管部门会同本级人民政府有关部门定期对水生生物产卵场、索饵场、越冬场和洄游通道等重要栖息地开展生物多样性调查。

第十一条　因科研、教学、环境影响评价等需要在禁渔期、禁渔区进行捕捞的，应当制定年度捕捞计划，并按规定申请专项（特许）渔业捕捞许可证；确需使用禁用渔具渔法的，长江流域省级人民政府农业农村主管部门应当组织论证。

在禁渔期、禁渔区开展调查监测的渔获物，不得进行市场交易或抵扣费用。

第十二条　发生渔业水域污染、外来物种入侵等事件，对长江流域水生生物及其栖息地造成或可能造成严重损害的，发生地或受损地的地方人民政府农业农村主管部门应当及时开展应急调查、预警监测和评估，并按有关规定向同级人民政府或上级农业农村主管部门报告。

第十三条　农业农村部会同国务院有关部门和长江流域省级人民政府建立长江流域水生生物完整性指数评价体系，组织开展评价工作，并将结果作为评估长江流域生态系统总体状况和水生生物保护责任落实情况的重要依据。长江流域水生生物完整性指数应当与长江流域水环境质量标准相衔接。

长江流域省级人民政府农业农村主管部门应当根据长江流域水生生物完

整性指数评价体系，结合实际开展水生生物完整性指数评价工作。

第三章 保护措施

第十四条 农业农村部制定长江流域珍贵、濒危水生野生动植物保护计划，对长江流域珍贵、濒危水生野生动植物实行重点保护。

鼓励有条件的单位开展对长江流域江豚、白鱀豚、白鲟、中华鲟、长江鲟、鯮、鲥、四川白甲鱼、川陕哲罗鲑、胭脂鱼、鳤、圆口铜鱼、多鳞白甲鱼、华鲮、鲈鲤和葛仙米、弧形藻、眼子菜、水菜花等水生野生动植物生境特征和种群动态的研究，建设人工繁育和科普教育基地。

第十五条 长江流域省级人民政府农业农村主管部门和农业农村部根据长江流域水生生物及其产卵场、索饵场、越冬场和洄游通道等栖息地状况的调查、监测和评估结果，发布水生生物重要栖息地名录及其范围，明确保护措施，实行严格的保护和管理。

对长江流域数量急剧下降或者极度濒危的水生野生动植物和受到严重破坏的栖息地、天然集中分布区、破碎化的典型生态系统，长江流域省级人民政府农业农村主管部门和农业农村部应当制定修复方案和行动计划，修建迁地保护设施，建立水生野生动植物遗传资源基因库，进行抢救性修复。

第十六条 在长江流域水生生物重要栖息地应当实施生态环境修复和其他保护措施。

对鱼类等水生生物洄游或种质交流产生阻隔的涉水工程，建设或运行单位应当结合实际采取建设过鱼设施、河湖连通、生态调度、灌江纳苗、基因保存、增殖放流、人工繁育等多种措施，充分满足水生生物洄游、繁殖、种质交流等生态需求。

第十七条 在长江流域水生生物重要栖息地依法科学划定限制航行区和禁止航行区域。

因国家发展战略和国计民生需要，在水生生物重要栖息地禁止航行区域内设置航道或进行临时航行的，应当依法征得农业农村部同意，并采取降速、降噪、限排、限鸣等必要措施，减少对重要水生生物的干扰。

严格限制在长江流域水生生物重要栖息地水域实施航道整治工程；确需整治的，应当经科学论证，并依法办理相关手续。

第十八条 长江流域涉水开发规划或建设项目应当充分考虑水生生物及其栖息地的保护需求，涉及或可能对其造成影响的，建设单位在编制环境影响评价文件和开展公众参与调查时，应当书面征求农业农村主管部门的意见，并按有关要求进行专题论证。

涉及珍贵、濒危水生野生动植物及其重要栖息地、水产种质资源保护区的，由长江流域省级人民政府农业农村主管部门组织专题论证；涉及国家一级重点保护水生野生动植物及其重要栖息地或国家级水产种质资源保护区的，由农业农村部组织专题论证。

第十九条 建设项目对水生生物及其栖息地造成不利影响的，建设单位应当编制专题报告，根据批准的环境影响评价文件及批复要求，落实避让、减缓、补偿、重建等措施，与主体工程同时设计、同时施工、同时投产使用，并在稳定运行一定时期后对其有效性进行周期性监测和回顾性评价，提出补救方案或者改进措施。

建设项目所在地县级以上地方人民政府农业农村主管部门应当对生态补偿措施的实施进展和落实效果进行跟踪监督。

第二十条 长江流域省级人民政府农业农村主管部门和农业农村部建立中华鲟、长江鲟、长江江豚等重点保护水生野生动植物的应急救护体系。

重点保护水生野生动植物的野外物种或人工保种物种生存安全受到威胁的，所在地县级以上人民政府农业农村主管部门应当及时开展应急救护，并根据物种特性和受威胁程度，落实就地保护、迁地保护或种质资源保护等措施。

第二十一条 长江流域县级以上地方人民政府农业农村主管部门应当根据农业农村部制定的水生生物增殖放流规划、计划或意见，制定本行政区域的增殖放流方案，并报上一级农业农村主管部门备案。长江流域省级农业农村主管部门应当制定中华鲟、长江鲟等国家一级重点保护水生野生动物的增殖放流年度计划并报农业农村部备案。

长江流域县级以上地方人民政府农业农村主管部门负责本行政区域内的水生生物增殖放流的组织、协调与监督管理，并采取措施加强增殖资源保护、跟踪监测和效果评估。

第二十二条 禁止在长江流域开放水域养殖、投放外来物种或者其他非本地物种。

养殖外来物种或其他非本地物种的，应当采取有效隔离措施，防止逃逸进入开放水域。

发生外来物种或者其他非本地物种逃逸的，有关单位和个人应当采取捕回或其他紧急补救措施降低负面影响，并及时向所在地人民政府农业农村主管部门报告。

第四章 禁捕管理

第二十三条 长江流域水生生物保护区禁止生产性捕捞。在国家规定的期限内,长江干流和重要支流、大型通江湖泊、长江口禁捕管理区等重点水域禁止天然渔业资源的生产性捕捞。农业农村部根据长江流域水生生物资源状况,对长江流域重点水域禁捕管理制度进行适应性调整。

长江流域其他水域禁捕、限捕管理办法由县级以上地方人民政府制定。

第二十四条 农业农村部和长江流域省级人民政府农业农村主管部门制定并发布长江流域重点水域禁用渔具渔法目录。

禁止在禁渔期携带禁用渔具进入禁渔区。

第二十五条 禁止在长江流域以水生生物为主要保护对象的自然保护区、水产种质资源保护区核心区和水生生物重要栖息地垂钓。

倡导正确、健康、文明的休闲垂钓行为,禁止一人多杆、多线多钩、钓获物买卖等违规垂钓行为。

第二十六条 因人工繁育、维持生态系统平衡或者特定物种种群调控等特殊原因,需要在禁渔期、禁渔区捕捞天然渔业资源的,应当按照《渔业捕捞许可管理规定》申请专项(特许)渔业捕捞许可证,并严格按照许可的技术标准、规范要求进行作业,严禁擅自更改作业范围、时间和捕捞工具、方法等。

县级以上地方人民政府农业农村主管部门应当加强对专项(特许)渔业捕捞行为的监督和管理。

第二十七条 在长江流域发展大水面生态渔业应当科学规划,按照"一水一策"原则合理选择大水面生态渔业发展方式。开展增殖渔业的,按照水域承载力确定适宜的增殖种类、增殖数量、增殖方式、放捕比例和起捕时间、方式、规格、数量等。

严格区分增殖渔业的起捕活动与传统的非增殖渔业资源捕捞生产,增殖渔业起捕应当使用专门的渔具渔法,避免对非增殖渔业资源和重点保护水生野生动植物造成损害。

第二十八条 长江流域县级以上地方人民政府农业农村主管部门应当加强执法队伍建设,落实执法经费,配备执法力量,组建协助巡护队伍,加强网格化管理,开展动态巡航巡查。

第二十九条 长江流域县级以上地方人民政府农业农村主管部门应当加强长江流域禁捕执法工作,严厉打击电鱼、毒鱼、炸鱼及使用禁用渔具等非法捕捞行为,并会同有关部门按照职责分工依法查处收购、运输、加工、销售非法渔获物等违法违规行为;涉嫌构成犯罪的,应当依法移送公安机关查处。

第三十条 违反本规定,在长江流域重点水域进行增殖放流、垂钓或者在禁渔期携带禁用渔具进入禁渔区的,责令改正,可以处警告或一千元以下罚款;构成其他违法行为的,按照《中华人民共和国长江保护法》《中华人民共和国渔业法》等法律或者行政法规予以处罚。

第五章 附 则

第三十一条 本规定下列用语的含义是:

(一)重点水域是指长江干流和重要支流、大型通江湖泊、长江河口规定区域等水域。

(二)水生生物保护区是指以水生生物为主要保护对象的自然保护区、水产种质资源保护区。

(三)重要栖息地是指水生生物野外种群的产卵场、索饵场、越冬场和洄游通道。

(四)开放水域是指水生生物通过水的自然流通能够到达长江流域重点水域的水域。

第三十二条 本规定自2022年2月1日起施行。原农业部1995年9月28日发布、2004年7月1日修订的《长江渔业资源管理规定》同时废止。

农业行政处罚程序规定

(2021年12月21日农业农村部令2021年第4号公布 自2022年2月1日起施行 国司备字[2022005676])

第一章 总 则

第一条 为规范农业行政处罚程序,保障和监督农业农村主管部门依法实施行政管理,保护公民、法人或者其他组织的合法权益,根据《中华人民共和国行政处罚法》《中华人民共和国行政强制法》等有关法律、行政法规的规定,结合农业农村部门实际,制定本规定。

第二条 农业行政处罚机关实施行政处罚及其相关的行政执法活动,适用本规定。

本规定所称农业行政处罚机关,是指依法行使行政处罚权的县级以上人民政府农业农村主管部门。

第三条 农业行政处罚机关实施行政处罚，应当遵循公正、公开的原则，做到事实清楚，证据充分，程序合法，定性准确，适用法律正确，裁量合理，文书规范。

第四条 农业行政处罚机关实施行政处罚，应当坚持处罚与教育相结合，采取指导、建议等方式，引导和教育公民、法人或者其他组织自觉守法。

第五条 具有下列情形之一的，农业行政执法人员应当主动申请回避，当事人也有权申请其回避：

（一）是本案当事人或者当事人的近亲属；

（二）本人或者其近亲属与本案有直接利害关系；

（三）与本案当事人有其他利害关系，可能影响案件的公正处理。

农业行政处罚机关主要负责人的回避，由该机关负责人集体讨论决定；其他人员的回避，由该机关主要负责人决定。

回避决定作出前，主动申请回避或者被申请回避的人员不停止对案件的调查处理。

第六条 农业行政处罚应当由具有行政执法资格的农业行政执法人员实施。农业行政执法人员不得少于两人，法律另有规定的除外。

农业行政执法人员调查处理农业行政处罚案件时，应当主动向当事人或者有关人员出示行政执法证件，并按规定着装和佩戴执法标志。

第七条 各级农业行政处罚机关应当全面推行行政执法公示制度、执法全过程记录制度、重大执法决定法制审核制度，加强行政执法信息化建设，推进信息共享，提高行政处罚效率。

第八条 县级以上人民政府农业农村主管部门在法定职权范围内实施行政处罚。

县级以上地方人民政府农业农村主管部门内设或所属的农业综合行政执法机构承担并集中行使行政处罚以及与行政处罚有关的行政强制、行政检查职能，以农业农村主管部门名义统一执法。

第九条 县级以上人民政府农业农村主管部门依法设立的派出执法机构，应当在派出部门确定的权限范围内以派出部门的名义实施行政处罚。

第十条 上级农业农村主管部门依法监督下级农业农村主管部门实施的行政处罚。

县级以上人民政府农业农村主管部门负责监督本部门农业综合行政执法机构或者派出执法机构实施的行政处罚。

第十一条 农业行政处罚机关在工作中发现违纪、违法或者犯罪问题线索的，应当按照《执法机关和司法机关向纪检监察机关移送问题线索工作办法》的规定，及时移送纪检监察机关。

第二章　农业行政处罚的管辖

第十二条　农业行政处罚由违法行为发生地的农业行政处罚机关管辖。法律、行政法规以及农业农村部规章另有规定的，从其规定。

省、自治区、直辖市农业行政处罚机关应当按照职权法定、属地管理、重心下移的原则，结合违法行为涉及区域、案情复杂程度、社会影响范围等因素，厘清本行政区域内不同层级农业行政处罚机关行政执法权限，明确职责分工。

第十三条　渔业行政违法行为有下列情况之一的，适用“谁查获、谁处理”的原则：

（一）违法行为发生在共管区、叠区；

（二）违法行为发生在管辖权不明确或者有争议的区域；

（三）违法行为发生地与查获地不一致。

第十四条　电子商务平台经营者和通过自建网站、其他网络服务销售商品或者提供服务的电子商务经营者的农业违法行为由其住所地县级以上农业行政处罚机关管辖。

平台内经营者的农业违法行为由其实际经营地县级以上农业行政处罚机关管辖。电子商务平台经营者住所地或者违法物品的生产、加工、存储、配送地的县级以上农业行政处罚机关先行发现违法线索或者收到投诉、举报的，也可以管辖。

第十五条　对当事人的同一违法行为，两个以上农业行政处罚机关都有管辖权的，应当由先立案的农业行政处罚机关管辖。

第十六条　两个以上农业行政处罚机关对管辖发生争议的，应当自发生争议之日起七日内协商解决，协商不成的，报请共同的上一级农业行政处罚机关指定管辖；也可以直接由共同的上一级农业行政机关指定管辖。

第十七条　农业行政处罚机关发现立案查处的案件不属于本部门管辖的，应当将案件移送有管辖权的农业行政处罚机关。受移送的农业行政处罚机关对管辖权有异议的，应当报请共同的上一级农业行政处罚机关指定管辖，不得再自行移送。

第十八条　上级农业行政处罚机关认为有必要时，可以直接管辖下级农业行政处罚机关管辖的案件，也可以将本机关管辖的案件交由下级农业行政处罚机关管辖，必要时可以将下级农业行政处罚机关管辖的案件指定其他下级农业行政处罚机关管辖，但不得违反法律、行政法规的规定。

下级农业行政处罚机关认为依法应由其管辖的农业行政处罚案件重大、复杂或者本地不适宜管辖的，可以报请上一级农业行政处罚机关直接管辖或者指定管辖。上一级农业行政处罚机关应当自收到报送材料之日起七日内作出书面决定。

第十九条 农业行政处罚机关实施农业行政处罚时，需要其他行政机关协助的，可以向有关机关发送协助函，提出协助请求。

农业行政处罚机关在办理跨行政区域案件时，需要其他地区农业行政处罚机关协查的，可以发送协查函。收到协查函的农业行政处罚机关应当予以协助并及时书面告知协查结果。

第二十条 农业行政处罚机关查处案件，对依法应当由原许可、批准的部门作出吊销许可证件等农业行政处罚决定的，应当自作出处理决定之日起十五日内将查处结果及相关材料书面报送或告知原许可、批准的部门，并提出处理建议。

第二十一条 农业行政处罚机关发现所查处的案件不属于农业农村主管部门管辖的，应当按照有关要求和时限移送有管辖权的部门处理。

违法行为涉嫌犯罪的案件，农业行政处罚机关应当依法移送司法机关，不得以行政处罚代替刑事处罚。

农业行政处罚机关应当与司法机关加强协调配合，建立健全案件移送制度，加强证据材料移交、接收衔接，完善案件处理信息通报机制。

农业行政处罚机关应当将移送案件的相关材料妥善保管、存档备查。

第三章 农业行政处罚的决定

第二十二条 公民、法人或者其他组织违反农业行政管理秩序的行为，依法应当给予行政处罚的，农业行政处罚机关必须查明事实；违法事实不清、证据不足的，不得给予行政处罚。

第二十三条 农业行政处罚机关作出农业行政处罚决定前，应当告知当事人拟作出行政处罚内容及事实、理由、依据，并告知当事人依法享有的陈述、申辩、要求听证等权利。

采取普通程序查办的案件，农业行政处罚机关应当制作行政处罚事先告知书送达当事人，并告知当事人可以在收到告知书之日起三日内进行陈述、申辩。符合听证条件的，应当告知当事人可以要求听证。

当事人无正当理由逾期提出陈述、申辩或者要求听证的，视为放弃上述权利。

第二十四条 当事人有权进行陈述和申辩。农业行政处罚机关必须充分听取当事人的意见，对当事人提出的事实、理由和证据，应当进行复核；当事人提出的事实、理由或者证据成立的，应当予以采纳。

农业行政处罚机关不得因当事人陈述、申辩而给予更重的处罚。

第一节 简易程序

第二十五条 违法事实确凿并有法定依据，对公民处以二百元以下、对法人或者其他组织处以三千元以下罚款或者警告的行政处罚的，可以当场作出行政处罚决定。法律另有规定的，从其规定。

第二十六条 当场作出行政处罚决定时，农业行政执法人员应当遵守下列程序：

（一）向当事人表明身份，出示行政执法证件；

（二）当场查清当事人的违法事实，收集和保存相关证据；

（三）在行政处罚决定作出前，应当告知当事人拟作出决定的内容及事实、理由、依据，并告知当事人有权进行陈述和申辩；

（四）听取当事人陈述、申辩，并记入笔录；

（五）填写预定格式、编有号码、盖有农业行政处罚机关印章的当场处罚决定书，由执法人员签名或者盖章，当场交付当事人；当事人拒绝签收的，应当在行政处罚决定书上注明。

前款规定的行政处罚决定书应当载明当事人的违法行为，行政处罚的种类和依据、罚款数额、时间、地点，申请行政复议、提起行政诉讼的途径和期限以及行政机关名称。

第二十七条 农业行政执法人员应当在作出当场处罚决定之日起、在水上办理渔业行政违法案件的农业行政执法人员应当自抵岸之日起二日内，将案件的有关材料交至所属农业行政处罚机关归档保存。

第二节 普通程序

第二十八条 实施农业行政处罚，除依法可以当场作出的行政处罚外，应当适用普通程序。

第二十九条 农业行政处罚机关对依据监督检查职责或者通过投诉、举报、其他部门移送、上级交办等途径发现的违法行为线索，应当自发现线索或者收到相关材料之日起七日内予以核查，由农业行政处罚机关负责人决定是否立案；因特殊情况不能在规定期限内立案的，经农业行政处罚机关负责人批准，可以延长七日。法律、法规、规章另有规定的除外。

第三十条 符合下列条件的，农业行政处罚机关应当予以立案，并填写行政处罚立案审批表：

（一）有涉嫌违反法律、法规和规章的行为；

（二）依法应当或者可以给予行政处罚；

（三）属于本机关管辖；

（四）违法行为发生之日起至被发现之日止未超过二年，或者违法行为有连续、继续状态，从违法行为终了之日起至被发现之日止未超过二年；涉及公民生命健康安全且有危害后果的，上述期限延长至五年。法律另有规定的除外。

第三十一条 对已经立案的案件，根据新的情况发现不符合本规定第三十条规定的立案条件的，农业行政处罚机关应当撤销立案。

第三十二条 农业行政处罚机关对立案的农业违法行为，必须全面、客观、公正地调查，收集有关证据；必要时，按照法律、法规的规定，可以进行检查。

农业行政执法人员在调查或者收集证据、进行检查时，不得少于两人。当事人或者有关人员有权要求农业行政执法人员出示执法证件。执法人员不出示执法证件的，当事人或者有关人员有权拒绝接受调查或者检查。

第三十三条 农业行政执法人员有权依法采取下列措施：

（一）查阅、复制书证和其他有关材料；

（二）询问当事人或者其他与案件有关的单位和个人；

（三）要求当事人或者有关人员在一定的期限内提供有关材料；

（四）采取现场检查、勘验、抽样、检验、检测、鉴定、评估、认定、录音、拍照、录像、调取现场及周边监控设备电子数据等方式进行调查取证；

（五）对涉案的场所、设施或者财物依法实施查封、扣押等行政强制措施；

（六）责令被检查单位或者个人停止违法行为，履行法定义务；

（七）其他法律、法规、规章规定的措施。

第三十四条 农业行政处罚证据包括书证、物证、视听资料、电子数据、证人证言、当事人的陈述、鉴定意见、勘验笔录和现场笔录。

证据必须经查证属实，方可作为农业行政处罚机关认定案件事实的根据。立案前依法取得或收集的证据材料，可以作为案件的证据使用。

以非法手段取得的证据，不得作为认定案件事实的根据。

第三十五条 收集、调取的书证、物证应当是原件、原物。收集、调取原件、原物确有困难的，可以提供与原件核对无误的复制件、影印件或者抄录件，也可以提供足以反映原物外形或者内容的照片、录像等其他证据。

复制件、影印件、抄录件和照片由证据提供人或者执法人员核对无误后注明与原件、原物一致，并注明出证日期、证据出处，同时签名或者盖章。

第三十六条 收集、调取的视听资料应当是有关资料的原始载体。调取原始载体确有困难的，可以提供复制件，并注明制作方法、制作时间、制作人和证明对象等。声音资料应当附有该声音内容的文字记录。

第三十七条 收集、调取的电子数据应当是有关数据的原始载体。收集电子数据原始载体确有困难的，可以采用拷贝复制、委托分析、书式固定、拍照录像等方式取证，并注明制作方法、制作时间、制作人等。

农业行政处罚机关可以利用互联网信息系统或者设备收集、固定违法行为证据。用来收集、固定违法行为证据的互联网信息系统或者设备应当符合相关规定，保证所收集、固定电子数据的真实性、完整性。

农业行政处罚机关可以指派或者聘请具有专门知识的人员或者专业机构，辅助农业行政执法人员对与案件有关的电子数据进行调查取证。

第三十八条 农业行政执法人员询问证人或者当事人，应当个别进行，并制作询问笔录。

询问笔录有差错、遗漏的，应当允许被询问人更正或者补充。更正或者补充的部分应当由被询问人签名、盖章或者按指纹等方式确认。

询问笔录经被询问人核对无误后，由被询问人在笔录上逐页签名、盖章或者按指纹等方式确认。农业行政执法人员应当在笔录上签名。被询问人拒绝签名、盖章或者按指纹的，由农业行政执法人员在笔录上注明情况。

第三十九条 农业行政执法人员对与案件有关的物品或者场所进行现场检查或者勘验，应当通知当事人到场，制作现场检查笔录或者勘验笔录，必要时可以采取拍照、录像或者其他方式记录现场情况。

当事人拒不到场、无法找到当事人或者当事人拒绝签名或盖章的，农业行政执法人员应当在笔录中注明，并可以请在场的其他人员见证。

第四十条 农业行政处罚机关在调查案件时，对需要检测、检验、鉴定、评估、认定的专门性问题，应当委托具有法定资质的机构进行；没有具有法定资质的机构的，可以委托其他具备条件的机构进行。

检验、检测、鉴定、评估、认定意见应当由检验、检测、鉴定、评估、认定人员签名或者盖章，并加盖所在机构公章。检验、检测、鉴定、评估、认定意见应当送达当事人。

第四十一条 农业行政处罚机关收集证据时，可以采取抽样取证的方法。农业行政执法人员应当制作抽样取证凭证，对样品加贴封条，并由执法人员和当事人在抽样取证凭证上签名或者盖章。当事人拒绝签名或者盖章的，应当采取拍照、录像或者其他方式记录抽样取证情况。

农业行政处罚机关抽样送检的，应当将抽样检测结果及时告知当事人，并告知当事人有依法申请复检的权利。

非从生产单位直接抽样取证的，农业行政处罚机关可以向产品标注生产单位发送产品确认通知书，对涉案产品是否为其生产的产品进行确认，并可以要求其在一定期限内提供相关证明材料。

第四十二条 在证据可能灭失或者以后难以取得的情况下，经农业行政处罚机关负责人批准，农业行政执法人员可以对与涉嫌违法行为有关的证据采取先行登记保存措施。

情况紧急，农业行政执法人员需要当场采取先行登记保存措施的，可以采用即时通讯方式报请农业行政处罚机关负责人同意，并在二十四小时内补办批准手续。

先行登记保存有关证据，应当当场清点，开具清单，填写先行登记保存执法文书，由农业行政执法人员和当事人签名、盖章或者按指纹，并向当事人交付先行登记保存证据通知书和物品清单。

第四十三条 先行登记保存物品时，就地由当事人保存的，当事人或者有关人员不得使用、销售、转移、损毁或者隐匿。

就地保存可能妨害公共秩序、公共安全，或者存在其他不适宜就地保存情况的，可以异地保存。对异地保存的物品，农业行政处罚机关应当妥善保管。

第四十四条 农业行政处罚机关对先行登记保存的证据，应当自采取登记保存之日起七日内作出下列处理决定并送达当事人：

（一）根据情况及时采取记录、复制、拍照、录像等证据保全措施；

（二）需要进行技术检测、检验、鉴定、评估、认定的，送交有关机构检测、检验、鉴定、评估、认定；

（三）对依法应予没收的物品，依照法定程序处理；

（四）对依法应当由有关部门处理的，移交有关部门；

（五）为防止损害公共利益，需要销毁或者无害化处理的，依法进行处理；

（六）不需要继续登记保存的，解除先行登记保存。

第四十五条 农业行政处罚机关依法对涉案场所、设施或者财物采取查封、扣押等行政强制措施，应当在实施前向农业行政处罚机关负责人报告并经批准，由具备资格的农业行政执法人员实施。

情况紧急，需要当场采取行政强制措施的，农业行政执法人员应当在二十四小时内向农业行政处罚机关负责人报告，并补办批准手续。农业行政处罚机关负责人认为不应当采取行政强制措施的,应当立即解除。

查封、扣押的场所、设施或者财物,应当妥善保管,不得使用或者损毁。除法律、法规另有规定外,鲜活产品、保管困难或者保管费用过高的物品和其他容易损毁、灭失、变质的物品,在确定为罚没财物前,经权利人同意或者申请,并经农业行政处罚机关负责人批准,在采取相关措施留存证据后,可以依法先行处置;权利人不明确的,可以依法公告,公告期满后仍没有权利人同意或者申请的,可以依法先行处置。先行处置所得款项按照涉案现金管理。

第四十六条 农业行政处罚机关实施查封、扣押等行政强制措施,应当履行《中华人民共和国行政强制法》规定的程序和要求,制作并当场交付查封、扣押决定书和清单。

第四十七条 经查明与违法行为无关或者不再需要采取查封、扣押措施的,应当解除查封、扣押措施,将查封、扣押的财物如数返还当事人,并由农业行政执法人员和当事人在解除查封或者扣押决定书和清单上签名、盖章或者按指纹。

第四十八条 有下列情形之一的,经农业行政处罚机关负责人批准,中止案件调查,并制作案件中止调查决定书:

(一)行政处罚决定必须以相关案件的裁判结果或者其他行政决定为依据,而相关案件尚未审结或者其他行政决定尚未作出;

(二)涉及法律适用等问题,需要送请有权机关作出解释或者确认;

(三)因不可抗力致使案件暂时无法调查;

(四)因当事人下落不明致使案件暂时无法调查;

(五)其他应当中止调查的情形。

中止调查的原因消除后,应当立即恢复案件调查。

第四十九条 农业行政执法人员在调查结束后,应当根据不同情形提出如下处理建议,并制作案件处理意见书,报请农业行政处罚机关负责人审查:

(一)确有应受行政处罚的违法行为的,根据情节轻重及具体情况,建议作出行政处罚;

(二)违法事实不能成立的,建议不予行政处罚;

(三)违法行为轻微并及时改正,没有造成危害后果的,建议不予行政处罚;

(四)当事人有证据足以证明没有主观过错的,建议不予行政处罚,但法律、行政法规另有规定的除外;

(五)初次违法且危害后果轻微并及时改正的,建议可以不予行政处罚;

(六)违法行为超过追责时效的,建议不再给予行政处罚;

（七）违法行为不属于农业行政处罚机关管辖的，建议移送其他行政机关；

（八）违法行为涉嫌犯罪应当移送司法机关的，建议移送司法机关；

（九）依法作出处理的其他情形。

第五十条 有下列情形之一，在农业行政处罚机关负责人作出农业行政处罚决定前，应当由从事农业行政处罚决定法制审核的人员进行法制审核；未经法制审核或者审核未通过的，农业行政处罚机关不得作出决定：

（一）涉及重大公共利益的；

（二）直接关系当事人或者第三人重大权益，经过听证程序的；

（三）案件情况疑难复杂、涉及多个法律关系的；

（四）法律、法规规定应当进行法制审核的其他情形。

农业行政处罚法制审核工作由农业行政处罚机关法制机构负责；未设置法制机构的，由农业行政处罚机关确定的承担法制审核工作的其他机构或者专门人员负责。

案件查办人员不得同时作为该案件的法制审核人员。农业行政处罚机关中初次从事法制审核的人员，应当通过国家统一法律职业资格考试取得法律职业资格。

第五十一条 农业行政处罚决定法制审核的主要内容包括：

（一）本机关是否具有管辖权；

（二）程序是否合法；

（三）案件事实是否清楚，证据是否确实、充分；

（四）定性是否准确；

（五）适用法律依据是否正确；

（六）当事人基本情况是否清楚；

（七）处理意见是否适当；

（八）其他应当审核的内容。

除本规定第五十条第一款规定以外，适用普通程序的其他农业行政处罚案件，在作出处罚决定前，应当参照前款规定进行案件审核。审核工作由农业行政处罚机关的办案机构或其他机构负责实施。

第五十二条 法制审核结束后，应当区别不同情况提出如下建议：

（一）对事实清楚、证据充分、定性准确、适用依据正确、程序合法、处理适当的案件，拟同意作出行政处罚决定；

（二）对定性不准、适用依据错误、程序不合法或者处理不当的案件，建议纠正；

（三）对违法事实不清、证据不充分的案件，建议补充调查或者撤销案件；

（四）违法行为轻微并及时纠正没有造成危害后果的，或者违法行为超过追责时效的，建议不予行政处罚；

（五）认为有必要提出的其他意见和建议。

第五十三条 法制审核机构或者法制审核人员应当自接到审核材料之日起五日内完成审核。特殊情况下，经农业行政处罚机关负责人批准，可以延长十五日。法律、法规、规章另有规定的除外。

第五十四条 农业行政处罚机关负责人应当对调查结果、当事人陈述申辩或者听证情况、案件处理意见和法制审核意见等进行全面审查，并区别不同情况分别作出如下处理决定：

（一）确有应受行政处罚的违法行为的，根据情节轻重及具体情况，作出行政处罚决定；

（二）违法事实不能成立的，不予行政处罚；

（三）违法行为轻微并及时改正，没有造成危害后果的，不予行政处罚；

（四）当事人有证据足以证明没有主观过错的，不予行政处罚，但法律、行政法规另有规定的除外；

（五）初次违法且危害后果轻微并及时改正的，可以不予行政处罚；

（六）违法行为超过追责时效的，不予行政处罚；

（七）不属于农业行政处罚机关管辖的，移送其他行政机关处理；

（八）违法行为涉嫌犯罪的，将案件移送司法机关。

第五十五条 下列行政处罚案件，应当由农业行政处罚机关负责人集体讨论决定：

（一）符合本规定第五十九条所规定的听证条件，且申请人申请听证的案件；

（二）案情复杂或者有重大社会影响的案件；

（三）有重大违法行为需要给予较重行政处罚的案件；

（四）农业行政处罚机关负责人认为应当提交集体讨论的其他案件。

第五十六条 农业行政处罚机关决定给予行政处罚的，应当制作行政处罚决定书。行政处罚决定书应当载明以下内容：

（一）当事人的姓名或者名称、地址；

（二）违反法律、法规、规章的事实和证据；

（三）行政处罚的种类和依据；

（四）行政处罚的履行方式和期限；

（五）申请行政复议、提起行政诉讼的途径和期限；

（六）作出行政处罚决定的农业行政处罚机关名称和作出决定的日期。

农业行政处罚决定书应当加盖作出行政处罚决定的行政机关的印章。

第五十七条 在边远、水上和交通不便的地区按普通程序实施处罚时，农业行政执法人员可以采用即时通讯方式，报请农业行政处罚机关负责人批准立案和对调查结果及处理意见进行审查。报批记录必须存档备案。当事人可当场向农业行政执法人员进行陈述和申辩。当事人当场书面放弃陈述和申辩的，视为放弃权利。

前款规定不适用于本规定第五十五条规定的应当由农业行政处罚机关负责人集体讨论决定的案件。

第五十八条 农业行政处罚案件应当自立案之日起九十日内作出处理决定；因案情复杂、调查取证困难等需要延长的，经本农业行政处罚机关负责人批准，可以延长三十日。案情特别复杂或者有其他特殊情况，延期后仍不能作出处理决定的，应当报经上一级农业行政处罚机关决定是否继续延期；决定继续延期的，应当同时确定延长的合理期限。

案件办理过程中，中止、听证、公告、检验、检测、鉴定等时间不计入前款所指的案件办理期限。

第三节 听证程序

第五十九条 农业行政处罚机关依照《中华人民共和国行政处罚法》第六十三条的规定，在作出较大数额罚款、没收较大数额违法所得、没收较大价值非法财物、降低资质等级、吊销许可证件、责令停产停业、责令关闭、限制从业等较重农业行政处罚决定前，应当告知当事人有要求举行听证的权利。当事人要求听证的，农业行政处罚机关应当组织听证。

前款所称的较大数额、较大价值，县级以上地方人民政府农业农村主管部门按所在省、自治区、直辖市人民代表大会及其常委会或者人民政府规定的标准执行。农业农村部规定的较大数额、较大价值，对个人是指超过一万元，对法人或者其他组织是指超过十万元。

第六十条 听证由拟作出行政处罚的农业行政处罚机关组织。具体实施工作由其法制机构或者相应机构负责。

第六十一条 当事人要求听证的，应当在收到行政处罚事先告知书之日起五日内向听证机关提出。

第六十二条 听证机关应当在举行听证会的七日前送达行政处罚听证会通知书，告知当事人及有关人员举行听证的时间、地点、听证人员名单及当事人可以申请回避和可以委托代理人等事项。

当事人可以亲自参加听证，也可以委托一至二人代理。当事人及其代理人应当按期参加听证,无正当理由拒不出席听证或者未经许可中途退出听证的,视为放弃听证权利,行政机关终止听证。

第六十三条 听证参加人由听证主持人、听证员、书记员、案件调查人员、当事人及其委托代理人等组成。

听证主持人、听证员、书记员应当由听证机关负责人指定的法制工作机构工作人员或者其他相应工作人员等非本案调查人员担任。

当事人委托代理人参加听证的,应当提交授权委托书。

第六十四条 除涉及国家秘密、商业秘密或者个人隐私依法予以保密等情形外,听证应当公开举行。

第六十五条 当事人在听证中的权利和义务:

(一)有权对案件的事实认定、法律适用及有关情况进行陈述和申辩;

(二)有权对案件调查人员提出的证据质证并提出新的证据;

(三)如实回答主持人的提问;

(四)遵守听证会场纪律,服从听证主持人指挥。

第六十六条 听证按下列程序进行:

(一)听证书记员宣布听证会场纪律、当事人的权利和义务,听证主持人宣布案由、核实听证参加人名单、宣布听证开始;

(二)案件调查人员提出当事人的违法事实、出示证据,说明拟作出的农业行政处罚的内容及法律依据;

(三)当事人或者其委托代理人对案件的事实、证据、适用的法律等进行陈述、申辩和质证,可以当场向听证会提交新的证据,也可以在听证会后三日内向听证机关补交证据;

(四)听证主持人就案件的有关问题向当事人、案件调查人员、证人询问;

(五)案件调查人员、当事人或者其委托代理人相互辩论;

(六)当事人或者其委托代理人作最后陈述;

(七)听证主持人宣布听证结束。听证笔录交当事人和案件调查人员审核无误后签字或者盖章。

当事人或者其代理人拒绝签字或者盖章的,由听证主持人在笔录中注明。

第六十七条 听证结束后,听证主持人应当依据听证情况,制作行政处罚听证会报告书,连同听证笔录,报农业行政处罚机关负责人审查。农业行政处罚机关应当根据听证笔录,按照本规定第五十四条的规定,作出决定。

第六十八条 听证机关组织听证,不得向当事人收取费用。

第四章　执法文书的送达和处罚决定的执行

第六十九条　农业行政处罚机关送达行政处罚决定书，应当在宣告后当场交付当事人；当事人不在场的，应当在七日内依照《中华人民共和国民事诉讼法》的有关规定将行政处罚决定书送达当事人。

当事人同意并签订确认书的，农业行政处罚机关可以采用传真、电子邮件等方式，将行政处罚决定书等送达当事人。

第七十条　农业行政处罚机关送达行政执法文书，应当使用送达回证，由受送达人在送达回证上记明收到日期，签名或者盖章。

受送达人是公民的，本人不在时交其同住成年家属签收；受送达人是法人或者其他组织的，应当由法人的法定代表人、其他组织的主要负责人或者该法人、其他组织负责收件的有关人员签收；受送达人有代理人的，可以送交其代理人签收；受送达人已向农业行政处罚机关指定代收人的，送交代收人签收。

受送达人、受送达人的同住成年家属、法人或者其他组织负责收件的有关人员、代理人、代收人在送达回证上签收的日期为送达日期。

第七十一条　受送达人或者他的同住成年家属拒绝接收行政执法文书的，送达人可以邀请有关基层组织或者其所在单位的代表到场，说明情况，在送达回证上记明拒收事由和日期，由送达人、见证人签名或者盖章，把行政执法文书留在受送达人的住所；也可以把行政执法文书留在受送达人的住所，并采用拍照、录像等方式记录送达过程，即视为送达。

第七十二条　直接送达行政执法文书有困难的，农业行政处罚机关可以邮寄送达或者委托其他农业行政处罚机关代为送达。

受送达人下落不明，或者采用直接送达、留置送达、委托送达等方式无法送达的，农业行政处罚机关可以公告送达。

委托送达的，受送达人的签收日期为送达日期；邮寄送达的，以回执上注明的收件日期为送达日期；公告送达的，自发出公告之日起经过六十日，即视为送达。

第七十三条　当事人应当在行政处罚决定书确定的期限内，履行处罚决定。

农业行政处罚决定依法作出后，当事人对行政处罚决定不服，申请行政复议或者提起行政诉讼的，除法律另有规定外，行政处罚决定不停止执行。

第七十四条　除依照本规定第七十五条、第七十六条的规定当场收缴罚款外，农业行政处罚机关及其执法人员不得自行收缴罚款。决定罚款的农业行政处罚机关应当书面告知当事人在收到行政处罚决定书之日起十五日内，到指定的银行或者通过电子支付系统缴纳罚款。

第七十五条 依照本规定第二十五条的规定当场作出农业行政处罚决定，有下列情形之一，农业行政执法人员可以当场收缴罚款：

（一）依法给予一百元以下罚款的；

（二）不当场收缴事后难以执行的。

第七十六条 在边远、水上、交通不便地区，农业行政处罚机关及其执法人员依照本规定第二十五条、第五十四条、第五十五条的规定作出罚款决定后，当事人到指定的银行或者通过电子支付系统缴纳罚款确有困难，经当事人提出，农业行政处罚机关及其执法人员可以当场收缴罚款。

第七十七条 农业行政处罚机关及其执法人员当场收缴罚款的，应当向当事人出具国务院财政部门或者省、自治区、直辖市财政部门统一制发的专用票据，不出具财政部门统一制发的专用票据的，当事人有权拒绝缴纳罚款。

第七十八条 农业行政执法人员当场收缴的罚款，应当自返回农业行政处罚机关所在地之日起二日内，交至农业行政处罚机关；在水上当场收缴的罚款，应当自抵岸之日起二日内交至农业行政处罚机关；农业行政处罚机关应当自收到款项之日起二日内将罚款交至指定的银行。

第七十九条 对需要继续行驶的农业机械、渔业船舶实施暂扣或者吊销证照的行政处罚，农业行政处罚机关在实施行政处罚的同时，可以发给当事人相应的证明，责令农业机械、渔业船舶驶往预定或者指定的地点。

第八十条 对生效的农业行政处罚决定，当事人拒不履行的，作出农业行政处罚决定的农业行政处罚机关依法可以采取下列措施：

（一）到期不缴纳罚款的，每日按罚款数额的百分之三加处罚款，加处罚款的数额不得超出罚款的数额；

（二）根据法律规定，将查封、扣押的财物拍卖、依法处理或者将冻结的存款、汇款划拨抵缴罚款；

（三）依照《中华人民共和国行政强制法》的规定申请人民法院强制执行。

第八十一条 当事人确有经济困难，需要延期或者分期缴纳罚款的，应当在行政处罚决定书确定的缴纳期限届满前，向作出行政处罚决定的农业行政处罚机关提出延期或者分期缴纳罚款的书面申请。

农业行政处罚机关负责人批准当事人延期或者分期缴纳罚款后，应当制作同意延期（分期）缴纳罚款通知书，并送达当事人和收缴罚款的机构。农业行政处罚机关批准延期、分期缴纳罚款的，申请人民法院强制执行的期限，自暂缓或者分期缴纳罚款期限结束之日起计算。

第八十二条　除依法应当予以销毁的物品外,依法没收的非法财物,必须按照国家规定公开拍卖或者按照国家有关规定处理。处理没收物品,应当制作罚没物品处理记录和清单。

第八十三条　罚款、没收的违法所得或者没收非法财物拍卖的款项,必须全部上缴国库,任何行政机关或者个人不得以任何形式截留、私分或者变相私分。

罚款、没收的违法所得或者没收非法财物拍卖的款项,不得同作出农业行政处罚决定的农业行政处罚机关及其工作人员的考核、考评直接或者变相挂钩。除依法应当退还、退赔的外,财政部门不得以任何形式向作出农业行政处罚决定的农业行政处罚机关返还罚款、没收的违法所得或者没收非法财物拍卖的款项。

第五章　结案和立卷归档

第八十四条　有下列情形之一的,农业行政处罚机关可以结案:

(一)行政处罚决定由当事人履行完毕的;

(二)农业行政处罚机关依法申请人民法院强制执行行政处罚决定,人民法院依法受理的;

(三)不予行政处罚等无须执行的;

(四)行政处罚决定被依法撤销的;

(五)农业行政处罚机关认为可以结案的其他情形。

农业行政执法人员应当填写行政处罚结案报告,经农业行政处罚机关负责人批准后结案。

第八十五条　农业行政处罚机关应当按照下列要求及时将案件材料立卷归档:

(一)一案一卷;

(二)文书齐全,手续完备;

(三)案卷应当按顺序装订。

第八十六条　案件立卷归档后,任何单位和个人不得修改、增加或者抽取案卷材料,不得修改案卷内容。案卷保管及查阅,按档案管理有关规定执行。

第八十七条　农业行政处罚机关应当建立行政处罚工作报告制度,并于每年1月31日前向上级农业行政处罚机关报送本行政区域上一年度农业行政处罚工作情况。

第六章　附　　则

第八十八条　本规定中的"以上""以下""内"均包括本数。

第八十九条　本规定中"二日""三日""五日""七日"的规定是指工作日，不含法定节假日。

期间以时、日、月、年计算。期间开始的时或者日，不计算在内。

期间届满的最后一日是节假日的，以节假日后的第一日为期间届满的日期。

行政处罚文书的送达期间不包括在路途上的时间，行政处罚文书在期满前交邮的，视为在有效期内。

第九十条　农业行政处罚基本文书格式由农业农村部统一制定。各省、自治区、直辖市人民政府农业农村主管部门可以根据地方性法规、规章和工作需要，调整有关内容或者补充相应文书，报农业农村部备案。

第九十一条　本规定自2022年2月1日起实施。2020年1月14日农业农村部发布的《农业行政处罚程序规定》同时废止。

人力资源社会保障部关于废止《社会保险费申报缴纳管理规定》的决定

（2021年12月22日人力资源和社会保障部令第46号公布　自公布之日起生效　国司备字[2022005448]）

为贯彻落实党中央、国务院深化"放管服"改革决策部署，持续优化营商环境，落实社会保险费征收体制改革要求，人力资源社会保障部决定，对《社会保险费申报缴纳管理规定》（人力资源社会保障部令第20号）予以废止。本决定自公布之日起生效。

交通运输部关于修改《铁路建设工程质量监督管理规定》的决定

（2021年12月23日交通运输部令2021年第35号公布　自公布之日起施行　国司备字[2022005565]）

交通运输部决定对《铁路建设工程质量监督管理规定》（交通运输部令2015年第2号）作如下修改：

一、将第六十九条修改为："在铁路建设活动中弄虚作假，编制或者出具虚假技术资料和试验、检测结果的责任人员，由铁路监管部门责令改正，给予警告或者通报批评，并处1万元以下的罚款；对注册执业人员，向颁发资质证书的机关通报。"

二、增加一条，作为第七十条："在铁路建设活动中因过错造成铁路建设工程质量事故的注册建筑师、注册结构工程师、注册建造师、监理工程师等注册执业人员，1年内不得在铁路建设市场执业；造成重大质量事故的，建议国家有关部门吊销执业资格证书，5年内不得在铁路建设市场执业；造成特别重大质量事故的，建议国家有关部门终身不予注册。"

本决定自公布之日起施行。

《铁路建设工程质量监督管理规定》根据本决定作相应修改并对条文序号作相应调整，重新公布。

铁路建设工程质量监督管理规定

（2015年3月12日交通运输部令2015年第2号公布　根据2021年12月23日《交通运输部关于修改〈铁路建设工程质量监督管理规定〉的决定》修正）

第一章　总　　则

第一条　为加强铁路建设工程质量监督管理，保证铁路建设工程质量，保护人民生命和财产安全，依据《铁路安全管理条例》、《建设工程质量管理条例》、《建设工程勘察设计管理条例》等行政法规，制定本规定。

第二条 从事铁路建设的新建和改建活动及实施铁路建设工程质量监督管理，适用本规定。

第三条 从事铁路工程的建设、勘察设计、施工、监理等活动的单位及人员，应当严格执行有关法律法规、规章制度和工程建设强制性标准，依法对铁路建设工程质量负责。

第四条 铁路建设必须严格执行基本建设程序，坚持先勘察、后设计、再施工，不得擅自简化基本建设程序。

第五条 国家铁路局及地区铁路监督管理局（统称铁路监管部门）负责铁路建设工程质量监督管理工作。

铁路监管部门可以委托符合国家规定条件的工程质量监督机构具体实施铁路建设工程质量监督工作。

第六条 国家鼓励采用先进的科学技术和管理方法，加强铁路建设工程质量管理，推进铁路建设工程质量诚信体系建设，保证和提高铁路建设工程质量。

第二章 建设单位质量责任和义务

第七条 建设单位应依法选择具有相应资质等级的勘察设计、施工、监理等单位，工程合同应依法明确质量要求和质量责任。

第八条 建设单位应设立质量管理机构，制定质量管理制度，配备专职质量管理人员，落实质量责任，建立健全项目质量管理体系。

建设单位应在建设项目指导性施工组织设计中载明项目质量目标和工程质量管理措施，对工程质量进行监督检查并制作、留存检查记录。

第九条 建设单位应依据国家和行业标准，结合项目实际情况，按照工程质量和安全生产要求，科学确定合理工期。任何单位和个人不得随意压缩工期。

第十条 建设单位应按国家规定的铁路建设工程勘察、设计程序及规定，组织开展高速铁路和地质构造复杂铁路的工程地质勘察监理，组织检查勘察、设计工作质量，组织审查变更设计文件等。

第十一条 建设单位应为监理单位开展监理工作提供施工图设计文件及必要的资料，并督促检查监理单位按照监理合同约定履行监理责任。

第十二条 建设单位在办理开工手续前，应按规定到铁路监管部门或工程质量监督机构办理铁路建设项目工程质量监督手续。建设项目相关事项发生变化的,应当及时将变化情况书面报送铁路监管部门或工程质量监督机构。

第十三条 建设单位应组织对施工单位采购的建筑材料、建筑构配件和设备质量进行检查;建设单位采购供应的建筑材料、建筑构配件和设备,其质量应符合国家规定、设计文件要求和合同约定;属于依法实行许可或者认证的,应取得许可或者认证后方可采购、供应和使用。

建设单位不得明示或者暗示施工单位使用不合格的建筑材料、建筑构配件和设备。

第十四条 建设单位应当对铁路建设所应用的新技术、新工艺、新材料、新设备进行检查。

新技术、新材料无国家或者行业标准的,或者不能提供依法取得资质认定的检测机构出具的检测报告及经国务院有关部门或者省、自治区、直辖市人民政府有关部门组织的工程技术专家委员会出具的审定意见的,不得采用。

第十五条 建设单位应按规定对检验批、分项、分部工程施工质量验收情况进行检查,组织单位工程施工质量验收。

建设单位及其工作人员不得明示或者暗示设计单位或者施工单位违反工程建设强制性标准、降低工程质量。

第十六条 建设单位接到竣工验收申请后,应按规定组织竣工验收,并在竣工验收 5 日前通知铁路监管部门;竣工验收合格之日起 15 日内,应将铁路建设工程竣工验收报告、公安消防、环保等部门出具的认可文件或者准许使用文件送相关部门备案。

铁路建设工程竣工,应当按照国家有关规定组织验收,并由铁路运输企业进行运营安全评估。经验收、评估合格,符合运营安全要求的,方可投入运营。

第十七条 国家验收的铁路建设项目,具备下列条件后建设单位方可申请验收:

(一)可行性研究报告批准的工程全部建成且质量合格;

(二)初步验收合格且初期运营一年以上,状态良好,发现问题整改完毕;

(三)环境保护、水土保持、消防等专项验收经相应行政主管部门验收合格;

(四)建设用地手续齐全并领取《国有土地使用证》,安全保护区标桩设立完毕;

(五)铁路与道路立体交叉设施及其附属安全设施已移交完毕;

(六)竣工决算已经主管部门审查通过,无遗留问题;

(七)档案验收及移交工作已经完成。

第十八条 建设单位应当严格按照国家有关档案管理规定,组织、协调勘察设计、施工、监理等单位收集、整理和归档工程质量技术资料，组织编制项目竣工文件，并按规定做好项目档案移交。

第三章 勘察设计单位质量责任和义务

第十九条 从事铁路建设工程勘察、设计的单位应当在其资质等级许可的范围内承揽工程。

勘察、设计单位不得超越其资质许可的范围或者以其他勘察、设计单位的名义承揽铁路建设工程，不得允许其他单位或者个人以本单位的名义承揽铁路建设工程，不得转包或者违法分包所承揽的铁路建设工程。

第二十条 勘察、设计单位应按照国家和行业有关规程、规范和标准进行勘察、设计，建立健全质量管理体系，制定质量管理制度，明确和落实勘察、设计质量责任，加强质量管理。

勘察成果必须真实、准确，工程设计应根据勘察成果进行，勘察设计应当达到规定的内容及深度要求，设计文件应注明工程的合理使用年限。

第二十一条 设计单位在设计文件中选用的建筑材料、建筑构配件和设备质量要求必须符合国家和行业标准，属于依法实行许可或认证的，应在设计文件中予以注明。

除有特殊要求的建筑材料、专用设备等外，设计单位不得指定生产厂、供应商。

第二十二条 设计采用新技术、新材料、新工艺、新设备的，应在设计文件中进行详细说明。

采用的新技术、新材料，涉及工程质量和安全，又没有国家或者行业标准的，应当由依法取得资质认定的检测机构进行试验、论证，出具检测报告，并经国务院有关部门或者省、自治区、直辖市人民政府有关部门组织的工程技术专家委员会审定后，方可使用。

第二十三条 设计单位应按照批准的可行性研究和初步设计进行施工图设计，并就审查合格的施工图设计文件进行交底，向施工、监理等单位解释设计意图，说明工程实施方案、方法、技术措施及注意事项；涉及营业线施工的技术交底，应邀请铁路运营维护单位参加。

对重点工程、特殊工程、高风险工程等应进行现场技术交底；对采用新技术、新材料、新工艺、新设备的进行专项交底。

第二十四条 勘察、设计单位应及时掌握并解决施工过程中的勘察、设计问题，对现场地质情况进行确认，及时完成变更设计。

第二十五条 勘察、设计单位应参与铁路建设工程质量事故分析，提出相应的技术处理方案，并对因勘察设计造成的质量事故承担相应的质量责任。

第四章 施工单位质量责任和义务

第二十六条 施工单位应当在其资质等级许可的范围内承揽铁路建设工程。

施工单位不得超越本单位资质许可的业务范围或者以其他施工单位的名义承揽铁路建设工程，不得允许其他单位或者个人以本单位的名义承揽铁路建设工程，不得转包或者违法分包铁路建设工程。

第二十七条 实行总承包的，总承包单位应当对全部建设工程质量负责。总承包单位依法将工程分包给其他单位的，分包单位应当按照分包合同的约定对其分包工程质量向总承包单位负责，总承包单位与分包单位对分包工程质量承担连带责任。

以联合体形式承包的，联合体各方应按合同约定及共同投标协议，就承包工程质量承担连带责任。

第二十八条 施工单位应当建立质量责任制，建立健全质量管理体系和管理制度，明确项目经理、技术负责人的质量责任，配备与项目相适应的专职工程质量管理人员，落实质量责任。

第二十九条 施工单位必须严格按照审查合格的施工图设计文件和有关规程、规范、标准施工，不得擅自修改工程设计，不得偷工减料。

施工单位在施工过程中发现设计差错或者与现场实际情况不符的，应及时向监理、设计和建设单位书面提出。

第三十条 施工单位应按规定对进场的建筑材料、建筑构配件、设备和混凝土进行试验、检测；试验、检测应当有书面记录和专人签字。对涉及结构安全的试件、试块和建筑材料，必须按规定在建设单位或者工程监理单位监督下现场取样，并送具有相应资质的质量检测机构进行检测。

施工单位设立的工地试验室应符合有关规定标准，在许可的范围内开展试验、检测，出具的试验、检测结果必须真实、准确，并按规定做好试验、检测资料的签认和保存工作。

第三十一条 施工单位必须建立健全技术交底制度，采用新技术、新材料、新工艺、新设备的工程应进行专项技术交底；严格工序管理，强化质量自控，实行自检、互检和交接检制度，按规定通知监理单位对隐蔽工程进行检查、记录并签认，未经质量验收合格不得进入下道工序。

第三十二条 施工单位应当建立健全员工教育培训制度，未经教育培训或者教育培训考核不合格的人员，不得上岗作业，特种作业人员必须持证上岗。

培训范围、培训内容等应符合法律法规、相关行业规章规定。

第三十三条 施工单位在向建设单位提交工程竣工验收申请时，应向建设单位出具工程质量保修书。在保修范围和保修期限内，施工单位应按规定履行保修义务。

在正常使用条件下，铁路建设工程的最低保修期限应满足国家及行业标准和设计文件的要求，保修期自竣工验收合格之日起计算。

第五章 监理单位质量责任和义务

第三十四条 从事铁路建设工程监理、工程地质勘察监理的单位，应当在其资质许可的范围内承担监理业务。工程监理单位、工程地质勘察监理单位不得超越本单位资质许可的范围或者以其他单位的名义承揽监理业务，不得允许其他单位或者个人以本单位的名义承揽监理业务，不得转让监理业务。

联合体承担监理业务的，联合体各方应按合同约定及共同投标协议承担责任。

第三十五条 工程监理单位不得与被监理工程的施工单位以及建筑材料、建筑构配件和设备供应单位有隶属关系或者其他利害关系，工程地质勘察监理单位不得与被监理工程的勘察单位有隶属关系或者其他利害关系。

第三十六条 工程监理单位应按照监理合同约定，选派具备相应资格的总监理工程师、专业监理工程师进驻施工现场，配备相应的试验、检测、办公设备及交通、通讯工具等。

第三十七条 工程监理单位必须加强现场监理管理，制定项目监理工作管理制度，建立健全质量管理体系，明确和落实监理质量责任。

第三十八条 工程监理单位发现施工图设计文件差错或与现场实际情况不符，应及时书面通知建设、设计、施工单位。

第三十九条 监理人员应按照监理规范要求，采用旁站、巡视和平行检验等方式对工程实施监理，并按规定对有关工程资料进行签认。

未经监理工程师签认，建筑材料、建筑构配件和设备不得在工程上使用或者安装，不得进行下一道工序的施工。未经总监理工程师签认，建设单位不拨付工程款，不进行竣工验收。

第四十条 工程监理单位应按规定组织或者参加工程施工质量验收，监督责任单位对存在的质量问题进行整改,并对整改结果进行检查。

工程地质勘察监理单位对监理工作中发现的问题,应及时以书面形式通知勘察单位并提出改进要求,对整改落实情况进行检查。

第四十一条 工程地质勘察监理单位应按合同约定向建设单位书面报告勘察监理工作情况;工程地质勘察监理工作结束后,应向建设单位提交勘察监理报告,对勘察单位的勘察成果提出评价意见。

第六章 工程质量事故调查处理

第四十二条 发生铁路建设工程质量事故,应当依据国家相关规定调查处理。因工程质量造成经济损失和人员伤亡的事故,执行《生产安全事故报告和调查处理条例》;因工程质量造成铁路交通事故的,执行《铁路交通事故应急救援和调查处理条例》;其他导致铁路建设工程产生结构安全、重要使用功能缺陷等严重不良后果的工程质量事故,铁路监管部门应当按规定组织或者参与事故调查处理。

第四十三条 铁路建设工程质量事故实行逐级报告制度。特别重大事故逐级上报国务院,重大事故、较大事故逐级上报国家铁路局,一般事故上报地区铁路监督管理局。必要时可以越级上报事故情况。

第四十四条 发生铁路建设工程质量事故,建设、施工、监理单位应在事故发生后 24 小时内,向地区铁路监督管理局报告,并采取有效措施,防止事故扩大,保护事故现场。逾期不报的,按隐瞒事故处理。

第四十五条 铁路建设工程质量事故实行分级调查。特别重大事故调查按照国务院有关规定办理,重大事故由国家铁路局组织调查,较大事故由地区铁路监督管理局组织调查,一般事故由地区铁路监督管理局组织调查或者委托建设单位(或者建设单位的上级单位)调查。国家铁路局认为有必要的,可组织调查一般及较大事故。

必要时,铁路监管部门应当邀请地方人民政府的有关部门参加事故调查。

第七章 工程质量监督

第四十六条 铁路建设工程质量监督实行分级管理。国家铁路局负责全国铁路建设工程质量监督管理,地区铁路监督管理局负责辖区内的铁路建设工程质量监督管理。

第四十七条 受委托的工程质量监督机构,应当拥有一定数量经考核合格、且与铁路专业配套的工程质量监督人员，有固定的工作场所和适应工程质量监督检查工作需要的仪器、设备和工具等，有健全的工作制度和管理制度。

第四十八条 铁路监管部门应当建立健全铁路建设工程质量监督工作机制，完善监督手段，依法履行监督职责。监督人员应恪尽职守、严守法纪、秉公办事、清正廉洁，与被监督对象有利害关系的应主动回避。

第四十九条 铁路建设工程质量监督工作应对以下内容进行重点抽查：

（一）有关工程质量法律法规及规章制度的执行情况；

（二）工程建设强制性标准的执行情况；

（三）工程质量责任主体的质量责任落实情况；

（四）主要工程原材料、构配件和设备的质量；

（五）涉及工程主体结构安全和主要使用功能的工程实体质量。

第五十条 监督人员履行铁路建设工程质量监督职责时，应当出示有效执法证件，有权采取下列措施：

（一）要求被检查的单位提供有关工程质量的文件和资料；

（二）进入被检查单位的施工现场进行检查；

（三）发现有影响工程质量的问题时，责令改正。

第五十一条 铁路监管部门进行监督检查或者调查时，有关单位和个人应当支持和配合，不得拒绝或者阻碍监督人员依法执行职务。

第五十二条 铁路监管部门发现建设单位在竣工验收过程中有违反国家有关建设工程质量管理规定行为的，责令整改，或者责令停止使用并重新组织验收。

第五十三条 铁路监管部门应及时收集、整理、归档有关监督资料，形成监督工作档案，并确保其真实、完整。

第五十四条 任何单位和个人对铁路建设工程质量事故、质量问题和影响工程质量的行为有权向铁路监管部门进行投诉举报。

第五十五条 铁路监管部门应建立违法行为记录和公告制度，对查实并依法追究法律责任的工程质量违法违规行为予以记录和公告。

第八章 法律责任

第五十六条 建设单位将工程发包给不具备相应资质等级的勘察、设计、施工、监理单位的，由地区铁路监督管理局依照《建设工程质量管理条例》第五十四条规定，责令改正，按以下标准予以罚款：

（一）选择超越 1 个资质等级的勘察、设计、施工、监理单位进行工程建设的，每一起处 50 万元以上 70 万元以下的罚款；

（二）选择超越 2 个及以上资质等级的勘察、设计、施工、监理单位进行工程建设的，每一起处 70 万元以上 90 万元以下的罚款；

（三）选择没有资质的勘察、设计、施工、监理单位进行工程建设的，每一起处 90 万元以上 100 万元以下的罚款。

第五十七条 建设单位将铁路建设工程肢解发包的，由地区铁路监督管理局依照《建设工程质量管理条例》第五十五条规定，责令改正，处工程合同价款 0.5%以上 1%以下的罚款。

第五十八条 建设单位存在迫使承包方以低于成本的价格竞标的；或者违规要求设计、施工单位压缩建设工期的；或者施工图设计文件未经审查、审查不合格擅自施工的；或者建设项目必须实行工程监理而未实行工程监理的；或者未按照国家规定办理工程质量监督手续的；或者明示、暗示设计、施工单位违反工程建设强制性标准，降低工程质量等行为的；或者明示、暗示施工单位使用不合格的建筑材料、建筑构配件和设备的，由地区铁路监督管理局依照《建设工程质量管理条例》第五十六条规定，责令改正，按以下标准予以罚款：

（一）未造成铁路建设工程质量事故的，处 20 万元以上 30 万元以下的罚款；

（二）造成铁路建设工程质量一般事故的，处 30 万元以上 40 万元以下的罚款；

（三）造成铁路建设工程质量较大及以上等级事故的，处 40 万元以上 50 万元以下的罚款。

第五十九条 建设单位未取得施工许可证或者开工报告未经批准，擅自施工的，由地区铁路监督管理局依照《建设工程质量管理条例》第五十七条规定，责令停止施工，限期改正，按以下标准予以罚款：

（一）擅自施工时间在 3 个月以下的，处工程合同价款 1%以上 1.5%以下的罚款；

（二）擅自施工时间超过 3 个月及以上的，处工程合同价款 1.5%以上 2%以下的罚款。

第六十条 建设单位未组织铁路建设工程竣工验收交付使用的；或者验收不合格交付使用的；或者对不合格的铁路建设工程按照合格工程验收的，由地区铁路监督管理局依照《建设工程质量管理条例》第五十八条规定，责令改正，按以下标准予以罚款：

（一）未对铁路运营安全造成影响的，处工程合同价款 2%的罚款；

（二）影响铁路运营安全的，处工程合同价款 2%以上 3%以下的罚款；

（三）造成铁路交通事故的，处工程合同价款3%以上4%以下的罚款。

第六十一条 建设单位未按规定将竣工验收报告、有关认可文件或者准许使用文件报送备案的，由地区铁路监督管理局依照《建设工程质量管理条例》第五十六条规定，责令改正，按以下标准予以罚款：

（一）报送备案逾期30天（含）以内的，处20万元以上30万元以下罚款；

（二）报送备案逾期超过30天的，处30万元以上50万元以下罚款。

第六十二条 从事铁路建设工程勘察、设计、施工、监理活动的单位超越本单位资质等级承揽工程的，由地区铁路监督管理局依照《建设工程质量管理条例》第六十条规定，责令停止违法行为并按以下标准予以罚款；有违法所得的，予以没收：

（一）尚未实质性开展工程建设活动的，对勘察、设计单位或者监理单位处合同约定的勘察费、设计费或者监理酬金1倍的罚款，对施工单位处工程合同价款2%的罚款；

（二）已实质性开展工程建设活动，未造成铁路建设工程质量事故的，对勘察、设计单位或者监理单位处合同约定的勘察费、设计费或者监理酬金1倍以上1.5倍以下的罚款，对施工单位处工程合同价款2%以上3%以下的罚款；

（三）造成铁路建设工程质量事故的，对勘察、设计单位或者监理单位处合同约定的勘察费、设计费或者监理酬金1.5倍以上2倍以下的罚款，对施工单位处工程合同价款3%以上4%以下的罚款。

未取得资质证书承揽工程的，予以取缔，依照前款规定处以罚款；有违法所得的，予以没收。

以欺骗手段取得资质证书承揽工程的，依照本条第一款规定处以罚款；有违法所得的，予以没收。

第六十三条 承包单位将承包的工程转包或者违法分包的，工程监理单位转让工程监理业务的，由地区铁路监督管理局依照《建设工程质量管理条例》第六十二条规定，责令改正，没收违法所得，按以下标准予以罚款；可以建议责令停业整顿、降低资质等级；情节严重的，建议吊销资质证书：

（一）未造成铁路建设工程质量事故的，对勘察、设计、监理单位处合同约定勘察费、设计费、监理酬金25%的罚款，对施工单位处工程合同价款0.5%的罚款。

（二）造成铁路建设工程质量一般事故的，对勘察、设计、监理单位处合同约定勘察费、设计费、监理酬金25%以上35%以下的罚款；对施工单位处工程合同价款0.5%以上0.7%以下的罚款。

（三）造成铁路建设工程质量较大及以上等级事故的，对勘察、设计、监理单位处合同约定勘察费、设计费、监理酬金35%以上50%以下的罚款;对施工单位处工程合同价款0.7%以上1%以下的罚款。

第六十四条 勘察、设计单位未按照工程建设强制性标准进行勘察、设计的;或者设计单位未根据勘察成果文件进行工程设计的;或者设计单位指定建筑材料、建筑构配件的生产厂、供应商的;由地区铁路监督管理局依照《建设工程质量管理条例》第六十三条规定,责令改正,按以下标准予以罚款;造成工程质量事故的,建议责令停业整顿、降低资质等级;情节严重的,建议吊销资质证书:

(一)仅涉及1个单项工程的,处10万元以上15万元以下的罚款;

(二)涉及2个单项工程的,处15万元以上20万元以下的罚款;

(三)涉及3个及以上单项工程的,处20万元以上30万元以下的罚款。

第六十五条 施工单位在施工中偷工减料的,或者使用不合格的建筑材料、建筑构配件和设备的,或者不按照施工图设计文件或者施工技术标准施工的,由地区铁路监督管理局依照《建设工程质量管理条例》第六十四条规定,责令改正,按以下标准予以罚款;情节严重的,建议责令停业整顿、降低资质等级或者吊销资质证书:

(一)未造成铁路建设工程质量事故的,处工程合同价款2%的罚款;

(二)造成铁路建设工程质量一般事故的,处工程合同价款2%以上3%以下的罚款;

(三)造成铁路建设工程质量较大及以上等级事故的,处工程合同价款3%以上4%以下的罚款。

第六十六条 施工单位未对建筑材料、建筑构配件、设备和混凝土进行检验,或者未对涉及结构安全的试块、试件以及有关材料取样检测的,由地区铁路监督管理局依照《建设工程质量管理条例》第六十五条规定,责令改正,按以下标准予以罚款;情节严重的,建议责令停业整顿、降低资质等级或者吊销资质证书:

(一)未造成铁路建设工程质量事故的,处10万元以上15万元以下的罚款;

(二)造成铁路建设工程质量事故的,处15万元以上20万元以下的罚款。

第六十七条 监理单位与建设单位或者施工单位串通,弄虚作假、降低工程质量的;或者将不合格的铁路建设工程、建筑材料、建筑构配件和设备按照合格签字的,由地区铁路监督管理局依照《建设工程质量管理条例》第六十七条规定,责令改正,按以下标准予以罚款,建议降低资质等级或者吊销资质证书;有违法所得的,予以没收:

（一）未造成铁路建设工程质量事故的，处50万元以上60万元以下的罚款；

（二）造成铁路建设工程质量一般事故的，处60万元以上70万元以下的罚款；

（三）造成铁路建设工程质量较大事故的，处70万元以上80万元以下的罚款；

（四）造成铁路建设工程质量重大及以上事故的，处80万元以上100万元以下的罚款。

第六十八条 承担监理业务的工程监理单位与被监理工程的施工承包单位以及建筑材料、建筑构配件和设备供应单位有隶属关系或者其他利害关系的，由地区铁路监督管理局依照《建设工程质量管理条例》第六十八条规定，责令改正，按以下标准予以罚款，建议降低资质等级或者吊销资质证书；有违法所得的，予以没收：

（一）未造成铁路建设工程质量事故的，处5万元以上8万元以下的罚款；

（二）造成铁路建设工程质量事故的，处8万元以上10万元以下的罚款。

第六十九条 在铁路建设活动中弄虚作假，编制或者出具虚假技术资料和试验、检测结果的责任人员，由铁路监管部门责令改正，给予警告或者通报批评，并处1万元以下的罚款；对注册执业人员，向颁发资质证书的机关通报。

第七十条 在铁路建设活动中因过错造成铁路建设工程质量事故的注册建筑师、注册结构工程师、注册建造师、监理工程师等注册执业人员，1年内不得在铁路建设市场执业；造成重大质量事故的，建议国家有关部门吊销执业资格证书，5年内不得在铁路建设市场执业；造成特别重大质量事故的，建议国家有关部门终身不予注册。

第七十一条 依照《建设工程质量管理条例》第七十三条规定，给予单位罚款处罚的，对单位直接负责的主管人员和其他直接责任人员处单位罚款数额5%以上10%以下的罚款。

第七十二条 必要时，国家铁路局可对案情复杂、性质严重、社会影响较大、跨区域的工程质量案件直接实施处罚。

第七十三条 依法应当予以降低资质等级、吊销资质资格证书、责令停业整顿等行政处罚的，由铁路监管部门向国家相关部门提出处罚建议。

第七十四条 监督人员在监督工作中玩忽职守、滥用职权、循私舞弊的，依法给予行政处分；构成犯罪的，依法追究刑事责任。

第九章 附 则

第七十五条 本规定自2015年5月1日起施行。《铁路建设工程质量管理规定》(铁道部令第25号)同时废止。

文化和旅游部关于废止《旅游规划设计单位资质等级认定管理办法》的决定

(2021年12月23日文化和旅游部令第8号公布 自公布之日起生效 国司备字[2022005714])

为进一步推进“放管服”改革,文化和旅游部决定废止《旅游规划设计单位资质等级认定管理办法》(中华人民共和国国家旅游局令第24号)。

本决定自公布之日起生效。

农作物病虫害监测与预报管理办法

(2021年12月24日农业农村部令2021年第6号公布 自2022年1月24日起施行 国司备字[2022005678])

第一章 总 则

第一条 为了规范农作物病虫害监测与预报工作,织牢织密监测预警网络,有效防治农作物病虫害,保障国家粮食安全和重要农产品有效供给,根据《中华人民共和国生物安全法》《中华人民共和国农业技术推广法》《农作物病虫害防治条例》等相关法律、行政法规,制定本办法。

第二条 县级以上人民政府农业农村主管部门及其所属的植物保护工作机构或植物病虫害预防控制机构(以下统称“植保机构”)开展农作物病虫害监测调查、信息报送、分析预测和预报发布等监督管理和有关技术工作,适用本办法。

第三条 农业农村部负责全国农作物病虫害监测与预报的监督管理工

作。县级以上地方人民政府农业农村主管部门负责本行政区域农作物病虫害监测与预报的监督管理工作。

植保机构负责农作物病虫害监测与预报的有关技术工作。

第四条 县级以上人民政府农业农村主管部门应当将农作物病虫害监测与预报工作经费（含监测设备运行维护费等）纳入本级部门预算。

第五条 支持和鼓励科研教学单位、学术团体、企业等组织和个人开展农作物病虫害监测与预报相关技术研究和产品研发。

第六条 对在农作物病虫害监测与预报工作中作出突出贡献的单位和个人，按照国家有关规定予以表彰。

第七条 从事农作物病虫害监测与预报工作的专业技术人员，按照国家有关规定享受农业有毒有害保健津贴、高温补贴等相应的劳保权益。

第二章 监测网络建设

第八条 农业农村部和省级人民政府农业农村主管部门，分别编制全国和本行政区域农作物病虫害监测网络建设规划或方案，按照分级负责、共建共用、聚点成网原则，开展农作物病虫害监测网络建设。

第九条 县级人民政府农业农村主管部门及其所属的植保机构，应当根据农作物种植结构和病虫害监测工作需要，原则上按照耕地面积平原地区每5万—10万亩、丘陵山区每3万—5万亩设立不少于1个田间监测点的标准，组建县级农作物病虫害监测网络，并配备必要的设施设备。

地市级人民政府农业农村主管部门及其所属的植保机构，可以根据当地农作物病虫害监测工作需要，组建地市级农作物病虫害监测网络。

省级人民政府农业农村主管部门及其所属的植保机构，根据本行政区域一、二类农作物病虫害监测工作需要，选择一定数量的县级植保机构，作为省级农作物病虫害监测重点站，组建省级农作物病虫害监测网络。

农业农村部及其所属的植保机构，根据一类农作物病虫害监测工作需要，选择一定数量的省级农作物病虫害监测重点站，作为全国农作物病虫害监测区域站，组建全国农作物病虫害监测网络。

第十条 全国农作物病虫害监测区域站应当具备下列条件：

（一）位于农作物病虫害发生源头区、境外病虫源早期迁入区、境内迁飞流行过渡区、常年重发区，以及粮食作物主产区或经济作物优势区；

（二）具有农作物病虫害系统观测场（圃）、配备自动化可视化监测设施设备的田间监测点，配备监测调查所需交通工具；

（三）具有相应专业技术人员5人以上；

（四）具有完备的工作岗位责任和考核制度。

县级和地市级农作物病虫害监测网络以及省级农作物病虫害监测重点站参照前款规定进行建设。

第十一条 县级以上人民政府农业农村主管部门及其所属的植保机构，应当加强农作物病虫害观测场（圃）、监测检测仪器设备、信息化平台等基础设施和条件建设，加强对农作物病虫害监测设施设备的管理、维护和更新。强化必要的监测调查交通工具保障。

第十二条 县级以上人民政府农业农村主管部门及其所属的植保机构应当建立健全农作物病虫害测报队伍，配备专业技术人员，加强技术培训，保障农作物病虫害监测工作正常开展。

第十三条 从事农作物病虫害监测的专业技术人员，应当具有植物保护相关专业大专以上学历或农业专业初级以上技术职称。

乡镇农业技术推广机构承担农作物病虫害监测的人员，应当具有植物保护专业知识或相关工作背景。

县级以上人民政府农业农村主管部门及其所属的植保机构可以通过政府购买服务等方式，委托或聘用农业生产经营者等有关单位和个人，开展农作物病虫害监测。

第三章 监测与信息报送

第十四条 农业农村部所属的植保机构、省级植保机构应当根据农业生产和农作物病虫害防治需要，按照服务生产、简便易行的原则，依据或参照农作物病虫害测报调查技术规范国家标准或行业标准，分别制定一类和二类农作物病虫害监测调查方法。

县级和地市级植保机构应当根据农业生产和农作物病虫害防治需要，制定三类农作物病虫害监测调查方法。

开展农作物病虫害监测，应当根据农业农村主管部门要求，并遵循依据前两款规定制定的监测调查方法。

第十五条 县级和地市级植保机构应当采取田间监测点定点监测与大田定期普查相结合的方式开展监测。

全国农作物病虫害监测区域站、省级农作物病虫害监测重点站应当重点开展一类和二类农作物病虫害系统监测。

第十六条 农作物病虫害监测信息实行定期报送和紧急报告制度。

全国农作物病虫害监测区域站、省级农作物病虫害监测重点站应当及时收集汇总本行政区域一类农作物病虫害监测信息，按照要求定期报送。

一类农作物病虫害发生关键时期，实行一周一报制度。省级植保机构每周收集汇总本行政区域农作物病虫害的发生和防治情况，同时报送省级人民政府农业农村主管部门和农业农村部所属的植保机构。

如遇农作物病虫害新发、突发、暴发等紧急情况，县级以上地方植保机构应当在核实情况后，在 24 小时内报告同级人民政府农业农村主管部门和上一级植保机构；特别严重的，直接报告农业农村部及其所属的植保机构。

二、三类农作物病虫害监测信息报告制度，由省级人民政府农业农村主管部门制定。

任何单位和个人不得瞒报、谎报农作物病虫害发生信息，不得授意他人编造虚假信息，不得阻挠他人如实报告。

第十七条 全国农作物病虫害监测区域站和省级农作物病虫害监测重点站的农作物病虫害监测数据等信息，未经其主管植保机构同意，不得擅自对外提供。

第十八条 县级以上植保机构应当加强农作物病虫害监测信息平台建设、运行和维护，做好监测调查数据及预报资料的采集传输、分析处理、汇总上报和保存工作，保证数据安全。

第十九条 县级以上植保机构应当按照全国植保专业统计调查制度要求，做好年度农作物病虫害发生防治信息等调查统计工作。

第四章 预测预报

第二十条 县级以上植保机构应当建立健全农作物病虫害发生趋势会商制度，及时组织相关专家综合分析监测信息，科学研判农作物病虫害发生趋势。

第二十一条 农作物病虫害预报应当包括农作物病虫害发生以及可能发生的种类、时间、范围、程度以及预防控制措施等内容，并注明发布机构、发布时间等。

农作物病虫害预报分为长期预报、中期预报、短期预报和警报。长期预报应当在距防治适期 30 天以上发布；中期预报应当在距防治适期 10 天至 30 天发布；短期预报应当在距防治适期 5 天至 10 天发布。农作物病虫害一旦出现突发、暴发势头，立即发布警报。

第二十二条 县级以上植保机构具体负责本行政区域农作物病虫害预报

发布工作。其他单位和个人不得向社会发布农作物病虫害预报;擅自向社会发布农作物病虫害预报的,依据《农作物病虫害防治条例》第四十一条处理。

农业农村部所属的植保机构重点发布全国一类农作物病虫害长期、中期预报和警报。省级植保机构重点发布本行政区域一类、二类农作物病虫害长期、中期预报和警报。县级和地市级植保机构发布本行政区域主要农作物病虫害长期、中期、短期预报和警报。

第二十三条 发布农作物病虫害预报,可通过广播、报刊、电视、网站、公众号等渠道向社会公开。

任何单位和个人转载农作物病虫害预报的,应当注明发布机构和发布时间,不得更改预报的内容和结论。

第五章 附 则

第二十四条 植物检疫性有害生物信息的报告与发布,依照《农业植物疫情报告与发布管理办法》(中华人民共和国农业部令 2010 年第 4 号)执行。

第二十五条 本办法自 2022 年 1 月 24 日起施行。

食品生产经营监督检查管理办法

(2021 年 12 月 24 日国家市场监督管理总局令第 49 号公布 自 2022 年 3 月 15 日起施行 国司备字[2022005775])

第一章 总 则

第一条 为了加强和规范对食品生产经营活动的监督检查,督促食品生产经营者落实主体责任,保障食品安全,根据《中华人民共和国食品安全法》及其实施条例等法律法规,制定本办法。

第二条 市场监督管理部门对食品(含食品添加剂)生产经营者执行食品安全法律、法规、规章和食品安全标准等情况实施监督检查,适用本办法。

第三条 监督检查应当遵循属地负责、风险管理、程序合法、公正公开的原则。

第四条 食品生产经营者应当对其生产经营食品的安全负责,积极配合市场监督管理部门实施监督检查。

第五条 县级以上地方市场监督管理部门应当按照规定在覆盖所有食品

生产经营者的基础上，结合食品生产经营者信用状况，随机选取食品生产经营者、随机选派监督检查人员实施监督检查。

第六条 市场监督管理部门应当加强监督检查信息化建设，记录、归集、分析监督检查信息，加强数据整合、共享和利用，完善监督检查措施，提升智慧监管水平。

第二章 监督检查事权

第七条 国家市场监督管理总局负责监督指导全国食品生产经营监督检查工作，可以根据需要组织开展监督检查。

第八条 省级市场监督管理部门负责监督指导本行政区域内食品生产经营监督检查工作，重点组织和协调对产品风险高、影响区域广的食品生产经营者的监督检查。

第九条 设区的市级(以下简称市级)、县级市场监督管理部门负责本行政区域内食品生产经营监督检查工作。

市级市场监督管理部门可以结合本行政区域食品生产经营者规模、风险、分布等实际情况，按照本级人民政府要求，划分本行政区域监督检查事权，确保监督检查覆盖本行政区域所有食品生产经营者。

第十条 市级以上市场监督管理部门根据监督管理工作需要，可以对由下级市场监督管理部门负责日常监督管理的食品生产经营者实施随机监督检查，也可以组织下级市场监督管理部门对食品生产经营者实施异地监督检查。

市场监督管理部门应当协助、配合上级市场监督管理部门在本行政区域内开展监督检查。

第十一条 市场监督管理部门之间涉及管辖争议的监督检查事项，应当报请共同上一级市场监督管理部门确定。

第十二条 上级市场监督管理部门可以定期或者不定期组织对下级市场监督管理部门的监督检查工作进行监督指导。

第三章 监督检查要点

第十三条 国家市场监督管理总局根据法律、法规、规章和食品安全标准等有关规定，制定国家食品生产经营监督检查要点表，明确监督检查的主要内容。按照风险管理的原则，检查要点表分为一般项目和重点项目。

第十四条 省级市场监督管理部门可以按照国家食品生产经营监督检查

要点表，结合实际细化，制定本行政区域食品生产经营监督检查要点表。

省级市场监督管理部门针对食品生产经营新业态、新技术、新模式，补充制定相应的食品生产经营监督检查要点，并在出台后30日内向国家市场监督管理总局报告。

第十五条 食品生产环节监督检查要点应当包括食品生产者资质、生产环境条件、进货查验、生产过程控制、产品检验、贮存及交付控制、不合格食品管理和食品召回、标签和说明书、食品安全自查、从业人员管理、信息记录和追溯、食品安全事故处置等情况。

第十六条 委托生产食品、食品添加剂的，委托方、受托方应当遵守法律、法规、食品安全标准以及合同的约定，并将委托生产的食品品种、委托期限、委托方对受托方生产行为的监督等情况予以单独记录，留档备查。市场监督管理部门应当将上述委托生产情况作为监督检查的重点。

第十七条 食品销售环节监督检查要点应当包括食品销售者资质、一般规定执行、禁止性规定执行、经营场所环境卫生、经营过程控制、进货查验、食品贮存、食品召回、温度控制及记录、过期及其他不符合食品安全标准食品处置、标签和说明书、食品安全自查、从业人员管理、食品安全事故处置、进口食品销售、食用农产品销售、网络食品销售等情况。

第十八条 特殊食品生产环节监督检查要点，除应当包括本办法第十五条规定的内容，还应当包括注册备案要求执行、生产质量管理体系运行、原辅料管理等情况。保健食品生产环节的监督检查要点还应当包括原料前处理等情况。

特殊食品销售环节监督检查要点，除应当包括本办法第十七条规定的内容，还应当包括禁止混放要求落实、标签和说明书核对等情况。

第十九条 集中交易市场开办者、展销会举办者监督检查要点应当包括举办前报告、入场食品经营者的资质审查、食品安全管理责任明确、经营环境和条件检查等情况。

对温度、湿度有特殊要求的食品贮存业务的非食品生产经营者的监督检查要点应当包括备案、信息记录和追溯、食品安全要求落实等情况。

第二十条 餐饮服务环节监督检查要点应当包括餐饮服务提供者资质、从业人员健康管理、原料控制、加工制作过程、食品添加剂使用管理、场所和设备设施清洁维护、餐饮具清洗消毒、食品安全事故处置等情况。

餐饮服务环节的监督检查应当强化学校等集中用餐单位供餐的食品安全要求。

第四章　监督检查程序

第二十一条　县级以上地方市场监督管理部门应当按照本级人民政府食品安全年度监督管理计划，综合考虑食品类别、企业规模、管理水平、食品安全状况、风险等级、信用档案记录等因素，编制年度监督检查计划。

县级以上地方市场监督管理部门按照国家市场监督管理总局的规定，根据风险管理的原则，结合食品生产经营者的食品类别、业态规模、风险控制能力、信用状况、监督检查等情况，将食品生产经营者的风险等级从低到高分为A级风险、B级风险、C级风险、D级风险四个等级。

第二十二条　市场监督管理部门应当每两年对本行政区域内所有食品生产经营者至少进行一次覆盖全部检查要点的监督检查。

市场监督管理部门应当对特殊食品生产者，风险等级为C级、D级的食品生产者，风险等级为D级的食品经营者以及中央厨房、集体用餐配送单位等高风险食品生产经营者实施重点监督检查，并可以根据实际情况增加日常监督检查频次。

市场监督管理部门可以根据工作需要，对通过食品安全抽样检验等发现问题线索的食品生产经营者实施飞行检查，对特殊食品、高风险大宗消费食品生产企业和大型食品经营企业等的质量管理体系运行情况实施体系检查。

第二十三条　市场监督管理部门组织实施监督检查应当由2名以上（含2名）监督检查人员参加。检查人员较多的，可以组成检查组。市场监督管理部门根据需要可以聘请相关领域专业技术人员参加监督检查。

检查人员与检查对象之间存在直接利害关系或者其他可能影响检查公正情形的，应当回避。

第二十四条　检查人员应当当场出示有效执法证件或者市场监督管理部门出具的检查任务书。

第二十五条　市场监督管理部门实施监督检查，有权采取下列措施，被检查单位不得拒绝、阻挠、干涉：

（一）进入食品生产经营等场所实施现场检查；

（二）对被检查单位生产经营的食品进行抽样检验；

（三）查阅、复制有关合同、票据、账簿以及其他有关资料；

（四）查封、扣押有证据证明不符合食品安全标准或者有证据证明存在安全隐患以及用于违法生产经营的食品、工具和设备；

（五）查封违法从事食品生产经营活动的场所；

（六）法律法规规定的其他措施。

第二十六条 食品生产经营者应当配合监督检查工作，按照市场监督管理部门的要求，开放食品生产经营场所，回答相关询问，提供相关合同、票据、账簿以及前次监督检查结果和整改情况等其他有关资料，协助生产经营现场检查和抽样检验，并为检查人员提供必要的工作条件。

第二十七条 检查人员应当按照本办法规定和检查要点要求开展监督检查，并对监督检查情况如实记录。除飞行检查外，实施监督检查应当覆盖检查要点所有检查项目。

第二十八条 市场监督管理部门实施监督检查，可以根据需要，依照食品安全抽样检验管理有关规定，对被检查单位生产经营的原料、半成品、成品等进行抽样检验。

第二十九条 市场监督管理部门实施监督检查时，可以依法对企业食品安全管理人员随机进行监督抽查考核并公布考核情况。抽查考核不合格的，应当督促企业限期整改，并及时安排补考。

第三十条 检查人员在监督检查中应当对发现的问题进行记录，必要时可以拍摄现场情况，收集或者复印相关合同、票据、账簿以及其他有关资料。

检查人员认为食品生产经营者涉嫌违法违规的相关证据可能灭失或者以后难以取得的，可以依法采取证据保全或者行政强制措施，并执行市场监管行政处罚程序相关规定。

检查记录以及相关证据，可以作为行政处罚的依据。

第三十一条 检查人员应当综合监督检查情况进行判定，确定检查结果。

有发生食品安全事故潜在风险的，食品生产经营者应当立即停止生产经营活动。

第三十二条 发现食品生产经营者不符合监督检查要点表重点项目，影响食品安全的，市场监督管理部门应当依法进行调查处理。

第三十三条 发现食品生产经营者不符合监督检查要点表一般项目，但情节显著轻微不影响食品安全的，市场监督管理部门应当当场责令其整改。

可以当场整改的，检查人员应当对食品生产经营者采取的整改措施以及整改情况进行记录；需要限期整改的，市场监督管理部门应当书面提出整改要求和时限。被检查单位应当按期整改，并将整改情况报告市场监督管理部门。市场监督管理部门应当跟踪整改情况并记录整改结果。

不符合监督检查要点表一般项目，影响食品安全的，市场监督管理部门应当依法进行调查处理。

第三十四条 食品生产经营者应当按照检查人员要求，在现场检查、询问、抽样检验等文书以及收集、复印的有关资料上签字或者盖章。

被检查单位拒绝在相关文书、资料上签字或者盖章的，检查人员应当注明原因，并可以邀请有关人员作为见证人签字、盖章，或者采取录音、录像等方式进行记录，作为监督执法的依据。

第三十五条 检查人员应当将监督检查结果现场书面告知食品生产经营者。需要进行检验检测的，市场监督管理部门应当及时告知检验结论。

上级市场监督管理部门组织的监督检查，还应当将监督检查结果抄送食品生产经营者所在地市场监督管理部门。

第五章 监督管理

第三十六条 市场监督管理部门在监督检查中发现食品不符合食品安全法律、法规、规章和食品安全标准的，在依法调查处理的同时，应当及时督促食品生产经营者追查相关食品的来源和流向，查明原因、控制风险，并根据需要通报相关市场监督管理部门。

第三十七条 监督检查中发现生产经营的食品、食品添加剂的标签、说明书存在食品安全法第一百二十五条第二款规定的瑕疵的，市场监督管理部门应当责令当事人改正。经食品生产者采取补救措施且能保证食品安全的食品、食品添加剂可以继续销售；销售时应当向消费者明示补救措施。

认定标签、说明书瑕疵，应当综合考虑标注内容与食品安全的关联性、当事人的主观过错、消费者对食品安全的理解和选择等因素。有下列情形之一的，可以认定为食品安全法第一百二十五条第二款规定的标签、说明书瑕疵：

（一）文字、符号、数字的字号、字体、字高不规范，出现错别字、多字、漏字、繁体字，或者外文翻译不准确以及外文字号、字高大于中文等的；

（二）净含量、规格的标示方式和格式不规范，或者对没有特殊贮存条件要求的食品，未按照规定标注贮存条件的；

（三）食品、食品添加剂以及配料使用的俗称或者简称等不规范的；

（四）营养成分表、配料表顺序、数值、单位标示不规范，或者营养成分表数值修约间隔、“0”界限值、标示单位不规范的；

（五）对有证据证明未实际添加的成分，标注了“未添加”，但未按照规定标示具体含量的；

（六）国家市场监督管理总局认定的其他情节轻微，不影响食品安全，没有故意误导消费者的情形。

第三十八条 市场监督管理部门在监督检查中发现违法案件线索，对不属于本部门职责或者超出管辖范围的，应当及时移送有权处理的部门；涉嫌犯罪的，应当依法移送公安机关。

第三十九条 市场监督管理部门应当于检查结果信息形成后20个工作日内向社会公开。

检查结果对消费者有重要影响的，食品生产经营者应当按照规定在食品生产经营场所醒目位置张贴或者公开展示监督检查结果记录表，并保持至下次监督检查。有条件的可以通过电子屏幕等信息化方式向消费者展示监督检查结果记录表。

第四十条 监督检查中发现存在食品安全隐患，食品生产经营者未及时采取有效措施消除的，市场监督管理部门可以对食品生产经营者的法定代表人或者主要负责人进行责任约谈。

第四十一条 监督检查结果，以及市场监督管理部门约谈食品生产经营者情况和食品生产经营者整改情况应当记入食品生产经营者食品安全信用档案。对存在严重违法失信行为的，按照规定实施联合惩戒。

第四十二条 对同一食品生产经营者，上级市场监督管理部门已经开展监督检查的，下级市场监督管理部门原则上三个月内不再重复检查已检查的项目，但食品生产经营者涉嫌违法或者存在明显食品安全隐患等情形的除外。

第四十三条 上级市场监督管理部门发现下级市场监督管理部门的监督检查工作不符合法律法规和本办法规定要求的，应当根据需要督促其再次组织监督检查或者自行组织监督检查。

第四十四条 县级以上市场监督管理部门应当加强专业化职业化检查员队伍建设，定期对检查人员开展培训与考核，提升检查人员食品安全法律、法规、规章、标准和专业知识等方面的能力和水平。

第四十五条 县级以上市场监督管理部门应当按照规定安排充足的经费，配备满足监督检查工作需要的采样、检验检测、拍摄、移动办公、安全防护等工具、设备。

第四十六条 检查人员（含聘用制检查人员和相关领域专业技术人员）在实施监督检查过程中，应当严格遵守有关法律法规、廉政纪律和工作要求，不得违反规定泄露监督检查相关情况以及被检查单位的商业秘密、未披露信息或者保密商务信息。

实施飞行检查，检查人员不得事先告知被检查单位飞行检查内容、检查人员行程等检查相关信息。

第四十七条 鼓励食品生产经营者选择有相关资质的食品安全第三方专业机构及其专业化、职业化的专业技术人员对自身的食品安全状况进行评价，评价结果可以作为市场监督管理部门监督检查的参考。

第六章　法律责任

第四十八条　食品生产经营者未按照规定在显著位置张贴或者公开展示相关监督检查结果记录表，撕毁、涂改监督检查结果记录表，或者未保持日常监督检查结果记录表至下次日常监督检查的，由县级以上地方市场监督管理部门责令改正；拒不改正的，给予警告，可以并处5000元以上5万元以下罚款。

第四十九条　食品生产经营者有下列拒绝、阻挠、干涉市场监督管理部门进行监督检查情形之一的，由县级以上市场监督管理部门依照食品安全法第一百三十三条第一款的规定进行处理：

（一）拒绝、拖延、限制检查人员进入被检查场所或者区域的，或者限制检查时间的；

（二）拒绝或者限制抽取样品、录像、拍照和复印等调查取证工作的；

（三）无正当理由不提供或者延迟提供与检查相关的合同、记录、票据、账簿、电子数据等材料的；

（四）以主要负责人、主管人员或者相关工作人员不在岗为由，或者故意以停止生产经营等方式欺骗、误导、逃避检查的；

（五）以暴力、威胁等方法阻碍检查人员依法履行职责的；

（六）隐藏、转移、变卖、损毁检查人员依法查封、扣押的财物的；

（七）伪造、隐匿、毁灭证据或者提供虚假情况的；

（八）其他妨碍检查人员履行职责的。

第五十条　食品生产经营者拒绝、阻挠、干涉监督检查，违反治安管理处罚相关规定的，由市场监督管理部门依法移交公安机关处理。

食品生产经营者以暴力、威胁等方法阻碍检查人员依法履行职责，涉嫌犯罪的，由市场监督管理部门依法移交公安机关处理。

第五十一条　发现食品生产经营者有食品安全法实施条例第六十七条第一款规定的情形，属于情节严重的，市场监督管理部门应当依法从严处理。对情节严重的违法行为处以罚款时，应当依法从重从严。

食品生产经营者违反食品安全法律、法规、规章和食品安全标准的规定，属于初次违法且危害后果轻微并及时改正的，可以不予行政处罚。

当事人有证据足以证明没有主观过错的，不予行政处罚。法律、行政法规另有规定的，从其规定。

第五十二条　市场监督管理部门及其工作人员有违反法律、法规以及本办法规定和有关纪律要求的，应当依据食品安全法和相关规定，对直接负责的主管人员和其他直接责任人员，给予相应的处分；涉嫌犯罪的，依法移交司法机关处理。

第七章　附　　则

第五十三条　本办法所称日常监督检查是指市级、县级市场监督管理部门按照年度食品生产经营监督检查计划，对本行政区域内食品生产经营者开展的常规性检查。

本办法所称飞行检查是指市场监督管理部门根据监督管理工作需要以及问题线索等，对食品生产经营者依法开展的不预先告知的监督检查。

本办法所称体系检查是指市场监督管理部门以风险防控为导向，对特殊食品、高风险大宗食品生产企业和大型食品经营企业等的质量管理体系执行情况依法开展的系统性监督检查。

第五十四条　地方市场监督管理部门对食品生产加工小作坊、食品摊贩、小餐饮等的监督检查，省、自治区、直辖市没有规定的，可以参照本办法执行。

第五十五条　本办法自 2022 年 3 月 15 日起施行。原国家食品药品监督管理总局 2016 年 3 月 4 日发布的《食品生产经营日常监督检查管理办法》同时废止。

动产和权利担保统一登记办法

（2021 年 12 月 28 日中国人民银行令［2021］第 7 号公布　自 2022 年 2 月 1 日起施行　国司备字［2022005695］）

第一章　总　　则

第一条　为规范动产和权利担保统一登记，保护担保当事人和利害关系人的合法权益，根据《中华人民共和国民法典》《优化营商环境条例》《国务院关于实施动产和权利担保统一登记的决定》（国发〔2020〕18 号）等相关法律法规规定，制定本办法。

第二条　纳入动产和权利担保统一登记范围的担保类型包括：

（一）生产设备、原材料、半成品、产品抵押；

（二）应收账款质押；

（三）存款单、仓单、提单质押；

（四）融资租赁；

（五）保理；

（六）所有权保留；

（七）其他可以登记的动产和权利担保，但机动车抵押、船舶抵押、航空器抵押、债券质押、基金份额质押、股权质押、知识产权中的财产权质押除外。

第三条 本办法所称应收账款是指应收账款债权人因提供一定的货物、服务或设施而获得的要求应收账款债务人付款的权利以及依法享有的其他付款请求权，包括现有的以及将有的金钱债权，但不包括因票据或其他有价证券而产生的付款请求权，以及法律、行政法规禁止转让的付款请求权。

本办法所称的应收账款包括下列权利：

（一）销售、出租产生的债权，包括销售货物，供应水、电、气、暖，知识产权的许可使用，出租动产或不动产等；

（二）提供医疗、教育、旅游等服务或劳务产生的债权；

（三）能源、交通运输、水利、环境保护、市政工程等基础设施和公用事业项目收益权；

（四）提供贷款或其他信用活动产生的债权；

（五）其他以合同为基础的具有金钱给付内容的债权。

第四条 中国人民银行征信中心（以下简称征信中心）是动产和权利担保的登记机构，具体承担服务性登记工作，不开展事前审批性登记，不对登记内容进行实质审查。

征信中心建立基于互联网的动产融资统一登记公示系统（以下简称统一登记系统）为社会公众提供动产和权利担保登记和查询服务。

第五条 中国人民银行对征信中心登记和查询服务有关活动进行督促指导。

第二章 登记与查询

第六条 纳入统一登记范围的动产和权利担保登记通过统一登记系统办理。

第七条 担保权人办理登记。担保权人办理登记前，应当与担保人就登记内容达成一致。

担保权人也可以委托他人办理登记。委托他人办理登记的，适用本办法关于担保权人办理登记的规定。

第八条　担保权人办理登记时,应当注册为统一登记系统的用户。

第九条　登记内容包括担保权人和担保人的基本信息、担保财产的描述、登记期限。

担保权人或担保人为法人、非法人组织的,应当填写法人、非法人组织的法定注册名称、住所、法定代表人或负责人姓名,金融机构编码、统一社会信用代码、全球法人识别编码等机构代码或编码以及其他相关信息。

担保权人或担保人为自然人的,应当填写有效身份证件号码、有效身份证件载明的地址等信息。

担保权人可以与担保人约定将主债权金额、担保范围、禁止或限制转让的担保财产等项目作为登记内容。对担保财产进行概括性描述的,应当能够合理识别担保财产。

最高额担保应登记最高债权额。

第十条　担保权人应当将填写完毕的登记内容提交统一登记系统。统一登记系统记录提交时间并分配登记编号,生成初始登记证明和修改码提供给担保权人。

第十一条　担保权人应当根据主债权履行期限合理确定登记期限。登记期限最短1个月,最长不超过30年。

第十二条　在登记期限届满前,担保权人可以申请展期。

担保权人可以多次展期,每次展期期限最短1个月,最长不超过30年。

第十三条　登记内容存在遗漏、错误等情形或登记内容发生变化的,担保权人应当办理变更登记。

担保权人在原登记中增加新的担保财产的,新增加的部分视为新的登记。

第十四条　担保权人办理登记时所填写的担保人法定注册名称或有效身份证件号码变更的,担保权人应当自变更之日起4个月内办理变更登记。

第十五条　担保权人办理展期、变更登记的,应当与担保人就展期、变更事项达成一致。

第十六条　有下列情形之一的,担保权人应当自该情形产生之日起10个工作日内办理注销登记:

(一)主债权消灭;

(二)担保权利实现;

(三)担保权人放弃登记载明的担保财产之上的全部担保权;

(四)其他导致所登记权利消灭的情形。

担保权人迟延办理注销登记,给他人造成损害的,应当承担相应的法律责任。

第十七条 担保权人凭修改码办理展期、变更登记、注销登记。

第十八条 担保人或其他利害关系人认为登记内容错误的,可以要求担保权人办理变更登记或注销登记。担保权人不同意变更或注销的,担保人或其他利害关系人可以办理异议登记。

办理异议登记的担保人或其他利害关系人可以自行注销异议登记。

第十九条 担保人或其他利害关系人应当自异议登记办理完毕之日起7日内通知担保权人。

第二十条 担保人或其他利害关系人自异议登记之日起30日内,未就争议起诉或提请仲裁并在统一登记系统提交案件受理通知的,征信中心撤销异议登记。

第二十一条 应担保人或其他利害关系人、担保权人的申请,征信中心根据对担保人或其他利害关系人、担保权人生效的人民法院判决、裁定或仲裁机构裁决等法律文书撤销相关登记。

第二十二条 担保权人办理变更登记和注销登记、担保人或其他利害关系人办理异议登记后,统一登记系统记录登记时间、分配登记编号,并生成变更登记、注销登记或异议登记证明。

第二十三条 担保权人开展动产和权利担保融资业务时,应当严格审核确认担保财产的真实性,并在统一登记系统中查询担保财产的权利负担状况。

第二十四条 担保权人、担保人和其他利害关系人应当按照统一登记系统提示项目如实登记,并对登记内容的真实性、完整性和合法性负责。因担保权人或担保人名称填写错误,担保财产描述不能够合理识别担保财产等情形导致不能正确公示担保权利的,其法律后果由当事人自行承担。办理登记时,存在提供虚假材料等行为给他人造成损害的,应当承担相应的法律责任。

第二十五条 任何法人、非法人组织和自然人均可以在注册为统一登记系统的用户后,查询动产和权利担保登记信息。

第二十六条 担保人为法人、非法人组织的,查询人以担保人的法定注册名称进行查询。

担保人为自然人的,查询人以担保人的身份证件号码进行查询。

第二十七条 征信中心根据查询人的申请,提供查询证明。

第二十八条 担保权人、担保人或其他利害关系人、查询人可以通过证明编号在统一登记系统对登记证明和查询证明进行验证。

第三章 征信中心的职责

第二十九条 征信中心应当建立登记信息内部控制制度,采取技术措施和其他必要措施，做好统一登记系统建设和维护工作，保障系统安全、稳定运行，建立高效运转的服务体系，不断提高服务效率和质量，防止登记信息泄露、丢失，保护当事人合法权益。

第三十条 征信中心应当制定登记操作规则和内部管理制度，并报中国人民银行备案。

第三十一条 登记注销、登记期限届满或登记撤销后，征信中心应当对登记记录进行电子化离线保存，保存期限为15年。

第四章 附 则

第三十二条 征信中心按照国务院价格主管部门批准的收费标准收取登记服务费用。

第三十三条 本办法由中国人民银行负责解释。

第三十四条 本办法自2022年2月1日起施行。《应收账款质押登记办法》（中国人民银行令〔2019〕第4号发布）同时废止。

国家税务总局关于修改《税务规范性文件制定管理办法》的决定

（2021年12月31日国家税务总局令第53号公布 自2022年2月1日起施行 国司备字[2022005767]）

为进一步贯彻落实中共中央办公厅、国务院办公厅印发的《关于进一步深化税收征管改革的意见》，更好保护纳税人缴费人合法权益，国家税务总局决定对《税务规范性文件制定管理办法》作如下修改：

一、将第四条修改为："制定税务规范性文件，应当充分体现社会主义核心价值观的内容和要求，坚持科学、民主、公开、统一的原则，符合法律、法规、规章以及上级税务规范性文件的规定，遵循本办法规定的制定规则和制定程序。"

二、将第十六条修改为："各级税务机关从事纳税服务和政策法规工作的部门或者人员（以下统称纳税服务部门、政策法规部门）负责对税务规范性文件进行审查，包括权益性审核、合法性审核、世界贸易组织规则合规性评估。其中纳税服务部门负责权益性审核；政策法规部门负责合法性审核和世界贸易组织规则合规性评估。

“未经纳税服务部门和政策法规部门审查的税务规范性文件，办公厅（室）不予核稿，制定机关负责人不予签发。”

三、将第十七条第一款修改为：“起草税务规范性文件，起草部门应当深入调查研究，总结实践经验，听取基层税务机关意见。起草与税务行政相对人生产经营密切相关的税务规范性文件，起草部门应当听取税务行政相对人代表和行业协会商会的意见。起草部门可以邀请纳税服务部门和政策法规部门共同听取意见。”

四、将第十九条第一款修改为：“税务规范性文件送审稿应当由起草部门负责人签署后，依次送交纳税服务部门和政策法规部门审查。”

将第二款修改为：“送审稿内容涉及征管业务及其工作流程的，应当于送交审查前会签征管科技部门；涉及其他业务主管部门工作的，应当于送交审查前会签相关业务主管部门；未按规定会签的，纳税服务部门和政策法规部门不予审查。”

五、增加一条，作为第二十二条：“纳税服务部门应当就下列事项进行权益性审核：

“（一）是否无法律法规依据减损税务行政相对人的合法权利和利益，或者增加其义务，主要涉及业务办理环节、报送资料、管理事项等方面；

“（二）是否存在泄露税务行政相对人税费保密信息风险。

“对审核中发现的明显不适当的规定，纳税服务部门可以提出删除或者修改的建议。

“纳税服务部门审核过程中认为有必要的，可以通过召开座谈会、论证会等形式听取相关各方意见。”

六、增加一条，作为第二十三条：“纳税服务部门进行权益性审核，根据不同情况提出审核意见：

“（一）认为送审稿不存在无法律法规依据减损税务行政相对人权益或者增加其负担的情形的，提出审核通过意见；

“（二）认为送审稿减损税务行政相对人权益或者增加其负担的理由不充分，经协商不能达成一致意见的，提出书面审核意见并退回起草部门。”

七、将第二十五条改为第二十七条，修改为：“送审稿经纳税服务部门和政策法规部门审查通过的，按公文处理程序报制定机关负责人签发。”

八、将第二十六条改为第二十八条，修改为：“送审稿涉及重大公共利益或者对税务行政相对人合法权益、税务管理产生重大影响的，经纳税服务部门和政策法规部门审查通过后，起草部门应当提请集体审议。纳税服务部门或者政策法规部门在审查时,认为税务规范性文件涉及重大公共利益或者对税务行政相对人合法权益、税务管理产生重大影响的,可以建议起草部门提请集体审议。”

九、将第二十七条改为第二十九条,修改为:“税务机关牵头与其他机关联合制定规范性文件,省以下税务机关代地方人大及其常委会、政府起草涉及税务行政相对人权利义务的文件,业务主管部门应当将文件送审稿或者会签文本送交纳税服务部门和政策法规部门审查。

“经其他机关会签后,文件内容有实质性变动的,起草部门应当重新送交纳税服务部门和政策法规部门审查。

“其他机关牵头与税务机关联合制定的规范性文件,参照本条第一款规定执行。”

十、将第三十条改为第三十二条,第一款修改为:“制定机关的起草部门、纳税服务部门和政策法规部门应当及时跟踪了解税务规范性文件的施行情况。”

十一、将第三十四条改为第三十六条,修改为:“上一级税务机关的政策法规部门具体负责税务规范性文件备案登记、合法性审核和世界贸易组织规则合规性评估,会同纳税服务部门负责督促整改和考核工作;纳税服务部门负责税务规范性文件权益性审核工作;业务主管部门承担其职能范围内的税务规范性文件审查工作,并按照规定时限向政策法规部门送交审查意见。”

十二、将第三十七条改为第三十九条,修改为:“上一级税务机关对报送备案的税务规范性文件,应当就本办法第二十二条、第二十四条所列事项以及是否符合世界贸易组织规则进行审查。”

此外,对条文顺序和个别文字作相应调整和修改。

本决定自2022年2月1日起施行。

《税务规范性文件制定管理办法》根据本决定作相应修改,重新公布。

税务规范性文件制定管理办法

(2017年5月16日国家税务总局令第41号公布　2019年11月26日国家税务总局令第50号第一次修正　2021年12月31日国家税务总局令第53号第二次修正)

第一章　总　　则

第一条　为了规范税务规范性文件制定和管理工作,落实税收法定原则,建设规范统一的税收法律制度体系，优化税务执法方式，促进税务机关依法行政，保障税务行政相对人的合法权益，根据《中华人民共和国立法法》《规章制定程序条例》等法律法规和有关规定，结合税务机关工作实际，制定本办法。

第二条 本办法所称税务规范性文件，是指县以上税务机关依照法定职权和规定程序制定并发布的，影响纳税人、缴费人、扣缴义务人等税务行政相对人权利、义务，在本辖区内具有普遍约束力并在一定期限内反复适用的文件。

国家税务总局制定的税务部门规章，不属于本办法所称的税务规范性文件。

第三条 税务规范性文件的起草、审查、决定、发布、备案、清理等工作，适用本办法。

第四条 制定税务规范性文件，应当充分体现社会主义核心价值观的内容和要求，坚持科学、民主、公开、统一的原则，符合法律、法规、规章以及上级税务规范性文件的规定，遵循本办法规定的制定规则和制定程序。

第五条 税务规范性文件不得设定税收开征、停征、减税、免税、退税、补税事项，不得设定行政许可、行政处罚、行政强制、行政事业性收费以及其他不得由税务规范性文件设定的事项。

第六条 县税务机关制定税务规范性文件，应当依据法律、法规、规章或者省以上税务机关税务规范性文件的明确授权；没有授权又确需制定税务规范性文件的，应当提请上一级税务机关制定。

各级税务机关的内设机构、派出机构和临时性机构，不得以自己的名义制定税务规范性文件。

第二章 制定规则

第七条 税务规范性文件可以使用“办法”“规定”“规程”“规则”等名称，但是不得称“条例”“实施细则”“通知”“批复”等。

上级税务机关对下级税务机关有关特定税务行政相对人的特定事项如何适用法律、法规、规章或者税务规范性文件的请示所作的批复，需要普遍适用的，应当按照本办法规定的制定规则和制定程序另行制定税务规范性文件。

第八条 税务规范性文件应当根据需要，明确制定目的和依据、适用范围和主体、权利义务、具体规范、操作程序、施行日期或者有效期限等事项。

第九条 制定税务规范性文件，应当做到内容具体、明确，内在逻辑严密，语言规范、简洁、准确，避免产生歧义，具有可操作性。

第十条 税务规范性文件可以采用条文式或者段落式表述。

采用条文式表述的税务规范性文件，需要分章、节、条、款、项、目的，章、节应当有标题，章、节、条的序号用中文数字依次表述；款不编序号；项的序号用中文数字加括号依次表述；目的序号用阿拉伯数字依次表述。

第十一条 上级税务机关需要下级税务机关对规章和税务规范性文件细化具体操作规定的，可以授权下级税务机关制定具体的实施办法。

被授权税务机关不得将被授予的权力转授给其他机关。

第十二条 税务规范性文件由制定机关负责解释。制定机关不得将税务规范性文件的解释权授予本级机关的内设机构或者下级税务机关。

税务规范性文件有下列情形之一的，制定机关应当及时作出解释：

（一）税务规范性文件的规定需要进一步明确具体含义的；

（二）税务规范性文件制定后出现新的情况，需要明确适用依据的。

下级税务机关在适用上级税务机关制定的税务规范性文件时认为存在本条第二款规定情形之一的，应当提请制定机关解释。

第十三条 税务规范性文件不得溯及既往，但是为了更好地保护税务行政相对人权利和利益而作出的特别规定除外。

第十四条 税务规范性文件应当自发布之日起30日后施行。

税务规范性文件发布后不立即施行将有碍执行的，可以自发布之日起施行。

与法律、法规、规章或者上级机关决定配套实施的税务规范性文件，其施行日期需要与前述文件保持一致的，不受本条第一款、第二款时限规定的限制。

第三章 制定程序

第十五条 税务规范性文件由制定机关业务主管部门负责起草。内容涉及两个或者两个以上部门的，由制定机关负责人指定牵头起草部门。

第十六条 各级税务机关从事纳税服务和政策法规工作的部门或者人员（以下统称纳税服务部门、政策法规部门）负责对税务规范性文件进行审查，包括权益性审核、合法性审核、世界贸易组织规则合规性评估。其中纳税服务部门负责权益性审核；政策法规部门负责合法性审核和世界贸易组织规则合规性评估。

未经纳税服务部门和政策法规部门审查的税务规范性文件，办公厅（室）不予核稿，制定机关负责人不予签发。

第十七条 起草税务规范性文件,起草部门应当深入调查研究,总结实践经验,听取基层税务机关意见。起草与税务行政相对人生产经营密切相关的税务规范性文件,起草部门应当听取税务行政相对人代表和行业协会商会的意见。起草部门可以邀请纳税服务部门和政策法规部门共同听取意见。

听取意见可以采取书面、网络征求意见,或者召开座谈会、论证会等多种形式。

除依法需要保密的外,对涉及税务行政相对人切身利益或者对其权利义务可能产生重大影响的税务规范性文件,起草部门应当向社会公开征求意见。

法律、行政法规对规范性文件公开征求意见期限有明确规定的,从其规定。

第十八条 起草税务规范性文件,应当明确列举拟清理文件的名称、文号以及条款,避免与本机关已发布的税务规范性文件相矛盾。

同一事项已由多个税务规范性文件作出规定的,起草部门在起草同类文件时,应当对有关文件进行归并、整合。

第十九条 税务规范性文件送审稿应当由起草部门负责人签署后,依次送交纳税服务部门和政策法规部门审查。

送审稿内容涉及征管业务及其工作流程的,应当于送交审查前会签征管科技部门;涉及其他业务主管部门工作的,应当于送交审查前会签相关业务主管部门;未按规定会签的,纳税服务部门和政策法规部门不予审查。

起草部门认定送审稿属于重要文件的,应当注明“请主要负责人会签”。

第二十条 起草部门将送审稿送交审查时,应当一并提供下列材料:

(一)起草说明,包括制定目的、制定依据、必要性与可行性、起草过程、征求意见以及采纳情况、对税务行政相对人权利和利益可能产生影响的评估情况、施行日期的说明、相关文件衔接处理情况以及其他需要说明的事项;

(二)税务规范性文件解读稿,包括文件出台的背景、意义,文件内容的重点、理解的难点、必要的举例说明和落实的措施要求等;

(三)作为制定依据的法律、法规、规章以及税务规范性文件纸质或者电子文本;

(四)会签单位意见以及采纳情况;

(五)其他相关材料。

按照规定应当对送审稿进行公平竞争审查的,起草部门应当提供相关审查材料。

第二十一条 制定内容简单的税务规范性文件,起草部门在征求意见、提供材料等方面可以从简适用本办法第十七条、第二十条的规定。

从简适用第二十条的，不得缺少起草说明和税务规范性文件解读稿。

第二十二条 纳税服务部门应当就下列事项进行权益性审核：

（一）是否无法律法规依据减损税务行政相对人的合法权利和利益，或者增加其义务，主要涉及业务办理环节、报送资料、管理事项等方面；

（二）是否存在泄露税务行政相对人税费保密信息风险。

对审核中发现的明显不适当的规定，纳税服务部门可以提出删除或者修改的建议。

纳税服务部门审核过程中认为有必要的，可以通过召开座谈会、论证会等形式听取相关各方意见。

第二十三条 纳税服务部门进行权益性审核，根据不同情况提出审核意见：

（一）认为送审稿不存在无法律法规依据减损税务行政相对人权益或者增加其负担的情形的，提出审核通过意见；

（二）认为送审稿减损税务行政相对人权益或者增加其负担的理由不充分，经协商不能达成一致意见的，提出书面审核意见并退回起草部门。

第二十四条 政策法规部门应当就下列事项进行合法性审核：

（一）是否超越法定权限；

（二）是否具有法定依据；

（三）是否违反法律、法规、规章以及上级税务机关税务规范性文件的规定；

（四）是否设定行政许可、行政处罚、行政强制、行政事业性收费以及其他不得由税务规范性文件设定的事项；

（五）是否违法、违规减损税务行政相对人的合法权利和利益，或者违法、违规增加其义务；

（六）是否违反本办法规定的制定规则或者程序；

（七）是否与本机关制定的其他税务规范性文件进行衔接。

对审核中发现的明显不适当的规定，政策法规部门可以提出删除或者修改的建议。

政策法规部门审核过程中认为有必要的，可以通过召开座谈会、论证会等形式听取相关各方意见。

第二十五条 政策法规部门进行合法性审核，根据不同情况提出审核意见：

（一）认为送审稿没有问题或者经过协商达成一致意见的，提出审核通过意见；

（二）认为起草部门应当补充征求意见，或者对重大分歧意见没有合理说明的，退回起草部门补充征求意见或者作出进一步说明；

（三）认为送审稿存在问题，经协商不能达成一致意见的，提出书面审核意见后，退回起草部门。

第二十六条 政策法规部门应当根据世界贸易组织规则对送审稿进行合规性评估，并提出评估意见。

第二十七条 送审稿经纳税服务部门和政策法规部门审查通过的，按公文处理程序报制定机关负责人签发。

第二十八条 送审稿涉及重大公共利益或者对税务行政相对人合法权益、税务管理产生重大影响的，经纳税服务部门和政策法规部门审查通过后，起草部门应当提请集体审议。纳税服务部门或者政策法规部门在审查时，认为税务规范性文件涉及重大公共利益或者对税务行政相对人合法权益、税务管理产生重大影响的，可以建议起草部门提请集体审议。

第二十九条 税务机关牵头与其他机关联合制定规范性文件，省以下税务机关代地方人大及其常委会、政府起草涉及税务行政相对人权利义务的文件，业务主管部门应当将文件送审稿或者会签文本送交纳税服务部门和政策法规部门审查。

经其他机关会签后，文件内容有实质性变动的，起草部门应当重新送交纳税服务部门和政策法规部门审查。

其他机关牵头与税务机关联合制定的规范性文件，参照本条第一款规定执行。

第三十条 税务规范性文件应当以公告形式发布；未以公告形式发布的，不得作为税务机关执法依据。

第三十一条 制定机关应当及时在本级政府公报、税务部门公报、本辖区范围内公开发行的报纸或者在政府网站、税务机关网站上刊登税务规范性文件。

不具备本条第一款所述发布条件的税务机关，应当通过公告栏或者宣传材料等形式，在办税服务厅等公共场所及时发布税务规范性文件。

第三十二条 制定机关的起草部门、纳税服务部门和政策法规部门应当及时跟踪了解税务规范性文件的施行情况。

对实施机关或者税务行政相对人反映存在问题的税务规范性文件，制定机关应当进行认真分析评估，并及时研究提出处理意见。

第四章 备案审查

第三十三条 税务规范性文件应当备案审查,实行有件必备、有备必审、有错必纠。

第三十四条 省以下税务机关的税务规范性文件应当自发布之日起 30 日内向上一级税务机关报送备案。

省税务机关应当于每年 3 月 1 日前向国家税务总局报送上一年度本辖区内税务机关发布的税务规范性文件目录。

第三十五条 报送税务规范性文件备案,应当提交备案报告和以下材料的电子文本:

(一)税务规范性文件备案报告表;

(二)税务规范性文件;

(三)起草说明;

(四)税务规范性文件解读稿。

第三十六条 上一级税务机关的政策法规部门具体负责税务规范性文件备案登记、合法性审核和世界贸易组织规则合规性评估,会同纳税服务部门负责督促整改和考核工作;纳税服务部门负责税务规范性文件权益性审核工作;业务主管部门承担其职能范围内的税务规范性文件审查工作,并按照规定时限向政策法规部门送交审查意见。

第三十七条 报送备案的税务规范性文件资料齐全的,上一级税务机关政策法规部门予以备案登记;资料不齐全的,通知制定机关限期补充报送。

第三十八条 上一级税务机关对报送备案的税务规范性文件进行审查时,可以征求相关部门意见;需要了解相关情况的,可以要求制定机关提交情况说明或者补充材料。

第三十九条 上一级税务机关对报送备案的税务规范性文件,应当就本办法第二十二条、第二十四条所列事项以及是否符合世界贸易组织规则进行审查。

第四十条 上一级税务机关审查发现报送备案的税务规范性文件存在问题需要纠正或者补正的,应当通知制定机关在规定的时限内纠正或者补正。

制定机关应当按期纠正或者补正,并于规定时限届满之日起 30 日内,将处理情况报告上一级税务机关。

第四十一条 对未报送备案或者不按时报送备案的,上一级税务机关应当要求制定机关限期报送;逾期仍不报送的,予以通报,并责令限期改正。

第四十二条 税务行政相对人认为税务规范性文件违反法律、法规、规章或者上级税务规范性文件规定的，可以向制定机关或者其上一级税务机关书面提出审查的建议，制定机关或者其上一级税务机关应当依法及时研究处理。

有税务规范性文件制定权的税务机关应当建立书面审查建议的处理制度和工作机制。

第五章 文件清理

第四十三条 制定机关应当及时对税务规范性文件进行清理，形成文件清理长效机制。

清理采取日常清理和集中清理相结合的方法。

第四十四条 日常清理由业务主管部门负责。

业务主管部门应当根据立法变化以及税务工作发展需要，对税务规范性文件进行及时清理。

第四十五条 有下列情形之一的，制定机关应当进行集中清理：

（一）上级机关部署的；

（二）新的法律、法规颁布或者法律、法规进行重大修改，对税务执法产生普遍影响的。

第四十六条 集中清理由政策法规部门负责牵头组织，业务主管部门分工负责。

业务主管部门应当在规定期限内列出需要清理的税务规范性文件目录，并提出清理意见；政策法规部门应当对业务主管部门提出的文件目录以及清理意见进行汇总、审查后，提请集体讨论决定。

清理过程中，业务主管部门和政策法规部门应当听取有关各方意见。

第四十七条 对清理中发现存在问题的税务规范性文件，制定机关应当分类处理：

（一）有下列情形之一的，宣布失效：

1. 调整对象灭失；

2. 不需要继续执行的。

（二）有下列情形之一的，宣布废止：

1. 违反上位法规定的；

2. 已被新的规定替代的；

3. 明显不适应现实需要的。

（三）有下列情形之一的，予以修改：

1. 与本机关税务规范性文件相矛盾的；

2. 与本机关税务规范性文件相重复的；

3. 存在漏洞或者难以执行的。

税务规范性文件部分内容被修改的，应当全文发布修改后的税务规范性文件。

第四十八条 制定机关应当及时发布日常清理结果；在集中清理结束后，应当统一发布失效、废止的税务规范性文件目录。

上级税务机关发布清理结果后，下级税务机关应当及时对本机关制定的税务规范性文件相应进行清理。

第六章 附 则

第四十九条 税务规范性文件的解释、修改或者废止，参照本办法的有关规定执行。

第五十条 各级税务机关在税务规范性文件制定管理过程中，应当充分发挥公职律师的作用。

各级税务机关负有督察内审职责的部门应当加强对税务规范性文件制定管理工作的监督。

第五十一条 税务规范性文件合规性评估的具体实施办法由国家税务总局另行制定。

第五十二条 本办法自 2017 年 7 月 1 日起施行。《税收规范性文件制定管理办法》（国家税务总局令第 20 号公布）同时废止。

重大税收违法失信主体信息公布管理办法

（2021 年 12 月 31 日国家税务总局令第 54 号公布　自 2022 年 2 月 1 日起施行　国司备字[2022005766]）

第一章 总 则

第一条 为了贯彻落实中共中央办公厅、国务院办公厅印发的《关于进一步深化税收征管改革的意见》，维护正常税收征收管理秩序，惩戒重大税收违法失信行为，保障税务行政相对人合法权益，促进依法诚信纳税，推进社会信用体系建设，根据《中华人民共和国税收征收管理法》《优化营商环境条例》等相关法律法规，制定本办法。

第二条 税务机关依照本办法的规定，确定重大税收违法失信主体，向社会公布失信信息，并将信息通报相关部门实施监管和联合惩戒。

第三条 重大税收违法失信主体信息公布管理应当遵循依法行政、公平公正、统一规范、审慎适当的原则。

第四条 各级税务机关应当依法保护税务行政相对人合法权益，对重大税收违法失信主体信息公布管理工作中知悉的国家秘密、商业秘密或者个人隐私、个人信息，应当依法予以保密。

第五条 税务机关工作人员在重大税收违法失信主体信息公布管理工作中，滥用职权、玩忽职守、徇私舞弊的，依照有关规定严肃处理；涉嫌犯罪的，依法移送司法机关。

第二章 失信主体的确定

第六条 本办法所称“重大税收违法失信主体”（以下简称失信主体）是指有下列情形之一的纳税人、扣缴义务人或者其他涉税当事人（以下简称当事人）：

（一）伪造、变造、隐匿、擅自销毁账簿、记账凭证，或者在账簿上多列支出或者不列、少列收入，或者经税务机关通知申报而拒不申报或者进行虚假的纳税申报，不缴或者少缴应纳税款100万元以上，且任一年度不缴或者少缴应纳税款占当年各税种应纳税总额10%以上的，或者采取前述手段，不缴或者少缴已扣、已收税款，数额在100万元以上的；

（二）欠缴应纳税款，采取转移或者隐匿财产的手段，妨碍税务机关追缴欠缴的税款，欠缴税款金额100万元以上的；

（三）骗取国家出口退税款的；

（四）以暴力、威胁方法拒不缴纳税款的；

（五）虚开增值税专用发票或者虚开用于骗取出口退税、抵扣税款的其他发票的；

（六）虚开增值税普通发票100份以上或者金额400万元以上的；

（七）私自印制、伪造、变造发票，非法制造发票防伪专用品，伪造发票监制章的；

（八）具有偷税、逃避追缴欠税、骗取出口退税、抗税、虚开发票等行为，在稽查案件执行完毕前，不履行税收义务并脱离税务机关监管，经税务机关检查确认走逃（失联）的；

（九）为纳税人、扣缴义务人非法提供银行账户、发票、证明或者其他方便，导致未缴、少缴税款100万元以上或者骗取国家出口退税款的；

（十）税务代理人违反税收法律、行政法规造成纳税人未缴或者少缴税款100万元以上的；

（十一）其他性质恶劣、情节严重、社会危害性较大的税收违法行为。

第七条 税务机关对当事人依法作出《税务行政处罚决定书》，当事人在法定期限内未申请行政复议、未提起行政诉讼，或者申请行政复议，行政复议机关作出行政复议决定后，在法定期限内未提起行政诉讼，或者人民法院对税务行政处罚决定或行政复议决定作出生效判决、裁定后，有本办法第六条规定情形之一的，税务机关确定其为失信主体。

对移送公安机关的当事人，税务机关在移送时已依法作出《税务处理决定书》，未作出《税务行政处罚决定书》的，当事人在法定期限内未申请行政复议、未提起行政诉讼，或者申请行政复议，行政复议机关作出行政复议决定后，在法定期限内未提起行政诉讼，或者人民法院对税务处理决定或行政复议决定作出生效判决、裁定后，有本办法第六条规定情形之一的，税务机关确定其为失信主体。

第八条 税务机关应当在作出确定失信主体决定前向当事人送达告知文书，告知其依法享有陈述、申辩的权利。告知文书应当包括以下内容：

（一）当事人姓名或者名称、有效身份证件号码或者统一社会信用代码、地址。没有统一社会信用代码的，以税务机关赋予的纳税人识别号代替；

（二）拟确定为失信主体的事由、依据；

（三）拟向社会公布的失信信息；

（四）拟通知相关部门采取失信惩戒措施提示；

（五）当事人依法享有的相关权利；

（六）其他相关事项。

对纳入纳税信用评价范围的当事人，还应当告知其拟适用D级纳税人管理措施。

第九条 当事人在税务机关告知后5日内，可以书面或者口头提出陈述、申辩意见。当事人口头提出陈述、申辩意见的，税务机关应当制作陈述申辩笔录，并由当事人签章。

税务机关应当充分听取当事人陈述、申辩意见，对当事人提出的事实、理由和证据进行复核。当事人提出的事实、理由或者证据成立的，应当采纳。

第十条 经设区的市、自治州以上税务局局长或者其授权的税务局领导批准，税务机关在本办法第七条规定的申请行政复议或提起行政诉讼期限届满,或者行政复议决定、人民法院判决或裁定生效后,于 30 日内制作失信主体确定文书,并依法送达当事人。失信主体确定文书应当包括以下内容:

(一)当事人姓名或者名称、有效身份证件号码或者统一社会信用代码、地址。没有统一社会信用代码的,以税务机关赋予的纳税人识别号代替;

(二)确定为失信主体的事由、依据;

(三)向社会公布的失信信息提示;

(四)相关部门采取失信惩戒措施提示;

(五)当事人依法享有的相关权利;

(六)其他相关事项。

对纳入纳税信用评价范围的当事人,还应当包括适用 D 级纳税人管理措施提示。

本条第一款规定的时限不包括因其他方式无法送达,公告送达告知文书和确定文书的时间。

第三章　信 息 公 布

第十一条　税务机关应当在失信主体确定文书送达后的次月 15 日内,向社会公布下列信息:

(一)失信主体基本情况;

(二)失信主体的主要税收违法事实;

(三)税务处理、税务行政处罚决定及法律依据;

(四)确定失信主体的税务机关;

(五)法律、行政法规规定应当公布的其他信息。

对依法确定为国家秘密的信息,法律、行政法规禁止公开的信息,以及公开后可能危及国家安全、公共安全、经济安全、社会稳定的信息,税务机关不予公开。

第十二条　税务机关按照本办法第十一条第一款第一项规定向社会公布失信主体基本情况。失信主体为法人或者其他组织的,公布其名称、统一社会信用代码(纳税人识别号)、注册地址以及违法行为发生时的法定代表人、负责人或者经人民法院生效裁判确定的实际责任人的姓名、性别及身份证件号码(隐去出生年、月、日号码段);失信主体为自然人的,公布其姓名、性别、身份证件号码(隐去出生年、月、日号码段)。

经人民法院生效裁判确定的实际责任人,与违法行为发生时的法定代表人或者负责人不一致的,除有证据证明法定代表人或者负责人有涉案行为外,税务机关只向社会公布实际责任人信息。

第十三条 税务机关应当通过国家税务总局各省、自治区、直辖市、计划单列市税务局网站向社会公布失信主体信息，根据本地区实际情况，也可以通过税务机关公告栏、报纸、广播、电视、网络媒体等途径以及新闻发布会等形式向社会公布。

国家税务总局归集各地税务机关确定的失信主体信息，并提供至“信用中国”网站进行公开。

第十四条 属于本办法第六条第一项、第二项规定情形的失信主体，在失信信息公布前按照《税务处理决定书》《税务行政处罚决定书》缴清税款、滞纳金和罚款的，经税务机关确认，不向社会公布其相关信息。

属于本办法第六条第八项规定情形的失信主体，具有偷税、逃避追缴欠税行为的，按照前款规定处理。

第十五条 税务机关对按本办法规定确定的失信主体，纳入纳税信用评价范围的，按照纳税信用管理规定，将其纳税信用级别判为 D 级，适用相应的 D 级纳税人管理措施。

第十六条 对按本办法第十一条第一款规定向社会公布信息的失信主体，税务机关将失信信息提供给相关部门，由相关部门依法依规采取失信惩戒措施。

第十七条 失信主体信息自公布之日起满 3 年的，税务机关在 5 日内停止信息公布。

第四章　提前停止公布

第十八条 失信信息公布期间，符合下列条件之一的，失信主体或者其破产管理人可以向作出确定失信主体决定的税务机关申请提前停止公布失信信息：

（一）按照《税务处理决定书》《税务行政处罚决定书》缴清（退）税款、滞纳金、罚款，且失信主体失信信息公布满六个月的；

（二）失信主体破产，人民法院出具批准重整计划或认可和解协议的裁定书，税务机关依法受偿的；

（三）在发生重大自然灾害、公共卫生、社会安全等突发事件期间，因参与应急抢险救灾、疫情防控、重大项目建设或者履行社会责任作出突出贡献的。

第十九条 按本办法第十八条第一项规定申请提前停止公布的，申请人应当提交停止公布失信信息申请表、诚信纳税承诺书。

按本办法第十八条第二项规定申请提前停止公布的，申请人应当提交停止公布失信信息申请表，人民法院出具的批准重整计划或认可和解协议的裁定书。

按本办法第十八条第三项规定申请提前停止公布的，申请人应当提交停止公布失信信息申请表、诚信纳税承诺书以及省、自治区、直辖市、计划单列市人民政府出具的有关材料。

第二十条 税务机关应当自收到申请之日起 2 日内作出是否受理的决定。申请材料齐全、符合法定形式的，应当予以受理，并告知申请人。不予受理的，应当告知申请人，并说明理由。

第二十一条 受理申请后，税务机关应当及时审核。符合本办法第十八条第一项规定条件的，经设区的市、自治州以上税务局局长或者其授权的税务局领导批准，准予提前停止公布；符合本办法第十八条第二项、第三项规定条件的，经省、自治区、直辖市、计划单列市税务局局长或者其授权的税务局领导批准，准予提前停止公布。

税务机关应当自受理之日起 15 日内作出是否予以提前停止公布的决定，并告知申请人。对不予提前停止公布的，应当说明理由。

第二十二条 失信主体有下列情形之一的，不予提前停止公布：

（一）被确定为失信主体后，因发生偷税、逃避追缴欠税、骗取出口退税、抗税、虚开发票等税收违法行为受到税务处理或者行政处罚的；

（二）五年内被确定为失信主体两次以上的。

申请人按本办法第十八条第二项规定申请提前停止公布的，不受前款规定限制。

第二十三条 税务机关作出准予提前停止公布决定的，应当在 5 日内停止信息公布。

第二十四条 税务机关可以组织申请提前停止公布的失信主体法定代表人、财务负责人等参加信用培训，开展依法诚信纳税教育。信用培训不得收取任何费用。

第五章　附　则

第二十五条 本办法规定的期间以日计算的，是指工作日，不含法定休假日；期间以年、月计算的，到期月的对应日为期间的最后一日；没有对应日的，月末日为期间的最后一日。期间开始的当日不计算在期间内。

本办法所称“以上、日内”，包含本数（级）。

第二十六条 国家税务总局各省、自治区、直辖市、计划单列市税务局可以依照本办法制定具体实施办法。

第二十七条 本办法自2022年2月1日起施行。《国家税务总局关于发布〈重大税收违法失信案件信息公布办法〉的公告》(2018年第54号)同时废止。

证券期货行政执法当事人承诺制度实施规定

(2022年1月1日中国证券监督管理委员会令第194号公布 自公布之日起施行 国司备字[2022005779])

第一条 为了规范开展证券期货领域行政执法当事人承诺工作,充分发挥行政执法当事人承诺制度在保护投资者合法权益,提高执法效率,维护市场秩序等方面的积极作用,根据《证券法》《证券期货行政执法当事人承诺制度实施办法》(以下简称《办法》)等法律法规,制定本规定。

第二条 中国证监会设立行政执法当事人承诺审核委员会(以下简称委员会),负责组织开展行政执法当事人承诺工作,并就受理行政执法当事人承诺申请、签署承诺认可协议、中止或者终止案件调查等重大事项进行集体决策。

委员会下设行政执法当事人承诺审核办公室(以下简称办公室),负责办理行政执法当事人承诺具体工作。

办公室与中国证监会案件调查部门(以下简称调查部门)、中国证监会案件审理部门(以下简称审理部门)相互独立。

第三条 当事人申请适用行政执法当事人承诺,存在《办法》第七条规定的不得适用情形的,不予受理。

对于未经过必要的调查的案件,当事人提交行政执法当事人承诺申请材料的,不予接收。

第四条 当事人申请适用行政执法当事人承诺的,应当以纸质和电子两种形式向中国证监会提交以下申请材料:

(一)申请书;

(二)营业执照复印件或者身份证明文件复印件;

(三)调查通知书复印件;

（四）立案告知书复印件（如有）；

（五）行政处罚事先告知书复印件（如有）；

（六）提出申请的内部决议（如当事人为单位）；

（七）委托书及受托人身份证明文件复印件（如有）；

（八）当事人或者受托人的联系方式、通讯地址；

（九）中国证监会要求提供的其他材料。

第五条 申请书应当载明以下事项：

（一）当事人的基本信息；

（二）当事人接受调查的情况；

（三）当事人涉嫌违法的主要事实；

（四）案件不存在不得适用行政执法当事人承诺情形的详细说明；

（五）当事人已采取或者承诺采取的纠正涉嫌违法行为、赔偿有关投资者损失、消除损害或者不良影响的措施；

（六）中国证监会要求载明的其他事项。

第六条 办公室在收到当事人提交的行政执法当事人承诺申请材料后，应当抄送调查部门；如果案件已进入审理阶段，还应当抄送审理部门。

办公室经审核认为申请材料完整的，应当向当事人出具申请材料接收凭证；认为申请材料不完整的，应当告知当事人补正的内容。

办公室可以就申请材料的完整性与当事人进行沟通。

第七条 办公室在向当事人出具申请材料接收凭证后，应当就案件适用行政执法当事人承诺相关事项征求调查部门的意见；如果案件已进入审理阶段，还应当征求审理部门的意见。

调查部门、审理部门应当自收到办公室征求意见书面材料之日起5个工作日内反馈意见。反馈意见应当包括以下内容：

（一）调查过程或者审理过程；

（二）现阶段掌握的案件事实、证据以及相关报告；

（三）当事人可能涉嫌的违法行为以及可能给予的处理；

（四）是否发现当事人存在不得适用行政执法当事人承诺的情形；

（五）办公室请求提供的其他材料。

第八条 决定受理行政执法当事人承诺申请的，应当经委员会集体决策同意并报中国证监会主要负责人或者其授权的其他负责人批准。

决定不予受理行政执法当事人承诺申请的，应当经中国证监会主要负责人或者其授权的其他负责人批准。

办公室应当自向当事人出具申请材料接收凭证之日起20个工作日内向

当事人出具受理通知书或者不予受理通知书。不予受理的，应当说明理由。

第九条 向当事人出具受理通知书的，办公室应当抄送调查部门、审理部门、中国证监会投资者保护部门（以下简称投资者保护部门）、承诺金管理机构；向当事人出具不予受理通知书的，办公室应当抄送调查部门、审理部门。

第十条 调查部门在收到办公室抄送的受理通知书后不中止调查。调查部门经调查发现新事实、新证据，认为案件不应继续适用行政执法当事人承诺或者对当事人承诺内容的沟通有重大影响的，应当及时告知办公室。

审理部门在收到办公室抄送的受理通知书后，应当中止审理。

承诺金管理机构在收到办公室抄送的受理通知书后，应当及时按照规定开展投资者损失测算工作，并将有关结果函告办公室、投资者保护部门。调查部门、审理部门、证券期货交易场所、证券登记结算机构、投资者保护机构等部门单位应当为投资者损失测算工作提供必要的支持。

第十一条 办公室自向当事人出具受理通知书之日起，可以就案件适用行政执法当事人承诺相关事项与当事人进行沟通协商。

当事人申请延长沟通协商期限的，应当在期限届满 15 日前向中国证监会提交书面申请。

第十二条 承诺金数额的确定应当符合《办法》第十四条规定；当事人自行赔偿投资者的，承诺金数额可以不包括已向投资者赔偿损失的金额，但是应当向中国证监会提交以下赔偿证明材料：

（一）受偿投资者的姓名、身份证明文件号码（或名称、统一社会信用代码）及联系方式、通讯地址；

（二）赔偿金额明细及凭证；

（三）受偿投资者本人签署的谅解书；

（四）中国证监会要求提交的其他材料。

第十三条 办公室经与当事人沟通协商，认可当事人作出的承诺的，应当按照规定与当事人签署承诺认可协议。

当事人为单位的，应当提交同意签署承诺认可协议的内部决议。

决定签署承诺认可协议的，应当经委员会集体决策同意并报中国证监会主要负责人或者其授权的其他负责人批准。

第十四条 在签署承诺认可协议后，中国证监会向当事人出具中止调查决定书，在中国证监会网站予以公告。

办公室应当将中止调查决定书抄送调查部门、审理部门、投资者保护部门、承诺金管理机构和相应的中国证监会派出机构。调查部门在收到抄送的中止调查决定书后，应当中止调查。

第十五条 办公室负责组织监督当事人履行承诺认可协议约定的义务。

承诺金管理机构应当做好承诺金的收取工作，并及时将承诺金的收取情况函告办公室。承诺金管理机构在收到承诺金后，应当及时制定承诺金管理使用方案，并报中国证监会备案，投资者保护部门负责具体备案工作。

当事人所在地的中国证监会派出机构应当对当事人履行承诺认可协议的情况进行核查验收，并及时将核查验收结果函告办公室。办公室可以根据情况派员参与核查验收工作。

第十六条 当事人完全履行承诺认可协议后，中国证监会向当事人出具终止调查决定书，在中国证监会网站予以公告。

办公室应当将终止调查决定书抄送调查部门、审理部门、投资者保护部门、承诺金管理机构和相应的中国证监会派出机构。调查部门、审理部门在收到抄送的终止调查决定书后，应当终止调查、审理，并且对当事人涉嫌实施的同一违法行为不再重新调查、审理。

第十七条 在向当事人出具终止调查决定书前，发现案件存在《办法》第十六条规定的应当终止适用行政执法当事人承诺情形的，经中国证监会主要负责人或者其授权的其他负责人批准，办公室应当向当事人出具终止适用行政执法当事人承诺通知书。在决定终止适用行政执法当事人承诺前，办公室应当听取当事人的意见。

第十八条 办公室应当将终止适用行政执法当事人承诺通知书抄送调查部门、审理部门、投资者保护部门、承诺金管理机构和相应的中国证监会派出机构。已中止调查、审理的案件，调查部门、审理部门应当及时按照规定恢复调查、审理。

第十九条 当事人因自身原因未完全履行承诺或者提交的材料存在虚假记载或者重大遗漏，导致行政执法当事人承诺终止的，已交纳的承诺金不予返还，但在中国证监会恢复对该案件的调查、审理并作出行政处罚时可以抵扣行政罚没款。

第二十条 当事人为《证券法》等法律、行政法规和中国证监会规定的信息披露义务人的，应当及时按照中国证监会、证券交易场所等的规定履行信息披露义务。

第二十一条 中国证监会工作人员在办理行政执法当事人承诺工作中存在下列情形之一的，根据情节轻重，依法给予处分；构成犯罪的，依法追究刑事责任：

（一）违反规定适用行政执法当事人承诺；

（二）违反规定泄露国家秘密、工作秘密或者履行职责中知悉的商业秘密、个人隐私；

（三）违反规定会见当事人及其委托的人；

（四）滥用职权、玩忽职守或者利用职务便利牟取不正当利益。

第二十二条 中国证监会派出机构查处的案件适用行政执法当事人承诺的，由办公室统一办理。

中国证监会可以开展派出机构自行办理行政执法当事人承诺工作的试点，具体办法另行规定。

第二十三条 本规定自公布之日起施行。在本规定施行前启动调查且尚未作出行政处罚的案件，当事人可以依照本规定申请适用行政执法当事人承诺。2015 年 2 月 17 日中国证监会公布的《行政和解试点实施办法》（证监会令第 114 号）同时废止。

交通运输部关于修改《民用航空器国籍登记规定》的决定

（2022 年 1 月 4 日交通运输部令 2022 年第 1 号公布　自 2022 年 4 月 1 日起施行　国司备字［2022005773］）

交通运输部决定对《民用航空器国籍登记规定》（民航总局令第 76 号）作如下修改：

一、删去第五条第一款第二项中的“企业法人的注册资本中有外商出资的，外商在该企业法人的注册资本或者实收资本中所占比例不超过 35%，其代表在董事会、股东大会（股东会）的表决权不超过 35%，该企业法人的董事长由中国公民担任”。

二、将第二十七条修改为：“任何单位或者个人不得在民用航空器上喷涂、粘贴易与国籍标志和登记标志相混淆的图案、标记或者符号。

“在民用航空器上喷涂中华人民共和国国旗、民航局局徽、‘中国民航’字样，应当符合民航局规定。”

三、将第二十八条修改为：“民用航空器所有人或者占有人的名称和标志，应当按下列规定在其每一航空器上标明：

“（一）名称喷涂在航空器两侧，固定翼航空器还应当喷涂在右机翼下表面、左机翼上表面。

“（二）标志喷涂在航空器的垂尾上；航空器没有垂尾的，喷涂在符合民航局规定的适当位置。

“本条所称名称，是指民用航空器所有人或者占有人的法定名称或者简称。”

四、将第二十九条修改为：“民用航空器所有人或者占有人的标志不得与其他机构的标志相混淆。民用航空器所有人或者占有人应当将每一型号航空器外部喷涂方案的工程图（侧视、俯视、仰视图）及彩图或者彩照报民航局备案。”

五、将第三十四条修改为：“违反本规定第四条、第十九条、第三十三条，民用航空器没有或者未携带符合规定的民用航空器国籍登记证书或者临时登记证书的，民航局或者其授权的地区管理局可以禁止该民用航空器起飞。

“有下列情形之一的，民航局或者其授权的地区管理局可以处以警告；利用该民用航空器从事经营活动，有违法所得的，可以处以违法所得 3 倍以下的罚款（最高不超过 3 万元），没有违法所得的，可以处以 1 万元以下的罚款；利用该民用航空器从事非经营活动的，可以处以 1000 元以下的罚款：

“（一）违反本规定第十九条，伪造、涂改或者转让民用航空器国籍登记证书的；

“（二）违反本规定第三十三条，载有临时登记标志的民用航空器从事本规定第三十一条第一款以外的飞行活动的。”

六、将第三十五条修改为：“有下列情形之一的，民航局或者其授权的地区管理局可以处以警告；利用该民用航空器从事经营活动，有违法所得的，可以处以违法所得 3 倍以下的罚款（最高不超过 3 万元），没有违法所得的，可以处以 1 万元以下的罚款；利用该民用航空器从事非经营活动的，可以处以 1000 元以下的罚款：

“（一）违反本规定第二十四条、第二十五条、第二十六条，不按规定的位置、字体、尺寸在航空器上标明国籍标志和登记标志的；

“（二）违反本规定第二十七条第二款，在民用航空器上喷涂中华人民共和国国旗、民航局局徽、‘中国民航’字样，不符合民航局规定的；

“（三）违反本规定第二十八条，不按规定在每一航空器上标明民用航空器所有人或者占有人的名称和标志的。”

七、将条文中所有“中国民用航空总局”统一修改为“中国民用航空局”；所有“民航总局”统一修改为“民航局”。

本决定自 2022 年 4 月 1 日起施行。

《民用航空器国籍登记规定》根据本决定作相应修改，重新公布。

民用航空器国籍登记规定

（1998 年 6 月 10 日中国民用航空总局令第 76 号公布　根据 2022 年 1 月 4 日《交通运输部关于修改〈民用航空器国籍登记规定〉的决定》修正）

第一章　总　　则

第一条　为加强对民用航空器国籍的管理，保障民用航空活动安全，维护民用航空活动秩序，根据《中华人民共和国民用航空器国籍登记条例》，制定本规定。

第二条　本规定所称航空器是指任何能够凭借空气的反作用力获得在大气中的支承力并由所载人员驾驶的飞行器械，包括固定翼航空器、旋翼航空器、载人气球、飞艇以及中国民用航空局（以下简称民航局）认定的其他飞行器械。

第三条　本规定所称民用航空器，是指除用于执行军事、海关、警察飞行任务外的航空器。

第四条　在中华人民共和国领域内飞行的民用航空器，应当具有规定的国籍标志和登记标志或临时登记标志，并携带国籍登记证书或临时登记证书。

第五条　下列民用航空器应当依照本规定进行国籍登记：

（一）中华人民共和国国家机构的民用航空器；

（二）依照中华人民共和国法律设立的企业法人的民用航空器；

（三）在中华人民共和国境内有住所或者主要营业所的中国公民的民用航空器；

（四）依照中华人民共和国法律设立的事业法人的民用航空器；

（五）民航局准予登记的其他民用航空器。

自境外租赁的民用航空器，承租人符合前款规定，该民用航空器的机组人员由承租人配备的，可以申请登记中华人民共和国国籍；但是，必须先予注销该民用航空器原国籍登记。

第六条　民用航空器依法登记后，取得中华人民共和国国籍，受中华人民共和国法律管辖和保护。

第七条　民航局主管中华人民共和国民用航空器国籍登记，设立中华人民共和国民用航空器国籍登记簿，统一记载民用航空器的国籍登记事项。

第八条 民用航空器不得具有双重国籍。未注销外国国籍的民用航空器,不得在中华人民共和国申请国籍登记;未注销中华人民共和国国籍的民用航空器,不得在外国办理国籍登记。

第九条 民用航空器国籍登记不得作为民用航空器所有权的证据。

第二章 国籍登记

第十条 符合本规定第五条的民用航空器的所有人或者占有人(以下简称申请人)向民航局申请中华人民共和国民用航空器国籍登记,应当按照民航局规定的格式如实填写民用航空器国籍登记申请书,并提交下列文件:

(一)证明申请人合法身份的文件;

(二)作为取得民用航空器所有权证明的购买合同和交接文书,或者作为占有民用航空器证明的租赁合同和交接文书;

(三)未在外国登记国籍或者已注销外国国籍的证明;

(四)民航局要求提交的其他有关文件。

第十一条 民航局自收到民用航空器国籍登记申请之日起 7 个工作日内,对申请书及有关证明文件进行审查;经审查,符合本规定的,即在中华人民共和国民用航空器国籍登记簿上登记该民用航空器,并向申请人颁发中华人民共和国民用航空器国籍登记证书。民用航空器国籍登记证书的有效期自颁发之日起至变更登记或注销登记之日止。

第十二条 民航局在民用航空器国籍登记簿中载明下列事项:

(一)民用航空器国籍标志和登记标志;

(二)民用航空器制造人名称;

(三)民用航空器型号;

(四)民用航空器出厂序号;

(五)民用航空器所有人名称及其地址;

(六)民用航空器占有人名称及其地址;

(七)民用航空器登记日期;

(八)民用航空器国籍登记证书签发人姓名;

(九)变更登记日期;

(十)注销登记日期。

第十三条 民用航空器国籍登记证书应当放置于民用航空器内显著位置,以备查验。

第十四条 取得中华人民共和国国籍的民用航空器,遇有下列情形之一

时,应当向民航局申请办理变更登记:

(一)民用航空器所有人或其地址变更;

(二)民用航空器占有人或其地址变更;

(三)民航局规定需要办理变更登记的其它情形。

申请人应当按照民航局规定的格式填写民用航空器变更登记申请书,并提交有关证明文件,交回原民用航空器国籍登记证书。民航局自收到民用航空器国籍登记变更申请之日起 7 个工作日内,对申请书及有关证明文件进行审查;经审查,符合本规定的,即在中华人民共和国民用航空器国籍登记簿上进行变更登记,并颁发变更后的民用航空器国籍登记证书。

第十五条 取得中华人民共和国国籍的民用航空器,遇有下列情形之一的,应当向民航局申请办理注销登记:

(一)民用航空器所有权依法转移境外并已办理出口适航证的;

(二)民用航空器退出使用或者报废的;

(三)民用航空器失事或者失踪并停止搜寻的;

(四)符合本规定第五条第二款规定的民用航空器租赁合同终止的;

(五)民航局规定需要办理注销登记的其他情形。

申请人应当按照民航局规定的格式填写民用航空器注销登记申请书,并提交有关证明文件,交回原民用航空器国籍登记证书,但本条前款第(三)项的情况除外。民航局自收到申请书之日起 7 个工作日内,对申请书及有关证明文件进行审查;经审查,符合本规定的,即注销该民用航空器的国籍登记。民用航空器注销国籍登记的,该航空器上的国籍标志和登记标志应当予以覆盖。

第十六条 民用航空器国籍登记证书遗失或污损的,应当按照本规定第十条向民航局申请补发或者更换民用航空器国籍登记证书,并提交有关说明材料。民航局自收到申请之日起 7 个工作日内,对申请书及有关材料进行审查;经审查,符合本规定的,即补发或者更换民用航空器国籍登记证书。

第十七条 民用航空器出口的,申请人可以向民航局申请向进口国出具该航空器未进行国籍登记或已注销国籍登记的证明。

第十八条 申请人办理民用航空器国籍登记、变更登记、注销登记和临时登记,应当按照民航局和国家物价主管部门的规定缴纳登记费。

第十九条 民用航空器国籍登记证书不得涂改、伪造或转让。

第三章 国籍标志和登记标志

第二十条 中华人民共和国民用航空器的国籍标志为罗马体大写字母 B。

第二十一条 中华人民共和国民用航空器登记标志为阿拉伯数字、罗马体大写字母或者二者的组合。

第二十二条 中华人民共和国民用航空器的国籍标志置于登记标志之前,国籍标志和登记标志之间加一短横线。

第二十三条 取得中华人民共和国国籍的民用航空器,应当将规定的国籍标志和登记标志用漆喷涂在该航空器上或者用其他能够保持同等耐久性的方法附着在该航空器上,并保持清晰可见。

第四章 民用航空器的标识

第二十四条 民用航空器上国籍标志和登记标志的位置应当符合下列规定:

(一)固定翼航空器——位于机翼和尾翼之间的机身两侧或垂直尾翼两侧(如系多垂直尾翼,则应在两外侧)和右机翼的上表面、左机翼的下表面;

(二)旋翼航空器——位于尾梁两侧或垂直尾翼两侧;

(三)飞艇——位于右水平安定面上表面、左水平安定面下表面和垂直安定面下半部两侧;

(四)载人气球——位于球体表面水平最大圆周直径两端对称部位上。

航空器构形特别,其国籍标志和登记标志的位置不符合本条前款规定的,应当位于易于识别该航空器的部位。

第二十五条 民用航空器上国籍标志和登记标志的字体和尺寸应当符合下列规定:

(一)字母、数字、短横线(以下简称字)均由不加装饰的实线构成;

(二)除短横线外,机翼上每个字的字高不小于 50 厘米,机身、垂直尾翼、尾梁及飞艇、气球上每个字的字高不小于 30 厘米;

(三)除数字 1 和字母 I 外,每个字的字宽和短横线的长度为字高的三分之二;

(四)每个字的笔划的宽度为字高的六分之一;

(五)每两个字的间隔不小于字宽的四分之一,不大于字宽的四分之三。

民用航空器上国籍标志和登记标志的字体或尺寸不符合本条前款规定的,应当经过民航局核准。

第二十六条 民用航空器两侧标志的位置应当对称,字体和尺寸应当相同。机翼或水平安定面上字母和数字的顶端应向前缘,其距前后缘的距离应相等。国籍标志和登记标志的颜色应与背底颜色成鲜明对照,并保持完整清晰。

第二十七条 任何单位或者个人不得在民用航空器上喷涂、粘贴易与国籍标志和登记标志相混淆的图案、标记或者符号。

在民用航空器上喷涂中华人民共和国国旗、民航局局徽、“中国民航”字样,应当符合民航局规定。

第二十八条 民用航空器所有人或者占有人的名称和标志,应当按下列规定在其每一航空器上标明:

(一)名称喷涂在航空器两侧,固定翼航空器还应当喷涂在右机翼下表面、左机翼上表面。

(二)标志喷涂在航空器的垂尾上;航空器没有垂尾的,喷涂在符合民航局规定的适当位置。

本条所称名称,是指民用航空器所有人或者占有人的法定名称或者简称。

第二十九条 民用航空器所有人或者占有人的标志不得与其他机构的标志相混淆。民用航空器所有人或者占有人应当将每一型号航空器外部喷涂方案的工程图(侧视、俯视、仰视图)及彩图或者彩照报民航局备案。

第三十条 取得中华人民共和国国籍的民用航空器,应当载有一块刻有国籍标志和登记标志的识别牌。该识别牌应当用耐火金属或者其他具有合适物理性质的耐火材料制成,并且应当固定在航空器内主舱门附近的显著位置。

第五章 临时登记

第三十一条 对未取得民用航空器国籍登记证书的民用航空器,申请人应当在进行下列飞行前30日内,按照民航局规定的格式如实填写申请书,并向民航局提交有关证明文件,办理临时登记:

(一)验证试验飞行、生产试验飞行;

(二)表演飞行;

(三)为交付或者出口的调机飞行;

(四)其他必要的飞行。

前款申请人是指民用航空器制造人、销售人或者民航局认可的其他申请人。

民航局准予临时登记的,应当确定临时登记标志,颁发临时登记证书。临时登记证书在其载明的期限内有效。

第三十二条 临时登记标志应当按照本规定第四章在航空器上标明。取得临时登记标志的民用航空器出口的,可以使用易于去除的材料将临时登记标志附着在民用航空器上,并应当完全覆盖外方要求预先喷涂的外国国籍标志和登记标志。

第三十三条 载有临时登记标志的民用航空器不得从事本规定第三十一条第一款以外的飞行活动。

第六章 法律责任

第三十四条 违反本规定第四条、第十九条、第三十三条，民用航空器没有或者未携带符合规定的民用航空器国籍登记证书或者临时登记证书的，民航局或者其授权的地区管理局可以禁止该民用航空器起飞。

有下列情形之一的，民航局或者其授权的地区管理局可以处以警告；利用该民用航空器从事经营活动，有违法所得的，可以处以违法所得3倍以下的罚款(最高不超过3万元)，没有违法所得的，可以处以1万元以下的罚款；利用该民用航空器从事非经营活动的，可以处以1000元以下的罚款：

(一)违反本规定第十九条，伪造、涂改或者转让民用航空器国籍登记证书的；

(二)违反本规定第三十三条，载有临时登记标志的民用航空器从事本规定第三十一条第一款以外的飞行活动的。

第三十五条 有下列情形之一的，民航局或者其授权的地区管理局可以处以警告；利用该民用航空器从事经营活动，有违法所得的，可以处以违法所得3倍以下的罚款(最高不超过3万元)，没有违法所得的，可以处以1万元以下的罚款；利用该民用航空器从事非经营活动的，可以处以1000元以下的罚款：

(一)违反本规定第二十四条、第二十五条、第二十六条，不按规定的位置、字体、尺寸在航空器上标明国籍标志和登记标志的；

(二)违反本规定第二十七条第二款，在民用航空器上喷涂中华人民共和国国旗、民航局局徽、“中国民航”字样，不符合民航局规定的；

(三)违反本规定第二十八条，不按规定在每一航空器上标明民用航空器所有人或者占有人的名称和标志的。

第七章 附 则

第三十六条 本规定自发布之日起施行。1990年12月2日中国民用航空局发布的《民用航空器国籍和登记的规定》同时废止。

运输机场专业工程建设质量和安全生产监督管理规定

（2022年1月4日交通运输部令2022年第2号公布　自2022年3月15日起施行　国司备字[2022005774]）

第一章　总　　则

第一条　为了加强运输机场专业工程建设质量和安全生产监督管理，保障工程建设质量和安全生产，根据《中华人民共和国民用航空法》《中华人民共和国安全生产法》《建设工程质量管理条例》《建设工程安全生产管理条例》和《民用机场管理条例》等法律、行政法规，制定本规定。

第二条　从事运输机场专业工程（含军民合用机场民用部分，以下简称专业工程）新建、改建、扩建等活动及实施对专业工程建设质量和安全生产监督管理，应当遵守本规定。

第三条　专业工程范围按照国务院民用航空主管部门会同国务院建设主管部门公布的内容执行。

第四条　专业工程建设质量和安全生产工作应当以人为本，树牢安全发展理念，坚持安全第一、预防为主、质量至上、综合治理的方针。

第五条　中国民用航空局（以下简称民航局）负责全国专业工程建设质量和安全生产监督管理工作。

中国民用航空地区管理局（以下简称民航地区管理局）负责辖区内专业工程建设质量和安全生产监督管理工作。

民航局和民航地区管理局统称为民航行政机关。

民航行政机关可以委托民航专业工程质量监督机构（以下简称质量监督机构）具体实施专业工程建设质量监督管理和施工现场的安全监督检查。委托机关应当对受委托的质量监督机构加强监督。

第六条　专业工程参建单位和从业人员应当依法严格执行专业工程建设质量和安全生产法律、法规、规章、工程建设强制性标准等相关规定，对专业工程建设质量和安全生产负责。

建设、勘察、设计、监理、施工等单位的法定代表人应当指定项目负责人，签署授权委托书，明确项目负责人的职责权限。

第七条 专业工程建设发生质量或者生产安全事故时,有关单位应当立即启动应急预案,按照规定报告,组织力量抢救,妥善保护好现场。

第八条 鼓励和支持专业工程参建单位建立科学系统的工程质量和安全生产管理标准化体系。

鼓励和支持专业工程建设质量和安全生产领域新理念、新技术、新方法的推广应用。民航行政机关对专业工程智能建造与建筑工业化给予政策支持。

参建单位应当加强专业工程建设质量和安全生产日常精细化管理,积极打造实体质量、功能质量、外观质量俱佳的品质工程。

第九条 民航行政机关应当加强对专业工程建设质量和安全生产的信用管理,建立专业工程参建单位信用评价机制。

第二章 质量责任

第一节 建设单位

第十条 建设单位应当落实项目法人责任制,完善项目质量管理制度,严格执行质量责任制。

第十一条 建设单位应当将工程发包给具有相应资质等级的勘察、设计、监理、施工、试验检测等单位。

建设单位应当依法与勘察、设计、监理、施工、试验检测等单位在合同中明确质量目标、管理责任和要求,加强对涉及质量的关键人员、施工设备等方面的履约管理。

第十二条 建设单位应当科学确定并严格执行合理的工程建设周期,不得随意压缩。建设单位应当实施全过程的进度管控,督促有关参建单位严格执行施工工期。

第十三条 建设单位应当组织对有关参建单位质量管理工作的检查和工程质量的检测,责成有关参建单位及时整改,强化工程质量管理措施,实现工程质量目标。

第十四条 建设单位将施工图设计文件交付施工单位前,应当按照《运输机场建设管理规定》的要求完成对施工图设计文件的审查。

第十五条 开工前,建设单位应当组织勘察、设计单位对施工、监理、试验检测等参建单位进行勘察、设计交底。

勘察、设计文件与现场实际情况不符的,建设单位必要时应当组织勘察、设计、监理和施工单位及有关专家进行技术、经济论证。

专业工程的初步设计发生重大变更的，建设单位应当报原初步设计审批部门审查批准后实施。

第十六条 建设单位采购供应的工程材料、构配件和设备等，其质量应当符合国家规定、设计文件要求和合同约定。

第十七条 建设单位应当依法组织勘察、设计、监理、施工等有关单位进行工程竣工验收。竣工验收应当具备相关规定条件。

专业工程未经竣工验收或者竣工验收不合格的，不得交付使用。

第十八条 建设单位应当对新技术、新材料、新工艺、新设备应用可靠性的评估进行检查。

第二节 勘察、设计单位

第十九条 勘察、设计单位分别对专业工程建设项目勘察、设计工作质量负责。

从事专业工程勘察、设计的单位应当在其资质等级许可的范围内承揽工程，不得转包或者违法分包工程。

第二十条 勘察、设计单位应当建立健全质量管理制度，严格落实勘察、设计质量责任，加强质量管理。

第二十一条 勘察、设计单位应当按照工程建设强制性标准进行勘察、设计，保证勘察、设计工作深度和质量。

勘察单位提供的勘察成果文件应当真实、准确、完整，满足工程建设需求。

设计单位应当根据勘察成果文件进行初步设计，按照已批准的初步设计、国家和行业规定的编制内容及设计深度要求进行施工图设计。

第二十二条 勘察单位应当及时解决施工过程中的勘察问题，对现场地质情况进行确认，根据需要依法及时完成勘察成果文件的变更。

第二十三条 设计单位应当做好设计交底、设计变更、后续服务和动态设计等工作，保障设计意图在施工中得以贯彻落实，及时解决与设计有关的技术问题，参与相关质量问题的分析、论证及方案制定。

第二十四条 竣工验收前，勘察单位应当对工程建设内容是否符合勘察要求进行综合检查和分析评价，设计单位应当对工程建设内容是否满足设计要求、是否达到使用功能等方面进行综合检查和分析评价，分别向建设单位出具工程质量检查报告。

第二十五条 勘察、设计单位应当参加地基与基础的分部工程验收。

第三节 监理单位

第二十六条 监理单位对专业工程建设项目质量负监理责任。

从事专业工程监理的单位应当在其资质等级许可的范围内承揽工程监理业务,不得转让工程监理业务。

第二十七条 监理单位应当按照合同约定派驻项目监理机构。项目监理人员资格、专业、数量等条件应当满足监理工作的需要。

监理单位应当保证监理人员在岗履职。总监理工程师不得擅自变更;确需调整的,应当征得建设单位同意,并及时向民航行政机关委托的质量监督机构报送变更情况。

第二十八条 监理单位应当编制符合项目实际的监理规划和监理实施细则,并严格执行。

第二十九条 监理单位应当依照法律、法规以及有关技术标准、设计文件和合同约定,对施工质量、建设工期和建设资金使用等实施监理。

监理单位对其签署或者出具的审核结果负责。

第三十条 监理单位应当对工程进行严格质量控制,及时组织或者参加工程量测、质量检查和验收,定期进行工程质量情况分析,对发现的质量问题及时督促整改。

第三十一条 对进场检验不合格的工程材料、构配件和设备,监理单位不得予以签字确认。

第三十二条 监理单位应当进行定期或者不定期的巡视;根据合同约定、工程特点和行业规范要求进行旁站,旁站对象应当覆盖工程关键部位和关键工序;根据工程需要采用平行量测对工程质量进行验证。

第三十三条 监理单位应当组织竣工预验收,根据有关标准和规范要求对工程质量进行评定,编制监理工作总结和工程质量评估报告,提交建设单位。

监理单位应当督促责任单位对竣工预验收发现的质量问题进行整改。

第四节　施　工　单　位

第三十四条 施工单位对专业工程建设项目的施工质量负责。

从事专业工程施工的单位应当在其资质等级许可的范围内承揽工程。禁止施工单位允许其他单位或者个人以本单位的名义承揽工程。施工单位不得转包或者违法分包工程。

第三十五条 专业工程实行总承包的,总承包单位应当对全部专业工程建设质量负责。总承包单位依法将专业工程分包给其他单位的,分包单位应当按照分包合同的约定对其分包工程质量向总承包单位负责,总承包单位与分包单位应当履行各方质量管理职责,并对分包工程质量承担连带责任。

以联合体形式总承包的，应当确定牵头单位。联合体各方应当按照合同约定及联合体协议履行各方质量管理职责，并对承包工程质量承担连带责任。

专业工程实行总承包的，应当保证总承包项目经理在岗履职。总承包项目经理不得擅自变更；确需调整的，应当征得建设单位同意且不低于合同约定的资格和条件，并及时向民航行政机关委托的质量监督机构报送变更情况。

第三十六条 施工单位应当建立健全项目质量管理体系，设置项目质量管理机构，落实项目施工质量责任制，制定项目施工质量管理制度，配备与项目相匹配的工程技术人员和管理人员，加强施工质量管理。

施工单位应当保证工程技术人员和管理人员在岗履职。项目负责人不得擅自变更；确需调整的，应当征得建设单位同意且不低于合同约定的资格和条件，并及时向民航行政机关委托的质量监督机构报送变更情况。

第三十七条 施工单位应当按照施工技术标准、施工图设计文件和合同约定施工。

第三十八条 施工单位应当对工程材料、构配件、设备等进行检验，出具的试验检测结果必须真实、客观和准确。

施工单位设立的工地试验室应当按照施工技术标准、设计文件和合同约定开展试验检测，做好试验检测资料的签认和保存工作。

第三十九条 施工单位应当建立健全技术交底制度。

采用新技术、新材料、新工艺、新设备的工程应当进行专项技术交底。

第四十条 施工单位应当强化工序管理、质量自控、质量自检。出现质量问题或者验收不合格的工程，施工单位应当负责返工处理，未经质量验收合格不得进入下道工序。

施工单位的质量管理资料应当清晰、完整、可追溯，工程关键部位和关键工序施工还应当保留影像资料。

第四十一条 竣工验收申请前，施工单位应当完成设计和合同约定内容、施工质量自评、施工资料整理等工作，向建设单位提交工程竣工报告和工程保修书。

第五节 试验检测单位

第四十二条 试验检测单位应当在其资质范围内承担专业工程试验检测业务，不得转让试验检测业务，不得与被检测或者监测工程施工单位有隶属关系或者其他利害关系。

第四十三条 试验检测单位应当依照有关法律、法规、规章、技术标准、设计文件和合同约定等开展专业工程试验检测活动，对试验检测结果的真实性、客观性、准确性负责。当数据出现异常时，试验检测单位应当及时向委托方报告。

第三章　安全生产责任

第一节　安全生产条件的基本要求

第四十四条　建设、勘察、设计、监理、施工单位及其他参建单位依法承担专业工程建设安全生产责任。

建设单位应当对专业工程建设安全生产加强全面管理。

第四十五条　参建单位从事专业工程建设活动，应当具备法律、法规、规章和国家标准或者行业标准规定的安全生产条件。任何单位和个人不得降低安全生产条件。

第四十六条　施工合同应当明确项目安全管理目标、安全生产职责、安全生产条件、安全生产信用情况及专职安全生产管理人员配备等要求。

第四十七条　两个及以上参建单位在施工现场同一区域内进行作业，可能危及对方生产安全的，建设单位应当组织参建单位签订安全生产管理协议，明确各自的安全生产管理职责和应当采取的安全措施，指定专职安全生产管理人员进行安全检查与协调。

第四十八条　参建单位应当建立健全全员安全生产责任制，明确各岗位的责任人员、责任范围和考核标准等内容。

参建单位应当建立相应机制，加强对全员安全生产责任制落实情况的监督考核，保证全员安全生产责任制的落实。

第四十九条　参建单位应当依法对从业人员进行安全生产教育和培训。未经安全生产教育和培训合格的从业人员，不得上岗作业。

第五十条　进入专业工程施工现场从事特种作业的人员，应当具备相应资格。

第五十一条　施工中使用的施工机械、设施、机具和安全防护用品等应当具备相应的合格证明文件，设立专人查验、定期检查和更新，建立相应的资料档案。无查验合格记录的，不得投入使用。

第五十二条　特种设备使用应当建立特种设备安全技术档案，依法取得特种设备使用登记证书，将登记标志置于该特种设备的显著位置。

第五十三条　参建单位不得使用国家或者行业已淘汰的危及施工安全的工艺、设备和材料。

第五十四条 参建单位应当向从业人员提供符合国家标准或者行业标准要求的劳动防护用品，教育、监督从业人员按照使用规则佩戴、使用。

第五十五条 参建单位应当保证安全生产条件所必需的资金投入。

建设单位在组织编制工程概算时，应当结合工程实际，合理确定安全生产费用，并不得低于国家规定的标准。

第五十六条 专业工程施工现场的办公、生活区在设置时应当与作业区分开，保持安全距离。

施工现场的工作和生活用房（包括临时建筑及装配式活动房屋）应当符合安全使用要求。

第五十七条 参建单位应当向从业人员书面告知作业场所和工作岗位的危险因素、操作规程、防范方法、事故应急措施。

施工作业点应当设置明显的安全警示标志和安全防护设施。

第五十八条 专业工程应当实施安全风险管理，按照阶段开展设计、施工安全风险分析，采取有效管控措施，实施安全风险公告警示。

第五十九条 建设、施工等单位应当针对工程项目特点、事故风险分析情况和应急资源等制定项目应急预案，定期开展培训、演练，做好应急管理工作。

第二节 建设单位

第六十条 建设单位应当依法设置安全生产管理机构或者配备专职安全生产管理人员，建立健全安全生产管理制度，组织审核安全生产条件，组织开展项目安全风险管理，编制应急预案，组织应急演练和有关培训，定期组织安全生产检查。

第六十一条 建设单位应当及时足额支付安全生产费用，严禁挪用。

建设单位应当定期组织审核施工单位安全生产费用的使用情况。

第六十二条 建设单位应当对有关参建单位从业人员的安全生产教育和培训工作进行检查。

第六十三条 建设单位应当按照本规定第五十八条的要求实施安全风险管理，必要时应当组织专家进行专项论证。

第六十四条 建设单位应当组织项目安全生产管理检查，检查参建单位和人员安全生产管理责任落实情况，确保发现的问题整改到位。

建设单位应当根据安全生产检查结果，定期组织项目安全形势分析，强化监控监测、预报预警。

第六十五条 建设单位应当对新技术、新材料、新工艺、新设备组织安全生产条件论证，掌握其安全技术特性，采取有效安全防护措施，组织专项安全生产教育和培训。

第三节 勘察、设计单位

第六十六条 勘察、设计单位在施工现场进行作业和服务时，应当采取安全保障措施。

第六十七条 勘察单位应当对可能引发工程施工安全问题的不良地质提出防治建议。

设计单位应当对危险性较大的专业工程和采用新结构、新材料、新工艺的专业工程以及特殊结构的专业工程提出保障安全生产的措施建议。

第六十八条 设计单位在设计阶段应当进行安全风险分析。

设计单位应当根据安全风险分析结果，对设计文件作出明确的技术说明，必要时报建设单位组织专家进行论证。

第四节 监理单位

第六十九条 监理单位应当对施工项目安全生产条件和施工单位的安全管理体系、施工组织设计、专项施工方案、安全生产管理人员配备等内容进行审核并及时报建设单位。

监理单位对其签署或者出具的审核结果负责。

第七十条 监理单位应当对施工单位的安全风险管控方案等安全技术措施进行审核，提出审核建议，明确监理重点。

第七十一条 监理单位应当进行安全生产巡视；对危险性较大的工程以及安全风险管控方案中的重点工程部位和工序进行旁站。

第七十二条 监理单位发现专业工程安全事故隐患时，应当要求施工单位整改；隐患严重的，应当要求施工单位暂时停工或者局部停工，并及时报告建设单位。

施工单位拒不整改或者不停止施工的，监理单位应当书面报告民航行政机关及其委托的质量监督机构。

第五节 施工单位

第七十三条 施工单位应当依法设置安全生产管理机构，配备专职安全生产管理人员，落实项目全员安全生产责任制，制定项目安全生产管理制度和操作规程，保障项目施工安全生产条件，组织制定本合同段应急预案并定期演练。

第七十四条 专业工程实行总承包的，总承包单位应当对施工现场的安全生产负总责。总承包单位依法将专业工程分包给其他单位的，分包合同中应当明确各自的安全生产方面的权利、义务。总承包单位与分包单位应当履行各方安全生产管理职责，并对分包工程的安全生产承担连带责任。

分包单位应当服从总承包单位的安全生产管理，分包单位不服从管理导致生产安全事故的，由分包单位承担主要责任。

第七十五条 施工单位应当建立安全风险分级管控制度，定期进行安全风险分析，完善施工组织设计和专项施工方案，落实安全风险分级管控措施，加强安全生产教育和技能培训，按照工程需要设置安全风险警示标志，强化重大风险源监测和预警。

第七十六条 管理人员和作业人员接受安全生产教育和培训的时间、内容以及考核结果等情况，施工单位应当如实记录并建档备查。

第七十七条 施工单位应当建立健全安全生产技术分级交底制度，明确安全技术分级交底的原则、内容、方法及确认手续。

施工单位负责项目管理的技术人员应当结合施工安全的技术要求，向施工作业班组、作业人员作出详细说明，在专职安全生产管理人员监督下共同签字确认。

第七十八条 施工单位对危险性较大的工程，应当编制专项施工方案，附具安全验算结果；对超出一定规模的危险性较大的工程，应当组织专家对专项施工方案进行论证。

第七十九条 施工单位应当保障安全警示标志设置规范、充分、明显，安全防护用具及设施符合规定。暂时停止施工的，施工单位应当做好现场安全警示和安全防护。

第八十条 施工单位应当建立健全并落实生产安全事故隐患排查治理制度，建立职工参与的工作机制，对高度风险工程重点排查，对隐患排查、登记、治理等全过程闭合管理情况予以记录，并向从业人员通报事故隐患排查治理情况。其中，重大事故隐患排查治理情况应当及时向民航行政机关及其委托的质量监督机构报告。

第八十一条 施工单位应当指定专职安全生产管理人员对施工现场安全生产状况进行经常性检查，制止和纠正违章指挥、违章操作和违反劳动纪律的行为，现场处理检查中发现的安全问题；不能现场处理的安全问题应当按照规定上报。检查及处理情况应当如实记录备查。

第八十二条 施工单位应当按照国家有关规定足额及时提取和使用安全生产费用，确保专款专用。

第四章 监督管理

第八十三条 民航行政机关及其委托的质量监督机构依据有关法律、法规、规章，对专业工程建设的质量和安全生产情况开展监督管理。

第八十四条 民航行政机关委托的质量监督机构应当满足以下基本条件：

（一）依法成立的管理公共事务的事业组织；

（二）从事监督检查的专业技术人员数量不少于质量监督机构职工总数的70%，专业结构应当配置合理，满足监督检查工作需要；

（三）具备开展监督检查的工作条件，按照实际工作需要配备监督检查所必要的检测设备、执法装备等；

（四）建立健全监督检查制度和工作机制，落实监督检查工作责任，加强业务培训。

第八十五条 民航行政机关或者其委托的质量监督机构根据专业工程规模、性质、风险和参建单位信誉等因素，对专业工程建设质量和安全生产实行分类监督。

第八十六条 在开工前，建设单位应当向民航行政机关或者其委托的质量监督机构办理工程质量和施工现场安全监督手续。

民航行政机关或者其委托的质量监督机构应当在收到有效齐全材料后10个工作日内完成监督手续办理。

第八十七条 民航行政机关或者其委托的质量监督机构应当自完成办理监督手续之日起，至专业工程竣工验收合格之日止，依法开展专业工程建设质量和安全生产监督管理工作。

第八十八条 民航行政机关及其委托的质量监督机构可以采取随机抽查、联合检查、专项检查等方式对参建单位实施监督检查。

民航行政机关及其委托的质量监督机构从事监督检查执法的人员应当取得行政执法证件。

第八十九条 民航行政机关或者其委托的质量监督机构履行监督检查职责时，有权采取下列措施：

（一）进入被检查单位和施工现场进行检查；

（二）要求被检查单位提供有关文件和资料；

（三）询问被检查单位工作人员，要求其说明有关情况；

（四）对发现的质量问题和事故隐患，依法责令改正、暂时停止施工，视情节对责任单位进行约谈；

（五）对工程材料、构配件、设备和工程实体质量等进行抽样检测；

（六）有关法律、法规、规章规定的其他措施。

第九十条 根据工程情况，质量监督机构可以聘请技术专家协助实施工程质量和施工安全监督检查。

第九十一条 各参建单位应当配合监督检查工作，如实回答监督人员询问，不得拖延、推诿或者拒绝。对所提供的有关资料负有解释、说明的义务，并对其真实性、有效性负责。

第九十二条 对民航行政机关或者其委托的质量监督机构出具的监督检查意见，建设单位应当组织有关参建单位在规定时间内完成有关整改工作并书面回复。

第九十三条 民航行政机关依照《中华人民共和国行政处罚法》的规定，可以在法定权限内书面委托符合条件的质量监督机构实施行政处罚。

对依法应当给予行政处罚的行为，民航行政机关或者其委托的质量监督机构依照有关法律、法规和规章对责任单位或者责任人员作出行政处罚决定。

第九十四条 因故需要停止施工时间大于30日的，建设单位应当向民航行政机关委托的质量监督机构书面报告中止施工，质量监督机构暂停相关质量和施工现场安全监督。

工程项目恢复施工，建设单位完成复工条件验收后，应当向质量监督机构报告恢复施工。

第九十五条 建设单位应当在工程竣工验收的5个工作日前，书面通知民航行政机关委托的质量监督机构。

对建设单位组织的竣工验收，质量监督机构应当重点监督工程竣工验收的组织形式、程序等。发现建设单位在竣工验收过程中有违反国家有关建设工程质量管理规定行为的，应当责令整改或者责令重新组织验收。

在收到建设单位提交的有效竣工验收报备材料后，质量监督机构应当向民航行政机关提交质量监督报告，并抄送建设单位。

第九十六条 竣工验收通过后，施工现场的安全监督自动终止。

第九十七条 民航行政机关委托的质量监督机构应当对项目监督资料进行收集和管理，形成监督工作档案。

第九十八条 任何单位或者个人对专业工程建设质量和安全事故、质量缺陷、安全隐患、违法违规行为，均有权如实向民航行政机关或者其委托的质量监督机构投诉、举报。

第五章　法律责任

第九十九条　建设单位违反本规定第十一条，将专业工程发包给不具有相应资质等级的勘察、设计、施工单位或者委托给不具有相应资质等级的监理单位的，依照《建设工程质量管理条例》第五十四条规定，由民航行政机关责令改正，按照以下标准处以罚款：

（一）尚未实质性开展工程建设活动的，处50万元以上65万元以下的罚款；

（二）已实质性开展工程建设活动，但未造成严重危害后果的，处65万元以上85万元以下的罚款；

（三）已实质性开展工程建设活动，且造成严重危害后果的，处85万元以上100万元以下的罚款。

第一百条　建设单位违反本规定第十二条，任意压缩合理工期的，依照《建设工程质量管理条例》第五十六条、《建设工程安全生产管理条例》第五十五条规定，由民航行政机关责令改正，未对工程质量和安全生产造成严重危害后果的，处20万元以上30万元以下的罚款；对工程质量和安全生产造成严重危害后果的，处30万元以上50万元以下的罚款。

第一百零一条　建设单位违反本规定第十七条，未组织竣工验收，擅自交付使用的；或者验收不合格，擅自交付使用的；或者对不合格的专业工程按照合格工程验收的，依照《建设工程质量管理条例》第五十八条规定，由民航行政机关责令改正，按照以下标准处以罚款：

（一）未对机场运行安全造成影响的，处工程合同价款2%的罚款；

（二）影响机场运行安全的，处工程合同价款2%以上3%以下的罚款；

（三）造成民用航空器事故的，处工程合同价款3%以上4%以下的罚款。

第一百零二条　勘察、设计、监理、施工单位违反本规定第十九条、第二十六条、第三十四条，超越本单位资质等级承揽工程的，依照《建设工程质量管理条例》第六十条规定，由民航行政机关责令停止违法行为，按照以下标准处以罚款；有违法所得的，予以没收：

（一）尚未实质性开展工程建设活动的，对勘察、设计单位或者监理单位处合同约定的勘察费、设计费或者监理酬金1倍的罚款，对施工单位处工程合同价款2%的罚款；

（二）已实质性开展工程建设活动，但未造成严重危害后果的，对勘察、设计单位或者监理单位处合同约定的勘察费、设计费或者监理酬金1倍以上2

倍以下的罚款，对施工单位处工程合同价款 2%以上 4%以下的罚款；

（三）已实质性开展工程建设活动，且造成严重危害后果的，对勘察、设计单位或者监理单位处合同约定的勘察费、设计费或者监理酬金 2 倍的罚款，对施工单位处工程合同价款 4%的罚款。

未取得资质证书承揽工程的，依照前款规定处以罚款；有违法所得的，予以没收。

以欺骗手段取得资质证书承揽工程的，依照本条第一款规定处以罚款；有违法所得的，予以没收。

第一百零三条 勘察、设计单位违反本规定第二十一条、第六十七条，有下列行为之一的，依照《建设工程质量管理条例》第六十三条、《建设工程安全生产管理条例》第五十六条规定，由民航行政机关责令改正，未对工程质量和安全生产造成严重危害后果的，处 10 万元以上 15 万元以下的罚款；对工程质量和安全生产造成严重危害后果的，处 15 万元以上 30 万元以下的罚款：

（一）勘察单位未按照工程建设强制性标准进行勘察的；

（二）设计单位未根据勘察成果文件进行工程设计的；

（三）设计单位未按照工程建设强制性标准进行设计的；

（四）采用新结构、新材料、新工艺的专业工程和特殊结构的专业工程，设计单位未在设计中提出保障施工作业人员安全和预防生产安全事故的措施建议的。

第一百零四条 勘察、设计单位违反本规定第二十一条、第二十五条、第六十七条，有下列行为之一的，由民航行政机关责令限期改正；情节严重的，处 1 万元以上 3 万元以下的罚款：

（一）设计单位未按照已批准的初步设计进行施工图设计的；

（二）勘察、设计单位未参加地基与基础的分部工程验收的；

（三）勘察单位未对可能引发工程施工安全问题的不良地质提出防治建议的；

（四）设计单位未对危险性较大的专业工程提出保障安全生产的措施建议的。

第一百零五条 监理单位违反本规定第二十七条，有下列行为之一的，由民航行政机关责令限期改正；情节严重的，处 1 万元以上 3 万元以下的罚款：

（一）项目监理人员未在岗履职的；

（二）擅自变更总监理工程师的。

第一百零六条 监理单位违反本规定第三十条、第三十一条，有下列行为之一的，依照《建设工程质量管理条例》第六十七条规定，由民航行政机关责令改正,未对工程质量和安全生产造成严重危害后果的,处50万元以上85万元以下的罚款;对工程质量和安全生产造成严重危害后果的,处85万元以上100万元以下的罚款;有违法所得的,予以没收:

(一)与建设单位或者施工单位串通,弄虚作假、降低工程质量的;

(二)将不合格的专业工程、工程材料、构配件和设备按照合格签字的。

第一百零七条 总承包单位或者总承包联合体的牵头单位违反本规定第三十五条,有下列行为之一的,由民航行政机关责令限期改正;情节严重的,处1万元以上3万元以下的罚款:

(一)总承包项目经理未在岗履职的;

(二)擅自变更总承包项目经理的。

第一百零八条 施工单位违反本规定第三十六条,有下列行为之一的,由民航行政机关责令限期改正;情节严重的,处1万元以上3万元以下的罚款:

(一)工程技术人员和管理人员未在岗履职的;

(二)擅自变更项目负责人的。

第一百零九条 试验检测单位违反本规定第四十二条、第四十三条,有下列行为之一的,由民航行政机关责令限期改正;情节严重的,处1万元以上3万元以下的罚款:

(一)超出资质范围承担专业工程试验检测业务的;

(二)转让试验检测业务的;

(三)伪造检测数据,出具虚假检测报告或者鉴定结论的;

(四)数据出现异常时,未及时向合同委托方报告的。

第一百一十条 监理单位违反本规定第六十九条、第七十条、第七十二条,有下列行为之一的,依照《建设工程安全生产管理条例》第五十七条规定,由民航行政机关责令限期改正;逾期未改正,未对工程质量和安全生产造成严重危害后果的,处10万元以上15万元以下的罚款;对工程质量和安全生产造成严重危害后果的,处15万元以上30万元以下的罚款:

(一)未对施工组织设计中的安全技术措施或者专项施工方案进行审查的;

(二)发现安全事故隐患未及时要求施工单位整改或者暂时停止施工的;

(三)施工单位拒不整改或者不停止施工,未及时向民航行政机关及其委托的质量监督机构报告的。

第一百一十一条 施工单位违反本规定第七十五条、第八十条,有下列行为之一的,依照《中华人民共和国安全生产法》第一百零一条规定,由民航行政机关责令限期改正,处10万元以下的罚款;逾期未改正的,责令停产停业整

顿,并处10万元以上20万元以下的罚款,对其直接负责的主管人员和其他直接责任人员处2万元以上5万元以下的罚款:

(一)未建立安全风险分级管控制度或者未按照安全风险分级采取相应管控措施的;

(二)未建立事故隐患排查治理制度,或者重大事故隐患排查治理情况未及时向民航行政机关及其委托的质量监督机构报告的。

第一百一十二条 建设单位违反本规定第八十六条,未按照规定办理工程质量监督手续的。依照《建设工程质量管理条例》第五十六条规定,由民航行政机关责令改正,未对工程质量和安全生产造成严重危害后果的,处20万元以上30万元以下的罚款;对工程质量和安全生产造成严重危害后果的,处30万元以上50万元以下的罚款。

第一百一十三条 建设单位违反本规定第九十二条、第九十五条,有下列行为之一的,由民航行政机关责令限期改正;逾期未改正的,处1万元以上3万元以下的罚款:

(一)对民航行政机关或者其委托的质量监督机构出具的监督检查意见,未及时组织有关参建单位予以整改回复的;

(二)工程竣工验收前未按规定通知民航行政机关委托的质量监督机构的。

第一百一十四条 依照《建设工程质量管理条例》规定给予单位罚款处罚的,对单位直接负责的主管人员和其他直接责任人员处单位罚款数额5%以上10%以下的罚款。

第一百一十五条 参建单位违反本规定,依法应当降低其资质等级或者吊销其资质证书的,由民航行政机关向颁发资质证书的机关通报。

第一百一十六条 民航行政机关及其委托的质量监督机构的工作人员在专业工程建设质量和安全生产监督管理工作中玩忽职守、滥用职权、徇私舞弊的,依法给予处分;构成犯罪的,依法追究刑事责任。

第六章 附 则

第一百一十七条 本规定所称参建单位,是指从事专业工程建设、勘察、设计、监理、施工、试验检测、施工图审查等工作的单位。

第一百一十八条 本规定自2022年3月15日起施行。原民航总局于2007年2月14日公布的《民航专业工程质量监督管理规定》(民航总局令第178号)同时废止。

司法解释

最高人民法院关于审理生态环境侵权纠纷案件适用惩罚性赔偿的解释

（2021年12月27日最高人民法院审判委员会第1858次会议通过　2022年1月12日最高人民法院公告公布　自2022年1月20日起施行　法释〔2022〕1号）

为妥善审理生态环境侵权纠纷案件，全面加强生态环境保护，正确适用惩罚性赔偿，根据《中华人民共和国民法典》《中华人民共和国环境保护法》《中华人民共和国民事诉讼法》等相关法律规定，结合审判实践，制定本解释。

第一条　人民法院审理生态环境侵权纠纷案件适用惩罚性赔偿，应当严格审慎，注重公平公正，依法保护民事主体合法权益，统筹生态环境保护和经济社会发展。

第二条　因环境污染、生态破坏受到损害的自然人、法人或者非法人组织，依据民法典第一千二百三十二条的规定，请求判令侵权人承担惩罚性赔偿责任的，适用本解释。

第三条　被侵权人在生态环境侵权纠纷案件中请求惩罚性赔偿的，应当在起诉时明确赔偿数额以及所依据的事实和理由。

被侵权人在生态环境侵权纠纷案件中没有提出惩罚性赔偿的诉讼请求，诉讼终结后又基于同一污染环境、破坏生态事实另行起诉请求惩罚性赔偿的，人民法院不予受理。

第四条　被侵权人主张侵权人承担惩罚性赔偿责任的，应当提供证据证明以下事实：

（一）侵权人污染环境、破坏生态的行为违反法律规定；

（二）侵权人具有污染环境、破坏生态的故意；

（三）侵权人污染环境、破坏生态的行为造成严重后果。

第五条　人民法院认定侵权人污染环境、破坏生态的行为是否违反法律规定，应当以法律、法规为依据，可以参照规章的规定。

第六条 人民法院认定侵权人是否具有污染环境、破坏生态的故意，应当根据侵权人的职业经历、专业背景或者经营范围，因同一或者同类行为受到行政处罚或者刑事追究的情况，以及污染物的种类，污染环境、破坏生态行为的方式等因素综合判断。

第七条 具有下列情形之一的，人民法院应当认定侵权人具有污染环境、破坏生态的故意：

（一）因同一污染环境、破坏生态行为，已被人民法院认定构成破坏环境资源保护犯罪的；

（二）建设项目未依法进行环境影响评价，或者提供虚假材料导致环境影响评价文件严重失实，被行政主管部门责令停止建设后拒不执行的；

（三）未取得排污许可证排放污染物，被行政主管部门责令停止排污后拒不执行，或者超过污染物排放标准或者重点污染物排放总量控制指标排放污染物，经行政主管机关责令限制生产、停产整治或者给予其他行政处罚后仍不改正的；

（四）生产、使用国家明令禁止生产、使用的农药，被行政主管部门责令改正后拒不改正的；

（五）无危险废物经营许可证而从事收集、贮存、利用、处置危险废物经营活动，或者知道或者应当知道他人无许可证而将危险废物提供或者委托给其从事收集、贮存、利用、处置等活动的；

（六）将未经处理的废水、废气、废渣直接排放或者倾倒的；

（七）通过暗管、渗井、渗坑、灌注，篡改、伪造监测数据，或者以不正常运行防治污染设施等逃避监管的方式，违法排放污染物的；

（八）在相关自然保护区域、禁猎（渔）区、禁猎（渔）期使用禁止使用的猎捕工具、方法猎捕、杀害国家重点保护野生动物、破坏野生动物栖息地的；

（九）未取得勘查许可证、采矿许可证，或者采取破坏性方法勘查开采矿产资源的；

（十）其他故意情形。

第八条 人民法院认定侵权人污染环境、破坏生态行为是否造成严重后果，应当根据污染环境、破坏生态行为的持续时间、地域范围，造成环境污染、生态破坏的范围和程度，以及造成的社会影响等因素综合判断。

侵权人污染环境、破坏生态行为造成他人死亡、健康严重损害，重大财产损失，生态环境严重损害或者重大不良社会影响的，人民法院应当认定为造成严重后果。

第九条 人民法院确定惩罚性赔偿金数额，应当以环境污染、生态破坏造成的人身损害赔偿金、财产损失数额作为计算基数。

前款所称人身损害赔偿金、财产损失数额，依照民法典第一千一百七十九条、第一千一百八十四条规定予以确定。法律另有规定的，依照其规定。

第十条 人民法院确定惩罚性赔偿金数额，应当综合考虑侵权人的恶意程度、侵权后果的严重程度、侵权人因污染环境、破坏生态行为所获得的利益或者侵权人所采取的修复措施及其效果等因素，但一般不超过人身损害赔偿金、财产损失数额的二倍。

因同一污染环境、破坏生态行为已经被行政机关给予罚款或者被人民法院判处罚金，侵权人主张免除惩罚性赔偿责任的，人民法院不予支持，但在确定惩罚性赔偿金数额时可以综合考虑。

第十一条 侵权人因同一污染环境、破坏生态行为，应当承担包括惩罚性赔偿在内的民事责任、行政责任和刑事责任，其财产不足以支付的，应当优先用于承担民事责任。

侵权人因同一污染环境、破坏生态行为，应当承担包括惩罚性赔偿在内的民事责任，其财产不足以支付的，应当优先用于承担惩罚性赔偿以外的其他责任。

第十二条 国家规定的机关或者法律规定的组织作为被侵权人代表，请求判令侵权人承担惩罚性赔偿责任的，人民法院可以参照前述规定予以处理。但惩罚性赔偿金数额的确定，应当以生态环境受到损害至修复完成期间服务功能丧失导致的损失、生态环境功能永久性损害造成的损失数额作为计算基数。

第十三条 侵权行为实施地、损害结果发生地在中华人民共和国管辖海域内的海洋生态环境侵权纠纷案件惩罚性赔偿问题，另行规定。

第十四条 本规定自 2022 年 1 月 20 日起施行。

最高人民法院关于审理证券市场虚假陈述侵权民事赔偿案件的若干规定

（2021 年 12 月 30 日最高人民法院审判委员会第 1860 次会议通过　2022 年 1 月 21 日最高人民法院公告公布　自 2022 年 1 月 22 日起施行　法释〔2022〕2 号）

为正确审理证券市场虚假陈述侵权民事赔偿案件，规范证券发行和交易行为，保护投资者合法权益，维护公开、公平、公正的证券市场秩序，根据《中华人民共和国民法典》《中华人民共和国证券法》《中华人民共和国公司法》《中华人民共和国民事诉讼法》等法律规定，结合审判实践，制定本规定。

一、一般规定

第一条 信息披露义务人在证券交易场所发行、交易证券过程中实施虚假陈述引发的侵权民事赔偿案件，适用本规定。

按照国务院规定设立的区域性股权市场中发生的虚假陈述侵权民事赔偿案件，可以参照适用本规定。

第二条 原告提起证券虚假陈述侵权民事赔偿诉讼，符合民事诉讼法第一百二十二条规定，并提交以下证据或者证明材料的，人民法院应当受理：

（一）证明原告身份的相关文件；

（二）信息披露义务人实施虚假陈述的相关证据；

（三）原告因虚假陈述进行交易的凭证及投资损失等相关证据。

人民法院不得仅以虚假陈述未经监管部门行政处罚或者人民法院生效刑事判决的认定为由裁定不予受理。

第三条 证券虚假陈述侵权民事赔偿案件，由发行人住所地的省、自治区、直辖市人民政府所在的市、计划单列市和经济特区中级人民法院或者专门人民法院管辖。《最高人民法院关于证券纠纷代表人诉讼若干问题的规定》等对管辖另有规定的，从其规定。

省、自治区、直辖市高级人民法院可以根据本辖区的实际情况，确定管辖第一审证券虚假陈述侵权民事赔偿案件的其他中级人民法院，报最高人民法院备案。

二、虚假陈述的认定

第四条 信息披露义务人违反法律、行政法规、监管部门制定的规章和规范性文件关于信息披露的规定，在披露的信息中存在虚假记载、误导性陈述或者重大遗漏的，人民法院应当认定为虚假陈述。

虚假记载，是指信息披露义务人披露的信息中对相关财务数据进行重大不实记载，或者对其他重要信息作出与真实情况不符的描述。

误导性陈述，是指信息披露义务人披露的信息隐瞒了与之相关的部分重要事实，或者未及时披露相关更正、确认信息，致使已经披露的信息因不完整、不准确而具有误导性。

重大遗漏，是指信息披露义务人违反关于信息披露的规定，对重大事件或者重要事项等应当披露的信息未予披露。

第五条 证券法第八十五条规定的“未按照规定披露信息”，是指信息披露义务人未按照规定的期限、方式等要求及时、公平披露信息。

信息披露义务人“未按照规定披露信息”构成虚假陈述的，依照本规定承担民事责任；构成内幕交易的，依照证券法第五十三条的规定承担民事责任；构成公司法第一百五十二条规定的损害股东利益行为的，依照该法承担民事责任。

第六条 原告以信息披露文件中的盈利预测、发展规划等预测性信息与实际经营情况存在重大差异为由主张发行人实施虚假陈述的，人民法院不予支持，但有下列情形之一的除外：

（一）信息披露文件未对影响该预测实现的重要因素进行充分风险提示的；

（二）预测性信息所依据的基本假设、选用的会计政策等编制基础明显不合理的；

（三）预测性信息所依据的前提发生重大变化时，未及时履行更正义务的。

前款所称的重大差异，可以参照监管部门和证券交易场所的有关规定认定。

第七条 虚假陈述实施日，是指信息披露义务人作出虚假陈述或者发生虚假陈述之日。

信息披露义务人在证券交易场所的网站或者符合监管部门规定条件的媒体上公告发布具有虚假陈述内容的信息披露文件，以披露日为实施日；通过召开业绩说明会、接受新闻媒体采访等方式实施虚假陈述的，以该虚假陈述的内容在具有全国性影响的媒体上首次公布之日为实施日。信息披露文件或者相关报导内容在交易日收市后发布的，以其后的第一个交易日为实施日。

因未及时披露相关更正、确认信息构成误导性陈述，或者未及时披露重大事件或者重要事项等构成重大遗漏的，以应当披露相关信息期限届满后的第一个交易日为实施日。

第八条 虚假陈述揭露日，是指虚假陈述在具有全国性影响的报刊、电台、电视台或监管部门网站、交易场所网站、主要门户网站、行业知名的自媒体等媒体上，首次被公开揭露并为证券市场知悉之日。

人民法院应当根据公开交易市场对相关信息的反应等证据，判断投资者是否知悉了虚假陈述。

除当事人有相反证据足以反驳外，下列日期应当认定为揭露日：

（一）监管部门以涉嫌信息披露违法为由对信息披露义务人立案调查的信息公开之日；

（二）证券交易场所等自律管理组织因虚假陈述对信息披露义务人等责任

主体采取自律管理措施的信息公布之日。

信息披露义务人实施的虚假陈述呈连续状态的，以首次被公开揭露并为证券市场知悉之日为揭露日。信息披露义务人实施多个相互独立的虚假陈述的，人民法院应当分别认定其揭露日。

第九条 虚假陈述更正日，是指信息披露义务人在证券交易场所网站或者符合监管部门规定条件的媒体上，自行更正虚假陈述之日。

三、重大性及交易因果关系

第十条 有下列情形之一的，人民法院应当认定虚假陈述的内容具有重大性：

（一）虚假陈述的内容属于证券法第八十条第二款、第八十一条第二款规定的重大事件；

（二）虚假陈述的内容属于监管部门制定的规章和规范性文件中要求披露的重大事件或者重要事项；

（三）虚假陈述的实施、揭露或者更正导致相关证券的交易价格或者交易量产生明显的变化。

前款第一项、第二项所列情形，被告提交证据足以证明虚假陈述并未导致相关证券交易价格或者交易量明显变化的，人民法院应当认定虚假陈述的内容不具有重大性。

被告能够证明虚假陈述不具有重大性，并以此抗辩不应当承担民事责任的，人民法院应当予以支持。

第十一条 原告能够证明下列情形的，人民法院应当认定原告的投资决定与虚假陈述之间的交易因果关系成立：

（一）信息披露义务人实施了虚假陈述；

（二）原告交易的是与虚假陈述直接关联的证券；

（三）原告在虚假陈述实施日之后、揭露日或更正日之前实施了相应的交易行为，即在诱多型虚假陈述中买入了相关证券，或者在诱空型虚假陈述中卖出了相关证券。

第十二条 被告能够证明下列情形之一的，人民法院应当认定交易因果关系不成立：

（一）原告的交易行为发生在虚假陈述实施前，或者是在揭露或更正之后；

（二）原告在交易时知道或者应当知道存在虚假陈述，或者虚假陈述已经被证券市场广泛知悉；

（三）原告的交易行为是受到虚假陈述实施后发生的上市公司的收购、重大资产重组等其他重大事件的影响；

（四）原告的交易行为构成内幕交易、操纵证券市场等证券违法行为的；

（五）原告的交易行为与虚假陈述不具有交易因果关系的其他情形。

四、过错认定

第十三条 证券法第八十五条、第一百六十三条所称的过错，包括以下两种情形：

（一）行为人故意制作、出具存在虚假陈述的信息披露文件，或者明知信息披露文件存在虚假陈述而不予指明、予以发布；

（二）行为人严重违反注意义务，对信息披露文件中虚假陈述的形成或者发布存在过失。

第十四条 发行人的董事、监事、高级管理人员和其他直接责任人员主张对虚假陈述没有过错的，人民法院应当根据其工作岗位和职责、在信息披露资料的形成和发布等活动中所起的作用、取得和了解相关信息的渠道、为核验相关信息所采取的措施等实际情况进行审查认定。

前款所列人员不能提供勤勉尽责的相应证据，仅以其不从事日常经营管理、无相关职业背景和专业知识、相信发行人或者管理层提供的资料、相信证券服务机构出具的专业意见等理由主张其没有过错的，人民法院不予支持。

第十五条 发行人的董事、监事、高级管理人员依照证券法第八十二条第四款的规定，以书面方式发表附具体理由的意见并依法披露的，人民法院可以认定其主观上没有过错，但在审议、审核信息披露文件时投赞成票的除外。

第十六条 独立董事能够证明下列情形之一的，人民法院应当认定其没有过错：

（一）在签署相关信息披露文件之前，对不属于自身专业领域的相关具体问题，借助会计、法律等专门职业的帮助仍然未能发现问题的；

（二）在揭露日或更正日之前，发现虚假陈述后及时向发行人提出异议并监督整改或者向证券交易场所、监管部门书面报告的；

（三）在独立意见中对虚假陈述事项发表保留意见、反对意见或者无法表示意见并说明具体理由的，但在审议、审核相关文件时投赞成票的除外；

（四）因发行人拒绝、阻碍其履行职责，导致无法对相关信息披露文件是否存在虚假陈述作出判断，并及时向证券交易场所、监管部门书面报告的；

（五）能够证明勤勉尽责的其他情形。

独立董事提交证据证明其在履职期间能够按照法律、监管部门制定的规章和规范性文件以及公司章程的要求履行职责的，或者在虚假陈述被揭露后及时督促发行人整改且效果较为明显的，人民法院可以结合案件事实综合判断其过错情况。

外部监事和职工监事，参照适用前两款规定。

第十七条 保荐机构、承销机构等机构及其直接责任人员提交的尽职调查工作底稿、尽职调查报告、内部审核意见等证据能够证明下列情形的，人民法院应当认定其没有过错：

（一）已经按照法律、行政法规、监管部门制定的规章和规范性文件、相关行业执业规范的要求，对信息披露文件中的相关内容进行了审慎尽职调查；

（二）对信息披露文件中没有证券服务机构专业意见支持的重要内容，经过审慎尽职调查和独立判断，有合理理由相信该部分内容与真实情况相符；

（三）对信息披露文件中证券服务机构出具专业意见的重要内容，经过审慎核查和必要的调查、复核，有合理理由排除了职业怀疑并形成合理信赖。

在全国中小企业股份转让系统从事挂牌和定向发行推荐业务的证券公司，适用前款规定。

第十八条 会计师事务所、律师事务所、资信评级机构、资产评估机构、财务顾问等证券服务机构制作、出具的文件存在虚假陈述的，人民法院应当按照法律、行政法规、监管部门制定的规章和规范性文件，参考行业执业规范规定的工作范围和程序要求等内容，结合其核查、验证工作底稿等相关证据，认定其是否存在过错。

证券服务机构的责任限于其工作范围和专业领域。证券服务机构依赖保荐机构或者其他证券服务机构的基础工作或者专业意见致使其出具的专业意见存在虚假陈述，能够证明其对所依赖的基础工作或者专业意见经过审慎核查和必要的调查、复核，排除了职业怀疑并形成合理信赖的，人民法院应当认定其没有过错。

第十九条 会计师事务所能够证明下列情形之一的，人民法院应当认定其没有过错：

（一）按照执业准则、规则确定的工作程序和核查手段并保持必要的职业谨慎，仍未发现被审计的会计资料存在错误的；

（二）审计业务必须依赖的金融机构、发行人的供应商、客户等相关单位提供不实证明文件，会计师事务所保持了必要的职业谨慎仍未发现的；

（三）已对发行人的舞弊迹象提出警告并在审计业务报告中发表了审慎审计意见的；

（四）能够证明没有过错的其他情形。

五、责任主体

第二十条 发行人的控股股东、实际控制人组织、指使发行人实施虚假陈述，致使原告在证券交易中遭受损失的，原告起诉请求直接判令该控股股东、实际控制人依照本规定赔偿损失的，人民法院应当予以支持。

控股股东、实际控制人组织、指使发行人实施虚假陈述，发行人在承担赔偿责任后要求该控股股东、实际控制人赔偿实际支付的赔偿款、合理的律师费、诉讼费用等损失的，人民法院应当予以支持。

第二十一条 公司重大资产重组的交易对方所提供的信息不符合真实、准确、完整的要求，导致公司披露的相关信息存在虚假陈述，原告起诉请求判令该交易对方与发行人等责任主体赔偿由此导致的损失的，人民法院应当予以支持。

第二十二条 有证据证明发行人的供应商、客户，以及为发行人提供服务的金融机构等明知发行人实施财务造假活动，仍然为其提供相关交易合同、发票、存款证明等予以配合，或者故意隐瞒重要事实致使发行人的信息披露文件存在虚假陈述，原告起诉请求判令其与发行人等责任主体赔偿由此导致的损失的，人民法院应当予以支持。

第二十三条 承担连带责任的当事人之间的责任分担与追偿，按照民法典第一百七十八条的规定处理，但本规定第二十条第二款规定的情形除外。

保荐机构、承销机构等责任主体以存在约定为由，请求发行人或者其控股股东、实际控制人补偿其因虚假陈述所承担的赔偿责任的，人民法院不予支持。

六、损失认定

第二十四条 发行人在证券发行市场虚假陈述，导致原告损失的，原告有权请求按照本规定第二十五条的规定赔偿损失。

第二十五条 信息披露义务人在证券交易市场承担民事赔偿责任的范围，以原告因虚假陈述而实际发生的损失为限。原告实际损失包括投资差额损失、投资差额损失部分的佣金和印花税。

第二十六条 投资差额损失计算的基准日，是指在虚假陈述揭露或更正后，为将原告应获赔偿限定在虚假陈述所造成的损失范围内，确定损失计算的合理期间而规定的截止日期。

在采用集中竞价的交易市场中，自揭露日或更正日起，被虚假陈述影响的证券集中交易累计成交量达到可流通部分 100%之日为基准日。

自揭露日或更正日起，集中交易累计换手率在 10 个交易日内达到可流通部分 100%的，以第 10 个交易日为基准日；在 30 个交易日内未达到可流通部分 100%的，以第 30 个交易日为基准日。

虚假陈述揭露日或更正日起至基准日期间每个交易日收盘价的平均价格，为损失计算的基准价格。

无法依前款规定确定基准价格的，人民法院可以根据有专门知识的人的专业意见，参考对相关行业进行投资时的通常估值方法，确定基准价格。

第二十七条 在采用集中竞价的交易市场中，原告因虚假陈述买入相关股票所造成的投资差额损失，按照下列方法计算：

（一）原告在实施日之后、揭露日或更正日之前买入，在揭露日或更正日之后、基准日之前卖出的股票，按买入股票的平均价格与卖出股票的平均价格之间的差额，乘以已卖出的股票数量；

（二）原告在实施日之后、揭露日或更正日之前买入，基准日之前未卖出的股票，按买入股票的平均价格与基准价格之间的差额，乘以未卖出的股票数量。

第二十八条 在采用集中竞价的交易市场中，原告因虚假陈述卖出相关股票所造成的投资差额损失，按照下列方法计算：

（一）原告在实施日之后、揭露日或更正日之前卖出，在揭露日或更正日之后、基准日之前买回的股票，按买回股票的平均价格与卖出股票的平均价格之间的差额，乘以买回的股票数量；

（二）原告在实施日之后、揭露日或更正日之前卖出，基准日之前未买回的股票，按基准价格与卖出股票的平均价格之间的差额，乘以未买回的股票数量。

第二十九条 计算投资差额损失时，已经除权的证券，证券价格和证券数量应当复权计算。

第三十条 证券公司、基金管理公司、保险公司、信托公司、商业银行等市场参与主体依法设立的证券投资产品，在确定因虚假陈述导致的损失时，每个产品应当单独计算。

投资者及依法设立的证券投资产品开立多个证券账户进行投资的，应当将各证券账户合并，所有交易按照成交时间排序，以确定其实际交易及损失情况。

第三十一条 人民法院应当查明虚假陈述与原告损失之间的因果关系，以及导致原告损失的其他原因等案件基本事实，确定赔偿责任范围。

被告能够举证证明原告的损失部分或者全部是由他人操纵市场、证券市场的风险、证券市场对特定事件的过度反应、上市公司内外部经营环境等其他因素所导致的，对其关于相应减轻或者免除责任的抗辩，人民法院应当予以支持。

七、诉讼时效

第三十二条 当事人主张以揭露日或更正日起算诉讼时效的，人民法院应当予以支持。揭露日与更正日不一致的,以在先的为准。

对于虚假陈述责任人中的一人发生诉讼时效中断效力的事由,应当认定对其他连带责任人也发生诉讼时效中断的效力。

第三十三条 在诉讼时效期间内,部分投资者向人民法院提起人数不确定的普通代表人诉讼的,人民法院应当认定该起诉行为对所有具有同类诉讼请求的权利人发生时效中断的效果。

在普通代表人诉讼中,未向人民法院登记权利的投资者,其诉讼时效自权利登记期间届满后重新开始计算。向人民法院登记权利后申请撤回权利登记的投资者,其诉讼时效自撤回权利登记之次日重新开始计算。

投资者保护机构依照证券法第九十五条第三款的规定作为代表人参加诉讼后,投资者声明退出诉讼的,其诉讼时效自声明退出之次日起重新开始计算。

八、附则

第三十四条 本规定所称证券交易场所,是指证券交易所、国务院批准的其他全国性证券交易场所。

本规定所称监管部门,是指国务院证券监督管理机构、国务院授权的部门及有关主管部门。

本规定所称发行人,包括证券的发行人、上市公司或者挂牌公司。

本规定所称实施日之后、揭露日或更正日之后、基准日之前,包括该日;所称揭露日或更正日之前,不包括该日。

第三十五条 本规定自 2022 年 1 月 22 日起施行。《最高人民法院关于受理证券市场因虚假陈述引发的民事侵权纠纷案件有关问题的通知》《最高人民法院关于审理证券市场因虚假陈述引发的民事赔偿案件的若干规定》同时废止。《最高人民法院关于审理涉及会计师事务所在审计业务活动中民事侵权赔偿案件的若干规定》与本规定不一致的,以本规定为准。

本规定施行后尚未终审的案件,适用本规定。本规定施行前已经终审,当事人申请再审或者按照审判监督程序决定再审的案件,不适用本规定。

附：

2022年1月份报国务院备案并予以登记的地方性法规、自治条例、单行条例和地方政府规章目录

地方性法规

法规名称	公布日期	备案登记编号
北京市人民代表大会常务委员会关于修改部分地方性法规的决定	2021年9月24日	国司备字［2021005304］
河北省人民代表大会常务委员会关于修改《河北省技术市场条例》等十四部法规的决定	2021年9月29日	国司备字［2021005317］
河北省人口与计划生育条例	2021年11月23日	国司备字［2022005480］
河北省公路条例	2021年11月23日	国司备字［2022005481］
河北省土壤污染防治条例	2021年11月23日	国司备字［2022005482］
河北省电动自行车管理条例	2021年11月23日	国司备字［2022005483］
河北省人大常委会关于修改《河北省发展循环经济条例》等五部法规的决定	2021年7月29日	国司备字［2022005528］
唐山市养犬管理条例	2021年7月30日	国司备字［2022005530］
邯郸市大气污染防治条例	2021年8月18日	国司备字［2022005319］
邢台市文明行为促进条例	2021年12月8日	国司备字［2022005484］
承德市文明行为促进条例	2021年12月1日	国司备字［2022005485］

续表

法规名称	公布日期	备案登记编号
承德市滦河潮河保护条例	2021 年 12 月 1 日	国司备字［2022005486］
沧州市文明行为促进条例	2021 年 11 月 26 日	国司备字［2022005487］
衡水湖保护和治理条例	2021 年 11 月 23 日	国司备字［2022005488］
衡水市人民代表大会常务委员会关于修改《衡水市养犬管理条例》等三部法规的决定	2021 年 12 月 3 日	国司备字［2022005489］
呼和浩特市人民代表大会常务委员会关于废止部分地方性法规的决定	2021 年 11 月 26 日	国司备字［2022005330］
呼和浩特市人民代表大会常务委员会关于修改部分地方性法规的决定	2021 年 11 月 26 日	国司备字［2022005336］
包头市人民代表大会常务委员会关于废止部分地方性法规的决定	2021 年 11 月 26 日	国司备字［2022005329］
呼伦贝尔市城镇绿化条例	2021 年 11 月 26 日	国司备字［2022005331］
呼伦贝尔市非物质文化遗产代表性传承人保护管理条例	2021 年 11 月 26 日	国司备字［2022005332］
通辽市蒙药保护发展条例	2021 年 11 月 18 日	国司备字［2022005334］
鄂尔多斯市政务服务条例	2021 年 11 月 27 日	国司备字［2022005335］
辽宁省社会信用条例	2021 年 11 月 26 日	国司备字［2022005617］
辽宁省城市更新条例	2021 年 11 月 26 日	国司备字［2022005618］
辽宁省实施《中华人民共和国土地管理法》办法	2021 年 11 月 26 日	国司备字［2022005619］
辽宁省公共卫生应急管理条例	2021 年 11 月 26 日	国司备字［2022005621］

续表

法规名称	公布日期	备案登记编号
辽宁省人民代表大会常务委员会关于修改《辽宁省人口与计划生育条例》的决定	2021 年 11 月 26 日	国司备字［2022005622］
辽宁省人民代表大会常务委员会关于废止《辽宁省禁止选择胎儿性别终止妊娠规定》的决定	2021 年 11 月 26 日	国司备字［2022005623］
沈阳市耕地质量保护条例	2021 年 12 月 6 日	国司备字［2022005611］
沈阳市城市建设档案管理条例	2021 年 12 月 3 日	国司备字［2022005612］
大连市畜禽养殖污染防治条例	2021 年 12 月 6 日	国司备字［2022005532］
抚顺市生活垃圾分类管理条例	2021 年 12 月 10 日	国司备字［2022005533］
本溪市中心城区山体保护条例	2021 年 12 月 20 日	国司备字［2022005534］
营口市家政服务条例	2021 年 12 月 13 日	国司备字［2022005535］
阜新市农村垃圾治理条例	2021 年 12 月 15 日	国司备字［2022005536］
辽阳市人民代表大会常务委员会关于修改《辽阳市汤河水库饮用水水源保护条例》的决定	2021 年 12 月 6 日	国司备字［2022005613］
辽阳市历史文化名城保护条例	2021 年 12 月 6 日	国司备字［2022005614］
辽阳市生活垃圾分类管理条例	2021 年 12 月 6 日	国司备字［2022005615］
朝阳市生活垃圾分类管理条例	2021 年 12 月 15 日	国司备字［2022005537］
朝阳市户外广告和招牌设置管理条例	2021 年 12 月 15 日	国司备字［2022005538］

续表

法规名称	公布日期	备案登记编号
葫芦岛市生活垃圾分类管理条例	2021年12月3日	国司备字［2022005539］
吉林省危险废物污染环境防治条例	2021年7月30日	国司备字［2022005337］
吉林省林业有害生物防治条例	2021年7月30日	国司备字［2022005338］
吉林省地方金融监督管理条例	2021年7月30日	国司备字［2022005339］
吉林省人民代表大会常务委员会关于修改《吉林省城市供热条例》的决定	2021年7月30日	国司备字［2022005340］
吉林省社会信用条例	2021年9月28日	国司备字［2022005341］
吉林省人口与计划生育条例	2021年9月28日	国司备字［2022005342］
长春市市政设施管理条例	2021年10月15日	国司备字［2022005650］
四平市河道管理条例	2021年10月11日	国司备字［2022005651］
四平市乡村人居环境治理条例	2021年10月11日	国司备字［2022005652］
四平市黑土地保护条例	2021年9月30日	国司备字［2022005653］
通化市人民代表大会常务委员会关于修改《通化市燃放烟花爆竹安全管理条例》的决定	2021年8月11日	国司备字［2022005343］
通化市养犬管理条例	2021年10月19日	国司备字［2022005654］
松原市农村道路交通安全治理条例	2021年8月9日	国司备字［2022005344］
上海市人民代表大会常务委员会规范性文件备案审查条例	2021年5月21日	国司备字［2022005345］

续表

法规名称	公布日期	备案登记编号
上海市人民代表大会常务委员会关于加强国有资产管理情况监督的决定	2021 年 5 月 21 日	国司备字[2022005346]
上海市人民代表大会常务委员会关于加强浦东新区高水平改革开放法治保障制定浦东新区法规的决定	2021 年 6 月 23 日	国司备字[2022005347]
上海市人民建议征集若干规定	2021 年 6 月 23 日	国司备字[2022005348]
上海市人民代表大会常务委员会关于修改《上海市街道办事处条例》等 2 件地方性法规的决定	2021 年 7 月 29 日	国司备字[2022005349]
上海市人民代表大会常务委员会关于进一步促进和保障“一网通办”改革的决定	2021 年 6 月 23 日	国司备字[2022005350]
上海市水上搜寻救助条例	2021 年 9 月 28 日	国司备字[2022005655]
上海市慈善条例	2021 年 9 月 28 日	国司备字[2022005656]
上海市预算审查监督条例	2021 年 9 月 28 日	国司备字[2022005658]
上海市浦东新区深化“一业一证”改革规定	2021 年 9 月 28 日	国司备字[2022005659]
上海市浦东新区市场主体退出若干规定	2021 年 9 月 28 日	国司备字[2022005660]
江苏省铁路安全管理条例	2021 年 12 月 2 日	国司备字[2022005573]
江苏省反家庭暴力条例	2021 年 12 月 2 日	国司备字[2022005574]
南京市人民代表大会常务委员会关于加强跨市域轨道交通运营和执法管理若干问题的决定	2021 年 12 月 10 日	国司备字[2022005575]
南京市流动人口服务管理条例	2021 年 12 月 13 日	国司备字[2022005577]

续表

法规名称	公布日期	备案登记编号
苏州市优化营商环境条例	2021 年 12 月 10 日	国司备字［2022005578］
苏州市住宅区物业管理条例	2021 年 12 月 10 日	国司备字［2022005579］
无锡市科技创新促进条例	2021 年 12 月 10 日	国司备字［2022005580］
无锡市电梯安全管理条例	2021 年 12 月 10 日	国司备字［2022005581］
无锡市人民代表大会常务委员会关于废止《无锡市流动人口计划生育工作条例》的决定	2021 年 12 月 10 日	国司备字［2022005583］
常州市旅游促进条例	2021 年 12 月 10 日	国司备字［2022005584］
盐城市养老服务条例	2021 年 12 月 9 日	国司备字［2022005586］
扬州市市区停车场建设和管理条例	2021 年 12 月 2 日	国司备字［2022005587］
镇江市住宅物业管理条例	2021 年 12 月 9 日	国司备字［2022005588］
镇江市人民代表大会常务委员会关于加强跨市域轨道交通运营和执法管理若干问题的决定	2021 年 12 月 9 日	国司备字［2022005589］
泰州市献血条例	2021 年 12 月 10 日	国司备字［2022005590］
连云港市石刻保护条例	2021 年 12 月 13 日	国司备字［2022005595］
淮安市人民代表大会常务委员会关于修改《淮安市住宅物业管理条例》的决定	2021 年 12 月 9 日	国司备字［2022005594］
宿迁市城市管线管理条例	2021 年 12 月 13 日	国司备字［2022005591］

续表

法规名称	公布日期	备案登记编号
宿迁市社会信用条例	2021 年 12 月 13 日	国司备字［2022005592］
安徽省生活垃圾分类管理条例	2021 年 11 月 19 日	国司备字［2022005555］
安徽省红色资源保护和传承条例	2021 年 11 月 19 日	国司备字［2022005556］
安徽省人口与计划生育条例	2021 年 11 月 19 日	国司备字［2022005557］
安徽省人民代表大会常务委员会关于修改《安徽省实施宪法宣誓制度办法》的决定	2021 年 11 月 19 日	国司备字［2022005558］
合肥市机动车和非道路移动机械排放污染防治条例	2021 年 11 月 25 日	国司备字［2022005559］
宿州市人民代表大会常务委员会关于修改《宿州市市容治理条例》的决定	2021 年 11 月 29 日	国司备字［2022005561］
滁州市优化营商环境条例	2021 年 11 月 30 日	国司备字［2022005562］
芜湖市瓶装燃气管理条例	2021 年 12 月 8 日	国司备字［2022005564］
淮北市建筑装饰装修管理条例	2021 年 11 月 30 日	国司备字［2022005560］
六安市养犬管理条例	2021 年 12 月 2 日	国司备字［2022005563］
福建省大数据发展条例	2021 年 12 月 15 日	国司备字［2022005465］
福建省铁路安全管理条例	2021 年 12 月 15 日	国司备字［2022005466］
福州市寿山石雕刻技艺保护条例	2021 年 12 月 22 日	国司备字［2022005468］
福州市人民代表大会常务委员会关于修改《福州市历史文化名城保护条例》的决定	2021 年 12 月 22 日	国司备字［2022005470］

续表

法规名称	公布日期	备案登记编号
厦门市人民代表大会常务委员会关于修改《厦门市物业管理若干规定》的决定	2021 年 12 月 20 日	国司备字[2022005471]
漳州水仙花保护管理办法	2021 年 12 月 21 日	国司备字[2022005472]
漳州市人民代表大会常务委员会关于修改《漳州市市容和环境卫生“门前三包”责任区管理若干规定》等四部地方性法规的决定	2021 年 12 月 21 日	国司备字[2022005473]
江西省乡村振兴促进条例	2021 年 1 月 30 日	国司备字[2022005541]
江西省矛盾纠纷多元化解条例	2021 年 6 月 2 日	国司备字[2022005542]
江西省志愿服务条例	2021 年 7 月 28 日	国司备字[2022005543]
江西省社会信用条例	2021 年 11 月 19 日	国司备字[2022005544]
江西省革命文物保护条例	2021 年 11 月 19 日	国司备字[2022005545]
九江市水利工程管理条例	2021 年 8 月 17 日	国司备字[2022005546]
赣州市燃气管理条例	2021 年 6 月 11 日	国司备字[2022005547]
上饶市道路交通安全管理条例	2021 年 10 月 18 日	国司备字[2022005548]
抚州市门前三包管理规定	2021 年 8 月 18 日	国司备字[2022005549]
萍乡市烟花爆竹燃放管理条例	2021 年 6 月 9 日	国司备字[2022005550]
麻阳苗族自治县自治人民代表大会关于修改《麻阳苗族自治县自治条例》的决定	2021 年 7 月 2 日	国司备字[2022005551]
山东省机动车非法改装治理和噪声污染防治规定	2021 年 12 月 3 日	国司备字[2022005505]

续表

法规名称	公布日期	备案登记编号
山东省志愿服务条例	2021 年 12 月 3 日	国司备字［2022005506］
山东省安全生产条例	2021 年 12 月 3 日	国司备字［2022005507］
山东省南四湖保护条例	2021 年 12 月 3 日	国司备字［2022005508］
山东省节约用水条例	2021 年 12 月 3 日	国司备字［2022005509］
山东省规划环境影响评价条例	2021 年 12 月 3 日	国司备字［2022005510］
山东省人民代表大会常务委员会关于废止《山东省社会治安综合治理若干规定》等七件地方性法规的决定	2021 年 12 月 3 日	国司备字［2022005511］
济南市绿化条例	2021 年 12 月 3 日	国司备字［2022005512］
青岛市人民代表大会常务委员会关于废止《青岛市住房公积金管理实施办法》的决定	2021 年 12 月 3 日	国司备字［2022005513］
淄博市污染源自动监控条例	2021 年 12 月 10 日	国司备字［2022005514］
淄博市人民代表大会常务委员会关于修改《淄博市电梯安全条例》等两件地方性法规的决定	2021 年 12 月 10 日	国司备字［2022005515］
东营市黄河三角洲生态保护与修复条例	2021 年 12 月 8 日	国司备字［2022005516］
烟台市优化营商环境条例	2021 年 12 月 6 日	国司备字［2022005517］
烟台市芝罘岛生态环境保护条例	2021 年 12 月 7 日	国司备字［2022005518］
烟台市人民代表大会常务委员会关于修改《烟台市燃放烟花爆竹管理条例》的决定	2021 年 12 月 8 日	国司备字［2022005519］

续表

法规名称	公布日期	备案登记编号
潍坊市 12345 政务服务便民热线条例	2021 年 12 月 6 日	国司备字［2022005520］
威海市停车管理和服务条例	2021 年 12 月 6 日	国司备字［2022005521］
临沂市养老服务条例	2021 年 12 月 3 日	国司备字［2022005522］
菏泽市土壤污染防治条例	2021 年 12 月 9 日	国司备字［2022005523］
枣庄市燃气管理条例	2021 年 12 月 7 日	国司备字［2022005524］
德州市生活垃圾分类管理条例	2021 年 12 月 6 日	国司备字［2022005525］
聊城市人民代表大会常务委员会关于修改《聊城市道路交通安全条例》的决定	2021 年 12 月 3 日	国司备字［2022005526］
聊城市户外广告设施和招牌设置管理条例	2021 年 12 月 3 日	国司备字［2022005527］
河南省人民代表大会常务委员会关于修改《河南省人口与计划生育条例》的决定	2021 年 11 月 27 日	国司备字［2022005474］
河南省教育督导条例	2021 年 11 月 27 日	国司备字［2022005475］
黄石市电动自行车管理条例	2021 年 12 月 16 日	国司备字［2022005597］
十堰市绿松石资源保护条例	2021 年 12 月 10 日	国司备字［2022005598］
襄阳市非物质文化遗产保护条例	2021 年 12 月 20 日	国司备字［2022005599］
宜昌市文明行为促进条例	2021 年 12 月 13 日	国司备字［2022005600］
宜昌市住宅小区物业管理条例	2021 年 12 月 13 日	国司备字［2022005601］

续表

法规名称	公布日期	备案登记编号
湖南省网络安全和信息化条例	2021年12月3日	国司备字［2022005531］
长沙市殡葬管理条例	2021年12月10日	国司备字［2022005540］
长沙市机动车和非道路移动机械排放污染防治条例	2021年10月20日	国司备字［2022005642］
湘潭市实施《湖南省韶山风景名胜区条例》办法	2021年11月1日	国司备字［2022005643］
湘潭市韶山灌区工程管护条例	2021年12月15日	国司备字［2022005664］
湘潭市人大常委会关于修改《湘潭市城市市容和环境卫生管理条例》等三件地方性法规的决定	2021年12月15日	国司备字［2022005665］
岳阳市人民代表大会常务委员会关于修改《岳阳市机动车停车条例》的决定	2021年10月11日	国司备字［2022005645］
益阳市人民代表大会常务委员会关于修改《益阳市农村村民住房建设管理条例》的决定	2021年11月8日	国司备字［2022005646］
郴州市人民代表大会常务委员会关于修改《郴州市城市市容环境卫生管理条例》的决定	2021年10月25日	国司备字［2022005647］
郴州市人民代表大会常务委员会关于修改《郴州市城市市容环境卫生管理条例》的决定	2021年10月25日	国司备字［2022005647］
邵阳市资江保护条例	2021年12月24日	国司备字［2022005667］
永州市城乡农贸市场管理条例	2021年10月20日	国司备字［2022005648］
怀化市机动车停车条例	2021年10月8日	国司备字［2022005644］

续表

法规名称	公布日期	备案登记编号
娄底市文明行为促进条例	2021年10月13日	国司备字［2022005649］
娄底市资江保护条例	2021年12月27日	国司备字［2022005669］
靖州苗族侗族自治县人民代表大会常务委员会关于修改《靖州苗族侗族自治县林业条例》和《靖州苗族侗族自治县传统村落保护条例》的决定	2021年6月24日	国司备字［2022005687］
南宁市扬尘污染防治条例	2021年11月30日	国司备字［2022005605］
南宁横州市茉莉花保护发展条例	2021年11月30日	国司备字［2022005606］
柳州市餐厨垃圾管理规定	2021年12月1日	国司备字［2022005607］
桂林市灵渠保护条例	2021年11月27日	国司备字［2022005603］
梧州市六堡茶文化保护条例	2021年12月30日	国司备字［2022005608］
钦州市中心城区绿化条例	2021年11月30日	国司备字［2022005609］
贵港市平南龚州生态园保护条例	2021年12月7日	国司备字［2022005610］
海南自由贸易港市场主体注销条例	2021年12月1日	国司备字［2022005490］
海南省人民代表大会常务委员会关于将林业植物检疫证书核发等省级管理权限调整由海南自由贸易港重点园区管理机构实施的决定	2021年12月1日	国司备字［2022005491］
海南自由贸易港企业破产程序条例	2021年12月1日	国司备字［2022005492］
海南自由贸易港知识产权保护条例	2021年12月1日	国司备字［2022005504］

续表

法规名称	公布日期	备案登记编号
海南自由贸易港安居房建设和管理若干规定	2021 年 12 月 1 日	国司备字［2022005552］
海南自由贸易港征收征用条例	2021 年 12 月 1 日	国司备字［2022005616］
海南省铁路安全管理规定	2021 年 12 月 1 日	国司备字［2022005671］
海南自由贸易港闲置土地处置若干规定	2021 年 12 月 1 日	国司备字［2022005673］
海南自由贸易港科技开放创新若干规定	2021 年 12 月 1 日	国司备字［2022005674］
海南省机动车排气污染防治规定	2021 年 12 月 1 日	国司备字［2022005681］
海南自由贸易港免税购物失信惩戒若干规定	2021 年 12 月 1 日	国司备字［2022005682］
海南自由贸易港洋浦经济开发区条例	2021 年 12 月 30 日	国司备字［2022005685］
三亚市三亚河保护管理规定	2021 年 12 月 13 日	国司备字［2022005683］
三亚市人民代表大会常务委员会关于修改《三亚市山体保护条例》的决定	2021 年 12 月 13 日	国司备字［2022005684］
重庆市人民代表大会常务委员会关于修改《重庆市土地房屋权属登记条例》等四部地方性法规的决定	2021 年 5 月 27 日	国司备字［2022005716］

地方政府规章

规章名称	公布日期	备案登记编号
北京市公安机关警务辅助人员管理办法	2021年12月20日	国司备字［2022005725］
天津市道路交通安全责任制规定	2021年12月10日	国司备字［2022005449］
天津市地震预警管理办法	2021年12月12日	国司备字［2022005450］
天津市生产经营单位安全生产主体责任规定	2021年12月31日	国司备字［2022005776］
天津市铁路安全管理规定	2021年12月31日	国司备字［2022005777］
唐山市优化营商环境若干规定	2021年11月20日	国司备字［2022005723］
廊坊市人民政府关于修改《廊坊市物业管理办法》的决定	2021年12月10日	国司备字［2022005624］
廊坊市“门前三包”管理办法	2021年12月10日	国司备字［2022005625］
邢台市停车场管理办法	2021年12月6日	国司备字［2022005569］
山西省生产经营单位主要负责人安全生产责任制规定	2021年12月11日	国司备字［2022005451］
山西省专职消防队伍建设管理办法	2021年12月14日	国司备字［2022005452］
山西省保障农民工工资支付办法	2022年1月7日	国司备字［2022005772］
晋中市共享单车运营管理办法	2021年12月31日	国司备字［2022005717］
包头市人民政府关于废止部分政府规章的决定	2021年5月21日	国司备字［2022005469］

续表

规章名称	公布日期	备案登记编号
大连市奖励和保护见义勇为人员暂行办法	2021年12月31日	国司备字［2022005731］
鞍山市人民政府关于废止部分政府规章的决定	2021年12月28日	国司备字［2022005705］
丹东市人民政府规章制定程序规定	2021年12月8日	国司备字［2022005620］
吉林省人民政府关于修改和废止部分省政府规章的决定	2021年12月27日	国司备字［2022005762］
吉林省科学技术奖励办法	2021年12月31日	国司备字［2022005763］
黑龙江省省级储备粮管理办法	2021年12月24日	国司备字［2022005602］
哈尔滨市人民政府关于委托实施交通运输行政处罚的决定	2021年12月24日	国司备字［2022005709］
齐齐哈尔市人民政府关于修改《齐齐哈尔市国有土地年租金征收办法》等11部政府规章的决定	2021年12月17日	国司备字［2022005455］
上海市智能网联汽车测试与应用管理办法	2021年12月29日	国司备字［2022005721］
上海市建筑消防设施管理规定	2021年12月21日	国司备字［2022005722］
上海市南京路步行街区管理办法	2021年12月31日	国司备字［2022005732］
江苏省公共数据管理办法	2021年12月18日	国司备字［2022005461］
江苏省无障碍环境建设实施办法	2021年12月20日	国司备字［2022005462］
江苏省英雄烈士纪念设施保护管理办法	2021年12月20日	国司备字［2022005463］
江苏省成品油流通管理办法	2021年12月20日	国司备字［2022005464］

续表

规章名称	公布日期	备案登记编号
江苏省广播电视公共服务实施办法	2021 年 12 月 20 日	国司备字［2022005467］
江苏省政府专职消防救援队伍管理办法	2021 年 12 月 31 日	国司备字［2022005670］
江苏省人民政府关于废止部分省政府规章的决定	2021 年 12 月 31 日	国司备字［2022005672］
江苏省住宅物业消防安全管理规定	2021 年 12 月 31 日	国司备字［2022005675］
南京市非现场执法管理暂行办法	2021 年 12 月 30 日	国司备字［2022005703］
无锡市江南水乡古镇保护办法	2021 年 12 月 23 日	国司备字［2022005718］
无锡市机动车停车场管理办法	2021 年 12 月 20 日	国司备字［2022005724］
无锡市民用机场净空和电磁环境保护办法	2021 年 12 月 31 日	国司备字［2022005764］
南通市瓶装液化石油气管理办法	2021 年 12 月 28 日	国司备字［2022005460］
镇江市城乡网格化服务管理实施细则	2021 年 12 月 15 日	国司备字［2022005454］
连云港市人民政府关于修改部分市政府规章的决定	2021 年 12 月 31 日	国司备字［2022005701］
浙江省古道保护办法	2021 年 12 月 29 日	国司备字［2022005715］
杭州市社会矛盾纠纷多元化解办法	2021 年 12 月 23 日	国司备字［2022005568］
宁波市人民政府关于废止《宁波市行政处罚自由裁量权行使规则》等 5 件规章的决定	2021 年 12 月 16 日	国司备字［2022005447］
宁波市政府非税收入管理实施规定	2021 年 12 月 23 日	国司备字［2022005566］

续表

规章名称	公布日期	备案登记编号
合肥市预拌混凝土管理办法	2021 年 12 月 27 日	国司备字［2022005572］
芜湖市铁路客运车站区域综合管理办法	2021 年 12 月 1 日	国司备字［2022005459］
淮南市城市生活垃圾分类管理办法	2021 年 12 月 10 日	国司备字［2022005576］
淮南市人民政府关于废止部分规章的决定	2021 年 12 月 20 日	国司备字［2022005639］
淮南市二次供水管理办法	2022 年 1 月 6 日	国司备字［2022005751］
宣城市人民政府关于修改《宣城市生活垃圾分类管理办法》的决定	2021 年 12 月 15 日	国司备字［2022005631］
安庆市城市生活垃圾分类管理办法	2021 年 12 月 22 日	国司备字［2022005446］
铜陵市城市住宅室内装饰装修管理办法	2021 年 12 月 28 日	国司备字［2022005638］
福建省人民政府关于废止《福建省排污许可证管理办法》的决定	2021 年 12 月 6 日	国司备字［2022005770］
“泉州：宋元中国的世界海洋商贸中心”世界遗产保护管理办法	2021 年 12 月 23 日	国司备字［2022005570］
江西省公墓管理办法	2022 年 1 月 5 日	国司备字［2022005765］
上饶市人民政府关于废止《上饶市道路交通安全管理办法》的决定	2022 年 1 月 1 日	国司备字［2022005756］
东营市人民政府关于修改部分政府规章的决定	2022 年 1 月 1 日	国司备字［2022005781］
潍坊市城市供水管理办法	2021 年 12 月 31 日	国司备字［2022005702］
济宁市河道管理办法	2021 年 12 月 31 日	国司备字［2022005748］

续表

规章名称	公布日期	备案登记编号
济宁市城区农贸市场管理办法	2021 年 12 月 31 日	国司备字［2022005760］
济宁市户外广告设施和店招标牌设置管理办法	2021 年 12 月 31 日	国司备字［2022005761］
临沂市城市供水管理办法	2021 年 12 月 31 日	国司备字［2022005635］
枣庄市人民政府关于修改部分市政府规章的决定	2021 年 12 月 31 日	国司备字［2022005750］
日照市城市绿化管理办法	2021 年 12 月 10 日	国司备字［2022005626］
日照市海上旅游安全管理规定	2021 年 12 月 24 日	国司备字［2022005629］
聊城市国有建设用地供后监管暂行办法	2021 年 12 月 31 日	国司备字［2022005668］
河南省人民政府关于废止和修改部分省政府规章的决定	2021 年 12 月 16 日	国司备字［2022005757］
河南省促进创业投资发展办法	2021 年 12 月 31 日	国司备字［2022005759］
南阳市优化营商环境办法	2021 年 12 月 24 日	国司备字［2022005712］
漯河市消防车通道管理办法	2021 年 12 月 1 日	国司备字［2022005453］
孝感市扬尘污染防治管理办法（修订）	2021 年 11 月 16 日	国司备字［2022005719］
随州市养犬管理办法	2021 年 12 月 27 日	国司备字［2022005696］
湖南省地方储备粮管理办法	2022 年 1 月 4 日	国司备字［2022005771］
湘潭市人民政府立法工作程序规定	2021 年 12 月 13 日	国司备字［2022005571］

续表

规章名称	公布日期	备案登记编号
益阳市居民住宅区消防安全管理办法	2022 年 1 月 4 日	国司备字［2022005744］
广东省渔业捕捞许可管理办法	2021 年 12 月 13 日	国司备字［2022005604］
广州市社会保障卡管理办法	2021 年 12 月 24 日	国司备字［2022005758］
汕头经济特区住宅专项维修资金管理办法	2021 年 12 月 27 日	国司备字［2022005666］
汕头市人民政府关于废止部分市政府规章的决定	2021 年 12 月 26 日	国司备字［2022005707］
佛山市生活垃圾分类管理办法	2021 年 12 月 24 日	国司备字［2022005456］
佛山市人民政府规章制定程序规定	2021 年 12 月 17 日	国司备字［2022005457］
茂名市地方志工作管理办法	2021 年 12 月 31 日	国司备字［2022005713］
南宁市人民政府关于废止和修改部分政府规章的决定	2021 年 12 月 23 日	国司备字［2022005745］
海口市政府立法项目委托起草管理办法	2022 年 1 月 4 日	国司备字［2022005711］
四川省行政规范性文件管理办法	2021 年 12 月 30 日	国司备字［2022005699］
贵州省志愿服务办法	2021 年 12 月 31 日	国司备字［2022005747］
贵州省女职工劳动保护特别规定	2021 年 12 月 31 日	国司备字［2022005768］
贵州省反间谍安全防范办法	2021 年 12 月 31 日	国司备字［2022005769］
遵义市住房公积金管理办法	2021 年 12 月 9 日	国司备字［2022005637］

续表

规章名称	公布日期	备案登记编号
普洱市古茶树资源保护条例实施细则	2021 年 11 月 30 日	国司备字［2022005697］
西藏自治区网络通信活动管理规定	2021 年 12 月 3 日	国司备字［2022005704］
西藏自治区电力设施建设与保护办法	2021 年 12 月 13 日	国司备字［2022005752］
西藏自治区科学技术奖励办法	2021 年 12 月 17 日	国司备字［2022005754］
西藏自治区农牧区供水工程运行管理办法	2021 年 12 月 16 日	国司备字［2022005778］
陕西省省级储备粮管理办法	2021 年 12 月 24 日	国司备字［2022005782］
陕西省节约用水办法	2021 年 12 月 25 日	国司备字［2022005783］
陇南市人民政府关于修改《陇南市机动车停车场管理办法》的决定	2021 年 12 月 7 日	国司备字［2022005458］
青海省融资担保公司监督管理实施细则	2021 年 12 月 21 日	国司备字［2022005582］
青海省铁路安全管理办法	2022 年 1 月 7 日	国司备字［2022005749］
海东市机动车和非道路移动机械排气污染防治办法	2021 年 12 月 17 日	国司备字［2022005641］
黄南藏族自治州犬只管理办法	2021 年 11 月 19 日	国司备字［2022005567］
新疆维吾尔自治区人民政府关于废止《新疆维吾尔自治区处理土地纠纷暂行办法》等 3 件政府规章的决定	2021 年 12 月 11 日	国司备字［2022005746］
乌鲁木齐市商品房预售资金监督管理办法	2021 年 12 月 18 日	国司备字［2022005698］

图书在版编目（CIP）数据

中华人民共和国新法规汇编. 2022年. 第2辑：总第300辑/司法部编. —北京：中国法制出版社，2022. 7
ISBN 978-7-5216-2742-8

Ⅰ. ①中… Ⅱ. ①司… Ⅲ. ①法规-汇编-中国-2022 Ⅳ. ①D920. 9

中国版本图书馆CIP数据核字（2022）第109053号

中华人民共和国新法规汇编
ZHONGHUA RENMIN GONGHEGUO XIN FAGUI HUIBIAN
（2022年第2辑）
编者/司法部

经销/新华书店
印刷/三河市紫恒印装有限公司
开本/850毫米×1168毫米 32开　　印张/13. 625 字数/399千
版次/2022年7月第1版　　2022年7月第1次印刷

中国法制出版社出版
书号 ISBN 978-7-5216-2742-8　　定价：18. 00元

北京市西城区西便门西里甲16号西便门办公区
邮政编码：100053　　传真：010-63141600
网址：http：//www. zgfzs. com　　编辑部电话：010-63141663
市场营销部电话：010-63141612　　印务部电话：010-63141606